读天下
Glamour Press
www.glamourpress.com

Competitive Advantage Series
更有趣、更富启发性、更多地让学生受益的新型教材

# 国际商务

## International Business

王佳芥　编著

* Competitive Advantages Series是由读天下公司开发的新一代大学教材系列。

中国市场出版社

**图书在版编目（CIP）数据**

国际商务/王佳芥著．—北京：中国市场出版社，2010.3
ISBN 978－7－5092－0609－6

Ⅰ．①国…　Ⅱ．①王…　Ⅲ．①国际贸易　Ⅳ．①F74

中国版本图书馆 CIP 数据核字（2009）第 217369 号

**书　　名**：国际商务
**作　　者**：王佳芥
**责任编辑**：孙　忠
**出版发行**：中国市场出版社
**地　　址**：北京市西城区月坛北小街 2 号院 3 号楼（100837）
**电　　话**：编辑部（010）68033067　　读者服务部（010）68022950
发行部（010）68021338　68020340
68024335　68033577
**经　　销**：新华书店
**印　　刷**：高碑店鑫宏源印刷厂
**规　　格**：787×1092 毫米　1/16　25.25 印张　580 千字
**版　　本**：2010 年 5 月第 1 版
**印　　次**：2010 年 5 月第 1 次印刷
**书　　号**：ISBN 978－7－5092－0609－6
**定　　价**：50.00 元

# 提高学习效果的结构设计

## 学习目标

本章的知识要点。

## 开篇案例

来自真实世界的案例分析，紧扣本章主题。

CHAPTER 1

国际商务范畴与挑战

成功的国际商务人士具有人类学家、社会学家、心理学家、外交家、律师、预言家和商人的优秀品质。

——Philip R. Cateora

学习目标

- 了解国际商务范畴
- 学习全球化和地方化的内涵
- 了解全球化为国际商务带来的机遇和挑战
- 了解开展国际商务面临的两重压力
- 经济全球化对中国及企业启示

开篇案例

美国波音公司堪称经济全球化之路的成功典范[1]

一家企业，尤其是一家大型跨国公司，能否通过外包的方式，走经济全球化之路？美国闻名全球的飞机制造商——波音公司便是这方面的一个典型代表。

2009年底，第一架波音787首飞成功，它标志着波音飞机制造公司的一大胜利。波音公司决定建造省油的中型喷气客机，而不是同欧洲空中客车公司A380针锋相对的巨型客机。事实表明，这一决定是多么明智。当前波音787已经收到了1 400亿美元的订单。

波音公司生产的787大型客机可以说是在全世界外包生产程度最高的机型，按照其价值计算，波音飞机公司本身只负责生产大约10%——尾翼以及最后组装，其余的生产由该公司关系密切的遍布于全球各地的40家合作伙伴来完成：飞机机翼是在日本生产的，碳复合材料是在意大利和美国其他地方生产的，起落架是在法国生产的。至于其数以万计的零部件，则是由韩国、墨西哥、南非等国来完成的。

尽管目前波音飞机公司已成为全世界外包最多的公司，然而，这家公司全球化所走的道路，也经历了曲折的发展历程。波音公司以前曾是国产化率最高的飞机制造商。早在上个世纪50年代，波音707只有大约2%的零部件是在外国生产的。然而，这家公司从上个世纪60年代开始，便已决定走全球化道路。经过长达40年的奋斗，如今的波音终于走在了全球各大飞机公司的前面，其经济全球化程度远非其他

## 本章小结、关键词和概念

对本章要点的回顾，复习知识的有力工具，评估自己对关键概念的把握。

## 现场观察

生动和深刻的主题分析，拓宽视野，更深入地了解理论的背景和应用。

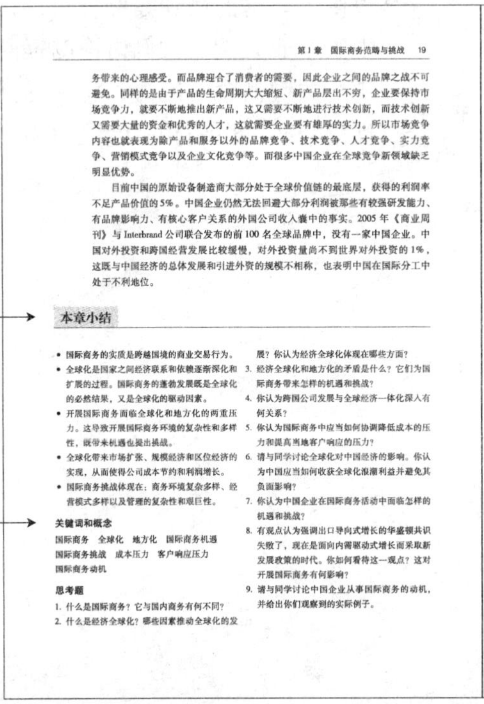

第1章　国际商务范畴与挑战　19

务带来的心理感受。而品牌迎合了消费者的需要，因此企业之间的品牌之战不可避免。同样的是由于产品的生命周期大大缩短、新产品层出不穷，企业要保持市场竞争力，就要不断地推出新产品，这又需要不断地进行技术创新，而技术创新又需要大量的资金和优秀的人才，这就需要企业要有雄厚的实力。所以市场竞争内容也就表现为除产品和服务以外的品牌竞争、技术竞争、人才竞争、实力竞争、营销模式竞争以及企业文化竞争等。而很多中国企业在全球竞争新领域缺乏明显优势。

目前中国的原始设备制造商大部分处于全球价值链的最底层，获得的利润率不足产品价值的5%。中国企业仍然无法回避大部分利润被那些有较强研发能力、有品牌影响力、有核心客户关系的外国公司收入囊中的事实。2005 年《商业周刊》与 Interbrand 公司联合发布的前 100 名全球品牌中，没有一家中国企业。中国对外投资和跨国经营发展比较缓慢，对外投资量尚不到世界对外投资的 1%，这既与中国经济的总体发展和引进外资的规模不相称，也表明中国在国际分工中处于不利地位。

本章小结

- 国际商务的实质是跨越国境的商业交易行为。
- 全球化是国家之间经济联系和依赖逐渐深化和扩展的过程。国际商务的蓬勃发展既是全球化的必然结果，又是全球化的驱动因素。
- 开展国际商务面临全球化和地方化的两重压力。这导致开展国际商务环境的复杂性和多样性，既带来机遇也提出挑战。
- 全球化带来市场扩张、规模经济和区位经济的实现，从而使得公司成本节约和利润增长。
- 国际商务挑战体现在：商务环境复杂多样、经营模式多样以及管理的复杂性和艰巨性。

关键词和概念

国际商务　全球化　地方化　国际商务机遇　国际商务挑战　成本压力　客户响应压力　国际商务动机

思考题

1. 什么是国际商务？它与国内商务有何不同？
2. 什么是经济全球化？哪些因素推动全球化的发展？你认为经济全球化体现在哪些方面？
3. 经济全球化和地方化的矛盾是什么？它们为国际商务带来怎样的机遇和挑战？
4. 你认为跨国公司发展与全球经济一体化深入有何关系？
5. 你认为国际商务中应当如何协调降低成本的压力和提高当地客户响应的压力？
6. 请与同学讨论全球化对中国经济的影响。你认为中国应当如何收获全球化浪潮利益并避免其负面影响？
7. 你认为中国企业在国际商务活动中面临怎样的机遇和挑战？
8. 有观点认为强调出口导向式增长的华盛顿共识失败了，现在是面向内需驱动式增长而采取新发展政策的时代。你如何看待这一观点？这对开展国际商务有何影响？
9. 请与同学讨论中国企业从事国际商务的动机，并给出你们观察到的实际例子。

第1章　国际商务范畴与挑战　9

现场观察 1–1

谁在反对全球化?

反全球化抗议活动在1999年世贸组织西雅图会议期间大出风头，开始引起世界舆论的广泛关注。从此以后，与经济问题有关的国际会议开到哪里，反全球化的抗议者就跟到哪里。在热那亚，针对八国峰会的反全球化抗议活动更是规模空前，造成1人死亡，300多人受伤。发展中国家担心全球化进程是否损害自身利益，为什么发达国家中的某些利益群体也站了出来，反对全球化进程？

首先，反全球化浪潮是西方“新新左派”思潮的延伸。“新新左派”攻击现代资本主义只顾经济增长和企业利润，不关心个人的社会福利，甚至破坏文化和生态。他们认为，以跨国公司、国际经济组织为代表的全球化进程加剧了这些问题的严重性。

反全球化浪潮最先攻击的目标是跨国公司。耐克运动鞋、星巴克咖啡、麦当劳、壳牌石油……铺天盖地的广告使它们誉满全球，也使它们成为反全球化的首选目标。跨国公司的罪状很多：侵犯劳工权利、破坏生态环境、加剧第三世界国家的贫困、影响力超越国家之上，等等。接下来受到攻击的是世界贸易组织、世界银行、国际货币基金组织等国际经济组织，因为它们被认为是全球化进程的主要推动者、跨国公司的“奴仆”。

大部分反全球化分子希望改造跨国公司，使它们担当起更多的责任，而一些极端的反全球化分子则主张彻底打碎以世界贸易组织、世界银行、国际货币基金组织为主体的现行国际经济体制。

其次，反全球化浪潮是发达国家弱势群体的呐喊，也是发达国家落后产业的要求。随着越来越多的发展中国家进入世界贸易组织，加入全球自由贸易，发达国家为了保持自己的优势地位，已经或正在调整自己的经济结构，放弃不占优势的制造业、劳动密集型产业，转向高附加值的服务业和知识产权。在全球化过程中，发达国家中这些落后产业的从业人员的利益无疑受到了冲击。应该看到的是，发达国家中穷人的利益与发展中国家的利益并非一致。发展中国家通过自由贸易受益最大的往往就是发达国家放弃的这些行业。

最后，现代科技手段和各种非政府组织对反全球化浪潮起了推波助澜的作用。有了互联网的帮助，反全球化抗议的组织工作变得简捷高效。还有一些组织专门为抗议者进行培训，因此反全球化浪潮发展迅速，其声势越来越大。由于反全球化抗议的影响大大，很多非政府组织都想利用这块招牌达到自己的目的。于是，环保主义者、动物权利支持者、工会组织、人权分子、无政府主义者，甚至白人至上主义者，都加入了反全球化抗议的队伍。

综上所述，当前发达国家中的这股反全球化浪潮是一种十分复杂的现象。全球化进程对发达国家和发展中国家的影响不同，对一个国家中的不同阶层影响也不同，反全球化的要求有其合理的一面，也有对世界经济不利的一面。

资料来源：李道胜.谁在反对全球化？——西方反全球化浪潮析.文汇报，2001-07-04.

进程的时候，每个国家都可能经由建构并提供自己关于世界的理想图景而实质性地参与全球化进程及其方向的选择和决策，并在这个意义上使之“本土化”。

国际商务与国内商务很不同，这意味着全球化下世界变得“小”了，但是地方化的差异仍然巨大。开展国际商务的公司在寻求国外生产和消费者的同时，也

# 多样和丰富的练习，提高成绩

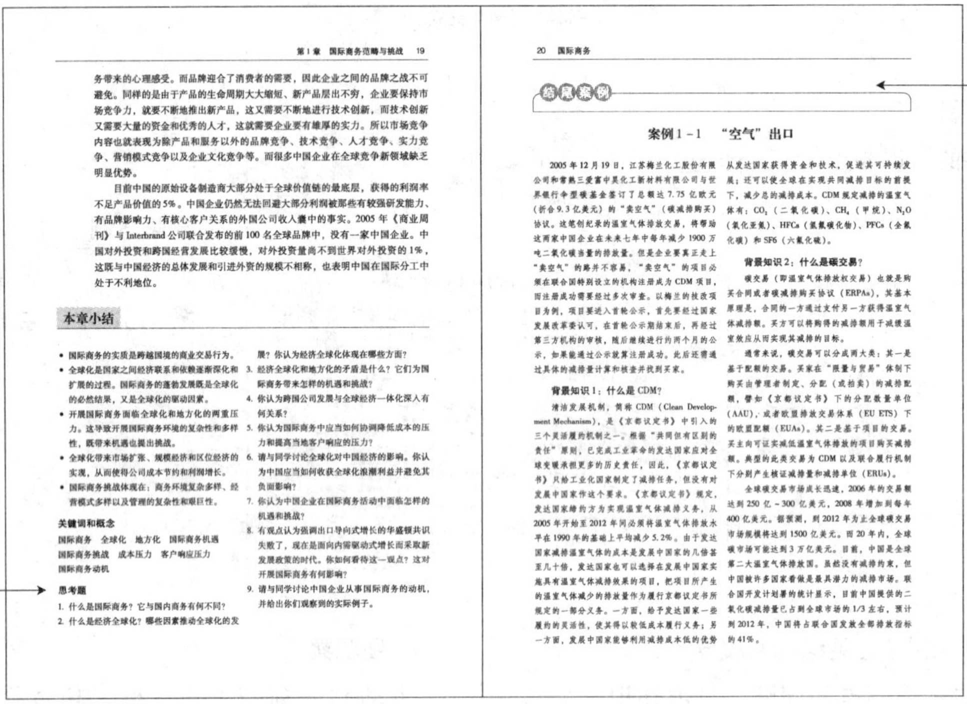

第1章　国际商务范畴与挑战　19

务带来的心理感受。而品牌迎合了消费者的需要，因此企业之间的品牌之战不可避免。同样的是由于产品的生命周期大大缩短、新产品层出不穷，企业要保持市场竞争力，就要不断地推出新产品，这又需要不断地进行技术创新，而技术创新又需要大量的资金和优秀的人才，这就需要企业要有雄厚的实力。所以市场竞争内容也就表现为除产品和服务以外的品牌竞争、技术竞争、人才竞争、实力竞争、营销模式竞争以及企业文化竞争等。而很多中国企业在全球竞争新领域缺乏明显优势。

目前中国的原始设备制造商大部分处于全球价值链的最底层，获得的利润率不足产品价值的5%。中国企业仍然无法回避大部分利润被那些有较强研发能力、有品牌影响力、有核心客户关系的外国公司收入囊中的事实。2005年《商业周刊》与Interbrand公司联合发布的前100名全球品牌中，没有一家中国企业。中国对外投资和跨国经营发展比较缓慢，对外投资量尚不到世界对外投资的1%，这既与中国经济的总体发展和引进外资的规模不相称，也表明中国在国际分工中处于不利地位。

## 本章小结

- 国际商务的实质是跨越国境的商业交易行为。
- 全球化是国家之间经济联系和依赖逐渐深化和扩展的过程。国际商务的蓬勃发展既是全球化的必然结果，又是全球化的驱动因素。
- 开展国际商务面临全球化和地方化的两重压力。这导致开展国际商务环境的复杂性和多样性，既带来机遇也提出挑战。
- 全球化带来市场扩张、规模经济和区位经济的实现，从而使得公司成本节约和利润增长。
- 国际商务挑战体现在：商务环境复杂多样、经营模式多样以及管理的复杂性和艰巨性。

**关键词和概念**

国际商务　全球化　地方化　国际商务机遇
国际商务挑战　成本压力　客户响应压力
国际商务动机

**思考题**

1. 什么是国际商务？它与国内商务有何不同？
2. 什么是经济全球化？哪些因素推动全球化的发展？你认为经济全球化体现在哪些方面？
3. 经济全球化和地方化的矛盾是什么？它们为国际商务带来怎样的机遇和挑战？
4. 你认为跨国公司发展与全球经济一体化深入有何关系？
5. 你认为国际商务中应当如何协调降低成本的压力和提高当地客户响应的压力？
6. 请与同学讨论全球化对中国经济的影响。你认为中国应当如何收获全球化浪潮利益并避免其负面影响？
7. 你认为中国企业在国际商务活动中面临怎样的机遇和挑战？
8. 有观点认为强调出口导向式增长的华盛顿共识失败了，现在是面向内需驱动式增长而采取新发展政策的时代。你如何看待这一观点？这对开展国际商务有何影响？
9. 请与同学讨论中国企业从事国际商务的动机，并给出你们观察到的实际例子。

20　国际商务

结尾案例

### 案例1-1　“空气”出口

2005年12月19日，江苏梅兰化工股份有限公司和常熟三爱富中昊化工新材料有限公司与世界银行伞型碳基金签订了总额达7.75亿欧元（折合9.3亿美元）的“卖空气”（碳减排购买）协议。这笔创纪录的温室气体排放交易，将帮助这两家中国企业在未来七年中每年减少1900万吨二氧化碳当量的排放量。但是企业要真正走上“卖空气”的路并不容易，“卖空气”的项目必须在联合国特别设立的机构注册成为CDM项目，而注册成功需要经过多次审查。以梅兰的技改项目为例，项目要进入首轮公示，首先要经过国家发展改革委认可，在首轮公示期结束后，再经过第三方机构的审核，随后继续进行约两个月的公示，如果能通过公示就算注册成功。此后还需通过具体的减排量计算和核查并找到买家。

**背景知识1：什么是CDM？**

清洁发展机制，简称CDM（Clean Development Mechanism），是《京都议定书》中引入的三个灵活履约机制之一。根据“共同但有区别的责任”原则，已完成工业革命的发达国家应对全球变暖承担更多的历史责任，因此，《京都议定书》只给工业化国家制定了减排任务，但没有对发展中国家作这个要求。《京都议定书》规定，发达国家缔约方为实现温室气体减排义务，从2005年开始至2012年间必须将温室气体排放水平在1990年的基础上平均减少5.2%。由于发达国家减排温室气体的成本是发展中国家的几倍甚至几十倍，发达国家也可以选择在发展中国家实施具有温室气体减排效果的项目，把项目所产生的温室气体减少的排放量作为履行京都议定书所规定的一部分义务。一方面，给予发达国家一些履约的灵活性，使其得以较低成本履行义务；另一方面，发展中国家能够利用减排成本低的优势从发达国家获得资金和技术，促进其可持续发展；还可以使全球在实现共同减排目标的前提下，减少总的减排成本。CDM规定减排的温室气体有：$CO_2$（二氧化碳）、$CH_4$（甲烷）、$N_2O$（氧化亚氮）、HFCs（氢氟碳化物）、PFCs（全氟化碳）和SF6（六氟化硫）。

**背景知识2：什么是碳交易？**

碳交易（即温室气体排放权交易）也就是购买合同或者碳减排购买协议（ERPAs），其基本原理是，合同的一方通过支付另一方获得温室气体减排额。买方可以将购得的减排额用于减缓温室效应从而实现其减排的目标。

通常来说，碳交易可以分成两大类：其一是基于配额的交易。买家在“限量与贸易”体制下购买由管理者制定、分配（或拍卖）的减排配额，譬如《京都议定书》下的分配数量单位（AAU），或者欧盟排放交易体系（EU ETS）下的欧盟配额（EUAs）。其二是基于项目的交易。买主向可证实减低温室气体排放的项目购买减排额。典型的此类交易为CDM以及联合履行机制下分别产生核证减排量和减排单位（ERUs）。

全球碳交易市场成长迅速，2006年的交易额达到250亿－300亿美元，2008年增加到每年400亿美元。据预测，到2012年为止全球碳交易市场规模将达到1500亿美元。而20年内，全球碳市场可能达到3万亿美元。目前，中国是全球第二大温室气体排放国。虽然没有减排约束，但中国被许多国家看做是最具潜力的减排市场。联合国开发计划署的统计显示，目前中国提供的二氧化碳减排量已占到全球市场的1/3左右，预计到2012年，中国将占联合国发放全部排放指标的41%。

## 思考题

基于实际企业环境的多层次、多维度的练习，更好的学习效果和成绩。

## 结尾案例

提供了丰富的最新案例材料，特别是中国企业案例。案例讨论题提高学生辨析关键概念的能力，将国际商务的理论与实际应用相结合。

# 目　　录

## 第一部分　国际商务环境

## 第二部分 国际商务理论和政策：贸易与投资

## 第三部分　全球金融环境



## 第四部分　全球战略和结构

# 国际商务案例表

| 目　录 | 开篇案例 | 结尾案例 |
|---|---|---|
| 第 1 章 | 美国波音公司堪称经济全球化之路的成功典范 | A. “空气”出口 |
| | | B. 宝马战略：品牌全球化，营销地方化 |
| 第 2 章 | IBM 凭啥说“中国只有 60 家企业可以国际化” | 张裕国际化战略：2007 年从概念转为实施 |
| 第 3 章 | 全球经济走势衰弱　欧美贸易保护主义抬头 | A. 上海合作组织（SCO） |
| | | B. CEPA |
| 第 4 章 | “灰色清关”导致俄 3 万华商 20 亿美元资产遭洗劫 | 中铝增持力拓失败源于政治性风险 |
| 第 5 章 | “朗讯门”事件 | A. 东道国法律的影响——美国《反海外贿赂法》 |
| | | B. 中国天然植物药出口的法律环境和市场政策 |
| 第 6 章 | 开放的意识比钱包更重要 | A. 高通 CDMA 进入中国内幕 |
| | | B. 从戴姆勒—克莱斯勒合并案看跨文化整合 |
| 第 7 章 | 美国贸易赤字对新经济增长的促进作用 | A. 当代国际贸易发展的新趋势 |
| | | B. 中国外贸依存度问题 |
| 第 8 章 | 中美纺织品贸易争端：中国还要让多少？ | A. 美对华轮胎特保措施案 |
| | | B. 美日贸易战 |
| | | C. 印度频频限制中国产品是何居心？ |
| 第 9 章 | 生意都在越做越大 | A. 40 亿元换来海外并购的经典教训 |
| | | B. 政策下的“蜜月期”——宝洁公司从合资到独资 |
| 第 10 章 | 国有银行上市便宜了谁 | A. 江西赛维 LDK 太阳能高科技公司在美国上市 |
| | | B. 全球金融一体化的风险 |
| 第 11 章 | 奥巴马回应周小川：没必要创建新全球货币 | 从“天真的财富”看中国外汇储备的出路 |
| 第 12 章 | 国际化战略：海尔 PK 华为 | 可口可乐和腾讯之间形成国际企业战略联盟的动机 |
| 第 13 章 | IBM 矩阵结构：从全球化管理的最佳选择到放弃 | 大权旁落和群龙无首之后的组织演变 |
| 第 14 章 | 在平的世界中竞争 | A. 揭开戴尔的供应链秘密 |
| | | B. 耐克的经营之道 |
| 第 15 章 | 日用消费品行业的欢喜冤家：联合利华 VS 宝洁 | 从家乐福兵败日本看国际营销 |
| 第 16 章 | 杠杆诱惑＋监管纵容：华尔街倒在自己人手里 | 安然事件的反思——对安然公司会计问题的剖析 |
| 第 17 章 | 当 CFO 转型 CEO | 英国石油公司财务管理模式 |
| 第 18 章 | 戴尔高管投奔联想 | 高层震荡凸显 TCL 人才危机，国际化不如联想成熟 |

# 序

中国的徐霞客说，“读万卷书，不如行万里路”。无独有偶，丹麦的安徒生也说，“旅行就是生活（To travel is to live）”。东西方的哲学和智慧是如此相同！

对于投身国际商务的人士和那些正在孜孜求学的商学院学子而言，最初都会对错综复杂和动荡发展的国际商务环境、模式多样和极具挑战的国际商务活动感到困惑和茫然，如同置身国际商务丛林（international business jungle）而不知道方向和前途。覆盖东西半球、南北两个世界的广阔地域，不同肤色、不同文化、不同语言的国际合作伙伴，商品进出口、服务进出口、国际直接投资和国际证券投资等不同的国际商务模式无不要求国际商务人员具备系统和专业的国际商务知识和技能。但是国际商务丛林突围的方法却很简单，而且在全球也莫过如此，就是不断地学习和积累经验。

如同菲利普·凯特奥拉（Philip R. Cateora）指出的：成功的国际商务人士必须具有人类学家、社会学家、心理学家、外交家、律师、预言家和商人的优秀品质。本书积累编者和众多国际商务精英人士多年的国际商务学习和实践经验，特别是站在中国学者和商务人士的角度来看待众多国际商务问题，而不是简单附庸西方观点。商务特征决定了国际商务是一场弥漫全球的没有硝烟、永不结束的战争，所以本书始终保持清醒的态度并提供独特体验来分析众多中国企业在国际商务中的地位和利益得失，这在以西方学者为主导的国际商务教材中是无法看到的。如第 2 章案例质疑“IBM 凭啥说中国只有 60 家企业可以国际化?”第 10 章案例讨论“国有银行上市便宜了谁?”讨论分析 2005 年外国投资者低价入股三大国有银行而获得年净利润超10 000亿元的事实和启示；第 11 章案例中讨论“奥巴马回应周小川：没必要创建新全球货币”，指出关于全球货币的争鸣无非体现不同国家的利益和立场，等等。

本书注重理论与实践相结合，内容几乎涵盖国际商务运作各个方面，从贸易理论、国际投融资理论到国际企业管理理论，一直到实践中的贸易实务、国际投融资实务以及国际企业管理架构，具有一定的学术性和实用性。本书特点是力求精确地阐述国际商务涉及的基本概念和基本理论，理解、吸收、借鉴国内外新成果和实践动态，特别是注重分析中国企业的得失和策略。

作者感谢西南财经大学姜玉梅教授、曹德骏教授、尹忠明教授对本书编写的大力支持，感谢对外经贸大学李自杰教授、广东外语外贸大学吴易明教授、中南财经政法大学曹亮教授、中山大学汪建成教授、天津商业大学宝德学院李霞教授对本书初稿的评审意见。由于本书涉及面非常广，编者水平有限，难免有不当之处，敬请读者批评指正。

王佳芥

2010 年 1 月于光华园

# 编者简介

王佳芥，硕士，西南财经大学国际商学院教师，成都市商务局外贸专家顾问。毕业于比利时安特卫普大学管理学院国际管理专业，获安特卫普市长嘉奖的优秀毕业生。2001 年获得德国政府奖学金，赴德国柏林经济学院深造。精通英语，在欧洲学习和工作多年，熟悉国际商业文化和运作；在中国有从事国际贸易和国际投融资的工作经验。

主要担任《国际商务》、《国际市场营销》、《国际金融》、《跨国公司管理》等课程教学。曾为四川省和成都市多家知名大型企业开展商务咨询和融资辅导。

主要研究方向为国际商务、国际营销等，国内外先后发表论文 10 余篇，其中 3 篇发表在核心期刊。出版译著两部：《市场调研》和《游击营销》。获得四川省教育厅“高等教育本科课程体系改革项目——国际经济与贸易专业”立项，担任项目负责人。

1

# 第一部分
# 国际商务环境



国际商务

# 1 CHAPTER 1

# 国际商务范畴与挑战

成功的国际商务人士具有人类学家、社会学家、心理学家、外交家、律师、预言家和商人的优秀品质。

——Philip R. Cateora

**学习目标**

- 了解国际商务范畴
- 学习全球化和地方化的内涵
- 了解全球化为国际商务带来的机遇和挑战
- 了解开展国际商务面临的两重压力
- 经济全球化对中国及企业启示

**开篇案例**

## 美国波音公司堪称经济全球化之路的成功典范[1]

一家企业，尤其是一家大型跨国公司，能否通过外包的方式，走经济全球化之路？美国闻名全球的飞机制造商——波音公司便是这方面的一个典型代表。

2009年底，第一架波音787首飞成功，它标志着波音飞机制造公司的一大胜利。波音公司决定建造省油的中型喷气客机，而不是同欧洲空中客车公司A380针锋相对的巨型客机。事实表明，这一决定是多么明智。当前波音787已经收到了1 400亿美元的订单。

波音公司生产的787大型客机可以说是在全世界外包生产程度最高的机型，按照其价值计算，波音飞机公司本身只负责生产大约10%——尾翼以及最后组装，其余的生产由该公司关系密切的遍布于全球各地的40家合作伙伴来完成：飞机机翼是在日本生产的，碳复合材料是在意大利和美国其他地方生产的，起落架是在法国生产的。至于其数以万计的零部件，则是由韩国、墨西哥、南非等国来完成的。

尽管目前波音飞机公司已成为全世界外包最多的公司，然而，这家公司全球化所走的道路，也经历了曲折的发展历程。波音公司以前曾是国产化率最高的飞机制造商。早在上个世纪50年代，波音707只有大约2%的零部件是在外国生产的。然而，这家公司从上个世纪60年代开始，便已决定走全球化道路。经过长达40年的奋斗，如今的波音终于走在了全球各大飞机公司的前面，其经济全球化程度远非其他飞机制造商所能够相比。

在这个全球化的行业，波音公司走的道路完全是正确的。它集中精力发挥自己的优势——设计、供应链管理、营销和品牌，这有助于波音公司生产出航空公司想要的新飞机，而不是像空中客车飞机公司A380那样倍受争议。按照经济全球化，即国际化的原理，波音正在采用亚当·斯密在其名著《国富论》提及的做法：从分工中获得利润。

如今，这种做法已被美国各行业普遍采用。耐克制鞋公司率先把运动鞋的生产外包给日本和中国，苹果等大企业让台湾地区和中国大陆的供应商为其制造家用电器。

从飞机制造业来看，飞机组装工厂或新材料实验室的就业机会更赚钱，而且还能带来这一领域的其他就业机会。波音公司缩减了制造领域就业机会，却增加了薪酬高的服务领域就业机会。尽管波音787并非完全是由美国制造，但它却是美国高技术和全球制造业方面的创新产物。

在波音787全球化问题上，目前主要有两种争议：

第一是反对波音787经济全球化。在这方面，纽约州立大学研究员戴维·普里乍得是一个典型代表。他痛惜美国航空工业遭遇了"战略性破坏"，认为波音公司是放弃知识产权以换取资本，波音是在帮助日本和中国的供应商发展他们将用来制造自己飞机的技术。普里乍得强调指出，由于依靠共担风险的合作伙伴开发波音787关键技术（包括创新性碳复合材料机身），波音公司破坏了美国在重要出口行业的领先地位。

其实，这种看法并非正确。仅以所谓的放弃知识产权为例。波音公司并不是技术先进的制造商，在上个世纪90年代，该公司陈旧的生产线就曾出现过可怕的质量问题。把波音787开发和生产任务分给许多合作伙伴和承包商，能够减少飞机生产厂家出现生产瓶颈的可能性。

第二种意见认为，波音787把技术转移到了国外。事实上，这种看法也是站不住脚的。例如，碳复合材料机身这项生产任务之所以交给了意大利阿莱尼亚飞机公司和美国南卡罗来纳州飞机公司，是因为这两家公司已经在这方面居于领先地位。同样，三家日本重工业制造企业在制造飞机机翼方面已有超过波音的丰富经验。

实践证明，波音787的经济全球化之路是相当成功的。正因为如此，其他国家大型飞机制造商正大力效仿波音走经济全球化道路。

# 导言

世界在变小，企业在变大。全球经济一体化和企业的国际化使得国际商务活动日益活跃、迅速发展。不论是开展跨国经营的公司还是在一国国内经营的公司，都必须具备国际化和全球化的思维方式，特别是公司的高层决策人员。

国际商务学是20世纪50年代发展起来的综合性、跨专业的边缘学科，它涉及的范围极广，与其他学科，如经济学、管理学、社会学、组织学、心理学等有很多交叉之处。国际商务学是一门理论与实践相结合的课程，学科内容几乎涵盖国际商务运作的各个方面，从贸易理论、国际投融资理论到国际企业管理理论，一直到实践中的贸易实务、国际投融资管理以及国际企业管理等，都具有极强的现实意义和针对性。本章将介绍国际商务范畴、国际商务面临的两重压力、企业从事国际商务的动机和国际商务的复杂和特殊性。

## 1.1 国际商务范畴

美国学者科斯（1990）认为，国际商务包括越过国界的任何形式的商业活动，几乎包括任何形式的经济资源——商品、劳务和资本转移。

英国学者塔格特（J. H. Taggart）、德莫特（M. C. Dermott）（1997）认为，国际商务是跨越国界的商务活动，所有这些活动可以发生在个人之间、公司之间以及其他公共与私人团体之间。国际商务的关键点包括技术、政治、职能、竞争与环境影响，所有这些影响都会直接影响跨国公司战略。

美国著名国际商务管理专家迈克尔·辛可塔（Michael R. Czinkota）（1998）在《国际商务》一书中指出，国际商务包括那些为满足个人和组织需求而进行的跨国界交易。这些交易可以表现为相互关联的不同形式，其基本形式有进出口贸易和对外直接投资，以及许可经营和管理合同。

加拿大学者艾伦·鲁格曼（Alan M. Rugman）和美国学者理查德·霍杰茨（Richard M. Hodgetts）在《国际商务：一种战略管理方法》（1999）中认为：国际商务是一门研究为满足个人及组织需求而进行的跨国界交易的学科。这里的经济交易包括贸易，如进口和出口，以及对海外企业的直接投资。

本书认为，广义的国际商务就是两国或多国之间的所有商业交易。该定义包括三层含义：

- □ 商业交易包括私人交易和政府交易；
- □ 销售、投资等商业交易发生在两个或两个以上的国家和地区；
- □ 私人交易的目的往往出于赢利，而政府交易则出于赢利或政治。

狭义的国际商务仅仅研究国家、企业或个人以经济利益为目的而进行的商业性经济活动（即不包括非商业性的跨国经济活动）。

## 1.2 全球化和地方化

美国洛杉矶巴斯蒂德餐厅中供应的一道菜品烧烤小牛排，其配料中的香料来自马来西亚、印度和中国，香草来自土耳其和澳大利亚，葱来自加拿大，椰子来自墨西哥，雪利酒醋来自西班牙，小牛肉和洋葱也是从美国以外进口。这些配料在端上餐桌前运输的路程总和为66 584公里，相当于赤道的两圈半。

我们身处的这个世界中，不同国家和地区的关系和依赖性不断深化和扩展。美国波音 747 飞机有 450 万个零部件，是 6 个国家的 1.1 万家大企业和 1.5 万家中小企业协作生产的。美国的福特汽车公司，在比利时生产传动装置，在英国生产发动机和液压装置，在美国生产变速齿轮系统，然后才装配成汽车销往世界各地。法国雷诺公司从1959年起为意大利阿尔法—罗梅奥公司装配的“多芬”型汽车提供零件，反过来，阿尔法—罗梅奥公司又为雷诺公司提供汽车发动机。正如美国前劳工部长在《商业的成功》中所描述的一样，一个美国人花10 000美元买了一辆通用汽车公司的新牌号汽车，其中3 000美元给了韩国装配工人，1 700美元支付日本公司的研究开发费用，700美元给了德国的设计师，400美元用于支付香港和新加坡等地的零部件供应，而200美元用于支付英国的广告商和售后服务。

### 1.2.1 全球化和经济全球化

人们通常用**全球化**（Globalization）来描述上面这种不断发展和加深的进程。总的来看，全球化是一个以经济全球化为核心、包含各国各民族各地区在政治、文化、科技、军事、安全、意识形态、生活方式、价值观念等多层次、多领域的相互联系、影响、制约的多元概念。**经济全球化**最早是由T. 莱维特于1985年提出的，一般而言，经济全球化指不同地区和国家之间的经济关系和依赖性不断深化和扩展的过程。经济全球化主要表现在三个方面：贸易自由化、生产国际化和金融一体化，其中生产国际化是其核心。

从历史上看，世界出现过四波经济全球化浪潮。第一波经济全球化浪潮发生在2000年前的罗马帝国时期，通过建立交通网络、形成共同的语言、法律和货币等，促进了从英国到中东贸易的发展。第二波全球化浪潮出现在500年前，哥伦布等航海家开拓海上通道，推进了欧洲、美洲及东亚地区的贸易。这些贸易后来为英国、荷兰的贸易公司所控制。在此期间，因一些欧洲国家内部出现反对声音，国际贸易扩张势头受挫，经济全球化一度陷入低潮。

第三波经济全球化浪潮发生在1870—1913年间。国际贸易再次大幅增长，金融资本和劳动力加速流动。新技术成为推动经济全球化发展的动力。轮船、火车、电话、电报被广泛应用，大大降低了运输、通讯成本。比较优势理论日益受到重视，许多国家政府开始接受国际贸易不是零和游戏而是共赢的理念，开放政策对国际贸易、资本和劳动力流动产生重要作用。科技发达和资本充足的欧洲特别是英国成为国际贸易和货币体系的中心，而拥有丰富自然资源和土地的国家则成为其外围。随着两次世界大战和大萧条的发生，经济全球化陷入低潮并出现倒退。

第四波经济全球化浪潮出现在二战后至今。这一时期科技创新来源于更多的领域，电子计算机、生物、航天和新材料等领域新技术的创新和应用，促进产业结构更加优化，产品向“高、精、尖”和“轻、小、薄”方向发展。在西方工业化国家相继进入国家垄断时，世界经济重心也向多极化方向发展，“美、日、欧”三足鼎立的经济格局初步形成，广大发展中国家走上经济独立自主发展道路。

经济全球化表现为国际分工深化和世界产业结构的调整、世界贸易和跨国投资快速发展、全球要素资源流动加快。具体来讲：

**国际贸易规模迅速扩大**。经济全球化导致世界贸易规模迅速扩大、贸易增长超过生产增速。1997—2007 年间，世界贸易实际年均增长率接近 6%，超过同期世界生产增长率 2 个百分点。据世贸组织统计，从出口角度计算的世界贸易总额（包括货物贸易和服务贸易）达 39.5 万亿美元，相当于 1980 年的 16 倍。

**跨国直接投资迅猛发展**。国际投资的增长速度远远超过世界经济增长速度。1980—2000 年，国际直接投资占世界各国国内投资比重由 2.3% 提高到 22%。2000 年国际直接投资流入量创历史新高 1.49 万亿美元后，2001 年受恐怖主义等各种因素的影响，跨国直接投资有所萎缩。但自 2004 年开始连续四年增长。据联合国贸发会议统计，2007 年全球外国直接投资额突破 1.8 万亿美元，为 1980 年的 22 倍。

**全球要素资源加快流动**。经济全球化下，新一轮产业转移和生产要素重组速度加快，服务业外包成为重要特点，高科技、高附加值的高端制造及研发环节转移比例大大提高。据福里斯特研究公司调查，2000—2005 年仅美国金融服务公司就将向海外转移 50 多万个就业岗位。据联合国统计，上世纪 70 年代中期世界技术交易总额只有 110 亿美元，到 90 年代中期骤增到4 000亿美元。据国际清算银行统计，1990—2002 年，国际银行贷款总额、国际债券发行总额、国际股权发行总额分别增长了 1.2 倍、4.8 倍和 6 倍。

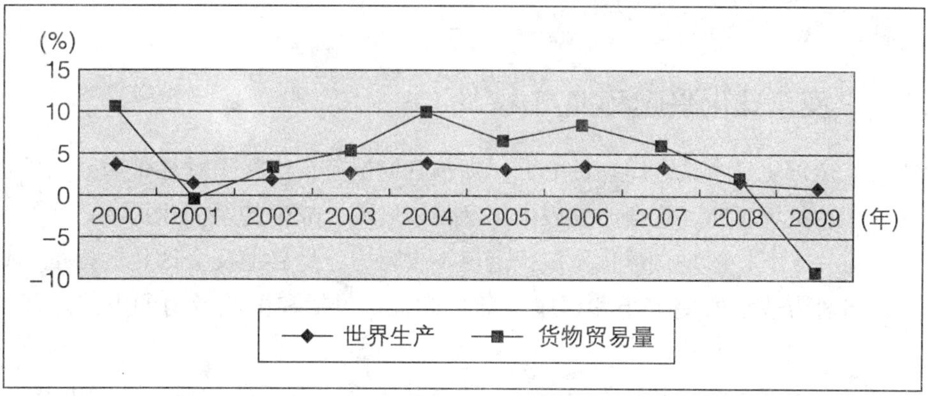


**图 1.1　2000—2009 世界生产与货物贸易量增速对比**

## 1.2.2　经济全球化的驱动因素

经济全球化既是一种社会现象，又是一种历史发展的必然，它的产生有其一定的动因。经济全球化浪潮主要得益于以下因素：

市场机制的广泛建立，为经济全球化疏通了商品流通渠道。贸易自由化持续发展，多边贸易谈判多次达成协议取得进展，较大幅度降低了关税和非关税壁垒。同时，越来越多的国家采取支持全球化发展的政策，越来越多的国际金融机构、保险机构等服务性机构参与国际贸易活动，极大地促进了国际贸易的发展。

科技进步和生产力水平的提高是经济全球化的技术基础。二战后，以电子计算机技术、微电子技术、信息通讯技术、新材料技术、空间技术、海洋技术、现代交通运输技术等为主体的现代高技术的出现，大大加快了各国、地区之间的信息流、物资流、资金流、技术流和人员流动，使相隔数千里甚至上万里的世界瞬间变成了一个地球村，从而在很大程度上缩小了人际、组织、民族、国家间交往的时空，为加速经济全球化的进程奠定了坚实的物质技术基础，提供了可靠的信息、交通工具和手段。

国际金融的发展是经济全球化深入发展的催化剂。随着国际金融机构更加现代化，相互联系更为紧密，国际资金融通速度随之加快，国际金融市场的相互依存度空前加强。

跨国公司蓬勃发展，成为推动经济全球化的关键因素。跨国公司为获取超额利润，在全球范围内进行企业内部分工，形成国际生产和营销网络，使一国的生产与多国的生产紧密相连。跨国公司的全球性经济活动，带动了贸易、资本、科技等各个领域的进一步国际化，从而推动了经济全球化的发展。

国际协调机制不断加强，成为经济全球化发展的必要条件。在世界范围内，国际货币基金组织、世界银行、世界贸易组织等国际经济协调机制日趋完善。越来越多的国家形成了区域性和跨地区国家元首或政府首脑定期或不定期会晤机制，就共同感兴趣的政治、经济和社会问题进行磋商、协调政策立场、制订行动计划等。

### 1.2.3 反全球化兴起和地方化

全球化是个具有煽动性的词，拥护者憧憬它会给整个世界带来空前的进步和繁荣；批评者断言它会给发展中国家带来贫困、战争甚至文化灭绝。尽管全球化正方兴未艾，但是全球化发展正遭遇不少阻力。世界上反全球化的力量一直在通过各种方式来敦促阻止和延缓全球化进程，包括和平或暴力的方式。现场案例1－1给出具体的分析。

国际商务的实质是跨越国境，这意味着在完全不同的商业环境中开展运作，要考虑各个国家不同的自然地理和社会环境、政治制度、法律体系、经济发展程度等。因此，强调地方差异、注重区域经济合作的**地方化**（Localization）的影响也相当大。各国在接纳和遵守普遍的国际性或全球性规范的时候，也会在很大程度上捍卫其本国的文化、法律和政治标准。例如，世界上多数国家都同意接受和遵守有关环境保护和人权保护的国际公约，但是在解释这些公约的具体意义的时候，特别是在本国实施这些国际公约的时候，每个国家的解释和适用都深深地刻有该国家自己文化、政治或意识形态的特殊烙印。更为重要的是，在参与全球化

现场观察 1-1

## 谁在反对全球化？

反全球化抗议活动在1999年世贸组织西雅图会议期间大出风头，开始引起世界舆论的广泛关注。从此以后，与经济问题有关的国际会议开到哪里，反全球化的抗议者就跟到哪里。在热那亚，针对八国峰会的反全球化抗议活动更是规模空前，造成1人死亡，300多人受伤。发展中国家担心全球化进程是否损害自身利益，为什么发达国家中的某些利益群体也站了出来，反对全球化进程？

首先，反全球化浪潮是西方“新新左派”思潮的延伸。“新新左派”攻击现代资本主义只顾经济增长和企业利润，不关心个人的社会福利，甚至破坏文化和生态。他们认为，以跨国公司、国际经济组织为代表的全球化进程加剧了这些问题的严重性。

反全球化浪潮最先攻击的目标是跨国公司。耐克运动鞋、星巴克咖啡、麦当劳、壳牌石油……铺天盖地的广告使它们誉满全球，也使它们成为反全球化的首选目标。跨国公司的罪状很多：侵犯劳工权利、破坏生态环境、加第三世界国家的贫困、影响力超越国家之上，等等。接下来受到攻击的是世界贸易组织、世界银行、国际货币基金组织等国际经济组织，因为它们被认为是全球化进程的主要推动者、跨国公司的“奴仆”。

大部分反全球化分子希望改造跨国公司，使它们担当起更多的责任，而一些极端的反全球化分子则主张彻底打碎以世界贸易组织、世界银行、国际货币基金组织为主体的现行国际经济体制。

其次，反全球化浪潮是发达国家弱势群体的呐喊，也是发达国家落后产业的要求。随着越来越多的发展中国家进入世界贸易组织，加入全球自由贸易，发达国家为了保持自己的优势地位，已经或正在调整自己的经济结构，放弃不占优势的制造业、劳动密集型产业，转向高附加值的服务业和知识产权。在全球化过程中，发达国家中这些落后产业的从业人员的利益无疑受到了冲击。应该看到的是，发达国家中穷人的利益与发展中国家的利益并非一致。发展中国家通过自由贸易受益最大的往往就是发达国家放弃的这些行业。

最后，现代科技手段和各种非政府组织对反全球化浪潮起了推波助澜的作用。有了互联网的帮助，反全球化抗议的组织工作变得简捷高效。还有一些组织专门为抗议者进行培训，因此反全球化浪潮发展迅速，其声势越来越大。由于反全球化抗议的影响太大，很多非政府组织都想利用这块招牌达到自己的目的。于是，环保主义者、动物权利支持者、工会组织、人权分子、无政府主义者，甚至白人至上主义者，都加入了反全球化抗议的队伍。

综上所述，当前发达国家中的这股反全球化浪潮是一种十分复杂的现象。全球化进程对发达国家和发展中国家的影响不同，对一个国家中的不同阶层影响也不同，反全球化的要求有其合理的一面，也有对世界经济不利的一面。

资料来源：李道胜.谁在反对全球化？——西方反全球化浪潮析.文汇报，2001-07-04.

进程的时候，每个国家都可能经由建构并提供自己关于世界的理想图景而实质性地参与全球化进程及其方向的选择和决策，并在这个意义上使之“本土化”。

国际商务与国内商务很不同，这意味着全球化下世界变得“小”了，但是地方化的差异仍然巨大。开展国际商务的公司在寻求国外生产和消费者的同时，也必须进入动荡的国际环境。

## 1.3 经济全球化对宏观经济的影响

经济全球化是一把“双刃剑”，可能导致各种正负面效应。在宏观经济层面上，它使世界范围的生产、贸易、投资和金融活动发生了巨大变化。

### 1.3.1 经济全球化的正面效应

经济全球化促进贸易和投资的自由化。贸易与投资自由化既是世界经济全球化的产物，又是全球化的强大推动力。

经济全球化促进世界范围内的资金、技术、产品、市场、资源、劳动力进行有效合理的配置。从一国的角度看，本国企业将突破本国资源和本国市场的限制，在全球范围内寻求资源的最优配置与有效利用。

经济全球化加速技术转让和产业结构调整的进程。经济全球化带来了国际分工的大发展、产业的大转移和资本、技术等生产要素的大流动，这对于发展中国家弥补国内资本、技术等要素缺口，发挥后发优势，迅速实现产业演进、技术进步、制度创新，促进经济发展十分有利。

经济全球化有利于发展中国家的企业发展出口和利用外资或对外投资。发展中国家通过参与经济全球化，获得了经济发展所需要的资金、技术、管理经验、市场、资源等，从而加快经济增长步伐并提高民众生活水平。

据世行统计，发展中国家 GDP 年均增长率从 1980—2000 年的 3.4% 提高到 2005 年的 6.6%，其中东亚和南亚国家经济持续快速增长，GDP 年均增长分别从 8.5%、5.4% 提高到 9%、8.1%。不少国家还利用经济全球化机遇提升产业水平和国际竞争力，成为世界重要技术产品出口国，其跨国公司也在包括发达国家在内的世界各国投资设厂。如韩国 20 世纪 60 年代仍是比较贫穷的国家，参与经济全球化使其经济快速增长，目前韩国已进入工业发达国家行列。

经济全球化促进世界经济增长，有利于减少贫困人口。据世行统计，1980 年以来，全球人均收入增长近 1 倍；1990 年以来，世界有 4.5 亿人摆脱绝对贫困状态；当然发达国家从经济全球化中获得丰厚利润，出口扩大，生产率提高，消费价格降低，民众生活水平提高。

### 1.3.2 经济全球化的负面效应

在效率与公平的矛盾中，经济全球化总逼使公平处于弱势一方。具体看来，经济全球化的负面影响体现在：

经济全球化使贫富差距拉大。据世界银行统计：1983 年高收入发达国家的人均 GDP 是低收入发展中国家的 43 倍，到了 1994 年变为 62 倍。世界银行 2004 年

4 月 30 日发表的《世界发展指数》承认："经济全球化的某些因素已使最贫穷国家受到损害，使富国和穷国之间巨大差距的扩大面临着更大的风险。在一个不能打破贫穷周期且愈来愈不平等的世界中，集中于工业化的国家占世界人口 1/6 的人却垄断了全球近 80% 的收入。与此同时，居住在 63 个发展中国家占世界人均 60% 的人，仅得到世界收入的 6%，人均每天不足 2 美元。"

经济全球化加剧了世界经济的不平衡。经济全球化带来对发展中国家民族经济的冲击，而且这种冲击是建立在不平等关系基础之上的。一方面，国际经济组织（世界贸易组织、国际货币基金组织、世界银行等）都掌握在发达国家手中，为世界经济运转所制定的各种原则、制度和秩序都是由他们制定的。另一方面，西方发达国家所拥有的经济、技术和管理优势，是发展中国家远不可及的。因而经济全球化中获益最大的当然是社会生产力高度发展的发达国家。

经济全球化使世界经济不稳定性增加。经济全球化就是金融、贸易与投资的全球化，然而由于发展中国家市场发育不够充分，经济结构比较脆弱，更容易受到外部不利因素的冲击。经济全球化使发达国家的经济周期、汇率、利率的变动传导给发展中国家，使发展中国家的经济经常出现不利波动，发生在 1994 年底的墨西哥金融危机、1997 年的东南亚金融危机以及 2008 年由美国次级贷款而引发的全球金融和经济危机已充分说明这点。

经济全球化还可能导致发展中国家生态环境遭到破坏，如日益蔓延的荒漠化、土地的侵蚀、动植物物种的灭绝、海洋与河流道的污染等问题。发达国家往往出于本国战略利益的考虑，为了保护本国的生态环境不受污染，而把大量的污染源工业都建立在海外，既消耗了他国的资源，还污染了他国的环境。据有关资料统计，美国将 60% 以上的污染企业建立在海外。

## 1.4　经济全球化对国际商务的影响

经济全球化和地方化对开展国际商务的公司而言，既带来开拓国际市场的机会，同时也带来国际经营的风险、增加国际管理的成本。

### 1.4.1　经济全球化带来的国际商务机会

全球化为国际企业创造许多提高赢利和利润增长的机会。全球化带来市场的扩张、规模经济和区位经济的实现，从而使得公司成本节约和利润增长。

#### 扩张产品市场

利用经济全球化的机会，企业可以将本地的产品或服务销售到全球，从而实现增长。几乎所有的跨国公司都是这样起步的。特别是如果目标国家市场缺乏能够竞争的产品/服务时，这样的市场扩张回报会更高。美国零售巨头沃尔玛在 20

世纪90年代认识到仅仅局限于美国市场，发展空间是有限的。到1995年，沃尔玛的商店已经在美国50个州遍地开花，公司分析认为到2000年，美国市场就会饱和，因此唯一的出路是国际经营。在这种思想指导下，沃尔玛公司开始积极在全球开分店，2009年已经在全球拥有7 899家店，年销售额3 787亿美元，居全球500强首位。美国的宝洁公司、欧洲的联合利华公司、日本的丰田公司等都是在全球扩张市场而迅速成长起来。表1.1提供了2008年全球500强前20名的资料。

**表1.1 2008年全球500强前20名**

| | 公司标志 | 中文常用名称 | 总部所在地 | 主要业务 | 营业收入（百万美元） |
|---|---|---|---|---|---|
| 1 | WAL★MART 沃尔玛 | 沃尔玛 | 美国 | 一般商品零售 | 378 799 |
| 2 | ExxonMobil | 埃克森美孚 | 美国 | 炼油 | 372 824 |
| 3 | | 皇家壳牌石油 | 荷兰 | 炼油 | 355 782 |
| 4 | bp | 英国石油 | 英国 | 炼油 | 291 438 |
| 5 | TOYOTA | 丰田汽车 | 日本 | 汽车 | 230 201 |
| 6 | Chevron | 雪佛龙 | 美国 | 炼油 | 210 783 |
| 7 | ING | 荷兰国际集团 | 荷兰 | 银行 | 201 516 |
| 8 | TOTAL | 道达尔 | 法国 | 炼油 | 187 280 |
| 9 | GM | 通用汽车 | 美国 | 汽车 | 182 347 |
| 10 | ConocoPhillips | 康菲 | 美国 | 炼油 | 178 558 |
| 11 | DAIMLER | 戴姆勒 | 德国 | 汽车 | 177 167 |
| 12 | GE 通用电气公司 | 通用电气 | 美国 | 多元化 | 176 656 |
| 13 | Ford | 福特汽车 | 美国 | 汽车 | 172 468 |
| 14 | FORTIS | 富通 | 比利时/荷兰 | 银行 | 164 877 |

（续表）

| | 公司标志 | 中文常用名称 | 总部所在地 | 主要业务 | 营业收入（百万美元） |
|---|---|---|---|---|---|
| 15 | AXA | 安盛 | 法国 | 保险 | 162 762 |
| 16 | 中国石化 SINOPEC | 中国石化 | 中国 | 炼油 | 159 260 |
| 17 | citi | 花旗集团 | 美国 | 银行 | 159 229 |
| 18 | | 大众汽车 | 德国 | 汽车 | 149 054 |
| 19 | DEXIA | Dexia Group | 比利时 | 银行 | 147 648 |
| 20 | HSBC 汇丰 | 汇丰控股 | 英国 | 银行 | 146 500 |

资料来源：http://economy.enorth.com.cn/system/2008/07/10/003528371.shtml

### 利用全球规模实现成本经济

在通过海外销售实现市场扩张之外，企业还可以因为规模经济而获得成本节约，进一步提高赢利能力。规模经济来源于几个方面：首先，海外扩张可以分摊产品开发和产品生产的固定成本。特别是资本和知识密集型的行业，如制药、高科技行业公司受益良多。如在美国开发新药号称“双十”门槛，因为开发和临床等投入需要10亿美元，另外获得国家食品药品监督管理局批准需要10年。微软开发Window XP的费用为10亿美元，如果不在全球市场上分摊开发成本，是难以想像的。其次，在全球市场中，企业可以更密集地使用生产设备，从而提高生产能力、降低成本和获得更高的赢利。例如，如果英特尔公司仅仅在美国销售微处理器，则工厂只能每周运行5天，每天一班。但是如果该工厂为全球供应产品，则会每周开工7天，每天两班。最后，全球销售提升了企业的规模，因此也提高了对供应商讨价还价的能力，可以节约投入，提高赢利能力。沃尔玛公司之所以能够做到“天天低价”，就是因为巨大的销售规模可以迫使供应商降低价格。

### 实现区位经济

区位经济指在最优化地区进行某项价值创造活动所获得的经济利益。在全球最优化的地区进行某项价值创造活动可以降低创造价值的成本，帮助企业获得低成本，也有助于帮助企业实现产品的差异化。耐克在美国不生产一双球鞋，位于亚特兰大的总部只负责设计和全球营销安排，从而利用美国一流的设计队伍和强大的营销优势；而真正的生产工厂分布于全球各地发展中国家，以便利用当地便宜的劳动力。几乎所有的跨国公司都同耐克一样，将自己的某一价值创造活动转移到全球最优地区开展，从而获得自己的竞争优势。

**利用全球子公司的技能**

跨国公司传统上是将母公司在母国开发的企业竞争优势输送到海外。但是随着时间的推移，越来越多的海外子公司成长起来，海外子公司一样可以建立自己的核心竞争优势，因为降低成本、提高价值等核心竞争力并不是只为公司总部所垄断。

实际上，越来越多的跨国公司认识到这点，正在积极建立激励机制来鼓励全球员工来参与到企业竞争力的开发中。当然，公司总部必须确保自己能够发现这些来自海外的核心竞争优势，并有能力在企业内部实现这些竞争优势的转移。

需要注意的是，全球化扩张往往有一个极限，因为如果考虑运输成本、贸易壁垒、管理成本和协调沟通等，全球化不是国际企业无止境的追求。以汽车行业为例，如果仅仅从装配成本看，也许新西兰最低，但是如果考虑到运输成本和贸易壁垒，则是不经济的。这也是为什么来自日本和美国的汽车巨头试图进入欧洲时，选择爱尔兰，而不是新西兰，因为前者具有地理接近、语言沟通以及规避贸易壁垒的优越性。同样，我们也可以观察到，由于北美自由贸易区的存在，众多试图进入美国市场的跨国公司纷纷选择在墨西哥建立工厂，而不是在距离北美遥远的亚洲，虽然显而易见亚洲的劳动力更为便宜。

## 1.4.2 全球化带来的国际商务的挑战

全球化为国际企业带来巨大优势的同时，也为在全球竞争的企业带来两重竞争压力：降低成本的压力和响应当地客户的压力，这两重压力对企业提出相互矛盾的需求。降低成本的压力需要企业努力降低单位成本，因此要求企业将自己的制造活动安排在全球最有利的地区实现区位经济，而且只有向全球市场提供标准化的产品才可以实现规模经济和经验曲线经济。但是，响应当地客户需求则要求国际企业在不同国家实现产品和服务以及市场战略的差异化，以适应不同国家和地区不同消费群体的喜好、当地的商业惯例、基础设施、政策要求等。而要做到差异化，需要牺牲产品的标准化，这导致成本的增加。

**成本削减压力**

跨国企业面临的成本压力很大，必须设法降低创造价值的成本。那些低附加值的大众产品行业尤其突出，因为这些产品难以形成有意义的非价格差异化竞争优势，所以价格往往是主要的竞争武器。如大宗化工产品、石油、钢铁、计算机以及许多的消费产品。在欧洲，大众服装的生产基地在西班牙，因为南欧的人工比西欧至少便宜一半，这也造就全球成衣零售巨头 Zara 和 MNG（mango），它们的口号是“一流的设计、二流的面料、三流的价格”，依靠时髦、经典和优异的性价比获得美国、欧洲乃至亚洲时尚女性的热爱。同样道理，我们不难理解西班牙也是欧洲建筑行业的主力。

### 本地客户响应压力

国际商务的实质是跨越国境，这意味着必须针对不同国家的产品和营销等实行差异化，而这可能导致成本提升。

□ 消费者的口味和偏好的差异。由于历史或文化的原因，不同国家的顾客口味和偏好明显不同，由此产生本地客户响应的压力。如麦当劳在印度既不能出售猪肉汉堡，也不能出售牛肉汉堡（因为牛为神圣的象征）。在中国和东南亚，麦当劳出售米饭汉堡，在一些地区如四川推出当地人喜欢的辣椒口味汉堡。又比如虽然亚洲女性喜欢皮肤美白、疯狂热爱来自法国的顶级护理品牌，如兰蔻。但是她们真正到了法国会知道，在法国市面上并不销售这样的美白产品，因为欧洲女人本身皮肤白皙，她们正在追求美黑，法国品牌的美白产品都是专门针对东亚女性需求而开发的。

□ 基础设施的传统行为的差异。基础设施差异也会产生本地客户响应的压力。例如在北美消费电器使用 110 伏电压，而欧洲是 240 伏。英国人和日本人习惯靠左行驶，所以需要右驾驶盘的汽车，而欧洲大陆则是靠右行驶，所以需要左驾驶盘的汽车。如果你开车在欧洲大陆旅游，会惊讶地发现几乎每个国家加油站的阀门都不一样，你需要一个多极接头以便对接不同的输油管。在欧洲人们称手机为 GSM，因为这是由北欧国家开发的无线通讯网络。美国人喜欢称自己的手机为 Handy 或 Mobile，因为他们采用的是 CDMA 网络，不同的网络标准使得 GSM 和 CDMA 往往不能兼容。

□ 分销渠道的差异。国际公司在全球开展销售时，不同国家的分销渠道对销售的影响和制约尤其明显。比如，跨国公司进入日本一般采用将总经销权交给一家日本公司的做法，即放弃在日本建立自己的渠道和网络以及放弃在日本产品高溢价带来的丰厚回报。原因很简单，日本的分销渠道错综复杂，是外国公司几乎难以渗透的。

□ 东道国政府的要求。不同的东道国政府在政治和经济上往往迫使国际公司作出本地响应。如本地化成分要求，要求国际公司一定比例的产品/部件在当地制造。许多汽车巨头曾经试图进入越南市场，但是不得不放弃，因为越南政府规定高比例的汽车本地化让国际公司知难而退，而越南是连自行车技术都没有过关的国家。又如印度政府为保护本国电建行业就业，即使明明知道本国合格的高压电工只有 40 人（还不够一个大型项目需要），仍然不允许印度公司签订允许中国工程人员来印度工作的合同。

表 1.2 介绍了开展国际经营的模式职能和本书的对应章节。

表 1.2 开展国际经营的模式、职能和相应章节

| 模　式 | 职　能 | 相应章节 |
|---|---|---|
| • 进出口 | • 贸易和直接投资 | • 国际贸易(第 7 和第 8 章) |
| • 旅游和运输 | • 国际融资 | • 国际直接投资(第 9 章) |
| • 许可和特许 | • 全球生产与供应管理 | • 国际金融(第 10 和第 11 章) |
| • 交钥匙工程 | • 市场营销 | • 国际战略和组织(第 12 和第 13 章) |
| • 管理合同 | • 国际会计和财务 | • 全球生产与供应链(第 14 章) |
| • 国际直接投资 | • 人力资源管理 | • 市场营销 (第 15 章) |
| • 国际证券投资 | | • 国际会计和财务(第 16 章和 17 章) |
| | | • 国际人力资源(第 18 章) |

# 1.5 经济全球化对中国及企业的启示

## 1.5.1 经济全球化对中国的启示

全球化背景下，中国改革开放成果斐然。国家统计局数据显示，1979—2008 年，中国经济年平均增长率达到 9.8%，比同期世界经济平均发展水平高 6.8 个百分点。中国是全球最大的发展中国家，2008 年国内生产总值为 3.86 万亿美元，经济总量已跃居全球第三。另外，中国人均国民收入（GNI）在 1962 年只有 70 美元，1978 年为 190 美元，但 2001 年突破1 000美元，2008 年达到2 770美元，比 1962 年增长了 38.6 倍。中国人均 GNI 水平与世界平均水平的差距逐渐缩小，1978 年相当于世界平均水平的 10.1%，2008 年相当于世界平均水平的 32.3%，在世界银行 209 个国家和地区的排序中，位次由 1997 年的 145 位提升到 2008 年的 130 位。

目前中国是世界第三大贸易国（仅仅于美国和德国），外向国际化程度不断提高、贸易依存度呈逐年上升趋势。外贸依存度为一定时期内进出口总额与 GDP 的比值，该指标通常反映一国国内经济与国际经济联系的紧密程度。1978 年中国外贸依存度为不到 10%，2007 年超过 70%。2008 年中国进出口贸易总额在全球排名第 3 位，占世界贸易总量的 7.9%；而 1978 年为全球第 29 位，仅占世界贸易总量的 0.8%。

中国自 1993 年起就成为发展中国家吸引 FDI 最多的国家，2007 年吸引 FDI 达 748 亿美元，总量居全球第五位。中国外汇储备在 2009 年 6 月达到 2.13 万亿美元，为全球外汇储备第一大国。

对于中国这样一个大国而言，如何不被狭隘的民族主义所封闭，又能收获全球化浪潮利益是紧迫的问题。从全球范围、长远角度进行谋划，积极应对经济全球化的挑战必须制定综合性方案。

第一，中国应该积极推动改革全球治理体制。从全球层面上看，对重大问题的决策存在单边主义倾向，发展中国家没有得到应有代表性。要让经济全球化的益处得到更广泛和公平的分享，须从政治层面进行改革。改革经济全球化的管理方式，加强国际机构自身的治理，增加发展中国家参与决策的能力，加强国际法规的实施。通过签订全球社会发展协议等，平衡发达国家和发展中国家之间的利益。

第二，在强调促进贸易自由化的同时，加强公平贸易。由于发展中国家和发达国家在经济全球化中所处地位不平等，贸易自由化会产生不公平的结果。许多国际贸易协议充满了不平等的内容，没有促进穷国经济增长。应该积极呼吁世贸组织创立反映公平、社会公正和效率原则的法律框架。实施公平的国际贸易政策，有助于保证多数国家从贸易中得到好处，确保更公平地分享贸易带来的利益和成本。

中国应该注意敦促发达国家建立和完善应对经济全球化负面影响的相关政策和机制。发达国家不应该采取贸易保护主义手段阻挡外国竞争，而是应更多关注经济全球化的国内输家，对其提供必要的帮助，如资助工人再培训、为非熟练劳动力提供工资补贴和教育经费等。这些政策措施的落实，不仅改善这些劳工及家庭的生活，还将有助于经济全球化的持续发展。

第三，作为发展中大国，中国应选择合适的发展模式。目前，发展中国家采用的发展理念主要有两种，一是突出自由市场主导作用的“华盛顿共识”，二是强调政府和市场共同作用的“综合发展理念”。西方国家在拉美等地区推行“华盛顿共识”，但效果不佳，原因是它过于弱化政府的作用，极端倡导私有化，强调贸易和资本市场自由化，过分强调 GDP 增长，忽视经济和社会公平性。

虽然“华盛顿共识”成为全球主流的发展理念，但以美国经济学家斯蒂格利茨为代表的一批西方学者提出的“后华盛顿共识”强调与发展相关的制度因素，认为发展不仅是经济增长，而且是社会的全面改造。Thomas I. Palley 甚至认为，强调出口导向式增长的华盛顿共识失败了，现在是面向内需驱动式增长（Domestic Demand-Led Growth）而采取新发展政策的时代了。中国传统开放理论，明显特点就是都集中在对外开放领域；长期强调的“走出去”策略实际上仅仅是外向化的国际视角。在全球金融危机冲击下，中国应该重新审视开放发展的理论和实践，选择适合自己的发展模式。

第四，改革国际货币和储备体系。以美元为主导的国际储备体系是国际金融体系的主要不稳定因素之一。为从根本上解决这一问题，需改革现行国际储备体系，监督主要储备货币发行国的货币政策；同时结合人民币跨境结算积极推进人民币的国际化。

### 1.5.2　经济全球化的对中国企业的启示

经济全球化给企业的最直接、最显见的好处是关税降低、贸易壁垒减少、贸易便利。更重要的是，新经济和全球化的进程促使世界经济发展的网络化和世界市场的一体化，国际分工不断深化和扩大，世界资源在重新进行配置，并趋于合理化。经济全球化为中国企业实现跨越式发展提供了机遇。经济全球化有利于国内企业的成长和发展。

经济全球化使国内企业可以在全球范围内组织生产经营活动，实现资源的优化配置，降低成本，获得更多利润，从而促进企业的发展。

在经济全球化条件下，产品具有更广阔的市场，国内企业可以在更大的范围内获取经济利益。

在国际竞争的压力下，可以加速国内企业改革的步伐，加快建立现代企业制度，并促进企业积极引进国外先进技术、资金和管理经验，增强国内企业参与国际竞争的实力。

经济全球化使资本、技术、人才等重要资源可以更加自由地在国际上流动，使中国企业有机会利用国际上的资源来促进发展，充分利用资源优势、市场优势和后发优势。

但是经济全球化也为中国企业的国际经营带来严峻挑战。全球化经济导致市场环境越来越复杂，生存能力要求越来越高，竞争对手越来越多，竞争压力越来越大，产品的生命周期越来越短，对新产品开发的难度越来越大，竞争内容也越来越复杂。可以从以下 3 个方面进行分析。

第一，市场竞争环境的变化对中国企业带来的冲击和挑战。经济全球化已经成为不可逆转的历史潮流，各国、各地区的经济相互交织、相互影响、相互融合成统一整体。不同国家的国家政策、法律制度、经济发展水平、社会文化风俗的差异性、竞争对手的公司策略等，这些促使企业面临的市场竞争环境趋于复杂，竞争对手增多，经营风险增加。中国企业致命的弱势体现在缺乏对新的市场环境的准确信息以及分析和判断能力。

第二，市场竞争对手的变化对企业带来的冲击和挑战。全球大约有79 000家跨国公司及其790 000家外国子公司，2007 年它们的外国直接投资存量超过 15 万亿美元；贸发会议估计跨国公司的销售总额达到 31 万亿美元，比 2006 年增加 21%。2007 年，全球外国子公司的附加值（总产值）约占全球国内生产总值的 11%，雇员人数增加至约8 200万。

由于中国经济的迅速发展，对任何一个国家的企业来说，中国都是一个不可忽视的潜力巨大的市场，巨大的吸引力使大量外国公司涌入，对华投资的外国公司大都具有雄厚的实力、宝贵的人才、先进的技术和管理经验以及优秀的企业文化，在市场中占据了主动地位，而中国企业与其相比在这些方面均处于弱势地位。

第三，市场竞争内容的变化对中国企业带来的冲击和挑战。随着全球化进程的加快以及市场竞争的加剧，提供产品和服务的企业之间的实质性差异已趋于消失，消费者的消费趋势也从生理消费转向心理消费，即消费者更加注重产品和服务带来的心理感受。而品牌迎合了消费者的需要，因此企业之间的品牌之战不可避免。同样的是由于产品的生命周期大大缩短、新产品层出不穷，企业要保持市场竞争力，就要不断地推出新产品，这又需要不断地进行技术创新，而技术创新又需要大量的资金和优秀的人才，这就需要企业要有雄厚的实力。所以市场竞争内容也就表现为除产品和服务以外的品牌竞争、技术竞争、人才竞争、实力竞争、营销模式竞争以及企业文化竞争等。而很多中国企业在全球竞争新领域缺乏明显优势。

目前中国的原始设备制造商大部分处于全球价值链的最底层，获得的利润率不足产品价值的 5%。中国企业仍然无法回避大部分利润被那些有较强研发能力、有品牌影响力、有核心客户关系的外国公司收入囊中的事实。2005 年《商业周刊》与 Interbrand 公司联合发布的前 100 名全球品牌中，没有一家中国企业。中国对外投资和跨国经营发展比较缓慢，对外投资量尚不到世界对外投资的 1%，这既与中国经济的总体发展和引进外资的规模不相称，也表明中国在国际分工中处于不利地位。

## 本章小结

- 国际商务的实质是跨越国境的商业交易行为。
- 全球化是国家之间经济联系和依赖逐渐深化和扩展的过程。国际商务的蓬勃发展既是全球化的必然结果，又是全球化的驱动因素。
- 开展国际商务面临全球化和地方化的两重压力。这导致开展国际商务环境的复杂性和多样性，既带来机遇也提出挑战。
- 全球化带来市场扩张、规模经济和区位经济的实现，从而使得公司成本节约和利润增长。
- 国际商务挑战体现在：商务环境复杂多样、经营模式多样以及管理的复杂性和艰巨性。

### 关键词和概念

国际商务　全球化　地方化　国际商务机遇
国际商务挑战　成本压力　客户响应压力
国际商务动机

### 思考题

1. 什么是国际商务？它与国内商务有何不同？
2. 什么是经济全球化？哪些因素推动全球化的发展？你认为经济全球化体现在哪些方面？
3. 经济全球化和地方化的矛盾是什么？它们为国际商务带来怎样的机遇和挑战？
4. 你认为跨国公司发展与全球经济一体化深入有何关系？
5. 你认为国际商务中应当如何协调降低成本的压力和提高当地客户响应的压力？
6. 请与同学讨论全球化对中国经济的影响。你认为中国应当如何收获全球化浪潮利益并避免其负面影响？
7. 你认为中国企业在国际商务活动中面临怎样的机遇和挑战？
8. 有观点认为强调出口导向式增长的华盛顿共识失败了，现在是面向内需驱动式增长而采取新发展政策的时代。你如何看待这一观点？这对开展国际商务有何影响？
9. 请与同学讨论中国企业从事国际商务的动机，并给出你们观察到的实际例子。

## 结尾案例

# 案例1-1 “空气”出口

2005年12月19日，江苏梅兰化工股份有限公司和常熟三爱富中昊化工新材料有限公司与世界银行伞型碳基金签订了总额达7.75亿欧元（折合9.3亿美元）的“卖空气”（碳减排购买）协议。这笔创纪录的温室气体排放交易，将帮助这两家中国企业在未来七年中每年减少1 900万吨二氧化碳当量的排放量。但是企业要真正走上“卖空气”的路并不容易，“卖空气”的项目必须在联合国特别设立的机构注册成为CDM项目，而注册成功需要经过多次审查。以梅兰的技改项目为例，项目要进入首轮公示，首先要经过国家发展改革委认可，在首轮公示期结束后，再经过第三方机构的审核，随后继续进行约两个月的公示，如果能通过公示就算注册成功。此后还需通过具体的减排量计算和核查并找到买家。

**背景知识1：什么是CDM？**

清洁发展机制，简称CDM（Clean Development Mechanism），是《京都议定书》中引入的三个灵活履约机制之一。根据“共同但有区别的责任”原则，已完成工业革命的发达国家应对全球变暖承担更多的历史责任，因此，《京都议定书》只给工业化国家制定了减排任务，但没有对发展中国家作这个要求。《京都议定书》规定，发达国家缔约方为实现温室气体减排义务，从2005年开始至2012年间必须将温室气体排放水平在1990年的基础上平均减少5.2%。由于发达国家减排温室气体的成本是发展中国家的几倍甚至几十倍，发达国家也可以选择在发展中国家实施具有温室气体减排效果的项目，把项目所产生的温室气体减少的排放量作为履行京都议定书所规定的一部分义务。一方面，给予发达国家一些履约的灵活性，使其得以较低成本履行义务；另一方面，发展中国家能够利用减排成本低的优势从发达国家获得资金和技术，促进其可持续发展；还可以使全球在实现共同减排目标的前提下，减少总的减排成本。CDM规定减排的温室气体有：$CO_2$（二氧化碳）、$CH_4$（甲烷）、$N_2O$（氧化亚氮）、HFCs（氢氟碳化物）、PFCs（全氟化碳）和SF6（六氟化硫）。

**背景知识2：什么是碳交易？**

碳交易（即温室气体排放权交易）也就是购买合同或者碳减排购买协议（ERPAs），其基本原理是，合同的一方通过支付另一方获得温室气体减排额。买方可以将购得的减排额用于减缓温室效应从而实现其减排的目标。

通常来说，碳交易可以分成两大类：其一是基于配额的交易。买家在“限量与贸易”体制下购买由管理者制定、分配（或拍卖）的减排配额，譬如《京都议定书》下的分配数量单位（AAU），或者欧盟排放交易体系（EU ETS）下的欧盟配额（EUAs）。其二是基于项目的交易。买主向可证实减低温室气体排放的项目购买减排额。典型的此类交易为CDM以及联合履行机制下分别产生核证减排量和减排单位（ERUs）。

全球碳交易市场成长迅速，2006年的交易额达到250亿～300亿美元，2008年增加到每年400亿美元。据预测，到2012年为止全球碳交易市场规模将达到1 500亿美元。而20年内，全球碳市场可能达到3万亿美元。目前，中国是全球第二大温室气体排放国。虽然没有减排约束，但中国被许多国家看做是最具潜力的减排市场。联合国开发计划署的统计显示，目前中国提供的二氧化碳减排量已占到全球市场的1/3左右，预计到2012年，中国将占联合国发放全部排放指标的41%。

**讨论和在线学习问题：**

1. 与你的伙伴一起讨论卖空气的实质和影响？它同传统的商品和服务贸易有什么不同？
2. 登录国家发展改革委网站 http://www.sdpc.gov.cn/，进入“应对气候变化司”子站，点击“清洁发展机制”了解更多信息和知识。
3. 美国并没有批准《京都议定书》，你如何看待这一现象。

## 案例1-2 宝马战略：品牌全球化，营销地方化[3]

宝马（BMW）是一家出口导向的德国汽车公司，其产量2/3皆出口，主要集中于高度工业化地区和国家，如欧共体、日本和美国。然而，1993年1月1日欧洲市场一体化后，出口与国内销售之比发生了逆转，因为2/3销量集中在一体化的欧洲市场。

欧共体12个成员国家有9种语言、11种面值不同的货币。在这些国家，人们的生活方式迥异，有鉴于此，宝马公司认为应在各个地方市场上做到入乡随俗。

**寻找“欧洲品牌”**。经过多年努力，宝马在15%的高档轿车市场领域中独占鳌头，创立了驰名世界的品牌形象。为满足不同地方市场的不同要求，宝马决定采取集中统一品牌战略，战略实施则依不同的国家而有所变化。这就是所谓“品牌全球化、营销地方化”的营销战略系统。

这一战略形成的第一步是进行市场调研，决定宝马在欧洲和各地区范围里的理想定位。为此举办了一系列的小组讨论，目的在于剥茧抽丝，找出各国家的有关语言问题和可接受的品牌特性。调查的结果表明，五个国家（即奥地利、意大利、荷兰、法国和瑞士）的顾客要求可分为三大类：对每个国家所有驾驶汽车的人都同等重要的特性，这些特性因而在全欧洲有效；对某个国家的所有驾驶汽车的人都同等重要的标准，这些标准因此构成国别差异；对所有国家中某些驾驶汽车的人同等重要的要求，这些要求因而带来与目标群体有关的差异。

**欧洲式样**。全欧洲一致的要求有：可靠性、安全性、质量、先进技术。宝马公司把这些标准称为基本要求。那些被认为不符合这些要求的轿车，在购买决策的最初阶段，就被购买者从本来就不太长的备选清单中一笔勾销了。另一方面，符合这些要求的汽车则在所有国家都被认为是好车。

**量国裁衣**。一旦某种式样经过了上述基本考验，下一步就是选择适合某个国家趣味的体裁，还得将该国的气候条件一并考虑。就汽车来讲，这意味着：在荷兰，汽车的吸引力有赖于“内部品质”，如精工细琢的内部配置。与此相反，在奥地利，汽车可能，也应该展示个人的自信，什么样的车显示出其主人是什么样的人，“车如其人”的观念在这里比其他任何国家都强。在意大利，人们十分希望车能符合驾驶员的个人风格，他们对设计和审美品质以及行驶中的动力表现的要求，使得人们发现意大利人对车的追求与其他国家的人截然不同。这样，不同国家的要求组成特征鲜明的轮廓，如水落石出般凸现出来，这个轮廓或多或少包括前面提到的基本要求，但主要涉及的是与某个国家相关的特定期望。

**因人着色**。市场研究中所发现的顾客跨国相似性在宝马的料想之中。更为重要的是，这些预计中的相似性属于较高层次。简而言之，驾驶宝马的人要求上乘的式样、卓越的行驶表现、现代的技术和独特的个性。不同国家宝马驾驶者的这些共同参照系为宝马的全球战略提供了出发点。另一方面，不同国家的轿车驾驶者之间的差异也适用于宝马，因此要恰当地面对目标群体，营销地方化也是必不可少的。

**发现结果的应用**。调研结果为“品牌全球化，营销地方化”提供了有力的依据。理想战略必须是尽可能多地对目标群体成员富有吸引力；具有凝聚力；符合企业形象的要求；提供一个超越竞争对手的独特地位。以前的方式以单方面考虑技术能力和先进性为特征，新的方式则扩展至包容了情感因素，审美价值，风格雅致，构思精巧，独特超群和个性鲜明等新的方面。突破了宝马品牌传统上所强调以技术与运动风格为核心的形象，由此大大增加了扩展品牌的途径。

新的发现与新的方式的确立使得公司调整其战略目标，即从注重产品本身转移到重视产品的环境，尤其是产品的营销环节。但是，传统上，公司总部强调统一性，而各国的分公司则更多地强调地方特色。为了解决这样的冲突，统一大家的认识，宝马公司在开展调研的每个国家举办研讨会，参加者包括公司总部和各分公司负责市场营销的官员，还邀请了有关机构与调研公司。在研讨会上首先提出有关国家的调研结果，然后将其置于新的战略目标的背景下加以讨论。实践证明，这种方法为公司总部和分公司负责营销的人员提供了行之有效的途径，它加深了大家对“世界性品牌，地方性营销”战略的理解和认识，从而为这一战略的顺利实施打下了良好的基础。

**讨论和在线学习问题：**

1. 结合宝马在欧洲各国开展品牌和营销的战略，请上网收集宝马在中国开展商务的品牌和营销战略资料，并进行比较。
2. 选择几家你所在地区的国际公司，请观察它们是如何在全球化和地方化的两重背景下开展国际商务的？

## 参考文献


1. 佟福全．美国波音公司堪称经济全球化之路的成功典范［N］．香港大公报，2007－12－05.
2. Sara Dickerman, “Air Supply: How Many Frequent-Flier Miles Did your Dinner Earn?” New York Tines Style Magazine（Fall, 2004）: 30.
3. 宝马战略：品牌全球化　营销地方化．http: //www. glpx. com/glzs/ppgl/200608/16798. html.

# 2 CHAPTER 2 国际化：理论和过程

如果说联想是欧美式的，海尔的国际化道路就是日韩式的。

——张瑞敏

**学习目标**

- 了解国际化和跨国公司内涵
- 学习国际化的基本理论
- 企业国际化的过程
- 企业国际化的测量
- 企业国际化的具体方式
- 中国企业国际化模式

**开篇案例**

## IBM凭啥说"中国只有60家企业可以国际化"[1]

2006年9月，一份特殊的清单令业界惊愕：中国只有60家企业可以国际化——47家国营企业和13家民营企业，包括联想、中石油、中海油、海尔、中兴、华为、中远洋、上海汽车集团和TCL等已经试水国际化的行业巨头，以及斯威特、人民电器、力帆、奇瑞、万向和雅戈尔等民营企业。

清单来自IBM商业价值研究院联合复旦大学发布的《中国企业走向全球——实践、挑战与对策》白皮书。通过深入的访谈和分析，IBM甄选出了中国最具全球化潜力的行业和企业名单并最终得出结论：只有那些战略清晰、定位明确、执行力强、能够驾驭复杂的全球管理架构的企业才有望成为未来领先的跨国公司。

**60家从何而来？**

IBM的专家把年销售额超过10亿美元视为企业能否国际化的第一项指标，把中国规模较大、行业集中度较高、有一定出口能力的企业作为具有全球化前景的公司。通过筛选，只有124家中国企业能满足国际化企业的"行业特征"。

根据企业在中国的市场地位、出口或海外业务占销售额的比重（15%以上），以及企业的全球化视野、目标及运营现状等因素进行进一步的筛选，最终满足条件的企业共计60家。

**背景资料：**

(1) 2004年中国500强企业中年销售额超过10亿美元的企业共290家（民营企业27家，国有企业263家)。

(2)《财富》公布的2004年美国500强中，年销售额超过150亿美元的企业有143家，而同期的中国企业只有14家。

(3) 2008年9月19日美国《商业周刊》杂志与国际品牌集团(Interbrand)共同发布“2008全球最佳品牌排行榜”。可口可乐公司以666.67亿美元的品牌价值连续八年居首，而中国企业的品牌价值并未得到调研机构的认可，无一上榜。

(4) 目前，中国的原始设备制造商大部分处于全球价值链的最底层，获得的利润率不足产品价值的5%。中国企业仍然无法回避大部分利润被那些有较强研发能力、有品牌影响力、有核心客户关系的外国公司收入囊中的事实。

# 导言

所有的公司，无论大小都会受到国际竞争的影响。经营国际化的企业不仅仅局限于《财富》全球500强或者《商业周刊》全球1 000强，许多小规模公司也逐步走向国际化。企业国际化既是国际商务管理研究的逻辑起点和重要领域，也是企业的现实诉求和战略选择。本章将介绍企业国际化的理论和一般过程。

## 2.1 国际化和跨国公司

一般而言，当企业经营活动与国际经济发生某种联系时，企业的国际化就开始了。世界著名的跨国公司几乎都经历了从小到大、由国内到国际市场的发展过程；世界跨国公司的经营业绩与国际化程度存在很强的关联。

### 2.1.1 国际化（Internationalization）

国际化（Internationalization）是指企业积极参与国际分工，由国内企业发展为跨国公司的过程，是企业逐渐认识到国际经济活动的影响力并与其他国家的企业建立和进行交易的过程。企业的国际化有以下三层含义：(1) 指企业由国内经营向国际经营发展的渐进的过程，强调企业自身及其经营活动的跨越国界。(2) 指企业有意识地追逐国际市场的行为体现，强调企业主动对国际化的追求。(3) 泛指企业的跨国经营活动。英国斯特拉思克莱德大学（University of Strathclyde）国际商务学教授斯蒂芬·杨（Stephen Young）等在《国际市场进入与发展》(International Market Entry and Development）一书中指出，国际化是“企业进行跨国经营的所有方式”。这些活动包括产品出口、直接投资、技术许可、管理合同、交钥匙工程、国际分包生产、特许经营等。

### 2.1.2　国际化的外向和内向两重视角

国际化有外向和内向两重视角。外向视角体现对国外市场竞争的认识，**外向型的国际化**（outward internationalization）反映逐渐增加的国际业务投入这一常见的国际扩展模式。在阶段性模型中，外向型的国际化主要包括的几种行为模式：

1. 出口产品；
2. 向外国公司颁发许可证；
3. 在国外与外国企业建立合资企业；
4. 在国外建立或收购全资子公司。

依次按照阶段模型中的顺序来开展经营是可行的，因为随着企业在国际商务中的经验的积累和信心的增强，企业将愿意以某种可以预见的方式跨境投资和增加投入。但是值得注意的是，不是所有的企业都沿着这种顺序，一些企业会越过某些阶段；一些会从某种特定的阶段起步并且一直停滞不前，一些企业甚至一开始就在全球生产和经营，即与阶段性模型相反的模式。

**国际化的内向视角**（inward internationalization）主要是指国际竞争对主要以国内经营为主企业的竞争能力冲击，其行为模式主要为：

1. 进口产品/寻求资源；
2. 从外国公司获得许可证；
3. 在国内与外国企业建立合资企业；
4. 成为一家外国公司的全资子公司。

### 2.1.3　跨国公司

跨国公司名称很多，1974 年 8 月联合国经济与社会理事会决定将各种名称统一为跨国公司（Transnational Corporations，TNCs），并设立政府间的跨国公司委员会和跨国公司中心，作为永久性机构。自此，联合国的有关文件与出版物都统一使用“跨国公司”名称。联合国经济及社会理事会 1978 年在题为《世界发展中的跨国公司》的报告中对跨国公司下过这样的定义：**跨国公司**“是在作为基地的国家之外拥有或控制生产或服务设施的企业。这类企业并不是一定是股份化或私有的，它们也可以是合作制的或国家所有制的实体”。

简单而言，跨国公司是指在两个或两个以上国家或地区设立生产或销售机构，并在一个全球统一战略的指导下，从事跨国生产与经营活动的企业。跨国公司拥有全部或部分的国外生产和销售机构或附属机构的国际网络；国外附属机构与母公司或者其他公司通过共同的所有权或者全球策略紧密联系在一起；母公司通过公司长期战略和短期经营目标等来管理每个附属机构，也可以通过资源配置来控制附属机构，如资金、技术、商标、专利等。

前面我们谈到许多规模小得多的公司也逐步走向国际化，但是通常情况下，一般还是用营业额、利润或资产额巨大的公司来讨论国际化问题。大型跨国公司主要特点是：规模巨大；跨国化程度高；发达国家的大公司占绝对多数；集中在一些高新技术产业部门；立足于核心产业，发展多样化生产。

据联合国统计，1968 年全球跨国公司总数只有7 276家，国外分支机构为2 7300家；1980 年1.5 万家、国外子公司10.4 万家。但是1999 年，增加到6.3 万家，国外子公司增加到近70 万家。目前全球大约有7.9 万家跨国公司、79 万家外国子公司。2000 年，跨国公司海外分支机构生产总值达到16 万亿美元，而世界出口总额为7 万亿美元。跨国公司占全世界工业总产值的40% ~50%，占国际贸易比重的50% ~60%，占全部对外技术转移的90%，占全部对外投资的90%。联合国贸发会议统计跨国公司2007 年销售总额达到31 万亿美元，比2006 年增加21%。2007 年，全球外国子公司的附加值（总产值）约占全球国内生产总值的11%，雇员人数增加至约8 200万。近十年来，服务业跨国公司，包括基础设施跨国公司的位次越来越显著：2006 年100 强中有20 家是服务业跨国公司，而1997 年仅有7 家。

跨国公司推动超越国家和地区界限的生产要素和资源优化组合，2007 年它们的外国直接投资存量超过15 万亿美元。其中，世界前100 强的公司的海外公司拥有3 万亿美元资产，它们在各国的海外直接投资（FDI）中超过1/3 的比例。

中国是全球最大的发展中国家，经济总量已跃居第三，2008 年国内生产总值为3.86 万亿美元，占世界贸易总量的7.9%。但目前中国拥有跨国公司数量很少，世界500 强企业中，中国内地仅占总数5%，而美国占30.6%，日本、法国、德国、英国分别占12.8%、7.8%、7.4%、6.6%。中国具有国际竞争力的大公司还比较少，比如中国三大石油公司营业额加起来还比不上埃克森美孚一家，中国需要加快培育具有国际竞争力的大公司，参与全球资源配置。

## 2.2 企业国际化的理论

企业国际化研究要解决三个基本问题：企业国际化的动因、企业国际化的模式与过程、企业国际化的关键影响因素。学者们从不同的视角（如产业组织理论、交易成本理论、企业成长理论、社会网络理论等）对企业国际化行为进行了阐释；随着国际经济环境的不断变化，基于不同理论基础的企业国际化理论的解释也随之改变。企业国际化理论众多的理论流派和不同的研究视角中最具代表性的理论是企业国际化过程中的连续和不连续两种模式。

### 2.2.1 企业国际化过程的连续模式理论

企业国际化在目标市场的选择上按照环境距离（这里的环境距离指一国与另

一国在地理、文化心理、经济、政治法律等方面的综合差距）由近及远的顺序；在进入方式的选择上按照由易到难的顺序被称为企业国际化过程的连续模式。主要理论包括国际化阶段理论（UPPSALA 模型）和出口行为论。

### 企业国际化阶段理论（UPPSALA 模型）

传统企业国际化理论的代表——UPPSALA 模型认为，企业国际化是一个逐渐积累知识、增加投资、缓慢发展的过程。该过程有两个典型的特点：

- □ 在进入方式上，按照间接出口—直接出口—设立海外销售分部—海外生产的顺序进行。
- □ 在目标市场的选择中，按照邻国市场—地理位置较远市场的顺序来进行。

UPPSALA 学派认为，每一个国际化步骤都不能被视为相互独立的阶段，企业国际化的过程是企业渐进地获得、认识和利用国际市场和经营知识的过程，强调"干中学"的重要性。企业国际化阶段论实质是企业行为理论和企业成长理论。这一观点提出后，得到许多实证研究的支持，直至今天仍被许多研究作为理论基础。

企业国际化阶段理论对中小企业的解释力比较强，但是对于大型多元企业而言，由于它们的风险抵抗能力高，所以国际化的阶段性渐进并不明显。此外，该理论对"市场寻求型"的公司国际化比较适用，而对如资源寻求型、技术寻求型、国际战略型的适用性比较差。

### 出口行为论

1977 年，Bilkey 和 Tesar 通过对 423 家中、小型制造企业的出口发展活动研究后认为，企业的出口活动可以根据管理者对海外市场的兴趣划分为六个阶段：对出口毫无兴趣、接受海外订单、企业积极寻求出口的可能性、开始向临近国家出口、成为有经验的出口商、努力开拓心理距离与地理位置较远的出口市场。1980 年，Cavusigil 根据管理者在一段时间内对出口的连续决策行为，把企业出口活动划分为产品国内销售、前出口、获得出口经验、积极从事出口活动和开始从事各种直接投资活动等五个阶段。

与 UPPSALA 模型相同，出口行为论的主要概念也是"知识和经验"，也认为企业国际化经营是一个渐进的发展过程。不同之处在于，出口行为论是通过大量的企业调研得到的统计结果，而不是纯粹的逻辑演绎，因此与现实更近。出口行为论的缺点是局限于企业出口阶段的描述性分析，还不能解释企业整个国际化经营的过程。

## 2.2.2　企业国际化过程的非连续模式理论

20 世纪 80 年代以来，由于企业国际化环境的巨大变化，出现了许多新的现

**背景知识**

## UPPSALA模型的产生和发展

1975年，约翰森（Johanson）和瓦伦（Vahlne）通过对瑞典四家制造企业调研后发现，这些企业的海外经营都遵循了偶尔出口活动—通过海外代理商出口—建立海外销售机构—海外生产这样一个逐步升级的顺序。为了更好地解释和说明这一现象，约翰森和瓦伦建立了一个动态模型，即UPPSALA模型。其基本假设是国外市场知识的缺乏是阻碍企业国际化的主要因素。模型的关键变量包括市场知识、市场投入、投资决策和经营活动。该模型由市场知识开始，市场知识影响投资决策，投资决策又决定经营活动，经营活动在使企业获得市场知识的同时，降低了可感知的市场风险，增加了对国外市场的投入。这是一个不断获取知识、降低风险、增加投入的循环往复过程。

Forsgren（2002）进一步指出，企业的国际化成长依赖于各种学习机会，包括模仿性学习、与其他企业的合作、引入专业人才等。该学派的不少学者还从学习能力的角度分析20世纪90年代后半期跨国兼并与收购频频失败的原因。Haleblian & Finkelstein（1999）用行为学理论分析了收购者的收购经验与收购后企业经营业绩的联系，结论是收购者的收购经验越丰富，被收购企业的经营业绩越有可能改善，特别是同行业收购。Very & Schweiger（2001）进一步把兼并与收购过程中的学习分为“收购目标的学习”和“收购经验积累学习”，由于在跨国兼并收购的不同阶段，收购者面临着不同的问题，这些问题加大了跨国兼并与收购的风险，对企业的学习能力提出了更高的要求。UPPSALA学派的国际化理论尽管受到批评（如Andersen，1993），但学术界仍然认为它是这个领域最有影响力的理论。

20世纪80年代以来，UPPSALA模型遭到了越来越多的质疑。Millington等人认为，在国际化早期，企业由于缺乏经验，其国际化也许会表现出缓慢而逐渐发展的特点。随着企业国际化经验的积累，在战略分析和信息搜索的基础上，战略计划系统就会发挥重大作用，企业国际化完全有可能超越传统理论提出的阶段顺序而发生跳跃。Pedersen等人则以对外投资理论为基础，对丹麦176家企业长达150年的历史资料进行实证研究后认为，企业国际化是一个不连续的过程：企业进入国际市场、开始国际化进程的第一步，一般准备时间较长，幅度较大；随后的海外扩张则以比较固定的时间间隔进行；在进行海外扩张时，先期进入的市场在文化距离上不一定比后期进入的市场更接近。换言之，企业国际化在选择目标市场时可能首先选择那些发展潜力较大的国家，而不必非要从周边国家或环境距离较近的国家起步。

象。对于这些新现象，传统理论或者解释不了，或者解释不力。这促使越来越多的学者运用不同的理论，从不同的角度研究企业国际化，最终产生了国际创新企业模型、企业国际化的战略管理理论和网络理论等新的研究成果。这些研究成果都不同程度上认为企业国际化过程是不连续的，即企业国际化完全不必遵循传统的企业国际化顺序，而可以采取灵活的、甚至是跳跃式的发展，以达到快速国际化的目的。

### 国际创新企业模型

近些年来，越来越多的企业国际化没有按照连续过程理论所指出的渐进方式进行。对于企业国际化过程中的这些新现象，Oviatt 和 McDougall 通过建立国际新企业模型进行解释和说明。他们认为，国际创新企业是那些起初就通过利用多国资源与市场来寻求竞争优势的企业。国际创新企业模型包括四个要素：

□ 部分交易的内部化；
□ 网络以及许可协议等可以选择的控制结构；
□ 国外的区位优势；
□ 独特的资源。

根据模型他们得出结论：由于缺乏资源，那些依赖知识创造价值的小企业在竞争中难以通过聚焦于国内市场而生存和获得成功。因此，这些小企业为了生存和发展从一开始就面向国际市场，就是国际化的企业。这样，这些小企业国际化就拥有不同于传统企业国际化的新路径。至于影响小企业国际化成功的因素，Oviatt 和 McDougall 引用了许多案例以及前人研究中的一些证据，说明小企业国际化的成功依赖于企业起初就拥有的国际化视野、革新的产品或服务以及通过网络和有效的组织而在国际市场上销售的能力。

### 企业国际化的战略管理理论

一些学者运用企业战略管理理论来研究和解释企业国际化现象。Mintaberg 和 Mchugh 指出，随着环境中机会和威胁的不断变化，多数企业成长战略表现为企业投入的主动增加或减少，而国际化既可能是企业执行长期战略的结果，也可能是企业发展过程中的应急举措。Millington 和 Baylis 特别关注战略计划在企业国际化过程的作用。他们认为，在国际化的早期，企业由于缺乏经验，其国际化也许会表现出缓慢而逐渐发展的特点。然而，随着企业国际化经验的积累，在战略分析和信息搜索的基础上，战略计划系统就会发挥重大作用。由于企业经验可以在不同市场、不同产品之间传递，因而使企业国际化完全有可能超越传统理论提出的阶段顺序而发生跳跃。所以，企业的连续或渐进国际化与其说是一般原则还不如说是特例。

### 企业国际化的网络理论

自20世纪80年代末期开始，一些学者又运用产业内网络的概念分析和解释企业国际化的新现象，提出了企业国际化的网络理论。Johanson 和 Mattsson 认为，企业国际化过程应从企业间关系网的角度而非传统理论中单个企业的角度来研究，并把企业国际化看成企业建立和发展与其他国家企业合作关系的过程。因此，一个企业对于国际目标市场和国际市场进入方式的选择就往往会根据其国际网络关系的发展状况确定，而不一定采用传统的连续方式。

### 小结

我们可以根据时间与目标市场以及进入方式的关系来判定企业国际化采取的是连续还是不连续的模式，如图 2.1。连续国际化情况是：企业按照文化距离由近及远的顺序选择目标市场，同时针对特定市场的进入方式按照由易到难的顺序发展，即图 2.1（a）中从第一部分开始，按照斜箭头的方向逐渐进入第三部分的情况。

不连续的国际化有两种最基本的情形：第一，企业国际化直接从文化距离较远的国家起步，而不论企业进入方式之难易，即图 2.1（b）的 C 和 D 部分；第二，企业国际化以最难或较难的进入方式起步，而不论目标市场文化距离之远近，即图 2.1（b）的 B 和 C 部分。

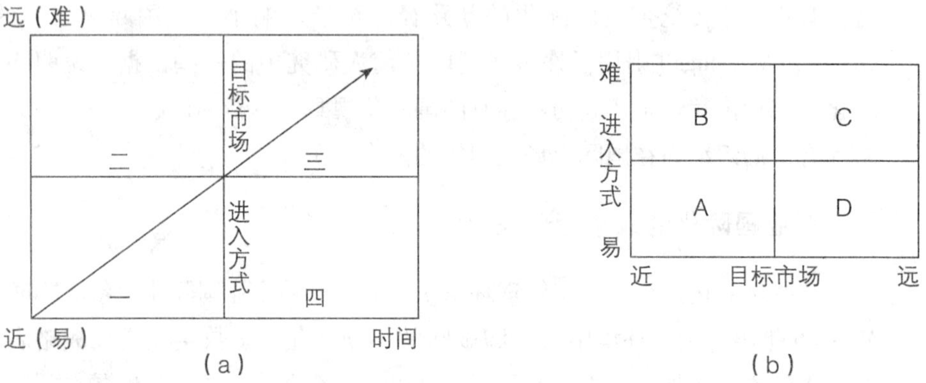


图 2.1 连续或不连续的企业国际化过程示意图

## 2.3 企业国际化过程

企业国际化研究的一个重要分支是对于国际化发展过程的研究，这一研究构成了对外贸易和外国直接投资理论的基础。一般认为，一个公司的国际化是个不断演进的过程，包括以下 4 个阶段：

**间接出口或被动出口阶段**。企业没有直接与外商建立联系，而是利用其他公司的中介服务与国外建立间接或被动的商务关系。没有国际商务经验或没有进出口经营权的企业通过中间商获得订单。这一阶段的企业本质上仍然是国内企业，因为企业国际业务不充分，没有设立专门的进出口部门，进出口业务完全掌握在中间商手中。

**直接或主动出口阶段**。这一阶段，企业积极主动开拓国际市场、在国际市场上寻找供应商或客户、直接从事进出口活动。企业内部一般设置专门国际部或进出口部门，并定期外派商务人员实地考察和了解市场和客户，但是一般还没有在海外建立永久的分支机构。

**设立海外分支机构阶段**。企业逐渐开始在海外直接投资、在海外设立分支机构，兴办企业，直接在各个东道国购买原材料、从事生产制造经营活动或提供服务。

**成熟多国导向阶段**。这一阶段，企业国际贸易和投资业务的比重远远超过国内业务，企业重心向国际业务转移，企业发展成为具有强烈国际利益的多国公司或跨国公司，面向全球市场，建立全球组织结构。

## 2.4　企业国际化程度的测量

企业国际化的程度是学者和机构研究的热点领域，但是并没有形成被广泛接受的指标体系，以下介绍具有代表性的企业国际化测量方法。

### 2.4.1　联合国贸易与发展会议的国际化指数

联合国贸易与发展会议采用国际化指数（the transnationality index，TNI）这一概念来比较国际化程度，国际化指数简单、易测量、应用最广泛，其公式为：

$$TNI = (FSTS + FETE + FATA)/3$$

其中：

FSTS（foreign share in total sales），海外销售额/总销售额；

FETE（foreign employment in total employment），海外雇员数/雇员总数；

FATA（foreign assets in total assets），海外资产/总资产。

国际化指数的缺陷在于：第一，不适合衡量从事内向国际化，或者内外兼备公司的国际化水平。第二，没有充分考虑企业国际化的原因。第三，国际化指数的计算方法可能让那些在多个国家开展商务公司的国际化指数还不如局限在两国开展经营的公司。表 2.1 列出了 2000 年全球国际化程度最高的 10 家跨国公司，可以观察到表中所有的国际公司都来自于国内市场狭小的国家，主要来源于英国、瑞士、瑞典、比利时、荷兰等。美国、日本等国位居全球 500 强前列的公司并没有出现在表中，主要原因是国际化指数的计算方法，因为这些国家的国内市场规模比较大，所以导致较低的国际化指数。

表 2.1 全球国际化程度最高的 10 家跨国公司

| 2000 年排名 | 1999 年排名 | 公司 | 国家 | 产业 | TNI(%) |
|---|---|---|---|---|---|
| 1 | 34 | 力拓 | 英国 | 采矿 | 98.2 |
| 2 | 1 | 汤姆森 | 加拿大 | 媒体 | 95.3 |
| 3 | 3 | ABB | 瑞士 | 机械与仪器 | 94.9 |
| 4 | 2 | 雀巢 | 瑞士 | 食品饮料 | 94.7 |
| 5 | 7 | 英美烟草 | 英国 | 烟草 | 94.4 |
| 6 | 4 | 伊莱克斯 | 瑞典 | 电力与电子设备 | 93.2 |
| 7 | —— | 英博啤酒 | 比利时 | 食品饮料 | 90.2 |
| 8 | —— | Anglo American | 英国 | 采矿 | 88.4 |
| 9 | 20 | 阿斯利康(Astrazeneca) | 英国 | 制药 | 86.9 |
| 10 | 35 | 飞利浦电子 | 荷兰 | 电力与电子设备 | 85.7 |

资料来源:UNCTAD,FDI/TNC 数据库。

### 2.4.2 苏利文的国际化规模水平指标

美国学者苏利文（Daniel Sullivan）1994 年提出采用 5 种经济指标形成国际化规模水平（degree of internationalization scale，DOI）来衡量企业国际化程度，计算公式为：

$$DOI = FSTS + FATA + OSTS + TMIE + PDIO$$

其中：

FSTS（foreign share in total sales），海外销售/总销售；

FATA（foreign assets in total assets），海外资产/总资产；

OSTS（number of overseas subsidiaries in total subsidiaries），海外子公司/全部子公司；

TMIE（amount of top managers' international experience in years of overall work experiences），高级管理人员国际经验全部工作经验；

PDIO（an estimate of the psychological desperation of international operations），国际经营的心理离散程度。

苏利文的国际化规模水平指标既考虑研究数据的可获得性，也兼顾评价企业国际化的不同角度，即从国际化结构因素、经营业绩因素和参与国际竞争的意识因素来衡量。但是该指标也有明显缺陷：第一，对各个不同的因素等量齐观；第二，忽略了不同宗旨和目标企业的国际化；第三，各指标存在互补，结果是用该方法测量的不同企业的国际化水平而结果是相同的，如表 2.2 中，固特异轮胎与橡胶公司和 NCR 的 DOI 相同，但是固特异公司的海外总资产比重为 42%，而

NCR为60%；从海外子公司角度，固特异公司的海外子公司比重为65%，而NCR仅仅为41%。

**表2.2 美国公司的国际化程度**

| 公司名称 | FSTS(%) | FATA(%) | OSTS(%) | TMIE(%) | PDIO(%) | DOI |
|---|---|---|---|---|---|---|
| 固特异轮胎与橡胶公司 | 42 | 37 | 65 | 30.6 | 60 | 2.07 |
| 桂格燕麦公司 | 30 | 27 | 55 | 24.81 | 70 | 2.07 |
| NCR | 60 | 42 | 41 | 4.51 | 60 | 2.07 |
| Dresser 工业公司 | 44 | 29 | 56 | 0 | 50 | 1.78 |
| Chevron 公司 | 21 | 22 | 51 | 3.27 | 80 | 1.72 |
| 国际纸业公司 | 17 | 21 | 54 | 0 | 80 | 1.72 |
| 百事可乐 | 19 | 23 | 75 | 4.72 | 50 | 1.72 |
| 联合技术公司(United Technologies) | 33 | 28 | 35 | 0 | 30 | 1.26 |
| Sara Lee | 27 | 44 | 25 | 0 | 30 | 1.26 |
| 标准离差(N=74) | 14 | 32 | 20 | 12 | 22 | 0.57 |
| 平均数(N=74) | 38 | 32 | 59 | 8 | 68 | 2.05 |

资料来源：Sulivan Daniel. Measuring the Degree of Internationalization of a Firm. *Journal of International Business Studies*, 1994, 25(2).

# 2.5 企业国际化的方式

企业国际化的方式包括商品国际化、技术国际化、生产资本国际化、品牌国际化和融资国际化等几种形式。

## 2.5.1 商品国际化

商品国际化是通过商品出口和进口方式来实施国际化，这是国际化的最基本方式。发展中国家由于缺乏资金、拥有劳动力优势，往往利用加工贸易、补偿贸易等方式来实现商品的进出口。

出口（export）是企业将本国（地区）生产的产品运往其他国家市场销售，同时积累国际化经营经验、走向国际化的第一步。出口方式成本低、灵活、投资风险小。但是在目标国家贸易壁垒高的情况下，出口的交易成本高而且不稳定。出口分为间接出口和直接出口，两者的区分主要在于中间商。直接出口是企业将产品直接销售给国际市场的中间商或最终客户，而间接出口是企业通过中间商将商品销售到国外市场。

进口（import）是企业从海外购买生产经营所需的各类商品如原材料、设备等。

加工贸易（processing trade）是一国通过各种不同方式进口原料、材料或零件，利用本国生产能力和技术，加工成产品后再出口，从而获得外汇附加值。特点是“两头在外”，即原料或技术设备来自国外，产品销售市场也在国外。交工贸易方式包括：

□ 进料加工（processing with imported materials），指用外汇购买原材料、辅料等，利用国内技术、设备和劳动力加工成产品后，再销售国外市场。这是以原材料和产品的所有权转移为特征的两笔国际交易。

□ 来料加工（processing with supplied materials），指国外方提供原材料、辅料等，由国内加工方按照约定的质量、规格、款式等加工产品后交付国外方，国内加工方收取加工费。进口原料和出口产品为同一笔贸易的两个方面，而不是两笔贸易。

□ 来件装配（assembling with supplied parts），指一方提供装配所需要的设备、技术和元件、零件，由加工方装配成产品后交货。进口原料和出口产品为同一笔贸易的两个方面，而不是两笔贸易。

补偿贸易（compensating trade）又称产品反售，一般指一方在信贷的基础上，从另一方购入机器、设备、技术、原材料或劳务等，并约定在一定期限内，用生产的产品、其他商品或劳务，分期清偿贷款的贸易方式。补偿贸易的特点是：

□ 贸易与信贷结合。即设备购买是在对方提供信贷的基础上。

□ 信贷与生产结合。即设备出口方承诺回购对方的产品。

□ 贸易双方为买卖关系，设备进口方承担支付本息的义务，对设备有完全的所有权和使用权。

补偿贸易按照不同的偿还方式，可以分为回购（又称返销，buy-back）、互购（又称对应购买，counter purchase）等方式。

### 2.5.2 技术国际化

技术国际化是指技术的所有权与经营权分离，技术所有者或供应方保留技术的所有权，而在一定条件下，将技术的使用权转让给受让方。技术国际化的对象是无形资产，主要为专利（patent）、商标（trade mark）、专有技术（know-how）。技术国际化的表现形式主要有：

□ 许可经营（licensing），又称技术授权，是技术的所有方将技术的使用权通过许可证协议或合同的方式转让给技术接受方，并收取技术许可费的方式。技术所有方为许可方（licensor），接受方或受让方称为被许可方（licensee）。

□ 特许经营（franchising），是特许方将自己拥有的商标（包含服务商标）、商号、产品、专利和专有技术、经营模式等以特许经营合同的方式授予被特许方使用，被特许方按照合同规定，在特许方统一的业务模式下经营，并支付相应费用。

□ 交钥匙工程（turn-key project），又称代建制，指企业为东道国建设一个工厂体系，承担设计、建造、安装、调试以及试生产的全部活动。交钥匙工程是一种高度专业化的出口，在化学、制药、炼油和冶金工业等使用复杂和昂贵的生产工艺的行业中比较普遍，一般适用于技术或管理比较缺乏的发展中国家。

### 2.5.3　生产资本的国际化

生产资本的国际化即资本超越国界，在国际范围内从事生产和经营活动，以实现其价值和剩余价值的活动。生产资本国际化包括传统的海外直接投资和新兴的国际风险投资。海外直接投资（foreign direct investment，FDI）指在投资人以外的国家所经营的企业中拥有持续利益的一种投资，其目的在于对该企业的经营管理拥有有效的发言权。按照新企业建立的方式，海外直接投资分为新建（绿地投资，green-field）和跨国并购（merger and acquisition，M&A）两种形式。按照母公司对子公司的控制程度，海外直接投资可分为独资和合营两种方式。将在本书第9章详细讨论。

### 2.5.4　融资国际化

融资国际化指企业在国际金融市场上，运用各种金融手段，与各种对应机构进行资金融通的活动，主要通过国际股票市场、国际债券市场、国际信贷市场进行。

海外上市（overseas listing）是国内股份公司向海外投资人发行股票，在海外公开的证券交易所流通转让的活动。主要形式有海外直接上市和海外间接上市。海外直接上市即以国内公司的名义向股票发行所在地证券管理主管部门申请登记注册并发行股票。如我国的H股、N股、S股，通常海外直接上市采用首次公开发行（initial public offer）的方式。海外间接上市指国内企业在海外注册公司，由海外公司通过收购、股权置换等方式取得国内资产的控制权，然后在海外交易所上市。海外间接上市的形式主要有买壳上市（backdoor listing）和造壳上市。两者区别在于是采用已经在海外上市的公司，还是采用海外未上市的公司。对我国企业而言，主要采用股票存托凭证（depository receipt，DR），在美国主要为美国存托凭证（American Depository Receipt，ADR）方式上市。

国际债券市场融资工具有外国债券、欧洲债券（离岸债券）和全球债券。国际债券市场的特点为由一系列不相干的个体市场构成（与统一的外汇市场和欧洲货币市场不同）。国际债券市场融资需要通过债券资信评级，如标准普尔和Moody Investors Service公司进行公司资信评级。

国际商业信贷（international loan）主要有三种形式贷款：双边贷款（即两国

银行或信托投资公司之间签订协议)、俱乐部贷款(3~5家银行联合向一个借款人贷款)以及银团贷款(syndicated loans)。国际商业信贷由于数额巨大、期限漫长,出于分担风险等考虑,往往采用国际银团贷款,即一家银行牵头、多家银行参与(参与银行可能多达上百家),在一项贷款协议中按照同一条件向同一借款人发放贷款。国际商业信贷占据国际资本市场融资总额的30%,约上万亿美元。

以上内容将在第10章将详细讨论。

### 2.5.5 品牌国际化

品牌国际化是国内品牌成为国际市场上具有较大影响力品牌的过程。国际品牌一般历史悠久、为行业领导者、有支撑品牌发展的专家和大师等团队。品牌国际化的评价指标一般有:品牌知名度和美誉度、品牌评估价值、品牌国际化历史、品牌国际化的地域分布,等等。品牌国际化的方式包括:

□ 贴牌生产或原始设备制造商(Original Equipment Manufacturer, OEM),原指由采购方提供设备和技术,由制造方提供人力和场地,采购方负责销售,制造方负责生产的一种现代流行的生产方式。但是目前大多采用由采购方提供品牌和授权,由制造方生产贴有该品牌产品的方式。

□ 原始设计制造商(original design manufacture, ODM),即带工企业不仅承担制造活动,还进行深度加工组装、产品设计、售后服务等更为广泛的工序、环节和职能活动。

□ 原始品牌制造商(own brand manufacture, OBM),即制造企业不仅进行深度加工组装和产品设计活动,还拥有深度开拓自己品牌的能力,即自有品牌制造商。

以上内容我们将在第15章中详细讨论。

## 2.6 中国企业国际化的几种模式

### 2.6.1 传统国内市场换技术的内向国际化战略

市场换技术战略认为,只要国内市场开放,技术也会随之而来。然而,跨国公司的市场竞争是高附加值的竞争,保护核心技术正是这一市场规律的必然要求。市场换技术战略没能解决两个核心问题:一是跨国公司仍然控制核心技术和研发能力;二是跨国公司控制国际渠道和品牌。而且国内市场是有限的,一旦让出去,再要夺回来会十分艰辛;出让市场并不见得会得到技术,甚至有可能让了市场又废掉了自己的技术,最后发展成既无市场又缺乏核心技术的依附性国家。市场换技术战略下,大量的中国民族企业沦为国际产业大分工下的代工企业,很难产生一批真正的世界级企业。

如汽车产业以市场换技术直接导致了目前中国汽车市场 90% 被跨国公司占领、表面上产销两旺的局面。但在表面繁荣的背后，市场让出去，原有技术也丢了，新的技术又没掌握，真正成了依附性的汽车工业，上海、长春的汽车厂就是如此。

### 2.6.2　贴牌加工的外向国际化模式

加工贸易在中国外贸中份额始终占据 50% 以上，目前中国加工贸易主要以 OEM 贴牌为主。OEM 方式对中国生产企业的好处是提供进入国际市场的机会、获得规模经济和降低成本、积累学习经验和提高管理水平、节约国际销售投资。但是随着劳动力成本优势的下降、行业生产规模的扩大，这类企业普遍面临利润率下降、发展速度减缓等问题。另外 OEM 方式下，中国企业也面临代理出口而没有自己的海外渠道、品牌缺失和反倾销等困扰。

中国企业产品出口往往并不是通过企业自身在国外建立销售网络，而是普遍采用出口代理的方式，只和国外少数几个一级代理商打交道，因此完全被动受制约，无法把握市场终极需求和建立高效的销售网络。以长虹公司的贴牌生产和美国代理公司 APEX 合作为例，2002 年长虹向美国大量出口彩电时，各大媒体刊登的那张满载长虹彩电并印有“APEX”的列车疾驰的照片冲击力巨大。2002 年长虹主营业务收入为上百亿元，大部分增长来自出口。可辉煌的出口数字之下，是 APEX 的巨额应收账款攀升到一个惊人的额度、大量对美出口货款无法收回的严酷事实。APEX Digital 是一家华人在美创办的家电公司，长虹并非 APEX 欺诈行为唯一的受害者，在国内白色家电业界，APEX 可谓前科累累，手法则如出一辙：在少量出货按期付款建立初步信用后，拖欠巨额货款。

由于贴牌生产出口产品的成本较世界著名品牌低廉，在发达国家销售经常遭到反倾销，企业蒙受巨大损失。最后，中国企业为别人代加工的成分越来越多时，自有品牌也就越来越少，品牌流失对中国企业而言也是严峻的考验。

### 2.6.3　市场交换的国际化战略

此类联盟当以中国海尔同日本三洋的合作最为典型。众所周知，日本的白色家电在全球处于领先地位，有日立、松下、夏普、三菱、东芝、三洋等全球知名厂商和品牌，冰箱技术先进、更新换代快。海尔冰箱进入日本市场和让消费者接受自己的产品需要花费很长时间。日本三洋在日本是知名企业，技术方面具有很强的优势，有一定的市场客户群，然而三洋开发中国市场却没有销售渠道。在海尔同日本三洋双方均有意开发国外市场的共同的发展目标下，双方缔结以市场换市场的战略联盟。

2002 年 2 月海尔与三洋电机株式会社合营成立三洋海尔株式会社，在中国和日本市场同时开展业务，6 月成立海尔日本控股株式会社，开始对海尔产品销售公司的业务进行统一管理。这样的国际合作战略成果显著：海尔早在 1997 年就进入日本市场，但真正发展却是2002年同三洋合作开始，海尔冰箱在日本的销售进入高速增长期，到2008年，海尔产品在日本的销量上升到2002年的5倍，年平均增长高达37%。在销售量不断上升的同时，日本用户对海尔冰箱的认可度也在不断提升：海尔日本销售公司2008年10月进行市场调查结果表明，海尔冰箱用户在使用之后对海尔冰箱的认可度从原来的43%上升到了73%。

### 2.6.4 股权换市场的外向国际化战略

在全球经济一体化愈演愈烈的背景下，中国企业希望整合全球资源、以市场换股权的方式积极实施“走出去”战略，实现国际化经营。中国企业收购国际企业案例很多，如TCL收购德国施耐德电子、合资法国汤姆逊公司，等等。在与汤姆逊的合作中，TCL不是吃掉汤姆逊的品牌，而是利用其在欧美等市场的影响进一步拓展市场。李东生认为，股权换市场的联盟得到的都是本公司的品牌，只要带来效益就是好品牌。TCL也利用自己的销售网络销售多家国外品牌的彩电而没有冲击自己的市场。TCL认为通过股权交换获得的市场网络可充分发挥优势，增加业务量，减少成本，有助于自己的品牌。

### 2.6.5 跨国并购核心技术和品牌的国际化战略

2005年5月1日联想完成了对IBM全球个人电脑业务的收购。联想收购IBM的PC机业务之前，在国内已经有相当的知名度，销售业绩不错，拥有一部分自主知识产权，但是在核心技术研发上缺乏明显优势、品牌缺乏国际知名度。联想充分认识到在台式电脑在全球市场已经趋于饱和的情况下，笔记本的竞争将是完全国际化的竞争。联想高层预测未来几年内，笔记本业务对公司的销售比重的贡献将越来越大。事实验证了联想的预测——“没有笔记本电脑，就没有联想的未来。”联想收购IBM的PC业务，一夜之间拥有了IBM的几千项专利技术，并且同时拥有包括全球化的产品质量、研发管控体系和一批世界级科学家在内的一流团队。

而IBM的PC业务在全球一直开展得很好，公司的品牌知名度很高。但IBM的PC业务已发展至瓶颈，不可能再有更大的发展空间。因此，双方不谋而合，各取所需，成功并购。联想收购IBM的PC业务，解决了核心技术研发问题、强化企业价值链、提高企业知名度。结果是联想国内市场份额达到30%，国际市场份额达到8%，并且IBM带来了相当大的一个高忠诚度客户群。而IBM卖掉PC业务，从经营多种业务转向以经营核心业务为主，逐渐把非核心业务转移或外包。这样既保证了企业持续发展的核心竞争力机制，又巩固了核心业务，为企业的进一步发展提供了一部分资金。双方以跨国并购核心技术式的联盟形式实现双赢。

### 2.6.6 跨国并购资源式联盟

当前，中国相当部分企业面临资源供给不足的威胁。在这种情况下，积极参与同跨国公司的合作，以资源优势进行互补，共同发展，成为双方联盟的重要课题。如目前我国铁矿石 50% 依赖进口，主要来自澳大利亚、印度与巴西。显然让上游供应商成为分享利润的合作伙伴将有助于控制成本，“你中有我，我中有你”的合作成为钢铁企业不能忽视的选择。宝钢是我国最具竞争力的钢铁企业，为了解决原材料不足的问题，加强供应链管理，它与巴西最大的铁矿砂生产和出口公司（CVRD）合资办矿，确保了资源的长期供给。宝钢得到了巴西的铁矿砂，巴西得到了中国的焦炭，原料双向供应得以实现，保证了企业长期稳定的合作联盟关系。除了宝钢，国内的钢铁列强也在马不停蹄地寻求出路。2004 年 3 月，武汉钢铁集团、唐山钢铁公司、马鞍山钢铁公司、江苏沙钢集团与澳大利亚 BHP 签订协议成立了合营企业，中国 4 家钢铁企业将通过分租的方式持有 BHP 在澳大利亚金布拔矿石 40% 的股份，合营企业将向 4 家国内钢铁企业提供1 200万吨铁矿砂，这将使这些企业今后的销售额至少增加 1 倍。

伴随着越来越多的中国企业从事国际化生产，一批大型的中国跨国公司正在迅速成长（表 2. 3）。根据国外资产排名，2001 年最大的中国跨国公司为中国远洋运输公司，国外资产总量达 93. 82 亿美元，国外销售额 21. 5 亿美元，国外雇员4 124人，跨国指数为 30. 9%。其他位居前四名的中国最大跨国公司分别是中国海洋石油总公司、中国建筑工程总公司、中国粮油食品进出口总公司，其跨国指数分别为 27. 5%、26. 8% 和 41. 6%。中国化工进出口总公司的跨国指数也高达 39. 4%。

**表 2. 3 2001 年中国最大跨国公司（按国外资产排名）**

单位：百万美元；雇员数

| 排名依据 | | 公司 | 行业 | 资产额 | | 销售额 | | 雇员数 | | 跨国指数(%) |
|---|---|---|---|---|---|---|---|---|---|---|
| 国外资产 | 跨国指数 | | | 国外 | 总计 | 国外 | 总计 | 国外 | 总计 | |
| 1 | 3 | 中国远洋运输公司 | 运输 | 9 382 | 16 926 | 2 149 | 6 757 | 4 124 | 74 669 | 30. 9 |
| 2 | 4 | 中国海洋石油总公司 | 石油开采、精炼、运输 | 4 814 | 8 635 | 976 | 3 669 | 13 | 24 406 | 27. 5 |
| 3 | 5 | 中国建筑工程总公司 | 建筑 | 3 739 | 8 099 | 1 818 | 5 790 | 6 833 | 236 464 | 26. 8 |
| 4 | 1 | 中国粮油食品进出口总公司 | 贸易 | 3 707 | 5 014 | 6 446 | 13 004 | 359 | 25 000 | 41. 6 |
| 5 | 12 | 中国石油天然气集团公司 | 石油开采、精炼、运输 | 3 350 | 83 254 | 1 600 | 41 089 | 44 001 | 167 129 | 2. 8 |
| 6 | 2 | 中国化工进出口总公司 | 贸易 | 2 788 | 4 928 | 9 148 | 16 011 | 350 | 7 950 | 39. 4 |
| 7 | 9 | 首钢 | 钢铁 | 969 | 6 675 | 467 | 4 401 | 2 086 | 179 997 | 8. 8 |
| 8 | 6 | 中国五矿进出口总公司 | 贸易 | 729 | 2 797 | 998 | 4 277 | 570 | 7 145 | 19. 1 |
| 9 | 7 | 中国港湾建设集团总公司 | 建筑 | 520 | 3 271 | 6 579 | 17 826 | 812 | 70 160 | 18 |
| 10 | 11 | 上海宝钢 | 钢铁 | 383 | 19 389 | 1 211 | 8 643 | 50 | 113 896 | 5. 3 |
| 11 | 8 | 海尔集团 | 冰箱 | 328 | 3 188 | 976 | 7 260 | 803 | 31 281 | 8. 8 |
| 12 | 10 | 中兴集团 | 电信设备 | 17 | 1 205 | 260 | 1 685 | 120 | 12 961 | 5. 9 |

资料来源：UNCTAD，FDI 数据库。

## 本章小结

- 国际化是指在全球范围内从事研究与开发、生产、销售等活动的过程。企业国际化是一个双向过程，包括外向国际化和内向国际化；前者是“走出去”，后者是“引进来”的过程。
- 企业国际化的理论中，将企业国际化的过程中分为连续和不连续两种模式，连续模式包括企业国际化阶段理论（UPPSALA 模型）、出口行为论；不连续模式包括国际创新企业模型、企业国际化的战略管理理论和网络理论等。
- 企业国际化的过程可以划分为四个阶段：直接或主动出口阶段、直接或主动出口阶段、设立海外分支机构阶段、成熟多国导向阶段。
- 测量国际化程度的代表性方法有：联合国贸易与发展会议的国际化指数（TNI）以及苏利文的国际化规模水平（DOI）。
- 企业国际化的具体方式有：商品国际化、技术国际化、资本国际化、品牌国际化、融资国际化。

### 关键词和概念

国际化　跨国公司　内向和外向国际化　国际化阶段理论（UPPSALA 模型）　国际化指数　国际化规模水平　企业国际化方式

### 思考题

1. 你如何理解企业国际化？外向和内向国际化分别有什么特点？
2. 用企业国际化理论解释三个基本问题：企业国际化动因、模式与过程、关键影响因素。你如何看待企业国际化的连续和不连续理论模式？
3. 经典的国际化阶段理论对市场寻求型的中小企业国际化比较适用。请提出你观察到的符合这种理论的企业国际化例子。
4. 现代大型多元企业国际化的阶段性渐进并不明显，你认为哪些理论能更好地解释这样的国际化，请提出你观察到的例子。
5. 思考一个国内企业是如何成长为国际企业的？
6. 跨国公司的跨国程度越高越好吗？为什么？
7. 2004 年，国际化指数位居世界前列的国家都是规模比较小的国家，如前三位为新加坡、瑞士和爱尔兰。而美国和日本排名第 55 位和第 62 位，中国第 82 位。你如何看待这一现象？
8. 请结合企业国际化理论分析中国企业的国际化模式并与同学讨论其利弊。

## 结尾案例

### 案例 2-1　从海尔遭遇高原期和 TCL 国际化难题看中国品牌的国际化之路[2]

国际市场是一个典型的“技术+品牌双竞争”型市场，由于技术和品牌力量不足，中国制造在发达国家很难受到消费者热烈追捧。

海尔一贯坚持自主品牌战略，在上世纪 90 年代开始国际化时雄心勃勃地制定了“3 个 1/3”的国际化战略目标，即“国内生产国内销售占 1/3，国内生产国际销售占 1/3，海外生产海外销售占 1/3”；同时还提出了“先难后易”的国际化路线，即先占领发达国家市场然后进入发展中国家。然而 2006 年岁末，海尔的张瑞敏坦承“海尔进入了高原期”，在国际化的道路上遇到了前所未有的阻力。如海尔在美国虽然小冰箱份额已经数一数二，但是很难打入美国社会主流的 500～700 毫升冰箱，只能算是边缘化品牌。据中国品牌研究院的统计数据，海尔在海外销售只占总销售额的22%，这与当初海外销售占1/3的战略目标仍然相去甚远。连续多年被评为中国第一品牌的海尔在执行“先难后易”的国际化路线时尚且困难重重，那么其他品牌的难度可想而知了。

海外并购是中国品牌国际化与本土化的一个快速通道，TCL的品牌战略是“借船出海”，用人家的品牌（汤姆逊、阿尔卡特、施耐德等）打入国际市场，TCL自主品牌的产品在国际市场很少能看到。TCL并购汤姆逊电子公司时宣布18个月就可以扭转TTE（TCL—汤姆逊电子公司）的亏损。但是TCL的国际化处境有继续恶化趋势，欧洲市场已经基本退出，美国市场彩电占有率也有不小的下降。在新兴市场国家，大多也在收缩战线。截止到2006年9月，TCL集团欧洲业务亏损已经超过25亿港元。为阻止亏损扩大，TCL集团控股子公司TCL多媒体及TCL多媒体全资子公司TTE、TTE欧洲公司，与汤姆逊集团达成一项谅解协议，促成TCL欧洲彩电业务的重组，全面停止其在欧洲的彩电销售和营销活动，而改为OEM模式。另外T&A（TCL—阿尔卡特移动电话有限公司）面临的局面也并不乐观。TCL对欧洲亏损的解释是欧洲市场向平板电视过渡快得超乎预期，而TTE欧洲老的系统、团队不能适应这一变化。但是在产业转型迹象已经十分明朗的情况下，TCL却逆产业大势而动，收购了行将退出历史舞台的CRT产业，这几乎是一个不可原谅的错误。实际上，在产业观察人士看来，未能把准产业转型的脉搏，固然是TCL的重大过失，欧洲市场高昂的营销成本，恐怕才是其亏损的最大结症。一个靠廉价劳动力生存的企业，怎么可能维持欧洲高昂的人力成本？这正是TCL 2006年下半年痛下决心重组欧洲市场的原因。这种重组，实际上让TCL回到了2004年收购汤姆逊之前的原点上。换句话说，收购汤姆逊已经变得没有意义。2006下半年以来，TCL在美国实现扭亏转赢，但其实是大幅缩减人力和渠道成本带来的，支出减少了，市场也随之萎缩。所以，TCL目前的赢利，属于典型的“缩减成本型赢利”，靠大幅度缩减成本开支实现盈利，该投的广告也不投了，科研开发经费也是一减再减，使企业可持续发展性越来越弱。

**讨论和在线学习问题：**

1. 国际化对于中国品牌来说是个新鲜的事物，没有什么现成的经验可以借鉴。你认为中国企业的国际化需要尊重哪些基本性的原则？
2. 登陆海尔网站（www.haier.cn）和TCL网站（www.tcl.com），了解海尔和TCL最新的国际战略实施情况和效果。请与同学讨论它们采用的新战略。
3. 结合中国企业国际化的方式和现状，谈谈几种国际化战略利弊，你对中国企业实施“走出去”国际化战略有什么建议？

## 案例2-2　张裕国际化战略：2007年从概念转为实施[3]

2006—2007年中国葡萄酒市场分析及投资咨询报告显示：

张裕2006年打出“国际化战略年”的旗帜，先是国际化团队集体亮相，确定进入世界葡萄酒行业十强的目标，同时宣布建立先锋国际酒业代理洋酒品牌，接着与法国历史最悠久的干邑白兰地厂商法拉宾干邑公司、全球冰酒出口量最大的加拿大奥罗丝公司和新西兰凯里凯利酒庄签订合作协议，全面构建国际化战略的框架。尤其是近年来组建的烟台张裕·卡斯特酒庄、北京张裕·爱斐堡国际酒庄、辽宁黄金冰谷冰酒酒庄、新西兰张裕凯利酒庄这四大酒庄格局已初现端倪，定位各个细分高端市场。

张裕在国际化战略的进程中动作最大，但是这些看上去很好的战略合作，是否能得到真正的实施呢？在国际化进程中是否会出现“雷大雨点小”的现象？一系列问题受到业界的质疑。张裕必须将战略目标落到实处。基于此，围绕提出的战略构想，2007年张裕全面进入战略实施阶段。

首先是一向被张裕看好的冰酒，自2006年8月份与加拿大奥罗丝合作后，采用“先基地后酒庄”的模式，从独享5 000亩冰葡萄资源上占据优势，这是后来者无法效仿的。张裕的冰酒产品已上市，各种上市推广活动已经在全国一二线城市展开。尽管价格达到原装进口的水平，但还是出现了市场供不应求的局面。

张裕在与新西兰凯里凯利酒庄的合作中，首先在全国100个高尔夫球场设立葡萄酒营销网络，创造一种“高尔夫+葡萄酒”的消费体验；其次是在高尔夫人群经常出入的五星级酒店内设立专柜，强化这一小众人群对“高尔夫+葡萄酒”的印象，形成一种“小圈子”的生活新风尚。在产品上体现高端人群的消费特性，目前在高尔夫球场推出新西兰张裕凯利酒庄长相思干白及张裕大师级馆藏解百纳两款产品，配合稍后推出的新西兰张裕凯利酒庄梅鹿辄干红，组成针对高尔夫人群的高端葡萄酒系列。

过去，先锋国际酒业作为国外洋酒代理的公司与张裕的销售团队分离，各自独立运营，但通过实践发现，如果不利用张裕现有1 500名销售人员的经销网络，不仅会造成资源浪费，还加大了先锋国际酒业的市场运作难度。经过调整，先锋酒业的销售团队只做几个重点的大城市市场，而张裕销售团队负责全国的市场。此外，先锋国际酒业还将在2007年再吸引3～4个著名的洋酒品牌加盟。目前想加盟先锋国际酒业的洋酒品牌已经达到100多家，张裕在选择代理国外品牌时，除了注重洋酒品牌在国际上的影响力外，更看中的是它们的经营运作模式是否与自己具有互补性，是否有可以学习和借鉴的经验，目的就是为了进军国际化时打下基础。

除了在国内做好扎实的基础工作外，张裕在国外市场也已经行动起来，并且取得不俗的业绩。以欧洲市场为例，目前张裕通过欧洲最大的葡萄酒零售代理商德国的TXB公司已经成功进入欧洲（瑞典除外）主流消费市场，每年的销量达十几万箱，而且销售品种都是解百纳以上的产品，单瓶售价在十几欧元以上。

与此同时，为了真正实现国际化战略，张裕近期在人员架构上进行了全面调整。过去国际事业部只有一个销售经理，而现在有5个销售经理就，目的就是从战略布局上实现国际化。

张裕认为，走高端国际化路线，必须有足够的人力、物力、财力、产品品质和品牌影响力做支撑，而且在市场操作尤其是国际化市场操作上必须有非常成熟的经验和思路，缺一不可。张裕之所以敢于迈出这一步，源于良好的股权结构和日臻成熟的法人治理结构，以及较为稳定的长期战略。这一步迈好了，迈出业绩来，国际化的战略才算真正“落地”。

### 讨论和在线学习问题：

1. 国际化经营必然面临国际竞争本土化和本土竞争国际化，越来越多的洋葡萄酒品牌进入中国市场，进口葡萄酒年销售额达100亿元以上。你会对张裕的国际化战略提出怎样的建议？
2. 中国目前已跻身世界葡萄酒行业“十大俱乐部”行列，占世界葡萄酒市场份额的2.2%。据统计，近年来中国葡萄酒消费年均增速15%～20%，未来5年内，中国有望超过罗马尼亚和俄罗斯，成为世界第八大葡萄酒消费国，请上网搜集世界葡萄酒行业和市场的资料并与同学讨论张裕国际化战略的竞争环境。
3. 请与同学讨论张裕内向和外向国际化的道路及其启示。

## 参考文献

1. 王继云．中国经济时报［N］．2006－09－06.
2. 吴世昌．全球品牌网 http：//www. how2usa. com/ContentDetail/301414546. html，2008－09－27 03：24；李秦阳．中国制造业国际化战略模式分析［J］．集团经济研究．2006（1）．
3. 高素英．糖酒快讯．http：//info. tjkx. com/news/00001139F1/2007－02－13/706151D80C. html

# CHAPTER 3 全球动态贸易环境

美中关系是世界上最重要的双边关系。

——奥巴马

**学习目标**

- 二战后全球自由贸易框架的发展历程
- 区域性经济合作组织蓬勃发展的原因以及一体化的形式
- 区域性经济一体化的影响：贸易创造和贸易转移
- 了解世界主要的区域经济组织

**开篇案例**

## 全球经济走势衰弱　欧美贸易保护主义抬头[1]

随着全球经济走势衰弱，贸易保护主义倾向开始在欧美国家中大肆抬头，WTO多哈回合谈判正面临严重威胁。无论是民主党的希拉里和奥巴马，还是共和党的麦凯恩，都对北美自由贸易协定提出批评，并发誓要重新认识美国工人的价值。希拉里甚至表示要重新审视全球自由贸易的必要性。这一左倾观点在欧洲也得到了法国总统萨科齐的响应。

在得到美国主要工会力量的支持之后，希拉里表示，要重新审视全球自由贸易的必要性。她还质疑道："在21世纪，经济学从18世纪沿用至今的相对优势理论是否还符合实际情况。"同样，民主党的另一候选人奥巴马也将贸易问题作为他在俄亥俄州总统竞选活动的主题，该州对贸易协定很不欢迎，因为大量制造业职位流失海外。奥巴马指出：如果忽视贸易协定对工人的影响，只会令美国共和党和民主党内的保护主义倾向加强，最终将损及经济。

在大西洋的彼岸，法国总统萨科奇也呼吁欧洲各国放弃对贸易的天真态度，形成"一套真正的欧共体特惠制体系"，以保护欧盟的农业和工业免受不公平竞争的冲击。由于反对派的阻挠，欧盟贸易执委曼德尔森被迫推迟了反倾销税的改革。曼德尔森在代表欧盟27国进行贸易协定谈判方面拥有广泛的权力，但法国正在不遗余力地束缚他的手脚。一个由20国农业部长参加的核心小组对曼德尔森发出警告称，不要在农产品贸易方面进一步退让。布鲁塞尔的贸易谈判官员则表示，长期以来曼德尔森因其秉持的自由贸易立场而受到许多欧盟成员国的质疑，他的影响力现在可能正在减弱。

欧美贸易保护主义的大肆抬头，使得WTO多哈回合全球贸易谈判的形势更加严峻。WTO官员认为，风头正劲的民主党表现出强烈的贸易保护主义倾向。WTO担心，在赞成自由贸易的布什卸任之后，这一轮的全球贸易谈判将无以为继。一位不愿具名的WTO高级贸易谈判官员称，他向欧洲同僚发出的讯息就是“千万不要等到希拉里上台！”

# 导言

2009 年 1 月 28 日美国众议院通过经济刺激方案，“购买美国货”的贸易保护主义条款跃然纸上；印度政府 2008 年 10 月以来不断对进口商品，尤其是对于来自中国商品的进口挥起贸易保护的大棒，贸易保护主义的声音空前强大起来。即使各国政府意识到实行贸易保护只会引起世界上其他国家采取同样的政策措施，从而使得世界经济陷入危机的泥潭难以自拔，但是有关国家政府考虑到选票等因素而对一些经济领域实施各种保护性策略。本章将回顾全球贸易框架的演变，讨论开展国际商务的动态贸易环境以及贸易保护主义对中国的影响。

## 3.1 全球自由贸易发展的过程：GATT 到 WTO

推动近年来全球自由贸易的重要力量包括：（1）世界贸易组织（WTO）的建立；（2）大量区域性贸易集团的涌现。本节将讨论全球贸易发展历程以及蓬勃兴起的区域性合作浪潮。

过去 100 年中，全球贸易发展并不太平。一战后，战败国割地和巨额赔款造成世界经济的萧条，美国胡佛总统签署的《斯穆特—霍利法案》（Smoot-Hawley Act）（1930）将20 000种商品关税水平提高到 60% 以上的水平。出于报复，60 多个国家设置高关税壁垒，结果是国际贸易和大多数国家陷入泥潭，美国出口下降 2/3。直到罗斯福总统时期通过《1934 年互惠贸易协定法》，美国贸易政策与立法才发生重大转变。

战后，美国一手创办了以关税及贸易总协定为代表的、以美国利益为中心的世界贸易体系。1947 年创立关税与贸易总协定（GATT），GATT 目的是降低关税和消除国际贸易中的非关税壁垒，敦促各成员国对其他国家平等地开放市场。GATT 奉行国民待遇的原则，要求每个成员国应该像对待本国人和本国公司一样来对待外国公司。GATT 通过主办的八轮多边贸易会谈显著降低了关税和非关税壁垒。

表 3.1　GATT 贸易谈判回合

| 年份 | 地点/命名 | 主　题 | 参与国家数 |
|---|---|---|---|
| 1947 | 日内瓦 | 关　税 | 23 |
| 1949 | Annecy | 关　税 | 13 |
| 1951 | Torquay | 关　税 | 38 |
| 1956 | 日内瓦 | 关　税 | 26 |
| 1960—1961 | 日内瓦（迪龙回合） | 关　税 | 26 |
| 1964—1967 | 日内瓦（肯尼迪回合） | 关税、非关税措施框架协议（Framework Agreements） | 102 |
| 1986—1994 | 日内瓦（乌拉圭回合） | 关税、非关税措施、规则、服务、知识产权、争端处理、纺织品、农业 | 123 |
| 2002 | 多哈回合 | 8 大议题，即农业、非农产品市场准入、服务贸易、规则谈判、贸易与发展、争端解决、知识产权、贸易与环境问题 | 147 |

### 3.1.1　世界贸易组织（WTO）的创立

1995 年 WTO 创立，取代了 GATT。世界贸易组织（World Trade Organization，WTO）以促进全球贸易和投资自由化、增进世界各国经济交往和世界人民的福利为目标，通过削减和限制关税、非关税壁垒，创造一个世界范围内商品和服务自由流通的世界贸易环境。WTO 是一个永久性的贸易组织机构，而不是一个简单的协议，WTO 有制定和执行条约的权利，管理着 147 个成员国。WTO 具有紧密的委员会制度机制，可以检查成员国的 GATT 协议执行情况。WTO 争端解决机制是世贸组织解决成员在 WTO 协议项下各种贸易争端的非司法性解决程序和准司法性解决程序的结合。该机制有其所遵循的实体法和程序法、专门的裁判机构以及保证各项建议和裁决能够顺利执行的规定。

世界贸易组织专门建立由贸易专家组成的小组来解决贸易争议。GATT 允许成员国忽略它们不满意的专家小组方案，而继续进行违背 GATT 贸易规则的活动。而在 WTO 的处理方案中，违背公平交易原则的国家将面临两种选择：（1）改变本国立法；（2）面临经济制裁。多数情况下将会是对该国的进出口征收惩罚性高关税。

### 3.1.2　世界贸易组织覆盖的新领域

随着知识经济时代、服务经济时代和信息技术时代的到来，WTO 的谈判领域不断丰富，涉及了 21 世纪国际经贸的诸多新领域。2002 年初全面启动的多哈回合谈判范围包括 8 大议题，即农业、非农产品市场准入、服务贸易、规则谈判、贸易与发展、争端解决、知识产权、贸易与环境问题。

**《服务贸易多边贸易谈判担保协定》**（GATS，General Agreement on Trade in Services）是乌拉圭回合的重要成果之一，于1995年1月1日正式生效。它是第一个综合覆盖自由贸易和服务行业投资的多边法律框架，为服务贸易国际化、自由化及法制化奠定了基础，为协调成员国之间减少和消除歧视外国服务和抵制服务进入的贸易壁垒提供法律基础。《服务贸易总协定》分为两大部分：第一部分是法律框架，第二部分是各WTO成员的服务贸易承诺表（又称减让表）。服务贸易主要包括：金融服务、基础电信、海运服务、专家服务、自然人移动等。服务贸易谈判与农业谈判、非农产品市场准入谈判并称为多哈回合的三大市场准入谈判。

**《与贸易有关的投资措施协定》**（TRIMs，Agreement on Trade-Related Investment Measures,）是世界贸易组织管辖中第一个综合覆盖与贸易有关投资措施的多边法律框架。协议的宗旨是促进投资自由化，制定为避免对贸易造成不利影响的规则，促进世界贸易的扩大和逐步自由化，并便利国际投资，以便在确保自由竞争的同时，提高所有贸易伙伴，尤其是发展中国家成员的经济增长水平。协议的基本原则是各成员实施与贸易有关的投资措施，不得违背《关贸总协定》的国民待遇和取消数量限制原则。协议由序言和9条及1个附件组成。协议的附录《解释性清单》列举了关于被禁止的与贸易有关的5种投资措施的指示性清单，主要涉及那些要求购买或使用特定数额国产品的措施（即“当地含量要求”）和把进口的数额限制在与出口水平相应幅度上的措施（即“贸易平衡要求”）。协议还规定在货物贸易理事会下设立与贸易有关的投资措施委员会，监督本协议的运行，磋商与本协议的运行和执行相关的事宜。

**《与贸易有关的知识产权协定》**（TRIPs，Trade-Related Aspects of Intellectual Property Rights）是第一个综合覆盖与贸易有关知识产权保护的多边法律框架。在乌拉圭回合谈判之前，已经有一些保护知识产权的国际公约，例如《巴黎公约》、《专利合作公约》、《马德里协定》、《伯尔尼公约》、《罗马公约》等。但这些国际公约都或多或少地存在一些不足，不能有效实现保护知识产权的目的。例如没有专门保护商业秘密的国际公约；《巴黎公约》没有规定专利的最低保护期限；已有公约对假冒商品的处理不够有力；对计算机软件和录音制品缺乏国际保护；缺乏一个有效的争端解决机制来处理与贸易有关的知识产权问题。《知识产权协定》在参考和吸收前述公约的基础上，进行了有效的补充和修改，成为世界范围内知识产权保护领域内涉及面广、保护水平高、保护力度大、制约力强的一个国际公约。

### 3.1.3 WTO反思

经过几十年的努力，WTO在贸易和投资自由化方面取得了很大的进展，给世界各国带来了实惠。WTO首任总干事鲁杰罗曾宣称，“世贸组织自由化努力有潜力在下个世纪（21世纪）早期消除全球贫困，这在几十年前还是个乌托邦空想，但是今天成为实实在在的可能性。”同样的，美国国际经济研究所高级研究员 William Cline 2005 年提出，“如果所有的贸易壁垒都消除，15 年时间就可以让大约 5 亿人脱贫。”

但是，世界贸易组织的规则大部分是由发达国家主导制定的，有些规则还是在发展中国家缺席的情况下制定的。按照世贸组织支持者的说法，推动自由贸易可以提高生产率，将经济利益最大化。在世贸组织中，这个议题通过一系列的协议来完成，这些协议露骨地限制甚至阻止一国对通常理解上根本和贸易没有关系的经济活动的管理。比如，《知识产权贸易协定》限制了国家对某些产品专利权的拒绝（比如活体器官）或者对某些专利产品的使用控制（比如确保某些关键药品供应）等。它也强迫国家接受专利有效期。《投资措施协定》限制了对外国直接投资（FDI）的约束能力，如当地参与（劳动力）或者技术转让等要求。《服务贸易总协定》强迫国家开放一国服务市场（从医疗卫生、教育到公共设施和零售业等）给外来提供者，并限制国家对这些活动的公共管理。同样的，提议中的《政府采购协议》（Government Procurement Agreement）将否认一国在签订采购合同时使用非经济手段的能力，比如劳动力、环境保护等。

## 3.2　地区经济一体化与区域贸易协定的兴起

世界贸易组织（WTO）主要通过成员间谈判和 WTO 成员与新成员间的谈判达成贸易协定，谈判主体众多、程序漫长艰辛。在通过 WTO 多边框架推动贸易自由化面临一定困难的情况下，各国从实践中探索出来的区域贸易协定（Regional Trade Agreement，RTAs）和自由贸易协定（Free Trade Agreement，FTA）成为推动贸易自由化的好方法。例如，在北半球，人们在努力扩大北美自由贸易区的范围，希望包含美洲的大部分国家。而南美洲的国家则联合组建美洲自由贸易区（FTAA），西欧的欧盟在 15 国基础上不断将独联体国家添加进来。

区域贸易协定实现关税削减的方式是若干个关税主体相互结合，由于是自愿组合，同时谈判成员数比 WTO 成员数目少得多，谈判相对较容易达成协议。正因为如此，自 20 世纪 90 年代以后，世界上签署的 RTAs、FTAs 数目加速上升。根据 WTO 发布的《WTO 年度报告 2003》发布的数据，1990 年以前，世界上所有进入实施阶段的 RTAs 数目不过 27 项，但截止 2002 年 12 月，总共有 259 项 RTAs 在 GATT/WTO 登记备案，其中 176 项已处于实施阶段。

特定区域内的国家形成区域贸易协定的原因包括：

□ 地理位置接近，通常为邻国；
□ 共同经济和政治上的利益；
□ 相同宗教和文化背景；
□ 对于自由贸易互利性的相同观点；

## 现场观察 3-1

### 谁在反对世贸组织?

总体说来，给WTO造成阻力的力量主要由两部分组成：美国国内反对全球化和贸易自由化的力量，美国以外的反对力量则集中在反对WTO的美国化。

**美国国内**对WTO的反对集中在以下几个方面：

第一，认为WTO可能威胁到美国的国家主权。众议员罗拉巴乔是反对WTO的一员干将，他曾大肆宣扬："WTO……在长期将损害美国人民的利益"，"不要为了全球利益而牺牲美国人民的自由"。

第二，认为WTO助长的自由贸易会损害劳工权利。这表面上是关心发展中国家的劳工权利问题，但实质上，这些人真正在乎的是国外过低的劳动成本将吸引美国企业在本土撤资转而将工厂搬到海外，从而恶化美国低技能工人的就业情况。

第三，反对理由是认为WTO的贸易自由化宗旨和行动会危及全球环境。一些对WTO持批评或怀疑态度的美国人经常援引"海龟—海虾案"（美国禁止进口那些以伤害濒危海龟的方式而捕获的海虾），他们认为WTO的决定破坏了美国国内的环境法。但是根据WTO上诉机构的最后裁定，真实的情况是：美国方面在决定外国出口商是否符合美国法律的问题上缺乏充分适当的程序，而且，在同一事件上，美国对不同对象采取不公平的歧视政策，从而认定这项进口禁令违反了WTO非歧视原则。

**美国以外**对WTO的反对意见中，最集中的一点是反对WTO的美国化，尤其是反对由于美国而导致的WTO内的权力政治和不公平自由贸易所导致的穷国边缘化。关心这个问题的成员不在少数，特别是广大发展中的小国家成员都希望通过WTO的民主化和贸易规则的公平化实现自己民族经济的振兴。这些发展中小国家一方面寄希望于自己"人多势众"（WTO 147个成员中绝大多数属于这一类型），另一方面也盼望发展中的大国家能为发展中国家利益承担起领导责任。因此，作为一个发展中的大国，中国加入WTO带有一定的象征意义。这是很多发展中国家和最不发达国家积极支持中国加入WTO的一个理由。

资料来源：王晓玲.国际金融报［N］.2001-11-16.

□ 区域政治需求等。

区域经济一体化的不同阶段分为：

**自由贸易区**（free trade area，FTA）。自由贸易区是最松散的地区经济一体化形式。在自由贸易区内，成员国之间的贸易壁垒消除，但是每个国家仍然保留对其他非成员国实施贸易壁垒的权利。如 NAFTA 即属于自由贸易区。

**关税同盟**（customs union，CU）。关税同盟中，消除成员国之间的关税，同时对非成员国实行一致的关税。

**共同市场**（common market）。共同市场内允许资源，如商品、资金和人员的自由流动，如欧盟在 70—90 年代就属于共同市场范畴。

**经济联盟**（economic union）。经济联盟是成员国的经济政策非常协调的共同市场，即各个成员国之间的货币和财政政策、健康与安全设施、农业政策和技术水平等领域都进行充分协调。自由贸易区、关税同盟、共同市场都是为了消除贸易壁垒，而经济联盟则要求成员国将相当部分的经济主权转移到超越国家的组织中。欧盟已经达到这一阶段，制定统一流通的货币——欧元，作为最终经济融合的标志。

**政治联盟**（political union）。政治联盟是区域经济一体化的最高级阶段，在经济联盟的特征之外，政治联盟的成员国还协调政府和社会政策。

**表3.2 贸易联盟类型**

| 一体化程度 | 无关税和配额 | 共同关税和配额 | 无资源流动限制 | 协调统一的经济政策和经济机构 | 协调统一的政治政策和政治机构 |
|---|---|---|---|---|---|
| 自由贸易区 | 是 | 否 | 否 | 否 | 否 |
| 关税同盟 | 是 | 是 | 否 | 否 | 否 |
| 共同市场 | 是 | 是 | 是 | 否 | 否 |
| 经济联盟 | 是 | 是 | 是 | 是 | 否 |
| 政治联盟 | 是 | 是 | 是 | 是 | 是 |

## 3.3 区域经济一体化的影响：贸易创造和贸易转移

几乎所有的经济学家都认为自由贸易可以使世界经济福利最大化，而关税同盟至少在伙伴国之间可取消关税壁垒，在区域内实行自由贸易，使世界经济福利增加。因此，建立关税同盟对经济发展有利。但是，学者瓦伊纳认为关税同盟不一定意味着向自由贸易过渡，因为它在伙伴国之间实行自由贸易，而对外部世界实行保护贸易。这种自由贸易和保护贸易相结合的格局会产生两种效果：贸易创造和贸易转移。

**贸易创造**（trade creation）是指在关税同盟内部取消成员国之间的关税后，国内生产成本高的商品被成员国中生产成本低的商品所取代，来自成员国的低价进口商品替代了昂贵的国内生产的商品，成员国之间的贸易被创造出来。本国可以把原来生产高成本产品的资源转向生产成本低的产品，从而得益。

**贸易转移**（trade diversion）是指自由贸易区建立后，使得区内成员国原先从区外非成员国获得的低成本进口产品，现在被区内成员国的高成本进口产品所取代。显然这没有实现资源的优化配置，而且也降低了区内成员国的整体福利水平。关税同盟对外实行统一关税，对第三国的歧视导致从外部进口减少，转为从伙伴国进口，使贸易方向发生转变，产生“贸易转移”。由于原来从外部世界进口成本低的产品改为从伙伴国进口成本较高的产品，造成了一定的损失。

瓦伊纳的基本结论是，关税同盟的净效应等于贸易创造的收益减去贸易转移的损失。若结果为正，那么关税同盟于成员国有利，反之，则不利。

传统的贸易创造与贸易转移理论有一定的合理性，但其缺陷也不言自明：首先是只分析了关税同盟的静态效应，忽视了动态效应；其次是过于重视生产与进口成本问题。贸易创造不只是意味着得益，贸易转移也并非只意味着损失。

贸易创造的正面作用首先表现为节约了本国的生产资源。其次，于伙伴国而言，扩大了出口市场，其结果之一是产生了规模经济效应，于两国有利。

贸易转移的负作用在传统理论中表现为生产成本的上升，导致资源浪费。但是贸易转移带来伙伴国扩大出口市场、产生规模收益的正面作用被忽视。发展中国家面临的主要任务是发展工业，扩大出口，而贸易转移使成员国将进口由外部世界转到成员国之间，这对于急需发展新兴工业的国家而言无异于雪中送炭。这也是为什么一些发展中国家虽然区域经济一体化不尽人意，但仍不放弃探索的原因之一。但贸易转移的得益往往不均衡，有一定工业基础的成员国得益较大。如拉美自由贸易协会成员国中，巴西、墨西哥和阿根廷已建立较完整的工业体系，属区内较发达国家，得益较多；阿根廷区内出口比例在50—60年代间由14.3%上升到24.9%，而其他成员国受益较少。这也是成员国之间争吵不休的原因之一。

区域性贸易协定对非成员国具有歧视性，非成员国不能享受各种优惠待遇，这明显不符合世贸组织的基础原则——最惠国待遇。但由于自由贸易区的积极作用，世界贸易组织《关贸总协定》第24条对其作了特别规定，从而使自由贸易区成为最惠国待遇原则的例外，允许各成员国或各成员在其领土之间建立各种自由贸易区。目前，实践证明，区域性贸易协定对于多边贸易体系并未构成重大威胁；相反，由于它的目标是区域内的贸易自由化，可以率先在区域实现内部贸易自由化，因此在一定程度上与多边贸易体系具有互补性，在某种程度上还可以推动多边贸易体制的发展。因此，自由贸易区和多边贸易体系可以共存。

## 3.4 主要的区域经济一体化组织

### 欧盟（EU）

欧洲联盟是在欧洲共同体基础上发展而来的。欧洲共同体包括欧洲煤钢共同体、欧洲原子能共同体和欧洲经济共同体，其中以欧洲经济共同体最为重要。欧盟总部设在比利时首都布鲁塞尔。欧共体创始国为法国、联邦德国、意大利、荷兰、比利时和卢森堡六国。后经五次扩大，丹麦、爱尔兰和英国于1973年，希腊于1981年，西班牙和葡萄牙于1986年，奥地利、芬兰、瑞典三国于1995年加入，塞浦路斯、捷克、爱沙尼亚、匈牙利、拉脱维亚、立陶宛、马耳他、波兰、斯洛伐克、斯洛文尼亚于2004年5月加入，欧盟成员国增至25个。25国总面积为397.3万平方公里，人口4.54亿。2003年，欧盟15国国内生产总值约为10.4万亿美元（按当年汇率和价格），区外贸易总额约为1.9万亿美元（2002年），是世界上一支重要的经济力量。

### 北美自由贸易区（NAFTA）

NAFTA（North American Free Trade Area）是北美自由贸易区的缩写。1994年1月1日，美、加、墨三国签署的《北美自由贸易协定》正式生效，标志着南北经济合作进入了一个新阶段。北美自由贸易协定（NAFTA）囊括了4.2亿人口和11.4万亿美元的国民生产总值，是当今世界上最大的自由贸易区。墨西哥的加入使得NAFTA成为第一个由一个发展中国家与两个发达国家所组成的非多边自由贸易协定。由于取消贸易壁垒和开放市场，美、加、墨三国都实现了经济增长和生产力提高。NAFTA可以看成是南北区域经济合作的成功范例。在美国的主导下，NAFTA将向南扩展，最终建立美洲自由贸易区（FTAA）。

NAFTA下，1994—1996年两年中，美、加、墨之间的贸易额增加了1 270亿美元，增幅达43%；美国对墨西哥的出口额达到570亿美元，增幅达37%。截至2002年，美国出口额最大的州是得克萨斯州，它是NAFTA的中心，从1993—2003年，德州对墨西哥和加拿大的出口额翻了一番，从200亿美元增长至430亿美元。美国46%的对墨出口是通过德州展开的（2002年），得克萨斯商业环境在美国各州的排名中名列前茅。

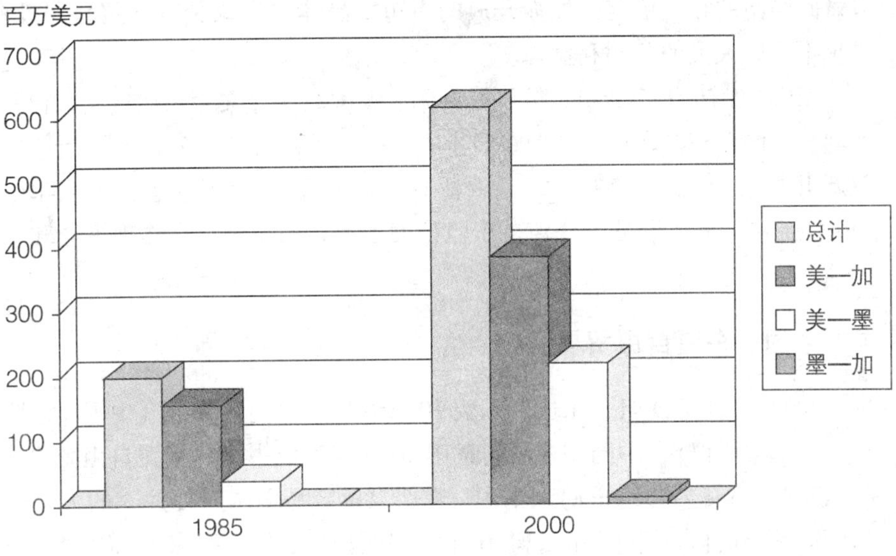


图3.1　NAFTA成员国间的贸易长期：1985—2000年

资料来源：中国高级研究中心演讲稿。《中国企业基于NAFTA的投资和贸易机遇（Investment & Trade Opportunities for Chinese Enterprises under NAFTA）》。

### 美洲自由贸易区（FTAA）

美洲自由贸易区（Free Trade Area of Americas，FTAA）的设想是在1994年美国迈阿密西半球首脑会议上提出的，目的是于2005年初在西半球建立一个世界上面积最大、年GDP总值达14万亿美元、拥有8亿人口的自由贸易区。FTAA成立后，将是全球最大的自由贸易区，与欧盟形成对峙之势。然而在这庞大区域内存在着极大差异，世界超级大国美国和长期落后的海地有天壤之别（2003年美国人均GDP为37 800美元，而海地仅为380美元）。

外界普遍认为，美洲自由贸易区的建立，是美国全球战略的重要组成部分，其目的是提携拉美经济以抗衡美国以外的全球经济实体。自1994年12月迈阿密第一次美洲国家首脑会议启动美洲自由贸易区以来，已历经16年。在这16年期间，FTAA经历过圣地亚哥和魁北克两次首脑会议和多次贸易部长会议。总体来说，有关FTAA的谈判进展缓慢，在农业补贴、降低关税、市场准入等关键问题上尚未达成实质性的协议。

### 亚太经济合作组织（APEC）

亚太经济合作组织（Asia-Pacific Economic Cooperation，APEC）是亚太地区主要经济合作组织。1989年11月，澳大利亚、美国、加拿大、日本、韩国、新西兰和东盟6国在澳大利亚首都堪培拉举行亚太经济合作会议首届部长级会议，标志着亚太经济合作组织的成立。该组织的宗旨是保持经济的增长和发展，促进成员间经济的相互依存，加强开放的多边贸易体制，减少区域贸易和投资壁垒，维护本地区人民的共同利益。

APEC现有21个成员，分别是中国、澳大利亚、文莱、加拿大、智利、中国香港、中国台湾、印度尼西亚、日本、韩国、墨西哥、马来西亚、新西兰、巴布亚新几内亚、秘鲁、菲律宾、俄罗斯、新加坡、泰国、美国和越南。此外，APEC还有3个观察员，分别是东盟秘书处、太平洋经济合作理事会和太平洋岛国论坛。

### 中国—东盟自由贸易区

2002年11月4日，中国和东盟10国领导人共同签署了《中国—东盟全面经济合作框架协议》，中国和东盟同意于2010年建成中国—东盟自由贸易区（China-ASEAN Free Trade Area）。中国—东盟自贸区是中国对外建立的第一个自由贸易区，其成员包括中国和东盟10国。东盟是东南亚国家联盟（Association of Southeast Asian Nations，简称ASEAN）的简称，10个成员国为文莱、印度尼西亚、马来西亚、菲律宾、新加坡、泰国、柬埔寨、老挝、缅甸和越南。

《中国—东盟全面经济合作框架协议》签订后，2002—2004年，中国—东盟双边贸易额以年均38.9%的速度增长。2004年，中国—东盟双边贸易额高达

1 059亿美元、2006 年为1 608.4亿美元，同比增长 23.4%。目前，东盟是中国在发展中国家中最大的贸易伙伴，中国是东盟的第四大贸易伙伴。2010 年 1 月 1 日，中国—东盟自由贸易区全面正式启动，它的建成创造出一个覆盖 11 个国家、1 400万平方公里、拥有 19 亿消费者（中国 13 亿，东盟地区 6 亿）、接近 6 万亿美元国民生产总值、4.5 万亿美元贸易额的区域。中国—东盟自由贸易区成为全球第三大贸易区。

## 3.5　区域经济一体化对中国启示

如雨后春笋般蓬勃发展的区域经济一体化和贸易同盟能达到 WTO 提倡的全球自由贸易吗？全球自由贸易框架和区域性联盟对中国有什么启示呢？

启示一：区域性贸易协定是多边贸易体系的补充，中国积极参与具有重大意义

中国目前已成为世界上第三大经济体和第三大贸易国，在区域经济一体化的进程中，充分利用世界贸易组织规则和中国对外贸易法的相关规定来建立自由贸易区成为中国战略性的举措。与此同时，也要注意到自由贸易区可能带来的负面影响。

启示二：建立区域合作产业一体化中的新型分工体系

北美自由贸易区的成立，将美国、加拿大和墨西哥共同纳入一个产业一体化中的分工协作体制。最明显的是加拿大的原材料、墨西哥的劳动力与美国的技术管理相结合，形成了以美国为轴心的生产和加工一体化。其中美、加生产一体化主要表现为水平的产业内分工，如两国在飞机和汽车制造、钢铁、食品加工、化学品和布料加工业等领域形成了更密切的产业内联系。而美、墨生产一体化的行业主要集中在电器、汽车和服装这几个行业，带有明显的垂直的产业内分工的特点，主要是美国将零部件运到墨加工后再返回美国。这种产业一体化中的分工协作体制使各国的产业优势得到更大的发挥，这对中国的跨区域合作很有启示。随着中国技术进步和产业结构水平的提高，可以将中国产业升级时将原有传统产业转移到更低产业梯度的国家，在区域经济一体化的建立水平和垂直产业分工的新型体系。

启示三：培养区域内的竞争力产业

区域的竞争力往往取决于该区域内产业的竞争力，地区竞争优势关键是产业竞争优势，而产业竞争优势来源于彼此相关的企业集群。产业集聚指许多企业集聚在同一地域，彼此合纵连横，既竞争又合作，形成一个坚实的企业集群网络，集群网络中的成员有同业竞争者、上下游供应商、相关服务业和支援机构等。科学发展产业聚集，对培育区域产业竞争优势、促进区域经济的发展具有重要。

## 本章小结

- 全球自由贸易发展的过程：GATT 到 WTO。关税与贸易总协定被认为是成员国之间的不完全协议，允许成员国不执行。世界贸易组织（WTO）是一个永久性的贸易组织机构，有制定和执行条约的权利，有紧密的委员会制度机制可以检查成员国的 GATT 协议执行情况。
- 《服务贸易多边贸易谈判担保协定》（GATS）是世界贸易组织管辖中第一个综合覆盖自由贸易和服务行业投资的多边法律框架。《与贸易有关的投资措施协议》（TRIMs）是第一个综合覆盖与贸易有关投资措施的多边法律框架。《与贸易有关的知识产权协定》（TRIPs）是第一个综合覆盖与贸易有关知识产权保护的多边法律框架。
- 区域经济一体化的兴起的原因在于 WTO 下众多谈判主体达成一致协议交易成本较高，各国从实践中探索出来的区域贸易协定（RTAs）和自由贸易协定（FTA）是推动贸易自由化的好方法。
- 区域经济一体化的不同阶段分为：自由贸易区（FTA）、关税同盟（CU）、共同市场、经济联盟、政治联盟五个阶段，政治联盟是区域经济一体化的最高级阶段。
- 区域经济一体化的影响：贸易创造和贸易转移。贸易创造是指在关税同盟内部取消成员国之间的关税后，国内生产成本高的商品被成员国中生产成本低的商品所取代，来自成员国的低价进口商品替代了昂贵的国内生产的商品，成员国之间的贸易被创造出来。贸易转移效应是指自由贸易区建立后，使得区内成员国原先从区外非成员国获得的低成本进口产品，现在被区内成员国的高成本进口产品所取代。
- 全球主要的区域经济一体化组织：欧盟、北美自由贸易区、美洲自由贸易区、中国—东盟自由贸易区等。

### 关键词和概念

世界贸易组织　服务贸易多边贸易谈判担保协定（GATS）　与贸易有关的投资措施协议（TRIMs）　与贸易有关的知识产权协定（TRIPs）　区域经济一体化　区域贸易协定　自由贸易区　关税同盟　共同市场　经济联盟　政治联盟　贸易创造　贸易转移

### 思考题

1. 登陆 www.wto.org/wto/about/about.htm，了解关税和贸易总协定期间各回合谈判的主要议题。
2. 请学习 GATS、TRIM、TRIP 的主要内容，并与同学讨论在服务贸易、国际投资领域以及知识产权领域内，发达国家和发展中国家有何不同的利益主张？
3. 有观点认为发达国家在自身有竞争优势的领域就极力鼓吹自由贸易，而在自身不具国际竞争力的领域就打着公平贸易的幌子采取贸易制裁。你如何看待自由和公平贸易？
4. 你如何看待全球自由贸易框架以及蓬勃兴起的区域经济一体化？
5. 请以欧盟为例，思考贸易创造和贸易转移的影响并给出具体例子。
6. 有观点认为区域经济一体化是新兴的贸易保护和贸易壁垒形式，你如何看待这一观点？
7. 请与同学比较欧盟和 NAFTA，你们认为 NAFTA 将来会发展成为像欧盟一样的经济和政治联盟吗？请为你们的观点提供论证。
8. 搜集中国目前所参与的主要区域性贸易协定的情况，进行归纳和分类，并讨论不同协议目前所处的一体化不同阶段及其影响。
9. 有观点认为欧盟成功建立的前提是各成员国情况比较趋同，而 APEC 是“大象和蚂蚁共舞”，因为成员国地理、人口、经济规模、政治环境、文化等因素很大不同，你如何看待这一观点？

10. 中国—东盟自由贸易区是全球第三大贸易区，请比较它与欧盟在建立基础、执行难度、一体化阶段等方面有何不同。贸易区下，零关税落实有何难度？

## 结尾案例

# 案例3-1 上海合作组织（SCO）[2]

上海合作组织由中国、俄罗斯、哈萨克斯坦、吉尔吉斯斯坦、塔吉克斯坦、乌兹别克斯坦六个成员国组成，是第一个在中国境内宣布成立、第一个以中国城市命名的国际组织。上海合作组织的宗旨是：加强各成员国之间的相互信任与睦邻友好；鼓励成员国在政治、经贸、科技、文化、教育、能源、交通、旅游、环保及其他领域的有效合作；共同致力于维护和保障地区的和平、安全与稳定；推动建立民主、公正、合理的国际政治经济新秩序。其成员国总面积3 018.93平方公里，约占欧亚大陆面积的3/5；人口14.55亿，约占世界人口的1/4。工作语言为汉语和俄语。下图为SCO的主要决策机构和常设机构。

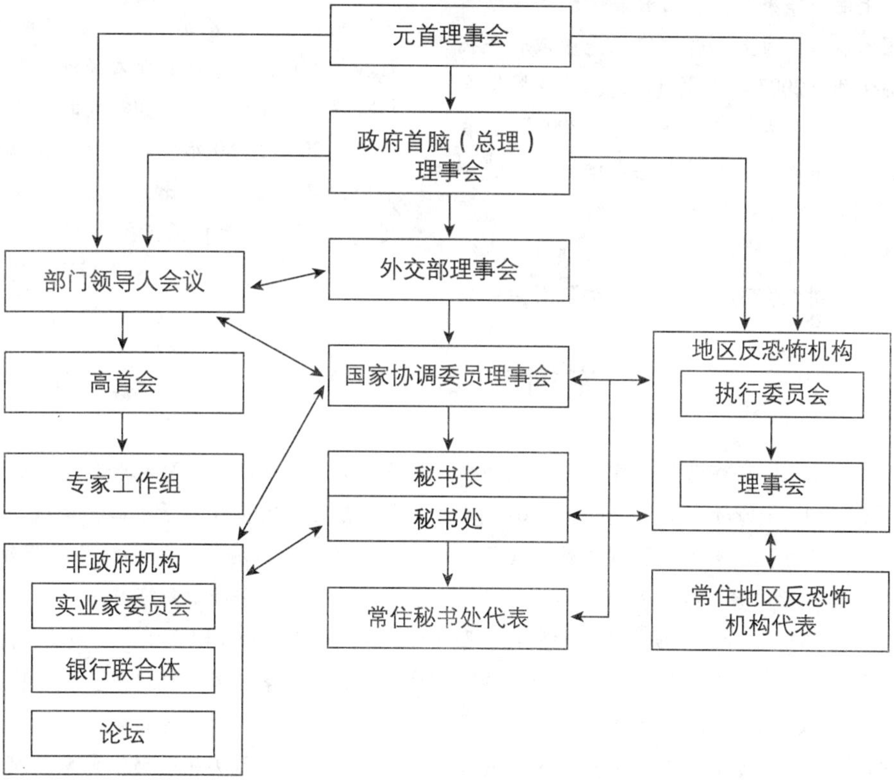


### 上海合作组织面临的四大挑战

一是效率问题。到目前为止，上海合作组织所取得的成果还主要是在概念形成、框架和布局、合作形式上，而不是在最终成果上。有学者认为，上海合作组织存在着“激情与实践的矛盾”和“宣言多于实践”的问题。如果上海合作组织不能解决好这一问题，则难免出现“独联体化”的现象。

二是内部利益协调问题。对于一个政府间国际组织，其发展前景首先与该组织能否基本或者完全实现各成员国对该组织的利益诉求密切相关。由于成员国的自身境况和实力存在着差别，在组织内所起的作用也不尽相同，因而，对组织的发展前途的影响也就存在着差别。就上海合作组织来说，起决定作用的成员国自然是中国和俄罗斯，这两个国家对上海合作组织的利益诉求的实现程度在一定意义上决定着该组织的未来。

三是与美国关系问题。上海合作组织与美国存在着“先天性”矛盾，这是由中亚地缘政治和中俄美关系的大框架所产生的。中亚地区在美国外交政策中的位置非常重要，因为控制住中亚既可以遏制俄罗斯和反叛的伊朗，又可以牵制中国，中亚地区是美国在欧亚大陆的战略支点。因此，对于上海合作组织，美国有着天然的战略猜疑，美国本能地认为上海合作组织是中俄联手抗衡美国的组织。2007 年 8 月 17 日，在俄罗斯车里雅宾斯克举行代号为“和平使命—2007”的联合军演，美国军事分析家说上海合作组织是“东方北约”。另外美国对上海合作组织拒绝美国观察员申请，却接纳伊朗为观察员始终耿耿于怀，并对上海合作组织在这一“一拒一纳”背后的战略意图表示猜疑。

四是确立核心价值观问题。上海合作组织到目前为止，应该说还主要是基于现实利益而不断向前发展的，而不是基于共同的核心价值观构建的统一政治空间。能不能形成自己的核心价值观决定着一个国际组织最终能走多远。上海合作组织的未来发展取决于它能否继续为其成员提供更深层次的公共产品。尽管在上海合作组织发展过程中诞生了“互信、互利、平等、协商，尊重多样文明，谋求共同发展”的“上海精神”，但是，这对于一个有着远大抱负的国际组织来说是远远不够的。

**讨论和在线学习问题：**

1. 推进上海合作组织的发展对发挥中国在区域经济一体化中的作用有怎样的战略意义？请与同学讨论上海合作组织的影响和前景。
2. 一谈到区域经济合作，人们会立即联想到欧盟、北美自由贸易区和亚太经济合作组织，当然欧盟遥遥领先。拉美和非洲的区域经济合作组织自 20 世纪 50 年代以来如雨后春笋、层出不穷，但与前三者相比，它们似乎都“默默无闻”。请问你认为根源何在？

## 案例 3－2　CEPA[3]

CEPA 是《内地与香港关于建立更紧密经贸关系安排》（Closer Economic Partnership Arrangement）的英文简称，后来加上了《内地与澳门关于建立更紧密经贸关系的安排》。CEPA 协议分 6 章 23 条，另有 6 个附件，主要涵盖货物贸易、服务贸易和贸易投资便利化等三大范畴。协议的实施目标是逐步取消货物贸易的关税和非关税壁垒，逐步实现服务贸易自由化，促进贸易投资便利化，以提高内地和香港之间的经贸合作水平，实现共同发展。

按照协议规定，货物贸易方面，由 2004 年 1 月 1 日起，273 个内地税目涵盖的香港产品，只要符合原产地规则，都可享有零关税优惠。这些产品包括部分电机及电子产品、塑料产品、纸制品、纺织及成衣制品、化学制品、药物、钟表、首饰、化妆品及金属制品等。最迟于 2006 年 1 月 1 日前，只要符合 CEPA 的原产地原则，香港厂商都可经申请享有零关税优惠。香港特区同意在协议下对所有原产于内地的货品维持零关税，并且不会对该等货品实施限制性贸易法规。服务贸易方面，协议规定 17 个服务行业获得放宽准入；至于贸易投资便利化方面，双方同意在 7 个范围内加强合作，包括：贸易投资促进、通关便利化、商品检验检疫、电子商务、法律透明度、中小企业合作、中医产业合作。

### CEPA 的特点

1. CEPA 是一个高标准的自由贸易协议，内容丰富，领域广泛。CEPA 是内地迄今为止商签的内容最全面、开放幅度最大的自由贸易协议，也是香港实际参与的唯一的自由贸易协议。其内容质量高，覆盖面广，在短时间内结束谈判并付诸实施，为内地参与其他双边自贸区积累了丰富的经验，起到了开创性的作用。
2. CEPA 既符合 WTO 规则，又符合“一国两制”的方针。CEPA 在货物贸易和服务贸易中实行的开放措施完全符合 WTO 规则。CEPA 签署后，香港地区仍维持其自由港的地位，也完全遵循了“一国两制”的方针。同时，CEPA 通过各项开放措施，逐步减少和消除两地经贸交流中的制度性障碍，促进了内地与香港之间经济要素的自由流动和经济的融合，也符合内地与香港经贸发展的实际情况。
3. CEPA 是开放的。CEPA 第三条规定，“双方将通过不断扩大相互间的开放，增加和充实 CEPA 的内容”。2004 年以来，双方在 CEPA 框架下陆续签署了六个补充协议。进一步扩大对香港的开放，今后还将根据两地经贸发展的需要，不断深化和扩展 CEPA 的内容。

**讨论问题：**

1. 请上网收集 CEPA 实施以来的效果。
2. 有观点认为 CEPA 是内地补贴香港，有观点认为是内地和香港双赢，你的观点呢？你如何得到这样的观点？

## 参考文献

1. 张若斌．证券时报［N］．2008－03－12.
2. www. sectsco. org
3. http：//www. hudong. com/wiki/CEPA

# 4 CHAPTER 4 政治环境和政治风险

所有的政治都是地方性的。

——美国谚语

**学习目标**

- 学习政府与政党体制、政府政策、民族主义对政治环境的影响
- 全球经营的政治风险及主要类型
- 评估政治脆弱性和政治风险
- 如何降低政治风险

**开篇案例**

## “灰色清关”导致俄3万华商20亿美元资产遭洗劫[1]

“价值几百万的货物全没了。”小林（化名）是一名在俄罗斯打拼的中国商人，几年前跟随同乡来到俄罗斯淘金，没想到莫斯科成了他的噩梦。6月18日，俄罗斯政府宣布将集中销毁价值高达20亿美元的中国“走私”商品，并要求莫斯科市尽快关闭切尔基佐沃市场。这里是数万华商在俄罗斯安身立命的依靠。小林的“几百万货物”就在这批即将销毁的商品中，为挽救自己的这批货物，他上下奔走，但至今毫无结果。接受媒体采访时，他甚至不敢透露自己的真实身份。“如果俄罗斯方面知道我接受了媒体采访，我的货物更拿不回来了。”而小林的背后，是数万名一夜间倾家荡产的华商。

“何止是20亿美元！6 000个集装箱啊！每个集装箱货物的价值都在50万到100万美元之间，这次华商的损失是空前的。”俄罗斯中国浙江同乡会会长倪吉祥在接受《国际先驱导报》采访时颇感无奈。6月18日，俄罗斯总检察院表示，没收的这些华商商品属走私品，其中一些伪劣商品将集中销毁。这一消息令华商感到绝望，有多名华商很气愤地透露，俄方称这些没收的商品是走私的、劣质的，但没收后却以低价在市场上倒卖。而在倪吉祥眼中，这么多年来，中国商人在俄罗斯一直都如此经营生意，以前尽管遇到过没收商品的情况，但毕竟只是小规模的。上世纪90年代初，倪吉祥就来到了俄罗斯，见证了切尔基佐沃市场由小变大的过程，“从1999年开始，越来越多的中国人涌入这个市场，使得切尔基佐沃急速膨胀，市场里98%的商品都是中国货，很多越南人和俄罗斯人都来到这里为华商打工。”

切尔基佐沃具有20多年的历史，由俄罗斯寡头伊斯梅洛夫创办，已发展为欧洲最大的

零售批发市场。伊斯梅洛夫通过“灰色清关”的方式，吸引大量中国商品进入俄罗斯，由此积累了大量财富。在市场里经营的华商，除了交纳场地费，还要交各种手续费给伊斯梅洛夫，而伊斯梅洛夫自称会代华商向政府部门交税。2008年，伊斯梅洛夫被列为俄罗斯政府打击对象，俄检察部门指其组织销售中国走私商品，并扣留了市场上的那批华商的集装箱。今年俄罗斯官方陆续查封了切尔基佐沃市场一些华人的仓库，并没收了不少商品。在俄政府重拳打击下，伊斯梅洛夫早已逃之夭夭，而华商则成了替罪羊。据估计，切尔基佐沃有7万~8万名华商，而这次遭波及的华商在3万名左右。

俄罗斯方面称查收的中国商品是走私货，是通过“灰色清关”的方式过来的。但据熟悉中俄贸易的人士透露，俄称华商货物为“走私货”有失公允，责任其实不在中国商人。所谓的“灰色清关”并非走私方式。据这位人士介绍，上世纪90年代，俄罗斯国内经济萧条，日用品严重匮乏，而中国轻工业产品在俄罗斯极具竞争优势，大大满足了俄罗斯普通老百姓对中低档商品的需求。于是，俄罗斯一些公司专门做起了“包机包税、包车包税”的生意，也就是说，发货人在中国国内发货、交钱，收货人在俄收货，其余中间环节，包括运输、通关、商检等统统由俄罗斯公司解决。俄海关委员会也批准一些“清关公司”专为这种贸易履行通关手续，收取税款。但问题在于，有些“清关公司”为了偷税漏税，在货物通关后不给货主出具正式的海关报关单和税单，再加上俄政出多门，腐败现象丛生，为俄警方随意查扣华商货物制造了借口。对华商的遭遇，在海外打拼十余年的倪吉祥感觉无能为力。“俄一些部门的腐败现象比较严重，他们自己搞‘清关公司’，但当货物到达俄罗斯后，就什么都不管了，不会办理任何手续。”

# 导言

政治是经济的集中体现，任何经济活动都不可能独立于政治因素之外。政治环境是国际商务环境中的一个重要而复杂的问题，政府可以根据自己的利益和意愿通过鼓励/支持，或打击/禁止来控制和限制公司的经营活动，开展国际商务的公司必须对政治环境中的各种因素给予高度的重视。本章首先讨论国内政治环境，主要包括政府与政党体制、政府政策、民族主义三个方面；之后讨论国际商务面临的主要政治风险类型以及如何评估和防范政治风险。

## 4.1 政治环境

政治环境是指企业经营活动的外部政治形势。

政治环境分为国际政治环境、区域政治环境和国内政治环境三个层次。国内政治环境包括该国政府与政党体制、政府政策、民族主义。区域和国际政治环境主要包括国际政治局势、地区和国际关系等。这三个层次因素并不是孤立地发挥作用，一国政治波动的产生往往是多种因素共同作用的合力的结果。

一个国家的政局稳定与否，会给企业经营活动带来重大影响。如果政局稳定，人民安居乐业，就会给开展国际商务的企业营造成良好的环境。相反，政局不稳，社会矛盾尖锐，秩序混乱，就会影响经济发展和市场的稳定。政治环境对企业的影响特点有：

- □ 直接性。即国家政治环境直接影响着企业的经营状况。
- □ 难于预测性。企业很难预测国家政治环境的变化趋势。
- □ 不可逆转性。政治环境因素一旦影响到企业，就会使企业发生十分迅速和明显的变化，而这一变化企业是驾驭不了的。

以下从政府与政党体制、政府政策、民族主义三个方面讨论国内政治环境。

## 4.1.1 政府和政党体制

### 政府类型

政府是国家的权力机关和执行机关，政府类型有君主制或君主立宪制和共和制。前者是以君主（国王、皇帝等）为国家元首，但其权力受到了宪法和议会不同程度的限制。共和制是国家最高权掌握在由选举产生并有一定任期的国家机关或公职人员手中的政权组织形式。君主制国家包括亚洲的日本、泰国、科威特，欧洲的英国、卢森堡、挪威、瑞典、西班牙、丹麦、荷兰、比利时等。中东地区的君主还把持着绝对的权力，欧洲和非洲的君主则大多“统而不治”。

### 政党体制

政府内部的政党体制可以分为三种：两党制、多党制和一党制。一党制国家如墨西哥，朝鲜，古巴；多党制国家如美国、日本、意大利、法国、比利时、荷兰、以色列等。

一党制中某一政党占绝对支配地位，其他政党没有机会在选举中获胜。但是即使是一党制国家，如墨西哥，其他政党的态度和主张仍很重要。两党制是由势均力敌的两个政党组成，两党各有主张。多党制国家中没有一个政党具有独立控制政府的能力，政府由各党联合组成。与两党制相比，多党制的党派联合变化更为频繁，因为联合执政时间取决于各党的协作。

开展国际商务的企业不仅要研究不同国家政党体制，更要研究该国执政党的基本主张。从历史上看，美国的共和党倾向于贸易保护主义，这在1930年由胡佛总统签署的《斯穆特—霍利法案》（Smoot-Hawley Act）（1930）将20 000种商品关税水平提高到60%以上的水平可见一斑。但是在贸易环境恶化的情况下，共和党和民主党的贸易保护主张并没有区别。比如在2008年全球金融危机冲击下，美国民主党的希拉里表示，要重新审视全球自由贸易的必要性。

### 4.1.2 政府政策的稳定性

从事国际商务企业要注意了解现任政府构成并深入理解其政党主张，要特别注意他们对外商和外国政府的态度和主要政策：政府是保守的、中立的还是极左的；商业政策是鼓励自由经营体制还是鼓励国家所有制。一个稳定和友好的政府是跨国公司希望的理想政治环境。但是政府并非总是友好的、稳定的，政府政策的长期性和稳定性直接影响企业经营战略的长期性。比如经济环境恶化、反对党上台导致政府政策突变、民族主义施加压力时，政府政策都会受到影响而发生改变。国际商务政治环境中的不稳定性可以从以下几方面分析：

- □ 政权更替的频繁性。如 1932—1991 年，泰国共发生了 19 次政变，20 位首相相继组建了 48 届内阁，其间共通过了 15 部宪法。二战以来，意大利产生了 50 多届政府。1945 年以来，印度产生了 51 届政府。
- □ 文化、民族、种族的分裂状况。如印度传统的种姓制度，下层的贱民曾经被排斥在主流社会之外，虽然如今废除种姓制度，但是其影响仍然随处可见。又如非洲的刚果（金）有 254 个民族，大部族就有 7 个，种族纷争激烈。
- □ 宗教对立经常是政治动荡的根源。如印度和巴基斯坦的宗教冲突来源于分别奉行不同的印度教和伊斯兰教；以色列和巴勒斯坦的冲突根源之一为犹太教和阿拉伯伊斯兰教。
- □ 发生暴力事件、治安混乱等的频繁性。

必须指出，**政府更换并不总是意味着政治风险的变化**。比较突出的两个对立的典型例子是意大利和印度。虽然二战以来，意大利产生了 50 多届政府，政治动荡不已，但是意大利的商业活动却很正常地进行。印度自 1945 年来也产生了 50 多届政府，但是直到最近几届才鼓励外国投资，实施开放，然而印度传统对外资企业的敌视还体现在当今许多政策中。

另外，即使稳定的政府也会发生突变，比如墨西哥，1929—2000 年一直是革命制度党执政，一直由总统指定接班人，但是该国的外国投资风险却发生巨大变化，从最初全面没收外国投资（如 1938 年墨西哥总统齐地罗没收外国石油公司），到加入北美自由贸易区、对外贸和外资实行开放政策，为外国企业创造稳定的政治环境，这期间政府政策对国际贸易和投资的态度发生了巨大变化。

政局极为不稳定的典型出现在非洲国家，特别是中非，多个国家卷入当地的种族之间的战争。如号称“中非宝石”的刚果（金）（扎伊尔）矿产资源极为丰富，素有“原料仓库”之称，是一块尚未大规模开发的资源基地。在资源产品价格屡创新高的情况下，刚果（金）的丰富资源自然对西方国家形成诱惑。在经济利益的驱使下，西方国家异乎寻常地关注刚果（金）政局。刚果（金）有 254 个民族，大部族就有 7 个。种族纷争激烈、武装派别林立，数千部族民兵和约 1.5 万名外国非法武装人员仍旧盘踞在广袤的东部地区，经济停滞；目前刚果

(金)是联合国维和部队驻军最多的国家之一，联合国派遣了1.7万名维和人员驻扎在刚果(金)，欧盟也派出几千人分别驻扎在刚果(金)及其邻国。另据世界银行的研究数据，撒哈拉以南的七个非洲国家每年吸引的外国直接投资不足20亿美元；相比之下，墨西哥一国每年可吸引200亿~300亿美元。

### 4.1.3 民族主义

尽管政党和政府的更替可能会引起政府和企业关系的不稳定变化，但当今世界影响国际商务最激烈的政治因素却是强烈的民族主义。

**民族主义**（nationalism）是一种强烈的民族自豪感和团结心，而这种自豪感可能带有对外国企业的偏见。民族主义往往认为，一国的经济发展要更多地依靠本国自己的经济力量，要特别维护本国民族工业的发展。

无论哪一个民族国家，不管它作过什么保证，也不会容忍外国公司对其市场和经济的无限渗透，特别是在东道国认为外商的决策没有顾及该国社会经济发展需要时。民族主义的主要表现多种多样，如：

□ 号召人民"只买国货"

□ 主张关税及其他贸易壁垒限制进口

□ 限制外国投资（没收、限制外国投资的政策，国有化征用等）

印度在20世纪50年代强行征用外国公司或实施国有化，迫使可口可乐、IBM等公司撤离印度。虽然在20世纪80年代，全球范围的民族主义得到平息，但是被认为威胁民族发展的外国公司还是会遭遇强烈的民族主义情绪。民族主义对外国企业的影响，无论在发达国家还是发展中国家都是一样的。如在美国，国会也颁布条款限制外商侵入某些领域。

另外，几乎所有的东道国都会在国内控制国际资本的利润和借贷；控制外商对本国公司的冲击（如削减进口、推动本国产品出口等）；控制外资对本国企业的投资规模等。如为平衡两国巨额贸易逆差，美国希望迫使日本进口更多大米，但是却激发日本人的自给自足、自尊和维护日本农民的利益的民族情绪，号称"一颗美国大米也甭想进入日本"。可以理解，民族主义情绪在不发达国家和前殖民地国家表现更为突出。如在韩国，会得到如下的计算公式：每买100元日货

1. 为日本厂家增加40元毛利收入；
2. 为日本企业增加20元扩张资本；
3. 送日本政府5元的税收收入；
4. 给日本自卫队增加10颗子弹……

## 4.2 政治风险及其类型

**政治风险**是从事国际商务的企业由于受国际国内政治因素，尤其是东道国各

种政治因素的影响而遭受损失的可能性。按照传统理论，将跨国经营的政治风险分为总体政局风险、所有权/控制风险以及经营风险和转移风险等。

## 4.2.1　总体政局风险

总体政局风险产生于企业对东道国政治制度前景认识的不确定性。如 1998 年 5 月印度尼西亚骚乱，导致许多华人企业严重损失。总体政局风险包括：因革命、骚乱、外来侵略而带来的战争动乱风险、政策变动风险、歧视性政策干预风险等。

比如，苏丹是中国最大的国外石油投资所在地，也是中国的友好合作国家。但是自 1956 年苏丹独立以来，除了 1972—1982 年这十年之外，苏丹的内战到今天都没停过，投资安全系数极低。这对已在该国投下巨资的中石油来说，一直为所投项目忧心忡忡，不敢过多增加投资。

## 4.2.2　所有权/控制风险

所有权/控制风险产生于企业对东道国政府注销或限制外商企业行为认识的不确定性。所有权/控制风险包括政府没收、征用、国有化行为。

所有权风险中最严重的是**没收**（confiscation），即无偿占用公司财产。对美国公司财产没收的最新两次著名案例为古巴卡斯特罗政府和伊朗政变推翻国王以后。

**征用**（expropriation）是政府对占有的财产进行一定的补偿。这种补偿往往与被征用企业的财产价值并不相等，甚至有的是象征性的。

**国有化**（domestication）是东道国政府规定公司的股权比例和管理权限等要符合东道国参与要求，并逐渐将外国人在本国的投资收归国有。

二战之后，曾经出现过民族独立国家对本土外国企业实施国有化的浪潮。随着上世纪 80 年代全球化的兴起，**目前，把国有化当成一种政策工具的做法大大减少了**，原因是：

第一，东道国政府认识到外资企业的确有助于其经济的发展，国有化无疑会使其他外资企业对本国望而却步，从而影响整个经济发展计划的实现。

第二，从以往的经验看，东道国政府认识到外资企业收归国有往往容易引起母国的经济报复，最终使东道国政府无利可图。

第三，投资者的投资方向已渐渐转移到对东道国不具伤害性的产业，东道国政府因此失去了进行国有化的必要。所谓伤害性的产业一般都是与东道国的国防、经济发展和国家财政需要、东道国的主权等方面的利益有关的产业，如公共事业、矿业、大规模农业、石油业、铁路交通业、通信业、银行业等。外国企业慎重地选择投资方向是国有化日趋减少的重要因素。

但在资源日益紧张、要素价格攀升的当今，国有化又以间接、渐进式的新形态呈回归之势。如 2006 年 4 月，厄瓜多尔议会就通过了一项石油改革法案，规定包括中国企业在内的所有外国公司必须将利润的 50% 交给厄瓜多尔政府，政府

**现场观察 4-1**

### 一些国家国有化的情况

20世纪30年代以来，世界一些国家鉴于外国企业在本国的日益扩张，深感本国经济如过分依赖外资企业将会产生不良的后果，于是掀起一场国有化的风潮。首先是墨西哥政府于1937年接管了外资铁路业，1938年又没收了其境内的外国石油业。伊朗于1952年将英国石油公司收归国有。随后，危地马拉于1953年没收了外国企业拥有的香蕉园。1962年巴西政府接收了美国国际电信及另一家电力公司在当地的投资事业。古巴更为激烈，将所有在其境内的外资企业均收归国有。1983年法国政府把所有外国银行收归国有。一项调查报告调查1960—1974年发生的接管事件，发现2/3集中在阿根廷、智利、古巴、阿尔及利亚、利比亚、伊拉克，这些是发生接管事件较多的国家。

根据修改后的《石油法》同外国公司重新进行石油合同的谈判。这几年，中国在委内瑞拉、秘鲁、厄瓜多尔、巴西、古巴等拉美国家进行能源项目投资时，遭遇这类“温和”国有化风险的情况非常多。

## 4.2.3 经营风险

这属于政治派生的经济风险。经营风险产生于企业对东道国政府控制性惩罚认识的不确定性，它主要表现在对生产、销售、财务等经营职能方面的限制。经营风险包括：地方成分/含量法律、劳动力问题、价格管制、税收管制、进口限制等。

比如，吉利公司2005年计划在马来西亚制造、组装和出口吉利汽车，当生产准备工作一切就绪并准备年底正式开工时，马来西亚政府出于保护本国汽车产业的目的，突然宣布新进入的汽车品牌在该国生产的汽车不能在该国销售，必须100%出口。这一政策变动使吉利公司蒙受巨大损失。

## 4.2.4 政治派生的其他经济风险

### 转移风险

转移风险主要产生于东道国政府限制经营所得和资本的汇出政策等的不确定性，如外汇管制和汇率风险。

### 外汇管理和汇率风险

外汇管制是一国政府通过法令对国际结算和外汇买卖等实行限制的一种制度。外汇管制的原因主要是由于该国的外汇短缺或者发生大量资本外逃，因此，

### 现场观察 4–2

## 可口可乐在印度经营的风险

多年来，可口可乐的生产配方一直严格保密。但是印度政府却在20世纪50年代要求可口可乐公司公开配方，否则必须停止在印度的经营活动。印度工业部长告知国会，可口可乐公司印度分公司必须将其60%的股份转让给印度人，并在1978年4月前交出其生产技术，否则就要关门。

虽然可口可乐公司在印度的销量在其全球销量中不足1%，但是一个拥有8亿人口的潜在市场是巨大的。印度人均年消费3瓶8盎司装可乐，巴基斯坦为12瓶，而墨西哥人为1 484瓶。在印度，可口可乐一度货源充足，凡是5万人以上的印度城镇，可口可乐就像瓶装饮用水一样普及。自从印度政府拒绝让可口可乐公司进口所需要的原料后，可口可乐公司只得退出。那位工业部长称可口可乐公司在印度的活动"提供一个经典案例，说明跨国公司如何在发展中国家只顾获取高收益而不关心东道国的国计民生，它们只知道如何在东道国扩张、如何玩弄弱小的本国工业"。

如今，随着印度对外国投资态度的转变，可口可乐公司在16年后重新回到印度，这次不需要被迫公开配方了。但是在这16年期间，百事可乐公司打入印度市场并获得26%的奢侈份额。为了防止将来因为政治原因而受到打击，可口可乐公司决定将印度罐装公司的49%的股份出售给机构投资者和员工。既然印度政府希望印度人部分拥有可口可乐印度分公司，可口可乐公司希望此举能安慰印度政府，换而言之，可口可乐公司采取措施让下属公司实行有计划的本地化。

资料来源："Indian Government Rejects Coke' s Bid to sell Soft Drinks." Wall Street Journal，March 16,199.，p. 85; and 'Coke Adds Fizz to India，" Fortune，January 10，1994，pp.14–15 and Manjeet Kripalani，'Finally, Coke Gets IT Right，" Business Week，FEBRUARY 10，2003，P.47.

外汇短缺的东道国政府常常会限制国外资本的自由流动，以便保持一定的外汇储备供应本国对外汇最基本的需求。

外汇管制使得开展国际投资的公司面临如何赢利并将利润或投资从东道国转移的困难，而且在将东道国货币兑换成本国货币或第三国有价值的货币方面也比较困难。有时，东道国政府的外汇管制是有选择地进行的，一般主要是针对某些产品或公司，以达到减少奢侈品和非必需品进口的目的。

### 贸易和投资壁垒风险

贸易壁垒是指一个国家为了限制外国商品进口所设置的障碍，它有关税壁垒和非关税壁垒之分。**关税壁垒**一般是指一个国家基于增加本国财政收入、保护国内生产和国内市场的目的，通过较高的关税来限制商品的进口。**非关税壁垒**是指用进口许可证、进口配额、复杂的海关手续、严格的卫生安全质量标准等技术和绿色壁垒、政府采购政策及国家补贴等各种法律和行政手段措施来限制商品的进口。

**现场观察 4-3**

### 缅甸的三重汇率体系

为了对必需品或奢侈品等特定的商品进行管理，往往采用多重汇率体系，即对必需品采用最优（最低）汇率，而对奢侈品采用高汇率以示惩罚。在缅甸，其货币缅元（Kt）有三种汇率：官方汇率（1美元=6缅元）、市场汇率（1美元=100~125缅元）、进口税汇率（1美元=100缅元）。缅元是不能在国外消费、不可兑换的货币，所以会对投资者产生严重影响，因为向国外汇出利润的能力变小。按照这种汇率体系，如果按照官方汇率1美元=6缅元，一笔135 000缅元的利润相当于22 500美元，而按照市场汇率，投资者的利润仅仅为1 000美元。汇率差异意味着投资者为一笔子虚乌有的收入支付21 500美元的税款。

资料来源："Myanmar' s Crumbling Kit," Asiaweek, MARCH 2, 2001, p.8. and "Kyatastrophe," Economist.com, March20, 2003

#### 价格控制风险

价格控制是指东道国政府用限价的办法来影响外国企业的营销活动。通常情况下，一些关系公众利益的必需品、重要物资、重要商品等经常遭到价格限制，如食品、药品及医疗用品、汽油、橡胶等。此外，在通货膨胀的情况下，利用价格管制可以控制生活费用上涨，如对于进口商品实行最高限价的规定。这样，还能够减少进口商的利润，达到抑制进口的目的。有些国家对进口商品实行最低价格的限定，目的是削弱进口商品在国内的竞争力，保护国内的民族产业。

#### 雇工问题

在许多国家，工会受到政府强有力的支持。在与外国企业的斗争中，常使资方做出种种特别的让步，包括禁止解雇工人、与工人分享利润、增加工人福利等。例如，在法国，充分就业的观念在社会中根深蒂固，不管解雇多么少的工人，都有可能会被认为是全国性的危机，尤其是当被外国企业解雇时。通用汽车公司在法国的工厂曾经想解雇当地工人，却被法国工业部长斥为不负责任并认为这种举动是大逆不道的。

### 4.2.5 政治制裁

世界上的一些国家可能会单独或联合抵制另一个国家，断绝与该国的一切贸易往来，或者对某种商品实行贸易制裁。比如美国有《与敌对国贸易法案》，如果美国政府认为将某一产品卖给某国会危及美国国家安全，则美国公司及其子公司或获得美国技术许可的外国公司不能将该产品出售给该国。而且，无论多少中间商参与了交易，这些公司的责任将一直延伸到产品的最终目的地。比如长期以来，美国禁止与古巴、朝鲜、伊朗、伊拉克和利比亚等国的贸易。

### 4.2.6 国际恐怖主义

国际恐怖袭击风险是因恐怖分子在东道国的活动而给国际公司造成的不利影响。近年来国际恐怖主义抬头，根据美国国务院报道，2000年发生383起恐怖事件，2001年为401起，其中111起针对美国公司。恐怖主义之所以选择袭击开展国际商务的跨国公司是因为与政府相比较，公司及其人员的防卫能力更小，另外国际公司往往是一国的象征，具有代表性。恐怖主义袭击跨国公司的目的，一是羞辱某国政府及其企业；二是通过绑架筹集资金；三是将跨国公司及其人员作为政治谈判的砝码。恐怖袭击使得企业开展国际商务的风险上升。如2004年就发生了在阿富汗的11名中国工人于睡梦中遭袭击身亡、在巴基斯坦的中国工程师遭绑架和杀害等恐怖袭击事件。

## 4.3 评估和预测政治风险

政治风险可能对于投资造成重大损害，跨国企业因海外投资金额与分布点遍及各地，在运作上对政治风险评估格外注重。政治风险评估是针对政治变动可能性，对经济机会进行预测和评估。对政治风险的分析可以从两类因素入手：一类是公司外部因素，一般为不可控因素；一类为公司内部因素，公司可采取措施进行变化适应。

### 4.3.1 对公司外部因素的分析评估

对公司外部政治因素的分析包括以下内容（参见表4.1）：

*东道国的政治情况*。一般情况下，东道国的政治局势若有出现巨变的迹象，则企业面临海外政治风险的可能性将会加大。

*双边关系*。国家间的友好关系状况直接影响企业在东道国的业务活动。因此，当其他条件相同时，公司母国与东道国的关系越友好，则在该国的投资和营销越顺利，越容易受到欢迎和支持。否则，若两国关系紧张、甚至出现敌对，则企业遭遇海外政治风险的可能性就会加大。

*产业和产品*。不同产业和产品的政治敏感性不同，因此，可能产生的政治性保护也不同。凡是政治敏感性高的行业和产品，如重要原料、公共设施、交通通信、药品、文化娱乐以及与一国国防安全、国民健康等有关的产品等，在东道国经营面临的政治风险就较大。

*经营规模及公司所在的位置*。公司在东道国的经营规模越大，遭遇政治风险的可能性越大，尤其是当这些外国企业位于都市地区或重要城市时，其政治风险

**现场观察 4-4**

## 从牛肉大战看易引发争论的农产品国际营销

农产品国际营销属于政治敏感性较强的贸易领域。农产品大规模进入某国的主流市场，或者一举占领对方农产品市场的较大份额，都极容易引起东道国政府的警觉，如欧美之间持续近13年的牛肉大战。

1996年欧盟停止进口含荷尔蒙的牛肉，美国和加拿大分别向世贸组织争端解决机构提起上诉，称欧盟禁止含有荷尔蒙的牛肉进口违背世界贸易组织规则。1998年，世界贸易组织裁定欧盟的禁令是不合法的，因为缺乏有力的科学证据。欧盟仍坚持因牛肉存在健康风险而禁止进口北美含荷尔蒙牛肉是合理的，并要求美国和加拿大取消对其贸易制裁。美国和加拿大因此对欧盟实施报复，每年对欧盟产品征收大约1.25亿美元关税。该制裁损害法国羊乳干酪和其他欧洲食品的销售，而且这些争端一直是欧美贸易关系的激化因素。

欧盟拒绝取消禁令的争辩理由是这些牛肉对公众健康存在潜在威胁。欧盟出示了一份长长的科学数据来支持它的禁令。在持续多年的争论之后，2003年7月欧洲政府和欧盟议会通过立法修改了其禁止进口含荷尔蒙牛肉的禁令。2009年5月22日，欧美双方在日内瓦草签了谅解备忘录，分三个阶段解决双方分歧。2009年8月，欧盟新增2万吨牛肉进口配额。作为交换，美国缩小因牛肉争端对欧采取贸易制裁的产品清单。这标志着持续十多年的牛肉贸易争端大战终告结束。

资料来源：中国食品土畜频道http：//cccfna.mofcom.gov.cn/index.shtml

程度则更高。

*公司的知名度*。公司知名度是公司规模、所在位置、产品质量、广告、品牌等因素的综合反映。一般来说，一个国外企业在当地的知名度越高，政治风险的可能性就越大。

**表 4.1 各种政治影响因素与政治风险的关系**

| 政治影响因素 | 政治风险 | |
|---|---|---|
| | 高 | 低 |
| 公司母国与东道国的关系 | 不融洽 | 友好 |
| 产业和产品 | 敏感行业 | 一般行业 |
| 经营规模 | 大 | 小 |
| 经营地点 | 重要城市 | 一般地区 |
| 公司的知名度 | 高 | 低 |
| 东道国的政治情况 | 动荡 | 稳定 |

### 4.3.2 对公司内部因素的分析评估

对公司内部因素的分析评估包括：

公司的行为表现。公司的任何经营政策和行为都会影响它在东道国政府和民众心目中的形象，这一形象与其面临的政治风险的高低直接有关。企业在东道国的形象越好，政治风险就越低；反之，政治风险就越高。

公司对东道国贡献的大小。企业在东道国投资，常常可以为东道国带来先进技术和设备、注入流动资金、带来原材料、扩大出口、增加就业，等等。企业对东道国的贡献越大，政治风险就越低。

经营的当地化程度。企业可以采用多种方式促进其生产经营本土化，比如使用当地原材料、零部件，在当地开发新产品，使用当地品牌，雇佣当地的管理人员、技术人员、普通工人等。企业经营越本土化，越能与东道国融为一体，政治风险也就越低。

### 4.3.3　政治风险预测模型

国际上有许多研究机构与顾问公司针对各个国家政治风险进行评估，并将评估结果出售。如政治风险服务集团（PRS）、贸易环境风险情报公司（BERI）、经济情报联盟（EIU）和国际咨询资源集团（ICRG）。目前国际上的研究机构提出的对政治风险的评估方法主要有以下几种。

预警系统评估法。该方法是根据积累的历史资料，对其中易诱发政治风险激化的诸因素加以量化，测定风险程度。例如，用偿债比率、负债比率、债务对出口比率等指标来测定资源国所面临的外债危机，从而在一定程度上体现该国经济的稳定性。

定级评估法。该方法是将资源国政治因素、基本经济因素、对外金融因素、政治的安定性等可能对项目产生影响的风险因素的大小分别打分量化。然后，将各种风险因素得分汇总起来确定一国的风险等级，最后进行国家之间的风险比较。对国际投资风险进行国别比较可参照国际上较有影响的国际投资风险指数，如富兰德指数（FL），该指数是由英国商业环境风险情报所每年定期提供；国家风险国际指南综合指数（CPFER），该指数是由设在美国纽约的国际报告集团编制，每月发表一次；国家风险等级则是由日本公司债研究所、《欧洲货币》和《机构投资家》每年定期在“国家等级表”中公布对各国的国际投资风险程度分析的结果。

分类评估法。根据伦敦的控制风险集团（CRG）的做法，政治风险按照规模有4种分类，即可忽略的风险、低风险、中等风险和高风险。可忽略的风险适应于政局稳定的政府。低政治风险往往孕育在那些政治制度完善、政府的任何变化通过宪法程序产生、缺乏政治持续性、政治分歧可能导致领导人的突然更迭的国家。中等政治风险往往会发生在那些政府权威有保障、但政治机构仍然在演化的国家，或者存在军事干预风险的国家。高政治风险国家则是那些政治机构极不稳定、政府有可能被驱逐出境的国家。

综合风险目录由多种不同的因素组合考虑得出，包括政府稳定性、国内斗争、经济健康程度、政治自由程度、法律环境的可靠性、政府取消外国贷款的可能性、货币稳定性、汇率、通货膨胀、合同执行等，这些因素平均反映国家的综合政治风险。

表4.2是采用以上几个因素进行政治风险评估的一个例子。这种评估方法的缺陷是用综合政治风险测定国家的整体政治风险，而不是提供不同国家、不同产业和项目的风险。例如美国公司在利比亚的综合政治风险可能很高，但是利比亚政府却保护美国的石油公司，即使在美国与利比亚国家关系比较糟糕的时候也是如此。

**表4.2 政治风险评估**

| 因　素 | 美国 | 中国 | 巴西 |
| --- | --- | --- | --- |
| 政府稳定性 | 1 | 7 | 9 |
| 国内冲突可能性 | 1 | 5 | 8 |
| 合同执行 | 1 | 5 | 5 |
| 外汇风险 | 4 | 4 | 10 |
| 综合风险指数 | 7 | 21 | 32 |

注:1 = 风险低,10 = 风险高。

资料来源:International Management: Managing in a Diverse and Dynamic Environment. Arvind V. Phatak, Rabi s Bhagat, McGraw-Hill Companies, Inc. 中国版. 机械工业出版社. 2008:76.

## 4.4 防范政治风险

跨国公司和管理者可以通过多种手段来减轻政治风险：一方面，可以通过主动防御来预防潜在的政治危机；另一方面，也可以采取被动的防御战略，力图在可能出现的政治风险中保护自己的利益。

### 4.4.1 一般原则

企业若想减少海外政治风险，就必须设法消除东道国对外国企业的担心及恐惧心理，避免产生敌对情绪，努力使其成为东道国的“好公民”、很好的合作者，为此，企业必须坚持一些基本准则，见表4.3。

**表4.3 跨国企业的行为准则**

| 一般行为准则 | 商务行为准则 |
| --- | --- |
| □ 遵守东道国法律法规、尊重和配合东道国的发展目标、明确自己客人地位 | □ 通过增加出口或进口替代减少进口来改善东道国的国际收支状况 |
| □ 同当地政府、当地企业和当地雇员建立和发展良好的关系 | □ 向东道国转让资本、技术或技能 |

（续表）

| 一般行为准则 | 商务行为准则 |
|---|---|
| □ 企业的职工和家属在东道国的举止要得当、尊重当地风俗习惯 | □ 价格公平、利润适当，追求公司获利同时兼顾当地雇员和东道国利益 |
| □ 入乡随俗，用当地语言进行交流 | □ 增加就业机会、依法纳税 |
| □ 除向东道国经济贡献之外，公司慈善行为特别有助于树立公司在当地民众中的正面形象 | □ 雇员注重本地化、积极培训当地有关的管理人员和技术人员、积极参加当地社交活动 |

对当地的文化活动和慈善机构进行资助可以树立良好的正面形象。如化妆品雅芳公司在中国发起预防女性乳腺癌的粉红丝带行动，广泛邀请影视明星共同推动广大中国女性对自身健康的关注。默克制药公司开发治疗河盲病的产品，河盲病是流行于非洲和拉丁美洲的一种寄生虫病，由于墨蚊的叮咬传播，导致身体畸形或双目失明，默克公司捐献数百万剂药品以治疗这种疾病。虽然这些慈善活动可能被认为是“文明利己主义”，但是任何有助于提高公众福利的活动都将为跨国公司带来利益。

## 4.4.2　主动防御战略——降低政治风险脆弱性

公司不能直接控制或改变其经营所在国的政治环境，但是可以力图通过各种战略和操作方法来降低政治风险的敏感程度。虽然大多数公司试图成为东道国的好公民，但是由于政治党派利益争斗时往往喜欢强调跨国公司的负面影响来转移大众视线或掩盖自身的败绩，跨国公司往往成为牺牲品。因此，跨国公司还应该采取积极主动的防御战略来降低可能招致的政治风险。

### 建立合资企业

与东道国企业或第三国企业建立合资公司是减少政治干预的好办法。一方面，合资企业中，各方的财务风险是限定的；另一方面，合资企业无疑是交叉人质（cross hostage）的做法，通过树立母国本土公司的形象往往有助于降低东道国的敌对情绪；最后，即使出现政治风险，也可以增加同东道国讨价还价的砝码。如2009年以来，中石油—BP联合财团拔得伊拉克油田竞标头筹、中石油与哈萨克斯坦国家石油公司联合收购曼格什套油气公司等成功案例提供了预防政治风险的榜样，这主要是通过企业间的联合增强了商业气息，弱化了国家意识，有效地消减了政治风险。

与东道其他合作伙伴，如当地银行的合作和联系是有效预防政治风险的方法。特别是银行的参与，当企业遇到政府接管或干预的威胁时，银行会增加谈判的力量。

### 扩大投资基础，有计划主动地实施本土化

有计划、分步骤地实施本土化，是减少敌对的最有效办法。即使跨国公司不

情愿这样做，但是有计划的本土化比最终被东道国没收或征用等要好得多。另一方面，有计划的本土化还可以争取东道国对公司的支持和帮助。现实是大多数发展中国家都将有计划的本土化作为进入其市场的前提条件。

**政治贿赂（避免采用）**

政治贿赂通过收买掌权者，让其代表跨国公司利益而减少公司政治风险。行贿可以让公司避免罚没性税收或被驱逐，或获得某些利益，但是贿赂会引发法律和道德问题（见第5章法律和商业伦理），如美国和加拿大的《海外反行贿法》规定，海外行贿要承担刑事和民事责任。所以政治贿赂也许产生短期收益，但是长期看，政治贿赂的风险很高，应该避免采用。

### 4.4.3 被动防御战略

跨国公司也会采用被动防御战略，尽管这种战略成本可能更高，但是损害的范围较小。

*政治风险保险*。公司通过保险的方式来防止政治风险，如美国的海外私人投资公司（overseas private investment corporation，OPIC）、世界银行的多边投资担保机构（MIGA）等。OPIC为在发展中国家投资的美国公司提供低息基金和高达2亿美元的保险，覆盖美国在海外各种投资（如资本和贷款）的货币不稳定性、没收和政治暴力等风险。MIGA还提供东道国单方面改变合同对于公司利益的损害保险。

*多元化经营*。跨国公司在多个国家设立机构，而不是将投资集中在某一个国家或地区。另外，通过更多雇佣与当地政府有关系的当地人员来充实管理队伍，可以有效防范政治风险。

*利用母国对东道国施加政治压力*。例如美国政府要求印度政府收缩对巴基斯坦的攻击，就是听取了美国IBM、惠普和微软印度子公司的建议。

**表4.4 政治风险主动和被动防御策略**

| | 直　接 | 间　接 |
|---|---|---|
| 主动防御 | 1. 合资企业<br>2. 特许经营<br>3. 与东道国其他合作伙伴<br>4. 提高东道国目标 | 1. 东道国公司公民身份<br>2. 游说东道国和本国政府 |
| 被动防御 | 1. 东道国子公司活动受母公司控制<br>2. 管理整合<br>3. 多元化 | 1. 风险保险<br>2. 持续规划<br>3. 对东道国施加压力 |

表4.5　OPIC政治风险保险的金额，每100美元的年费率　（单位：美元）

| | | | |
|---|---|---|---|
| 制造和服务业 | 范　围 | 比　率 | |
| | 不可兑换 | 0.25～0.45 | |
| | 没收/征用 | 0.50～0.70 | |
| | 政治暴力 | | |
| | 贸易收入 | 0.30～0.50 | |
| | 财　产 | 0.40～0.60 | |
| 机构贷款和租用 | 范　围 | 数　量 | 未支付本金 |
| | 不可兑换 | 0.35～0.55 | 0.20 |
| | 严重的不可兑换 | 0.40～0.75 | 0.20 |
| | 没收/征用 | 0.55 | 0.20 |
| | 政治暴力 | 0.35～0.65 | 0.20 |
| 石油和天然气 | 范　围 | 地质/勘测 | 发展/生产 |
| | 不可兑换 | 0.20～0.40 | 0.20～0.40 |
| | 没收/征用 | 0.35～0.50 | 1.35～1.65 |
| | 政治暴力 | 0.65～0.85 | 0.65～0.85 |
| | 政府对运作的干预 | 0.35～0.55 | 0.35～0.55 |
| 承包人和出口人 | 范　围 | 比　率 | |
| | 资产： | | |
| | 不可兑换 | 0.25～0.45 | |
| | 没收/征用 | 0.50～0.70 | |
| | 政治暴力 | 0.40～0.60 | |
| | 红利： | | |
| | 预先支付和其他 | 0.40～0.60 | |
| | 保　证 | 0.50～0.65 | |
| | 争　议 | 0.60～0.80 | |

资料来源：OPIC保险部门，http://www.opic.gov/Insurance.

## 4.5　政治风险对中国企业的启示

近年来，中国企业在国际贸易和海外投资领域不断遭遇各种政治风险。根据麦肯锡的统计数据显示，过去20年里，全球大型企业兼并案中，真正取得预期效果的比例不到50%，而中国67%的海外收购不成功。

以中铝增持力拓失败案为例，中铝和力拓都竭力把交易的失败归结为商业因素。这一解释有其合理性：自交易双方达成协议以来，铁矿石等大宗商品价格一路走高，力拓的股价大幅上扬，资本市场的闸门也重启，导致原交易条款对为债务所困的力拓来说吸引力已不如过往。但这看似合理的解释忽略了这样一个显而易见的事实：有关自然资源领域的交易，在很多国家均属高度政治敏感交易，澳大利亚反对党拿此大做文章，而中国买家没有拿出高度的政治智慧来达成交易。

从交易的复杂结构设计来看，中铝吸取前例教训，对力拓和其旗下部分矿产都不谋求控股权以规避政治风险。但在与力拓达成协议前后，中铝的两个举措令其政治风险陡增：一是甩掉亲密合作伙伴美国铝业，这使其在日后的交易政治角力中，少了一个富有并购经验并能大幅降低有关中国国有买家在全球攫取资源以为国家利益服务的意识形态风险的得力帮手；二是在协议宣布后不久，交易的缔造者中铝集团总经理肖亚庆便去国务院履新，这是在向外界强调而非淡化交易的政治色彩，也让中铝所坚称的纯商业利益的交易动机——借力拓交易摆脱对低迷的铝精炼市场的依赖、通过进入不同的金属和矿产领域实现业务多元化的说法打了折扣。

中国企业在国际经营过程遭遇的东道国政治风险从一个侧面反映出中国跨国经营政治风险法律保障制度滞后、跨国经营政治风险宏观管理制度无序、企业内部政治风险监管制度不健全等突出问题，可以从政府和企业两个层面着手加以解决。

### 政府方面

第一，加强宣传工作力度。很多开展国际经营的中国企业，政治风险意识淡薄、风险管理能力不足，尤其是遇到国家风险时，往往措手不及。因而，中国政府应通过各种媒介、采用多种方式对国际经营政治风险的相关情况进行报道、宣讲，使企业明白政治风险的特点、形式、必然性和可控性。

第二，搭建信息服务平台。中国政府应借助我国驻外机构、境外企业、银行和中信保等各界的力量，加强对重点国家和地区的政治经济形势、民族宗教矛盾等政治信息进行收集、整理、评估、发布。通过搭建政治风险信息网络服务平台，为中国企业“走出去”提供及时、准确、专业、权威的政治信息。目前，商务部的国别障碍报告系统、投资促进局的《国别投资指南》和中国信保公司的《国别风险报告》的风险防范功能已经启动，但作用的发挥还远远不够。

第三，完善风险保障机制。目前以保险手段支持企业跨国经营的制度在逐步形成，但起步晚，支持力度不大。今后，中国政府要在中国信保公司的基础上，允许、鼓励其他保险企业参与到对外投资的保险业务中来；尽快开发国外投资保险的新品种，不管商业性的还是政策性的；对政治风险在全球范围内进行分保和再保险，进一步分散风险；设立国家海外投资风险基金，增强跨国投资的整体抗风险能力。

第四，提供经济外交支撑。如法国外交部将为企业海外投资提供服务作为其重要的职能，外交部设有专门的企业处为海外经营定期提供全球区域市场的投资风险和战略性咨询参考报告。中国可以加大大使馆、外交部、商务部等主要涉外工作部门的经济外交力度，充分发挥磋商机制作用，推动投资保护、司法协助、领事保护、社会保险等政府间双边、多边协定的签订，营造良好的对外投资保护环境。

第五，培育国外投资园区。单个企业尤其是中小企业，很难独自成功地规避跨国投资的政治风险。但如果在政府的组织、引导下，成立境外投资园区，将本国海外企业集中起来发展，就能形成合力，有效地防范风险。例如，我国 2007 年在巴基斯坦和赞比亚建立的两个境外经济贸易合作区，现在正非常好地发挥着承载跨国投资的功能。

第六，加强监督与管理。随着我国跨国投资管理体制改革的推进，我国要尽快研究制定境外企业监管条例，依法加强对跨国经营企业的监督与管理。通过控制、指导、提醒，使企业免遭政治风险。

**企业方面**

第一，树立“双赢”、“多赢”的理念。跨国经营的中国企业要形成既自身得到发展，同时促进东道国就业、技术进步、财政增收的利益共享理念。单边发展的思路只会引发东道国政府与民众的不满，最终酿成政治风险。

第二，做好投资前的铺垫。在政府信息的基础上，通过专业收购调查公司考察、分析东道国的投资环境，评估投资的政治风险，重点分析那些难以预测并可能使经营环境突然改变的各种主要政治力量；进行广泛宣传，使东道国了解本企业，尤其是国企要让别人明白自身的市场化程度和所在行业的开放度；在投资国承担一定的公益事业；与东道国政府和民众多交流接触等。

第三，掌握防范跨国经营政治风险的策略。如上面讨论过的雇佣当地员工、从东道国银行融资、与本土企业合资、保留原公司的老名字等本土化策略，使中国公司成为东道国经济结构中的一个组成部分，减弱当地人的抵触情绪。

第四，遵守东道国的法律和社会规范，积极融入当地社会。“走出去”的中国企业要了解、学习、遵守东道国的法律和社会规范，主动承担社会责任，参与社区活动，广交各界朋友，从而融入东道国社会主流之中，淡化中国“印记”，由中国公司逐步本土化为地地道道的东道国公司。如此，遭受政治风险的可能性也可大大降低。

## 本章小结

- 政治环境是指企业经营活动的外部政治形势。政治风险是从事国际商务的企业由于受国际国内政治因素，尤其是东道国各种政治因素的影响而遭受损失的可能性。
- 政治环境分为国际政治环境、区域政治环境和国家政治环境三个层次。这三个层次因素总是相互影响着发挥作用，一国政治波动的产生往往是多种因素共同作用合力的结果。
- 政治风险产生的直接根源在于东道国政体的改变、社会动荡与混乱、政治上的独立、武装冲突与战争、国际政治同盟关系的形成等。

- 政治风险包括三种类型：总体政局风险、所有权/控制风险、经营风险和转移风险。
- 进行政治风险评估，从两类因素入手：一类是公司外部因素，一般为不可控因素（如国家间的友好关系、不同产业和产品、经营规模及公司所在的位置、公司的知名度、东道国的政治情况）；另一类为公司内部因素，公司可采取措施进行调节（如公司的行为表现、公司对东道国贡献的大小、经营的当地化等）。
- 开展国际经营的公司可以通过主动和被动的策略来预防和减少政治风险，比如建立合资企业、有计划的本土化、海外投资保险等方式来降低政治脆弱性和政治风险。

### 关键词和概念

政治环境　政治风险　总体政局风险　所有权/控制风险　国有化　政治风险评估　主动防御策略　被动防御策略

### 思考题

1. 国际商务的政治环境体系的组成要素是什么？母国和东道国以及国际政治局势如何加剧国际商务政治环境的复杂性？
2. 请与同学讨论在评估一国政治环境时，应该考虑哪些重要因素？
3. 执政党观点以及执政党更替如何影响国际商务活动？请给出具体的例子。
4. 开展国际商务，最经常遭遇的政治风险是什么？
5. 没收和征用等国有化行为被认为是开展国际商务最大的风险之一，请讨论国际公司如何降低此类风险？
6. 近年来，没收和征用已经不如以前那样频繁发生，那你认为哪些种类的政治风险如今变得更为重要，值得注意？
7. 请思考国际公司为降低政治脆弱性而可能采取的办法。
8. 选择你所感兴趣的一个国家，并访问 www.politicalresources.net 网站，浏览相关的政治新闻和政治环境分析。
9. 选择一个目标国家，采用本章中的政治风险预测模型来评估该国的政治风险。
10. 请与同学讨论不同的政治风险防御策略的有效性有何不同？

## 结尾案例

## 案例 4-1　中铝增持力拓失败源于政治性风险[2]

中国企业海外投资面临的政治性风险正在放大。在中铝增持力拓交易中，政治性风险从一开始就如影随形，以中铝和其他中国企业接二连三大举投资澳大利亚资源为借口，反对党政客在澳大利亚政坛掀起了罕见的中国投资风潮。

当初力拓准备拿出来与中铝合作的全部是其最优质资产：全球最主要铁矿石生产商之一澳大利亚 Hamersley 铁矿公司的 15% 股权，全球最大的铝土矿之一澳大利亚 Weipa 铝土矿的 30% 股权，全球一体化、现代化程度最高的氧化铝厂和电解铝厂之一澳大利亚 Yarwun 氧化铝厂 50% 股权以及 Boyne 电解铝厂（力拓集团所持 59% 股权的 49%），全球产量最大的智利 Escondida 铜矿 14.925% 的股权；全球产铜最多铜矿之一、且富有高品位伴生贵金属的美国 Kennecott 铜矿 25% 股权……这固然提高了这笔交易对中铝的潜在利益，但同时也加大了中铝的潜在政治性风险。

任何国家重大战略性资源引进外资交易都有可能引起公众不安，引发政治上的反对，这本属正常。不正常的是值此经济危机席卷全球之际，中铝增持本来是力拓的救命稻草，但澳大利亚民间对这笔交易的反对竟然如此广泛。澳大利亚新闻民意调查公司 4 月初的民意调查结果显示，受调查者中反对准许中铝增持力拓股份至 18% 的竟高达 59%，理由是老生常谈的担心中国通过央企最终控制澳大利亚资源。不错，力拓董事会最终决定毁约的公开理由是市场回升，但倘若中铝增持案没有被澳大利亚外商投资审核委员会（Foreign Investment Review Board，FIRB）延长审查周期，国际初级产品市场和股市的回升尚不至于给予力拓董事会如此强大的信心。因此，力拓董事会毁约公开理由背后起作用的仍然是政治性风险。

**讨论和在线学习问题：**

1. 中铝增持力拓失败的教训是未能成功克服从这笔交易一开始就如影随形的政治性风险。在中铝增持失败后，对开展国际商务的公司而言，你认为应该吸取怎样的教训？
2. 你认为今后赴澳投资，对预防政治性风险应该采取的基本原则与具体策略是什么？
3. 中国以商业间谍罪逮捕四名力拓公司中国高层，你认为跨国公司在东道国应该具备怎样的法律和行为规范呢？
4. 请上网搜集中国企业海外并购的成功案例，并与同学讨论这些公司是如何规避政治风险的？

## 参考文献

1. 国际先驱导报，2009 - 06 - 26.
2. 梅新育 . 人民网 . 2009 - 06 - 28.

# 5 CHAPTER 5 法律环境和商业伦理

法律是一种政治措施，是一种政策。

——列宁

**学习目标**

- 了解当今法律体系的三大渊源
- 了解国际商法体系的五个方面
- 法律争端中司法管辖权冲突如何解决
- 解决国际贸易争端的途径
- 母国法律在东道国的适用性
- 商业伦理
- 辨别国际商务法律风险及降低法律风险

## 开篇案例

### "朗讯门"事件[1]

全球著名的电信设备制造商阿尔卡特—朗讯公司2007年12月表示，已就其涉嫌向中国官员贿赂而违反美国《反海外腐败法》一事与美国司法部达成调解协议，阿尔卡特—朗讯方面将向美国司法部和美国证券交易委员会分别支付100万和150万美元罚金。

美国证监会指控，从2000—2003年，朗讯邀请约1 000名中国国有电信公司官员赴美国或其他地方旅行，为此花费超过1 000万美元。许多旅行中，中国企业官员们在美国只花很少甚至不花时间去参观朗讯工厂。相反，他们在各个旅游点如夏威夷、拉斯维加斯、大峡谷、尼亚加拉大瀑布、迪斯尼世界、环球影城和纽约游玩。

朗讯为约315宗此类旅行承担费用，违背了1977年美国《反海外腐败法》关于账簿记录和内控的条款。朗讯缺乏有效的内控机制，以确保发现和防止目的在于游玩、娱乐和休闲而不是商务的旅行项目。朗讯将许多此类旅行开支作不恰当的记录。比如，超过160起旅行被计入朗讯的"工厂参观项"，尽管客户在旅行过程中根本没有参观哪怕是一间朗讯工厂。

朗讯之所以违反《反海外腐败法》，是因为多年来朗讯没有恰当地培训其高管和员工理解《反海外腐败法》对中国客户性质和地位的界定。许多朗讯的中国客户是国有的或者政府控股的公司，因此其员工属于《反海外腐败法》所界定的“外国官员”。朗讯邀请访美的许多中国“官员”，在朗讯的内部记录中常常被标为“决策者”，指其能带来新业务。

朗讯在其海外市场一直存有利用贿赂手法获取高额电信设备合同的行为，此前已有类似事件在沙特阿拉伯发生。2004年4月，朗讯公司曾宣布因为涉嫌违反了美国《反海外腐败法》而解雇了包括董事长戚道协等在内的4名中国公司高管，外界普遍预测此次阿尔卡特—朗讯获得的250万美元罚款单是为该次中国“贿赂门”事件埋单。轰动一时的“朗讯门”事件终于有了定论，阿尔卡特—朗讯为规避刑事起诉，而情愿承担经济上的惩罚。但是在美国司法部门高调对朗讯的罪责作出惩罚之时，朗讯在中国的贿赂对象却依旧不明不白。究竟是哪些电信企业的哪些高管收受了朗讯的好处费？

# 导言

企业在进入一个国家之前必须尽可能评估该国的法律环境。国际企业不仅要遵守本国的法律制度，还要了解和遵守国外的法律制度和有关的国际法规、惯例和准则。如开篇朗讯门案例一样，朗讯中国客户是国有或政府控股公司高层，因此属于美国《反海外腐败法》所界定的“外国官员”。只有了解和遵守国际贸易投资法律法规以及企业道德准则，国际公司才能在国际商务立足和可持续发展。

## 5.1　全球法律体系

从世界范围看，尽管世界各国的法律法规制度各不相同，但基本上可以归结为大陆法系、普通法系和伊斯兰法系三大法律体系，而各国具体法律法规的制定也主要取决于本国所采用的法律体系。

### 5.1.1　大陆法系

大陆法系（code law）是指欧洲大陆各国及受其影响的其他一些国家的法律体系，包括约70个国家。该法系以法国、德国、意大利、奥地利、比利时、荷兰、卢森堡、西班牙、葡萄牙、瑞士等为代表，也包括受这些国家影响的拉美和非洲国家，如埃塞俄比亚、摩洛哥、索马里、安哥拉、阿尔及利亚、加拿大的魁北克省（法语地区）；亚洲的日本、泰国、印尼、伊朗、菲律宾、斯里兰卡、土耳其等也属于大陆体系。中国基本上属于大陆法系。

大陆法系的基本特征：

（1）普遍采用成文法。它在结构上强调系统化、条理化、法典化和逻辑化，即以全部成文法规为依据，成文法的法律制度一般分为三种法典：商法、民法和刑法，它主要起源于罗马法。

（2）法律的实施以法律条文为依据，由法官加以引证和解释。尽管其法律条文本身似乎很具体，但同一法律的应用可能会产生根本不同的解释。对于那些不熟悉东道国法律条文的国际商务的公司而言，就存在很大的不确定性。

（3）法官和律师制度。大陆法系下，法官专门培养，而不从律师中选任。大陆法系国家传统把法官作为公务员管理，法官享受文官式待遇。大陆法系国家中高低级法官间差别明显。

### 5.1.2 普通法系

普通法系（common law）又称英美法系，是指以英、美两国为代表并包括受其法律传统影响的一些国家的法律体系，约70个国家。它起源于英国法。英国、爱尔兰、美国、加拿大、澳大利亚、新西兰、印度、缅甸、马来西亚、埃及、利比亚、利比里亚、伊拉克和其他一些处于英国影响之下的国家和地区都属于普通法系。

普通法系的基本特征：

（1）采用判例法。即普通法的基础是传统、过去的惯例，法院解释的法令、法规和过去的判决所作出的判例。

（2）重视程序法。各种法律、法规从内容上可以区分为实体法和程序法。实体法是规定人们在经济关系之间的义务和权利的法律，主要有民法与商法，程序法是规定诉讼程序和仲裁程序的法律，如民事（商事）诉讼法、仲裁法等。

（3）法官制度。普通法系国家的法官一般都是从律师中选任的。普通法系国家法官的培训、选任和晋升不同于职业文官，法官的威望、地位和待遇远较文官更高。普通法系国家上级法院和下级法院管辖分工模糊，另外严格限制上诉，因而各级法院独立性较大，不同级别法官之间差别很小，法院的级别独立更能得到保证。

### 5.1.3 伊斯兰法系

伊斯兰法系（Islamic law）基于对《古兰经》的解释，伊斯兰法系独特性之一就是禁止支付利息。伊斯兰合同法的核心是规定任何穆斯林在借贷时均不得收取“里巴”（riba），“里巴”内涵不仅包含高利贷，也包含利息，即任何固定的或预先商定的存款利息或借贷利息支付。因此银行信贷不计利息，即贷款不收利息，存款不付利息。禁止支付利息对银行和商业惯例带来严重影响，由于禁止收取利息，所以伊斯兰世界发明了几种办法来获得利润，参见现场观察5－1伊斯兰银行。

伊斯兰法系另一原则是禁止投资于违反伊斯兰教规的活动，伊斯兰金融禁止投资于与烟酒、赌博等有关的营业活动。伊斯兰教也禁止从事金融衍生产品，如期货，以及违背伊斯兰法和价值观的活动，如闲聊或从事色情活动。

现场观察 5-1

## 伊斯兰银行

1975年只有一家伊斯兰银行，如今在超过75个国家有超过300家伊斯兰银行。伊斯兰机构的总量存款、资产负债表、资产管理和私人财富的年增长率为25%~40%。在中东，伊斯兰银行是金融领域中的佼佼者。科威特《阿拉伯时报》一份报告说，金融危机重创全球银行业之际，2008年全球前100家伊斯兰银行的资产却逆市激增近66%。2008年全球前100家伊斯兰银行资产总额达5 800亿美元，比前一年增加2 300亿美元。同期，亚洲前300家银行的资产增幅仅为13.4%。

按照《古兰经》和伊斯兰教法规定，利息属不合法的收入，必须禁止。故此类银行的信贷不计利息，即贷款不收利息，存款不付利息。其资金来源主要靠客户存款、政府无息贷款。大多为国家所办的金融机构，少量为私人金融机构。伊斯兰银行的金融信贷活动一般采取4种方式：

（1）合资参与股份制（Musharakah），银行向借方的发展项目提供贷款时，以股份的形式投入，双方按协议分配利润。

（2）盈亏分摊制（Mudharabah），是一种银行与企业的利润分享关系。银行与企业（即存款者和借贷者）结为伙伴关系，双方按照协议共同分担经营的亏损或参加利润的分配。

（3）成本加价制（Murabahah）。银行在资助贸易时，从标高价格中获取收入。当客户申请贷款购买某种货物时，双方达成协议，由银行出资购买，在到期偿还贷款时，银行收取高于原先物品的价格，其中的差额就是银行收益。

（4）手续费制。凡汇款、信用证、中长期贷款、外贸贷款等均按款额和期限，由银行收取2%~4%的手续费，用以支付银行的管理费和通货膨胀的差额。为了鼓励扩大存款，对存款人可按银行经营的情况和存款额的多少，参加利润分成、获得存款奖金和货币的保值金，并在申请贷款、使用支票等方面给予优待。

资料来源：http://e-articles.info/t/i/4796/l/cn/银行对伊斯兰教的原则：伊斯兰银行和金融业

## 5.2　国际商务法律环境

国际商务法律环境是由国际法、目标国（东道国）法律和母国法律相互作用形成的。国际法是调整国家间相互关系并规定其权利和义务的原则和制度，其主要依据是国际条约、国际惯例、国际组织的决议，以及有关国际问题的判例等。严格意义上的国际法尚未形成。迄今为止，世界范围内，还没有一个能够解决国际商事争端的统一的国际司法机构。因此，开展国际商务的企业进入多少个国家，就要面临多少种不同的法律环境。但是国际法依然在国际商业事务中扮演了重要的角色，本章讨论的国际经济法指约束国家之间经济关系的法律规范的总和，它包括国际私法、国际公约或条约、国际惯例、东道国法律、母国法律五个方面。

### 5.2.1 国际私法

国际私法（private international law）又称冲突法，在大陆法系习惯于称为“国际私法”，而英美普通法系则更多地称其为“冲突法”（Conflict of Laws）。国际私法是调整涉外民事法律关系的规范的总称，它指出具体涉外民事法律关系中应当适用哪一国的实体法，并选定一种法律程序作为解决案件的准绳。

一般地讲，目前国际上主要运用以下四种原则来确定国际商事争端的司法管辖权。

#### 属地管辖原则

属地管辖原则是指除享有司法豁免权外，一国对该国领土范围内的一切人、物、法律行为都具有司法管辖权。具体又有以下三种情况：第一，以被告的住所地或居住地为标志确定管辖权。英美法系的国家往往以住地法为适用法，这样当事人所居住的国家的法律即为适用法律。第二，以诉讼的标的物所在地为标志确定管辖权。即以标的物所在地的法律为适用法律，这是用来确定人对物的权利时的法律，它有利于仲裁机构的裁决或司法机构的判断的认可和执行。第三，以法律行为的发生地为标志确定管辖权，其中又包括契约成立地、义务履行地、侵权行为地等几种具体标志。

#### 属人管辖原则

属人管辖原则是指根据当事人的国籍来确定管辖权，只要诉讼当事人一方具有某国国籍，该国的法院就可主张对诉讼案件具有管辖权。大陆法系的国家一般规定当事人国籍所属法即为属人法，这样当事人所属国籍的国家法律即为适用法律。

#### 协议管辖原则

又称约定管辖原则，该原则是指双方当事人经过协商选定某一国的某一法院对该项争端具有管辖权，但这种双方协议必须在法律允许的范围内，各国法律明文规定属于专属管辖的案件，不在协议管辖之列。

#### 专属管辖原则

该原则是指为了保护本国当事人的利益，维护本国的法律原则，一国主张它的法院对一定范围内的争议案件具有独占的管辖权，排除他国法院对这类案件的管辖。在大多数情况下，只要国际商务人员在合同中写明了有关司法管辖权的条款，就能在将来万一发生法律冲突时，很容易地确定司法管辖权。但是，有时即使有专门条款规定司法管辖权，如果合同不是在该条款指定的国家内履行，有些国家的法院也会视条款为无效。因此，国际商务人员必须在合同草拟和签约前，对这一问题做深入、细致的研究，并采取相应的对策。

### 5.2.2 国际条约、公约或协定

国际条约、公约或协定一般是指两个或两个以上的主权国家为确定彼此间的经济、贸易关系所缔结的书面协议。企业开展国际商务必须符合当事人所在国缔结或参加的有关国家或国际经济贸易组织所作出的有关国际经济问题的决议。国际经济法包括的主要国际公约有：

- □有关国际货物买卖公约，如《联合国国际货物买卖公约》《国际货物买卖惯例》。其中《联合国国际货物销售合同公约》（1980）（United Nations Convention on Contracts for the International Sales of Goods，简称 CISG）被 51 个国家采用，包括美国、加拿大、中国、俄罗斯、德国、丹麦、澳大利亚、瑞士、新加坡等。
- □关于产品责任的适用公约，又称为国际产品责任法。有关产品责任的公约即保护消费者利益的立法，主要是确定生产者和销售者对其生产或出售的产品所应承担的责任，以保护使用者的合法权益。美国的产品责任法出现的比较早。二战后，西欧一些国家也开始重视产品责任问题，并拟定了一些有关产品责任的国际公约。主要有《关于产品责任的法律适用公约》、《关于人身伤亡产品责任欧洲公约》、《使成员国产品责任法互相接近的指示草案》、《关于适用于产品责任的法律公约》，等等。
- □工业产权保护公约，这类立法又称为保护生产和销售者的立法。工业产权保护公约主要包括专利法和商标法。其目的是确认专利与商标的所有人对其创造性劳动成果享有的专有权，保护其利用专利和商标从事制造和销售产品，巩固和扩大销售市场的权利。保护工业产权方面的公约主要有《保护工业产权的巴黎公约》即《巴黎公约》、《商标国际注册的马德里协定》、《建立世界知识产权组织公约》、《商标注册条约》、《欧洲专利公约》、《专利合作条约》、《世界版权公约》、《尼泊尔公约》等。
- □保护公平竞争的立法，又称为国际反托拉斯法，其目的是创造或保护国际经济活动公平竞争的经营环境。有关这方面的立法，除各国的国内法之外，迄今尚未有具有法律约束性的完整的国际立法。保护公平竞争的立法主要有由联合国有关组织和会议制定的《关于控制限制性商业行为多边协议的一套公平原则和规则》，这是目前有较大潜在影响的一个规则。此外，还有《国际技术转让行动准则》、《跨国公司行动守则》中的有关条款。
- □调整国际间经济贸易行为的立法，这类立法调整的对象和范围十分广泛，几乎涉及有关国际经济贸易具体行为的各个方面，包括各种国际条约、公约、惯例、协定、议定书、规则等。其中除有 100 多个国家参加的最有影

响的《世界贸易组织规则》外，还有《联合国国际货物销售合同公约》、《跟单信用证统一惯例》、《解决国家与他国国民之间投资争端公约》也称《华盛顿公约》等。此外，还有有关国际货物海上运输的公约和惯例。如《1924 年统一提单的若干法律规则的国际公约》、《修改统一提单的若干法律规则的国际公约的协定书》、《1978 年联合国海上货物运输公约》等。

### 5.2.3 国际惯例

国际惯例是通过各国的反复实践逐渐形成的某种特定行为和习惯。它虽然不是法律，不具有普遍的约束力。但是按照各国的法律，在国际经济交往中一般都允许双方当事人有选择使用的权利。一旦当事人在合同中采用了某项惯例，该惯例对双方当事人就具有约束力。随着现代市场经济的发展，国际惯例的作用也显得越来越重要。在现行的国际惯例中，有些内容已被国际条约所采用，即出现惯例条约化的趋势，如有关贸易术语的国际惯例中影响较大是 INCOTERMS（国际商会术语）。

### 5.2.4 东道国法律

影响国际商务最经常、最直接的因素是目标市场国即东道国有关国外企业在该国活动的法律规范，它涉及的范围十分广泛。这些法律、法规受各国不同国情的影响，使同一法律的具体内容不尽相同。以下介绍从事国际销售的公司特别应该关注的东道国贸易法、营销法律和反托拉斯法。

#### 贸易法

一国贸易法管理着一国与外国的贸易关系，包括商品和服务的进出口。贸易法用于实施一国贸易政策。

美国贸易法律体系最复杂，其中《贸易和竞争综合法案》（1988）包括了对改善美国贸易状况至关重要的三方面内容：市场准入、扩大出口和出口救济。

市场准入指外国市场对美国商品的开放性。如果一国对美国产品加以不公平的限制或政府采购规则对美国企业形成歧视，则根据该法案，美国总统有权对美国市场上的该国商品实施限制性措施或禁止美国政府采购该国商品或劳务。

上述法案还规定了政府在扩大出口方面的责任。此外遭遇不公平贸易进口的美国企业可以向政府请求临时救济以适应竞争和重新获得竞争力。

#### 营销法律

几乎所有的东道国对其国内的营销活动都有严格的法律规定。由于各国法律营销体系极其复杂，以下只讨论它们对国际营销组合中产品、价格、渠道和促销（4Ps）的影响。

**背景知识**

## 美国复杂庞大的贸易法体系

1930年《斯穆特—霍利关税法》：胡佛总统签署，涉及20 000种商品，关税水平历史最高。高关税招来所有贸易伙伴的报复，使整个国际经济交往与秩序陷入了几乎停顿的混乱状态。

《1934年互惠贸易协定法》授予总统通过贸易谈判来削减关税壁垒的权力，它有两大基本原则，一为互惠原则，即关税削减要双边对应；二为最惠国待遇原则，即双边减让适用于所有曾与美国签订互惠贸易协议的贸易伙伴。“无条件最惠国待遇原则”（most-favored nation，MFN）暗含着构建以美国为核心的国际贸易体系。

1962年《扩大贸易法》在强调继续推行自由贸易原则的同时，也引入了一个重要的概念：“贸易调整援助”，即国会和总统可以对那些受到进口品竞争损害的产业、企业和工人提供救助。这为以后将贸易与劳工标准、人权等因素挂钩，从而创设新的非关税壁垒的做法开启了方便之门。

1971年，美国在维持了80多年的贸易顺差之后出现逆差，受到进口打击的有关行业强烈要求美国政府采取保护措施。

《1974年贸易改革法》规定总统可以采取“快车道”程序（fast-track procedure）来降低、取消或协调非关税壁垒。

东京回合谈判开始时，非关税壁垒成为最重要的内容之一。各国在以下七个方面达成了共同认可的准则：补贴与反补贴法规、反倾销法规、政府采购法规、海关估价法规、贸易技术壁垒标准法规、进口许可证法规和贸易保障法规。《1979年贸易协议法》就是为实施这些准则而专门通过的。它标志着美国的非关税贸易壁垒体系的法律框架已构建完成。

1984《贸易与关税法》赋予总统在高科技产品、服务贸易、海外直接投资领域内的权力。

1988《贸易和竞争综合法案》由里根总统签署，宗旨是通过谈判和制裁去“打开”任何对美国产品和服务设有不公平壁垒的外国市场。1988年法从倡导“自由贸易”转向所谓的“公平贸易”，强调对等的互惠待遇，强化贸易法的自我保护性和主动性。事实上，美国判断国际贸易是否公平的标准是看自身的竞争优势是否能够充分体现。在竞争优势能够充分体现的领域，“公平贸易”就等于“自由贸易”；在实力不对称的领域，“公平贸易”则被作为保护主义的借口。另外，从关注全球多边主义转向双边互惠主义，加强有针对性的双边贸易谈判，以解决贸易争端与冲突；寻求建立区域性贸易集团，如北美自由贸易区以及正在酝酿之中的美洲自由贸易区。

- 产品（Product）

由于产品的物理和化学特性事关消费者的安全，所以各国都对产品的纯度、安全性能有详细的法律规定。在产品的安全性标准之外，各国对产品的包装（颜色、材料、标签等）、售后服务、对品牌名称及注册保护的要求也有不同规定。例如，比利时规定只能用八边形的褐黄色玻璃瓶盛装药剂，以其他容器盛装的药剂不得进入该国市场。

关于标签的法律要求更严格。一般来说，标签上须注明的项目包括：产品的名字；生产商或分销商的名字；产品的成分或使用说明；重量（净重或毛重）；产地。对保修单的要求比较宽松，不过，习惯法系国家一般对此要求较严格，而成文法系国家对此要求又相对宽松。

成文法系国家与习惯法系国家关于品牌或商标所有权的法律处理截然不同。前者实行“注册在先”，而后者则实行“使用在先”。因此，必须了解在什么地方和什么情况下会发生侵权问题。

**现场观察 5-2**

## 东道国各种产品质量标准认证

企业质量体系认证是指由国家认可的认证机构，根据企业申请，依据认证标准，按照规定的程序，对企业的质量保证体系，包括企业的质量管理制度、企业的生产、技术条件等保证产品质量的诸因素进行全面的评审，对符合认证要求的，通过颁发认证证明书的形式，证明企业的质量保证能力符合相应标准的活动。重要的国际认证包括：

**CE认证**。CE的含义是Conformite Europe，不管是欧盟内部企业的产品还是外部国家的产品，要想在欧洲市场上流通，都必须加贴“CE”标志；CE标志必须在外包装，并且高度不低于5mm。

**PSE认证**。日本规定，498种电气和材料产品进入日本市场必须进行PSE认证。

**GS认证**。GS是德语“Geprufte Sicherheit”（安全性已认证）的意思。GS认证涵盖的产品范围：家用电器，电子玩具，体育运动用品，家用电子设备，照明电器，家用机械，电气及电子办公设备，通讯产品，电动工具，电子测量仪器，工业机械，实验测量设备，其它他安全有关的产品如自行车、头盔、爬梯、家具等。

**UL认证**。UL是英文保险商试验所（Underwriter Laboratories Inc.）的简写。UL认证安全试验所是英国最有权威的，也是世界上从事安全试验和鉴定的较大的民间机构。它采用科学的测试方法来研究确定各种材料、装置、产品、设备、建筑等对生命、财产有无危害和危害的程度。

**CCC认证**。CCC认证即“中国强制认证”，英文名称为“China Compulsory Certification”。

**CSA认证**。CSA是加拿大标准协会（Canadian Standards Association）的简称，成立于1919年，是加拿大首家专门制定工业标准的非营利性机构。在北美市场上销售的电子、电器等产品都需要取得安全方面的认证。

**UKAS认证**。英国皇家产品认证，在欧洲各国、日本、美国、前苏联等很多国家获得认可。

**GOST认证**。俄罗斯产品认证，涉及绝大部分产品类别。

认证有效期一般为1年或3年。

- 定价（Price）

许多国家对“维持再售价格”（Resale Price Maintenance，RPM）都有法律规定。但是，“维持再售价格”的范围和方式因国而异。许多国家通过政府价格控制部门来制定法律规定。它们中有的对所有产品都实行价格控制，而有的只对极个别产品实行价格控制。例如，法国政府冻结若干个产品的价格。而日本只对一种消费品——大米实行价格控制。

- 分销（Place）

各国法律关于分销的规定不同，例如，法国法律特别禁止挨门挨户推销。通过分销商或代理商销售的出口企业受到东道国有关法律的限制。出口企业必须知晓东道国关于分销商合同的法律条文，以避免造成损失。

- 促销（Promotion）

在奥地利，优惠、礼物或赠券被视为现金折扣而被禁止。在芬兰，只要不采用"免费"这个字眼，现金折扣在相当大的范围内是允许的。在法国，除非在1月和8月（每次持续4~6周）进行的大减价优惠，否则认为低于成本价销售、赠送或搭售是非法的。德国对促销的法律最为严格，德国禁止提供任何形式的物质刺激来吸引顾客，甚至连捐赠也被禁止。1930年制定的关于禁止折扣、退款、终身承诺的法律规定直到2000年才取消。在此之前，一家咖啡店如果给购买10杯咖啡以上的顾客赠送一杯免费咖啡是违法的行为。

在国际营销中，关于广告的争议最多，而且广告也最易受到控制。世界上大多数国家都制定有关于广告的法律规定，许多国家的广告组织也有自己的约束准则。例如，新西兰关于广告的法律条令不少于33个。世界各国的广告规则有如下几种形式：

一是关于"广告词"的可信度和语言。各国法律对于在广告中使用对比法宣传产品或服务也有不同的规定。加拿大的法律最为严厉，像"加拿大走时最准的手表"之类的宣传广告，如果没有确凿的证据予以证明，则会被法院判定为欺骗消费者。在美国频繁出现的比较广告，英国和德国禁止使用。例如，德国不允许使用比较性广告和"较好"或"最好"的广告词。波多黎各与维京群岛，法律规定任何促销必须以西班牙语和英语刊登，促销期间，两种语言版本必须至少在一种发行量很大的报纸上每周刊登一次。

二是限制为某些产品做广告。例如，英国不许在电视上做烟草或酒类广告。从2005年7月起，欧洲禁止在报纸、广播和互联网上刊播烟草广告，也禁止烟草公司赞助一级方程式等国际性体育赛事。1991年，法国颁布了对酒精类广告进行限制的《艾文法》。

三是限制促销技巧。例如佣金的规模、价值和种类也被许多国家明确限定：佣金只能占产品销售额的有限部分和佣金的使用只能与该项产品有关，也就是说，手表的广告佣金不能用来做肥皂的广告等。许多国家的广告法都禁止在电视广告中使用儿童形象。在斯里兰卡禁止电视广告使用儿童作模特儿来推销商品，其理由是因为斯里兰卡太穷，在160万人口中20%的人生活在贫困线以下，对于那些无力购买的父母来说，这种电视广告会引起伤心和为难。在科威特，广告中不能出现最高级的描述、不雅的文字、骇人听闻的场景、不体面的衣着或舞蹈，而且为灯具、药品、酒类、飞机航线、巧克力或其他糖果做广告也是非法的。阿拉伯国家还禁止有关算命和占星的广告、会干扰或吓着儿童的广告、场景中出现女人的广告。

四是广告媒体限制。在比利时、瑞典和丹麦等国，电视上禁止播放广告。法国每天电视广告不得超过 13 分钟，德国不得超过 27 分钟，瑞士却可以达到 150 分钟，美国更为宽松，平均每一频道每天的广告时间可高达 180 分钟。日本规定电视广告一则不能超过 15 秒钟，长文案在日本电视广告中即成废纸。在科威特，由政府控制的电视网每晚只有 32 分钟的广告时间。德国的广告长久以来在节目开始前或结束时播放。在中东地区，某些产品不允许在电视台上作广告。1993 年，乌干达禁止该国最主要的评论性的和独立性的出版物接受政府和政府拥有公司的广告。

**现场观察 5-3**

## 日本的大店法

在日本，来自大规模零售商店的竞争几乎一直受到Daitenho（大店法）——《大规模零售商店法》（Large-Scale Retail Store Law）的完全控制。制定该法律的目的是保护小零售商不受大商场的侵害，所以该法律要求任何商店的店铺总面积如果超过500平米，必须得到县级政府的批准，才能“建造、扩大、延长营业时间”，1994年下限放宽为1 000平米。在营业结束时间方面，1990年规定大型零售商营业结束时间为傍晚6点，1994年放宽为晚上8点，但必须申报；在休息日天数方面，1990年规定大型零售商每月休息天数为4天，一年须满48天，1994年放宽为一年24天。

建立大型商场的计划，必须首先经过国际贸易工业省的审批，如果当地零售商一致同意，该计划就会被迅速批准。但是如果得不到县级批准（即这一地区的小零售商没有全体同意），该计划就会被发回重新修改，批准历程可能好几年。

该法律不仅限制外国公司，也限制本国公司。一家日本最大的连锁超市用了10年才获得许可设立一个新店。日本和美国商人都把日本的严密复杂的分销系统看做是主要的非关税壁垒。2000年6月，日本以《大规模零售商店位置法》（Large-Scale Retail Store Location Act）代替《大规模零售商店法》，新法案不再要求国际贸易工业省的审批，对小商店附近开设大商场的限制有所松动，废除对商店必须停业的天数限制。但是如果当地政府认为新项目会加剧污染、交通堵塞或噪音，就有权禁止建设。限制新商店的设立不是更宽松，而是更严格。

资料来源：Philip Cateora，John L.Graham. International Marketing.2005 by McGraw-Hill Comopanies，Inc. P278.

### 反托拉斯法

反托拉斯法（Anti-Trust Law），或称为竞争法，是阻止“反竞争行为”和“不公平商业行为”的法律。很多国家都设有某种形式的反托拉斯法，例如欧盟就有《欧盟竞争法》。

在国际商务中实施反托拉斯法有两个目的：一是保护本国消费者，确保他们从外国竞争者以及本国竞争者提供的产品和服务中获益；二是保护本国出口以及投资机会免于遭受个别公司施加的限制性影响。反托拉斯法在反垄断、反价格歧视、反对供应限制以及强制性推销（如赠送现金、提供免费产品等捆绑销售）等方面实施严厉的处罚。

美国的反垄断法称为反托拉斯法，以 1890 年《谢尔曼法》（Sherman Act）、1914 年《克莱顿法》和《联邦贸易委员会法》三个法律为基础，后经若干单行法和大量判例修改并不断完善，形成了今天庞大的反托拉斯法体系。

## 5.2.5 母国法律

各个国家出于自身的政治利益或经济利益，对于本国企业开展国际市场营销活动，卷入涉外民事活动所形成的国际民事法律关系，都制定出明确的法律规定加以规范。从全球范围看，母国法律对国际商务活动的影响，主要可以归结为进出口贸易立法管制、技术贸易立法管制、投资立法管制等三个方面。

### 进出口贸易立法管制

限入奖出是各国对外贸易立法管制的一个基本出发点。所以，各国一般对进口管制较严，即通过国内立法，采取各种关税和非关税手段，限制外国产品进入本国市场。

与此形成反差的是，各国政府为促进产品外销，增强其国际竞争力，都制定了一系列鼓励出口贸易的各种法规，包括各种税收的减免、出口信贷、出口补贴等。但是，出于政治、军事、经济等方面的原因，政府也会限制或禁止某些商品的出口，即实行出口立法管制。出口立法管制主要可分为市场、产品和价格三个方面。

市场管制主要是限定产品出口的目标市场，例如，美国的《与敌对国贸易法案》规定美国公司向海外市场销售时，目标市场国不得是其敌对国。

从短期看，产品管制主要是对国内市场需求大的消费品和生产所需的原材料、中间产品等实行管制，以满足国内生活和生产方面的需要。从长期看，主要是管制那些被认为具有战略性或敏感性的产品出口，或国家稀缺的资源，如通讯设备、宇航技术、飞机军舰、计算机和武器等军用设备及其相关商品。此外，对于一些古董文物、艺术品等也实行出口管制。在某些特定情况下，甚至会对一般生活必需品进行出口管制，即出于某些政治目的的所谓“经济制裁”。

价格管制是对出口产品定价的约束。许多国家的政府要求企业将出口产品的价格上报备案或接受审批。如美国的国内收入局有权审查出口价格，并在跨国公司给国外子公司的出口产品定价权上拥有发言权。

出口管制的主要手段是出口许可证制，国家根据出口管制的有关法规，制定出口管制货单和输往国别分组管制表，然后采用许可证具体办理出口申请和通关手续。出口许可证一般有两种：一般出口许可证和特殊出口许可证，后者的要求比前者更为严格。我们将在第 8 章政府对贸易的影响中进一步讨论美国出口许可证的具体规定。

#### 技术进出口贸易立法管制

技术进出口贸易立法管制正日益引起各国的重视。技术进出口贸易管制主要包括：(1) 对技术输出的立法管制。技术输出的立法管制主要是管制技术输出的方向和技术本身的性质，如许多发达资本主义国家立法禁止高技术向社会主义国家的输出。(2) 对输出技术性质的管制。对输出技术性质的管制主要是禁止出口那些对国家经济技术发展具有战略意义的技术，以及与国防安全有关的技术。许多国家特别是发展中国家，都设立专门机构对技术进出口贸易进行管理，并制定了有关技术转让的法律。发展中国家的企业从国外引进技术一般都受到较严格的法律管理，比如，一般货物交易只要双方签订合同，即可生效；而技术进出口合同往往须经有关管理当局批准方能生效。这样做的目的是为了保证能够引进先进而又适用的技术。

#### 对投资的立法管制

对投资的立法管制分为资本输入法律制度和资本输出法律制度两个方面。

- 资本输入法律制度

资本输入法律制度主要是确定外国在本国投资的范围和形式，外国投资者的权利与义务及其法律地位，对外国投资的鼓励、保护、监督、限制等法律规范。

- 资本输出法律制度

资本输出法律制度主要是鼓励本国企业向海外投资以及为保证其投资的安全与利益而采取的一系列政策措施和法律制度。主要有：①投资鼓励，即从政策上和具体措施上，对本国海外投资者提供各种优惠和鼓励；②投资保证，政府针对本国海外投资者在国外可能遇到的政治风险，提供保证或保险。海外投资者可向本国投资保险机构投保，一旦承保的政治风险发生，致使其遭受损失时，可由国内保险机构补偿其损失。

## 5.3 解决国际贸易争端的途径

一般说来，国际经济交往中商业争端的解决方式主要有三种：调解、仲裁和诉讼。但实践中，大多数国际商务争端都是通过仲裁的方式解决，而不是起诉外国公司。

### 5.3.1 调解

调解（conciliation）是争端双方请求第三方来调节分歧而达成一个不具有约

**现场观察 5–4**

## 美国对古巴实行经济封锁的法律

1992年制定《托里切利法》，禁止美国公司在海外的子公司与古巴进行贸易，规定第三国船只停靠古巴港口后必须等待6个月以上方可停靠美国港口等。

1996年3月制定《赫尔姆斯—伯顿法》，禁止同古巴进行贸易的官员、企业家及其家属进入美国；那些曾经被古巴政府没收财产的美国公司可以向买卖这些财产的任何外国公司在美国法庭提出3倍的赔偿要求等；古巴不能在与外界的商业贸易中使用美元；禁止美国公民前往古巴旅游，对于违禁者给予最高入狱10年的惩处；禁止居住在美国的古巴裔居民向在古巴的家人汇款或者邮寄包裹；古巴裔居民回古巴探亲的时间由原来的一年一次改为3年一次，每次最长不得超过14天。

束力的协议。商业交易的大多数争端可以通过这种非正式途径来解决。为了取得一致意见，调解人会仔细听取双方意见，并提出和讨论各种可行的选择和解决办法。协调会议属于私人性质，双方与调解人之间的会议保密，双方所作的申明不公开，也不作为任何随后的诉讼或仲裁的证据。

调解造成的威胁性小，是友好解决争端的途径。但是调解协议不具有法律约束力，所以在调解协议中应该包括仲裁条款。

### 5. 3. 2　仲裁

仲裁（arbitration）是由有关双方选择的公正、知情的一方或几方作为仲裁人，并由仲裁人来判定事情的是非曲直并作出双方同意执行的裁决。仲裁可以是非正式的，但是大多数仲裁是在正式的国际/国内仲裁机构主持下进行。在大多数国家，仲裁裁决在法律上是有效的。120 多个国家签署了《承认和执行外国仲裁裁决的公约》，即《纽约公约》，签署国法庭自动认可成员国所发布的外国仲裁裁决。《纽约公约》之外，还有《泛美国际仲裁公约》，美国和许多拉丁美洲国家为该公约成员。

国际商务合同应该明确指定仲裁争端条款，并对仲裁启动、仲裁地点以及仲裁使用的语言等作出明确规定。

根据总部位于巴黎的国际商会（ICC）的仲裁程序，在接到请求后，国际商会首先尝试对争端双方进行调解。如果调解失败，那么自动启动仲裁程序。原告与被告从自己认可的仲裁人中挑选一人为自己辩护，再由国际商会仲裁法庭指定第三名仲裁人，该仲裁人从众多杰出的律师、法学家或教授中挑选。

仲裁一般可以避免诉讼的缺点：裁决快、费用省；而且由于仲裁过程秘密并且不存在敌意行为，所以对商誉没有破坏性影响；仲裁期间，允许当事双方一面争议一面继续做生意，所以避免了更大的损失。而且由于仲裁者不以法官面目出现并且经验丰富，所以仲裁结果比较公正，也易于被当事人接受。仲裁的依据不是法律条文，而是基于对事实的公道处理，争执双方也因此而不必诉诸对方的国家法庭。正因如此，仲裁在解决国际商务争端中的作用越来越大。

### 5.3.3 诉讼

如果其他努力失败，国际商务争端的最后解决途径是诉讼（litigation）。由于诉讼金钱花费大、拖延时间长和使事情更加恶化，企业在发生国际商业争端时不愿在法院打官司，往往愿意通过较为和平的方式（协调、调解和仲裁）解决问题。例如在印度，积压的案件超过300万宗，违反私人合同的诉讼处理可能需要等上10年或者更长的时间。

避免诉讼还有其他一些原因：害怕产生不好的名声，以至影响公共关系；害怕外国法院的不公正待遇；难以收到判给的罚金；害怕泄密，因为与调解和仲裁相反，诉讼为公开程序。

## 5.4 美国法律在东道国适用性的特殊问题

美国法律对于发生在其领土以外的行为的司法管辖权，是根据国际法原则“客观司法理论”，即使一行为发生在美国法庭的领土管辖权范围以外，只要该行为对美国产生影响，那么美国法庭仍然拥有司法管辖权。

### 5.4.1 反海外贿赂法

《反海外贿赂法》（FCPA）规定，美国公司给予外国官员、政党或政党候选人的行贿为非法。如果美国公司官员、董事或代理人有行贿行为或者在知情的情况下参与批准行贿，就会遭到严厉的民事和刑事制裁。《反海外贿赂法》是否让美国公司在全球商务竞争中处于不利地位，一直是商界的争论焦点。

美国在本国立法的同时，为改变由此导致本国企业不利的竞争地位，积极谋求国际支持，推广其做法。目前这种努力已经初显成效。

### 5.4.2 国家安全法

根据《与敌对国贸易法案》，如果美国政府认为将某一产品卖给某国会危及美国国家安全，则美国公司及其子公司或获得美国技术许可的外国公司不能将该产品出售给该国。而且，无论多少中间商参与了交易，这些公司的责任将一直延伸到产品的最终目的地。

独联体国家、中国以及其他社会主义国家曾被认为是美国安全的最大威胁。

美国曾制定影响广泛的出口控制制度，对那些认为是具有战略和军事价值的货物销售实行非常严格的控制。

### 5.4.3　反联合抵制法

根据 1977 年实施的《反联合抵制法》，“美国公司不得参与任何未经批准的外国联合抵制，而且如果有人要求它们参与联合抵制，它们应该及时报告。”反联合抵制法是对阿拉伯联盟抵制以色列的回应。由于阿拉伯联盟对以色列的抵制包括三个层次：禁止阿拉伯国家与以色列公司直接交易；禁止阿拉伯政府与以色列有直接生意往来的公司交易；禁止阿拉伯政府与以色列有间接生意往来的公司交易。这让美国公司左右为难：如果它们与以色列交易，那么阿拉伯联盟会断绝与它们的贸易往来；然而拒绝与以色列交易，又会违背美国法律。

## 5.5　商业伦理

国际商务中对与错以及是否适当等伦理问题往往困扰着跨国公司和国际商务人士。因为不同文化的价值评判大相径庭、道德标准难以统一和明确。

### 5.5.1　贿赂问题

美国是全球反贿赂的先驱者和倡导者，法律比任何其他国家都要严厉。目前包括美国在内的全球最大的 33 个贸易国签署的经济合作和发展组织条约成员国也要求自己的企业遵守同样的法律。在拉丁美洲，美洲国家组织率先批准反腐败协议，长期在该地区认为是正常经营行为的贿赂和腐败如今被认定是犯罪。美国的《反海外贿赂法》具有强大的威慑作用，开篇案例中的朗讯公司在 2004 年 7 月就因为其中国公司的高级官员没有很好地遵守《反海外贿赂法》而开除中国公司的董事长和 CEO。

一家名为透明国际（Transparency International）的国际组织在全球对国际经营者和公众进行调查，确定他们对 102 个国家腐败程度的看法。在表 5.2 中，芬兰的得分为 9.7，代表最不腐败；而孟加拉的腐败感觉指数是 1.2，被认为是最腐败的。在“透明国际”清廉指数排名中，中国 2005 年为第 78 位，2006 年为 70 位，2008 年为 72 位。

表 5.2　**透明国际腐败感觉指数**（CPI）

| 排　名 | 国家或地区 | CPI 得分 | 排名 | 国家或地区 | CPI 得分 |
|---|---|---|---|---|---|
| 1 | 芬兰 | 8.7 | 93 | 摩尔多瓦 | 2.1 |
| 2 | 丹麦 | 9.7 | 93 | 乌干达 | 2.1 |

（续表）

| 排　名 | 国家或地区 | CPI 得分 | 排名 | 国家或地区 | CPI 得分 |
|---|---|---|---|---|---|
| 3 | 新西兰 | 9.5 | 95 | 阿塞拜疆 | 2.0 |
| 4 | 冰岛 | 9.5 | 96 | 印度尼西亚 | 1.9 |
| 5 | 新加坡 | 9.4 | 96 | 肯尼亚 | 1.9 |
| 5 | 瑞典 | 9.3 | 98 | 安哥拉 | 1.7 |
| 7 | 加拿大 | 9.3 | 98 | 马达加斯加 | 1.7 |
| 7 | 卢森堡 | 9.0 | 98 | 巴拉圭 | 1.7 |
| 7 | 荷兰 | 9.0 | 101 | 尼日利亚 | 1.6 |
| 10 | 英国 | 9.0 | 102 | 孟加拉 | 1.2 |

资料来源：Corruption Perception Index 2002. Transparency International（www. transparency. org）.

### 5.5.2 企业社会责任

公司社会责任（Corporate Social Responsibility，简称 CSR）即企业在追求利润的同时，还要关注、回应利益相关方的合理期望和要求，对企业生产经营活动所造成的经济、社会、环境影响采取负责任的行动，并将这些行动融入企业日常经营管理中，以达到企业与利益相关方、经济、社会和环境的可持续和谐发展。国际商务者遇到的情景往往复杂，自身行为进退两难，因此对国际商务者而言，要做到履行社会责任并合乎伦理地从事生产经营不是容易的事情。通常，国际经营者在制定和决策方针以及从事经营活动时，会遇到五个方面的困难：（1）环境保护；（2）消费者保护；（3）劳工政策；（4）政治捐款以及参加政治活动；（5）基本的人权和自由。

跨国公司如今都注重自己的商业伦理问题和社会责任，如宜家公司对供应商的评估主要包括 4 个方面，在价格改进、服务水平、质量之外，特别强调社会责任。宜家采购家居产品要求（简称 IWAY—The IKEA Way of purchasing home furnishing products），规定了宜家公司对供应商有关环境保护、工作条件、童工和森林资源方面的政策。耐克公司在上世纪 70 年代被指责为血汗工厂后，积极树立自己的负责任的国际公司形象，每年耐克公司都要发布社会责任报告，在全球外包工厂中评选社会责任优秀工厂的典范。再比如家乐福公司在全球经营中善于承担社会责任、广泛参加社会活动，包括灾害紧急援助、反贫困、助学、支持医学和科学研究等。在法国，家乐福每年参与的此类活动超过2 000项。自家乐福于 1995 年进入中国以来，除在税收等方面为国家及地方作出贡献外，家乐福还向当地的商业界输入了其对大型超市经营管理的技能诀窍和经验，并在商品采购与管理、营销管理、资产管理、人力资源开发和财务管理等各方面为当地经济发展作出了积极的贡献。家乐福于 2000 年 3 月在上海设立了亚洲第一家中国培训中心，旨在为本土高层雇员提供培训机会。家乐福中国公司还积极参与当地的社区活动和公益事业，自进入中国以来，以多种形式向受灾地区、希望学校、社会福利机构捐物捐资，并配合中国体育部门为北京申奥举行过多次活动。

### 5.5.3　公司伦理准则

跨国公司采取负责任的伦理行为有四个动力：第一，不伦理和不负责的行为可能导致法律诉讼，尤其是涉及贿赂、环境、产品安全等。第二，某些不伦理行为可能导致消费者联合抵制，如耐克公司上世纪70年代血汗工厂事件。第三，不伦理行为可能有损员工士气，因为供职于一个公认的守法道德的公司会拥有自豪和成就感。第四，公司在大众心目中的形象对公司业绩有直接和显著的影响。

我们采用三个伦理原则帮助企业分清对错、确定该做什么并为自己的行为找到充足的理由。(1) 功利原则（principle of utilitarian ethics），该原则回答诸如这样的问题：我们的行为能够使得“公共利益”或者所有利益相关者的利益最大化吗？谁是利益相关者？(2) 权利原则（principle of rights of the parties），该原则回答诸如这样的问题：我们的行为尊重相关人员的个人权利吗？(3) 公正原则（principle of justice or fairness），该原则回答诸如这样的问题：我们的行为是否对所有参与者都是公平或公正的呢？

三大原则可以帮助国际商务者了解自己决策和行为的益处和害处，是对还是错、行为是否合乎伦理标准；不仅做到合法，还合情合理，能经受公众的评判。

## 本章小结

- 全球法律体系可以归结为大陆法系、普通法系和伊斯兰法系三大法律体系。
- 国际商务法律环境是由国际法、目标国（东道国）法律和母国法律相互作用形成的。严格意义上的真正的国际商法尚未形成。因此，开展国际商务的企业进入多少个国家，就要面临多少种不同的法律环境。
- 本章的国际经济法是指约束国际间经济关系的法律规范的总和，它包括国际私法、国际公约或条约、国际惯例、东道国法律、母国法律5个方面。
- 国际司法管辖权是根据国家主权原则，一国法院就其领域内发生的法律纠纷行使法律支配权和审判权。目前国际上主要运用属地管辖、属人管辖、协议管辖、专属管辖4种原则来确定国际商事争端的司法管辖权。
- 国际经济交往中商业争端的解决方式主要有三种：调解、仲裁和诉讼。
- 开展国际商务中必然面临母国和东道国的众多法律问题。从事国际销售的公司特别应该关注的东道国贸易法、营销法律和反托拉斯法。
- 不同国家法律体系错综复杂，所以进入外国市场前，审慎做法是依靠对复杂国际法律环境非常熟悉的称职律师。
- 国际商务中企业伦理和道德问题异常复杂，如商业贿赂问题、环境保护和劳工权益问题。

**关键词和概念**

大陆法系　普通法系　伊斯兰法系　国际司法管辖权　国际经济法　国际私法　国际公约或条约　国际惯例　东道国法律　母国法律　反海外贿赂法　反托拉斯法　调解　仲裁　诉讼　商业伦理

**思考题**

1. 请与同学讨论全球三大法律体系的不同以及对国际商务可能造成的影响。
2. 目前并没有一个统一的国际商法来适用于国际商务，请分析国际商法现状并讨论国际商务人士所处的不同国家商务法律环境为何如此重要？
3. 发生法律争端时，如何确定国际司法管辖权？
4. 请与同学讨论美国贸易法律体系，特别是1988《贸易和竞争综合法案》中，美国是如何认定以及针对它所认为的不公平贸易行为的？
5. 《反海外贿赂法》对美国公司及其海外子公司的法律意义如何？
6. 国际营销法律和反托拉斯法如何影响国际公司的经营？请给出具体的例子说明你的观点。
7. 美国《赫尔姆斯—伯顿法》禁止美国公司与古巴进行贸易往来，但是沃尔玛加拿大公司曾经在加拿大出售古巴生产的睡衣，你如何看待跨国公司与母国以及东道国法律发生的类似冲突？
8. 对于国际商务争端，最好的解决办法也许是寻求庭外和解，而不是采取法律诉讼，为什么？
9. 请思考本章开篇案例朗讯案中所隐含的企业伦理问题。
10. 发达国家的跨国公司往往在其母国是履行社会责任的楷模，但为什么在东道国，比如在中国的表现却差强人意呢？

## 结尾案例

## 案例5－1 东道国法律的影响——美国《反海外贿赂法》

《反海外贿赂法》也叫《反海外腐败法》简称FCPA（Foreign Corrupt Practices Act），该法于1977年制定，至今已经32年，期间经过1988、1994、1998年三次修改。

《反海外贿赂法》是目前规制美国企业对外行贿最主要的法律。二战后，美国成为世界上最重要的资本输出国，其企业的子公司与分公司遍布全球。但是，对美国的跨国公司而言，海外的市场环境与其母国即美国差异很大。特别是绝大多数发展中国家，市场竞争立法不健全，商业贿赂盛行。一方面法制不健全的东道国官员希望从财力雄厚的美国公司得到好处；另一方面，美国的跨国公司为了拿到项目或达成交易，也需要拉拢东道国的官员。这种利益的结合，必然使美国的跨国公司在海外行贿。在开放经济的条件下，美国要保护国内市场竞争，就必须对其跨国公司的海外腐败行为予以规制。

**《反海外贿赂法》主要内容：**

1. 基本禁令

向外国政府官员行贿以取得或者保留某种业务的行为属违法。要构成这一违法行为必须满足以下5条。

A. 犯罪主体：《反海外贿赂法》可能适用于任何个人、公司、官员、董事、雇员、企业代理人或者任何代表公司行事的股东。1998年修订版将《反海外贿赂法》通过属地管辖权扩展到外国公司或自然人，一家外国企业或个人在美国境内直接或间接的违法行为将受到《反海外贿赂法》的制裁。

B. 行贿意图：个人支付或者授权支付贿赂必须要有行贿意图，该支付必须企图导致受贿人为行贿人或其他任何人滥用职权，谋取利益。值得注意的是《反海外贿赂法》并不要求行贿行为的目的得逞，提供或者承诺行贿即构成违法行为。

C. 行贿方式：禁止支付、提供、承诺支付或授权第三方支付或提供金钱或任何有价值的事物。

D. 行贿对象：《反海外贿赂法》适用于针对

任何公职人员的贿赂，无论职务的高低和立场。

E. 商业目的的检验：《反海外贿赂法》禁止为帮助企业获取或者保留、指导某项业务而进行的行贿行为。

2. 第三方支付

《反海外贿赂法》禁止通过中介机构行贿，即知道全部或部分款项将直接或间接地支付给外国官员的情况下，付款给第三方的行为非法。“知道”包括故意无视或者蓄意漠视。中介机构包括合资合伙人或代理商。

3. 合法的情况

《反海外贿赂法》明确规定为加速“日常政府行为”而支付的“方便费用”合法。日常政府行为包括：取得许可、执照或其他官方证件；处理政府文件，如签证和工作通知单；提供警察保护；邮件接送；与履行合同有关的列表检查、电信服务、水电服务、装卸货物、保鲜、越境运输等。

4. 抗辩

如果能说明该费用是外国成文法律规定合法或者该花费用来展示产品或履行合同，被告有权对《反海外贿赂法》提出抗辩。

5. 法律制裁

刑事责任：对于犯罪的公司和其他商业实体，可处以最高200万美元的罚金；自然人则会被处以最高10万美元罚金和5年以下监禁。而且，根据选择性罚款法的规定，罚金的数额可能会高出更多。实际罚金可能会是行贿所图谋利益的两倍。

虽然FCPA是一部外国法律，由于其调整对象的特殊性必然对作为大量投资东道国的中国产生影响。如本章引例提到的“朗讯门”事件，又如2005年3月6日中国建设银行原董事长张恩照在美国卷入一起涉嫌贿赂的民事诉讼，贿金在100万美元以上。这些都是因触犯FCPA，经美国国内查处而反馈到我国的问题。

**讨论和在线学习问题：**

1. 朗讯争辩说，《反海外贿赂法》对他们不公平，在一个并非完全公平的市场环境里，老实做事的企业恐怕会失去很多的商业机会。一些机会将被更多具有所谓“灵活性”的企业抢走了。你如何看待这样的解释？
2. 轰动一时的“朗讯门”事件有了定论。而中国的有关官员没有任何报道显示他们受到有关部门的追究。请上网搜集跨国公司在华商业行贿的典型案例，并与同学讨论FCPA对我国经济发展、法制和廉政建设等方面的影响。

## 案例5-2 中国天然植物药出口的法律环境和市场政策[2]

中药进入国际市场，面临的不仅是消费群体和竞争市场的变化，更重要的是中药的监督管理体系发生了变化。

目前，欧盟是世界上最大的植物药市场，年销售额上百亿欧元，占世界植物药市场份额的40%以上。中国中药在欧洲的出口总额为2.09亿美元，市场份额狭小。

根据《欧盟传统草药法》规定，到2011年4月后，草药销售将受到严格的管理。进口到欧盟的中药需证明在欧盟成员国应用达15年以上，同时证明在第三国（如中国）应用30年以上，才能正式注册，且中药的成分中只能包含植物和几种矿物。长期以来，几乎所有中药进入欧盟都无法以药品形式通关。但因欧盟市场的需求，其海关保持默许态度。因此，中药对欧盟出口处于既不合法也不违法的灰色地带。这种宽松态度在客观上使我国中药出口获得了一定生存发展空间。但是根据《欧盟传统草药法》，2011年以前属于过渡期，此后，中药以食品等形式出口欧盟的历史将一去不返，只能以药品身份进入欧盟。中药若不尽早在欧盟完成药品注册，2011年过渡期结束后，就会被欧盟拒之门外。

中国天然植物药涉及药品法规和食品法规两个体系，食品身份的天然植物药面对的管制相对宽松，但同时也意味着不能像药品那样做疗效方面的宣传。中医药海外之路一直发展不顺是个不争的事实。以中华老字号同仁堂为例，其药品出口在全国中成药企业中名列第一。从1993年起，同仁堂先后在海外开了13家分店。但是2003年同仁堂销售额达到50亿元人民币，出口却只占到5%。

在2004年《传统植物药注册程序指令》颁布以前，我国中药出口欧洲的海关记录都是归类登记，而不是按单个产品登记。如同仁堂的六味地黄丸在出口时，海关记录是食品补充剂。这种情况下，同仁堂没有办法提出单个产品在欧洲销售15年的历史。即使从2004年开始，同仁堂按照新规定在出口时用单个产品名称来登记，那到2011年该法规截止时也才7年时间。所以也无法合乎《欧盟传统草药法》的规定。

目前世界各国对中药没有一个统一的认识和标准，直接影响了中药的出口，产品出口前需要与对方国家反复磨合。北京同仁堂（集团）有限责任公司总经理梅群说，“比如，同仁堂产品出口到日本，日方会首先派人到企业生产现场考察，然后提出具体的要求”。同仁堂出口到日本的牛黄清心丸和中国国内销售的药物成分不一样。“日本对中药的标准非常高，他们要求牛黄清心丸里不能含重金属，因此，我们出口到日本的产品都去掉了相关成分。”

因为中药在国外没有纳入医保，所以投资风险非常大。此外，一家企业的中药如果想通过欧洲简易注册需要80万元人民币；要通过欧盟GMP认证，一般认为生产设备等硬件投资需要400万元以上，而培训、专家指导等软件投资还需要400万元左右。大的企业会考虑，如果要投入，国内整个生产成本就上升了，而在短期内出口的赢利又不高，企业没有拓展这部分业务的动力。而小的药企又没有实力开拓欧洲市场，所以就导致了中药出口推进缓慢。

### 讨论和在线学习问题：

1. 上网搜集日本、美国、欧盟等对天然植物药的政策法律规定。与同学讨论不同的法律环境如何影响中国传统中医药的国际化发展以及中国传统中医药应该如何应对？
2. 在传统植物药品国际市场上，中国企业的市场份额极小，而韩国和日本企业占据全球市场的大部分份额，你如何看待这一现象？
3. 在国际市场上，中药除了对亚洲少数几个有使用中草药传统的日本、韩国等以中药名义出口外，其他包括美国、非洲等地都是以食品形式出口。你如何看待这一现象？

## 参考文献

1. 朗讯门事件摘编自《第一财经日报》社评，2007年12月；陶国睿. 南方日报. 2007-12；赵剑飞，王欢，张翃. 财经网络版.
2. 根据全球医药网等编写. http://zh.qqyy.com/article/0810/25/b7.html.

# CHAPTER 6 跨文化环境

跨国经营的企业是一种多文化的机构。

——彼得·德鲁克

**学习目标**

- 了解文化的内涵以及国际商务文化环境的复杂性
- 历史和地理如何构成一国文化的基础
- 全球市场中的文化因素构成以及如何影响国际商务
- 学习跨文化沟通和谈判
- 跨文化冲突及其管理

**开篇案例**

## 开放的意识比钱包更重要[1]

在经济全球化的背景下，企业家若想成功，对于不同文化的理解与技能、创意相当重要。在伊斯兰教国家，这一点更为重要。在这些地方，西方企业家必须愿意把他们原本的生意基本理念先放在一边去，这样才能有效地拓展当地市场。对于“企业家组织”（The Entrepreneur's organization，“EO”）的成员来说，事实是显而易见的。他们最近去了一次沙特阿拉伯，想与这个波斯湾的君主制国家的成员伙伴联合起来。

39岁的康尼尔森是EO在达拉斯的一名成员，也是营销代理机构——在线互动公司的总裁，这家公司2008年预计销售额在300万美元以上。1月份的时候她首次访问了沙特，参加了一场由阿拉伯知识经济联合会（Arabian Knowledge Economy Association，“AKEA”）和EO沙特分会共同组织的研讨会。康尼尔森说：“伊斯兰教支配着当地生活的方方面面，包括沙特的国家和经济。”“如果你不理解伊斯兰法律无所不在的影响力，就永远也弄不明白他们是怎样做生意的。”

从实际角度出发，在全球范围内经营必须要遵循和理解外国的习惯做法。在沙特，每周的工作日从是期六开始，星期三结束。商业约见的时间通常围绕着每天五次的祈祷时间来安排，许多公司下午就关门了。大多数真正的生意是面对面谈的，而不像西方国家那样普遍依赖文件与合同。因此，在那里做生意就会花费很多时间。

但是，对于寻求在伊斯兰国家拓展生意

的企业家来说，所碰到的挑战远不止习惯做法的不同。实际上，在伊斯兰国家，作为企业家要面对的许多基本挑战更艰苦。在这里，冒险的空间很少，对于挑战常规的宽容度也更小。在一个排斥“对峙”和“冲突”的商业氛围中，谈判态度强硬、要价高的企业家很难有效地进行谈判。投资和收益率在西方国家是生意的基础。但在伊斯兰国家，收取或支付利息都被认为是高利贷，是被禁止的。伊斯兰的合同法禁止通过信贷进行贸易，相反地鼓励这样的信仰——资本应当用于社会的进步，或者债务人能在生意中分享损益的直接投资。

在一个既不允许商业贷款也不允许风险投资的经济体中，“以钱生钱”本质上就是违法的。对于西方的企业家来说，这就改变了商业的基础。对有些人来说，如此不同的文化环境看起来是没有商业机会的。而对那些足够灵活能够适应伊斯兰文化的企业家来说，沙特则向他们展示出很多的商业机会。“一方面不应只期待着变化发生、能很快把伊斯兰法律抛在一边，另一方面年轻一代的沙特企业家正积极地寻找西方伙伴磋商合作。”康尼尔森说。“这代人受到了西方教育，在创造性地将资本主义体系的力量与本土的传统价值融合到一起。”

许多波斯湾国家正在寻求发展不依赖能源的新行业和技术。在沙特，政府、实业界、学术界都在致力于推进创新和创业。西方人成功拓展原有的商业领域已有很长的历史，沙特人渴望从他们那里学习经验。成功的全球企业家会以开放的意识接触新的文化，并把差异性看做机会。确立这样的心态，许多机会的大门就会向我们打开，景现出一个全新的世界。

## 导言

在国际商务领域中，商务活动中的冲突、商务管理的失败、商务谈判陷入僵局，常常是由于跨文化交际中的文化差异造成的误解所致，对不同文化价值观的理解构成际商务活动成败的关键因素之一。因此，人们必须以全球化的思维方式去了解跨文化商务环境。本章介绍开展国际商务的文化环境框架。

## 6.1 历史和地理：一国文化的基础

如果不了解一国文化所经历的历史事件以及该文化所适用的独特地理特征，那么就很难真正理解文化的差别以及正确解释某种文化行为和态度。历史有助于一个国家明确其使命，即如何看待友邦、如何看待自己以及如何找到自己在世界上的位置。洞悉一个国家的历史才有可能理解当地政府及其企业的角色、劳资关系、管理权利来源以及对待外国公司的态度。

各国往往按照自己的标准来看待历史事件，不同文化背景的历史学家对历史事件的记录会不同。美国和墨西哥以外国家的人，如果不了解1853年美墨战争，美国强行占据墨西哥55%的领土（约230.51万平方公里，包括如今美国南方的亚利桑那、加利福尼亚、新墨西哥、得克萨斯诸州），就很难理解美墨两个邻国会有怎样的爱恨情仇。如果以拉美人的角度看待历史，那么1938年墨西哥总统齐地罗没收外国石油公司就是理所当然的“捍卫主权和人民当家做主”。如果不了解美国的命定说和门罗主义（告诫欧洲国家不得干预拉美事务，而美国将保护该地区），就难以理解为什么拉美国家首脑总是指责美国及其跨国公司的政治干预和经济侵略。

在当今世界的另一热点地区——巴勒斯坦和以色列，如果了解以色列 2000 年前在如今的巴勒斯坦地区建立犹太国又被灭，然后流亡全世界，而阿拉伯人在巴勒斯坦生活 2000 年后，1948 年全球犹太势力又在美国支持下复国建立以色列国的历史，就可以明白犹太人和阿拉伯人有怎样的仇恨，为什么巴以冲突每天发生。如果了解中国和邻国的历史，比如中印历史，就会了解中印贸易摩擦表面上限制中国产品理由是“出于国家安全考虑”，实质上是出于边境之争的疑虑以及消除中国企业对印度本国市场的威胁。同样也不难理解欧美为何鼓吹中国威胁论，将中欧/中美在宗教、民主、人权等诸多价值体系上存有的文化分歧，上升到经济、政治和军事领域。

地理研究对评估商业环境也非常重要。地理是有关地貌、气候、陆地、国家、民族、产业和资源的研究，是开展国际商务必须面对的一种不可控制的因素。地理研究不仅是记录国家、首都和河流的名称，更是了解该国在有限的自然资源下，为满足人民生活所需而进行的努力以及对该国社会经济文化的影响。各国往往按照自己的标准来看待世界，美国销售的世界地图将美国置于地图中央，英国销售的世界地图将英国置于地图中央，其他国家也如此。

不同的气候和地理特征也会影响文化传播和商务开展，南美是比较典型的例子。南美大陆长7 242公里，西海岸山脉连绵贯穿7 242公里，平均高度3 962米，山脉宽度 482 ~643 公里。这一令人望而生畏的自然屏障排除了在太平洋和大西洋海岸之间建立商业通道的可能，也影响了南美国家经济、贸易和交通的发展。在哥伦比亚，从首都波哥达到第二大城市麦德林，飞机只需要 30 分钟，而公路需要 10 ~12 个小时，因为群山成为最大阻碍。

即使在同一个国家，地理和气候差异可能也很大。美国、中国、俄罗斯、加拿大、印度等都是地形和气候差别较大的国家。

## 6.2　文化要素和国际商务启示

“文化”这一概念至今都没有一个完全一致的定义。但总的来说，文化关系到人们的生活态度、信念、行为规范，以及一个群体所共享的基本设想和价值观，并且会影响到该群体中每个成员的行为以及他或她对他人行为的意义所作的解释。荷兰管理学家霍夫施泰德称文化为“大脑的软件”，认为文化是人类思想和行为的指南，是解决问题的工具。人类学家、商业顾问爱德华·霍尔（Edward T. Hall）提供的定义更适合开展国际商务的人士：“我们一而再再而三地撞到无

### 现场观察 6-1

## 非洲版图上许多国界为什么是直线?

非洲是“阿非利加洲”的简称。希腊文“阿非利加”是阳光灼热的意思。世界地图上,非洲国家笔直的国界线一目了然。据统计,非洲国家边界的44%是按经线或纬线划分的;30%的边界是用直线或曲线的几何方法划分的;仅有26%的边界是由河流、山脉等构成的自然边界线。非洲国界为何如此平直?它是怎样划定的?它对非洲国家的部族和社会局势有无影响?

相邻国家间边界的形成主要有两种方式:传统习惯和条约制定。国界的具体划定,一般亦有两类:一是自然边界,也称天然边界,它往往以自然地理实体作为划分界线的标志,如山脉、河流、湖泊等;二是人为边界,包括数理边界和文化边界。

在殖民主义者入侵之前,非洲是没有国界的,这是因为非洲地广人稀,主要是游牧民族,部落经常迁移,任何边界对他们来说都显得多余。非洲许多地区地貌类型比较单调,分布着大片的沙漠和草原,如世界上最大的撒哈拉沙漠,约占非洲总面积的1/4,地面缺乏自然边界标志(如河流、山脉等);地形测量资料不足,所以边界很难划定。殖民主义入侵后,非洲被瓜分得支离破碎,后来一共产生了50个国家。在1885年的柏林会议上,英、法、德等殖民大国在谈判桌上,用红铅笔肢解非洲躯体。笔直国界无情地穿过许多部族的聚居区,殖民大国根本未考虑非洲众多部族、宗教、语言、传统习惯及复杂的部族矛盾。殖民主义者大多是按经、纬线划分非洲边界(例如埃及和苏丹边界的一部分就是沿着北纬22°划定的,而南纬22°线则成了纳米比亚与博茨瓦纳之间700千米的边界线),也有用直线或曲线的几何方法划分的,还有以河流、山脉等自然标志划分的。可见,非洲国家的边界是第三国强加的,是由外部大国简单、匆忙、粗暴划定的,而不是由这片土地上的人民自然选择的结果。

资料显示,非洲很多部族都有重新划分边界的意愿和要求,但由于各部族分散在不同国家,重新划分边界,后果难以想象。况且,部族不是划分国界的唯一标准,还有语言、宗教、传统习惯及历史等因素。如按部族划分,那么非洲仅大的部族就有2 000多个,何况部族、党派、地方势力矛盾纵横交错。加之非洲还有1 200种语言和数不清的宗教,如此国界怎样变动?另外,非洲40%的国界,是无具体划定和作出标记的边境无主土地,往往也容易引起冲突。现今,非洲局势动荡不安,动乱、冲突、内战此起彼伏严重影响了经济和人民生活,这种情况的发展变化有愈演愈烈之势。

资料来源:http: //wenwen.soso.com/z/q155909025.htm.

形的墙上……实际上我们撞上的是截然不同的生活和思维方式,以及对家庭、国家、经济制度甚至是人本身的不同看法。”霍尔在代表作《无声的语言》(the Silent Language)中认为,大多数国际交流和沟通实际上是“无声的”(非语言的),因为国际沟通遵循一定的文化模式,文化习俗可以是正式的、非正式的或技术性的。

文化可以定义为一群人共同拥有、认识并世代相传的价值观、宗教、符号、信仰和思维方式。历史和地理构成一国文化的基础,政治经济和法律环境的演变影响一国文化，社会机构（家庭、宗教、学校、媒体、政府和企业等）影响人们思维和行为方式、管理人际关系，对人的价值观念和文化影响巨大。研究文化的方式多样，文化要素包括文化价值观、礼仪和意识、文化符号和信仰。

### 6.2.1 文化价值观

各国文化千姿百态，根本原因是文化价值观的差异。所谓文化价值观是指文化中的一些普遍的规范性的价值观，它使生活在该文化中的成员用不同的价值尺度来评判事物，表明肯定、否定、喜欢、避忌或模棱两可等意向。荷兰心理学家和管理学家霍夫施泰德（Geert Hofstede）开创了文化价值观研究的先河，他收集了1967—1973年IBM公司在全球70多个国家的10万职员问卷调查后发现，国家之间的文化差异主要体现在四个方面：（1）强调自我的个人主义/集体主义指数（IDV）；（2）强调权力的权力距离指数（PDI）；（3）强调风险的不确定性回避指数（UAI）；（4）强调自信和成就的男性化/女性化指数（MAS）。

#### 强调自我的个人主义/集体主义指数（IDV）

个人主义/集体主义指数（individualism/collectivism index）指有利于自我利益的行为取向。该指数高反映一种以“自我”为中心的思维，强调自己是独立的个体，只受自己的表现、需要以及权利等激励，常常是对个人进取心的鼓励与接受；该指数低反映文化以“我们”为中心的思维，个人属于集体、必须服从集体，受集体所制定的规章制度、目标策略等激励。霍夫施泰德将个人/集体主义定义为文化的一个重要指标，其他众多社会学者也认为该指标是研究世界各地人们的社会行为和过程信息中最重要和最出色的指标。霍夫施泰德的研究还表明：人均国民生产总值（GNP）越高的国家，个人主义的得分也越高。另外，在气候寒冷或温和国家的个人主义倾向更明显，因为在这种气候下，人们必须更主动地奋斗才能生存。

表6.1 个人和集体主义的关键性区别

| 个人主义 | 集体主义 |
|---|---|
| □ 每个人关心的只是自己以及自己的家庭 | □ 人们出生后就进入家庭或小群体，并且通过交换忠诚来得到持续性的保护 |
| □ 身份是以个体为基础 | □ 身份是以一个人所属的社会网络为基础 |
| □ 孩子们以“我”为主体学习和思考 | □ 孩子们以“我们”为主体学习和思考 |
| □ 表达个人思想是自然的个人特征 | □ 必须维护和谐，避免直接冲突 |
| □ 教育的目的是教会我们如何去学习 | □ 教育的目的是教会我们如何去做 |
| □ 雇员和雇主的关系是以相互优势为基础的契约关系 | □ 雇员和雇主的关系是按照道德观念来理解，如同家庭成员关系一样 |

（续表）

| 个人主义 | 集体主义 |
| --- | --- |
| □ 雇佣和提升的决策仅仅依据个人能力和公司规划 | □ 雇佣和提升的决策要考虑全体雇员的意见 |
| □ 所谓管理，就是对个人的管理 | □ 所谓管理，就是对群体的管理 |
| □ 任务优于任何关系 | □ 关系重于任何任务 |

资料来源：Geert Hofstede, Cultures and Organization: Software of the Mind, McGraw-Hill/UK, 1991.

### 强调权力的权力距离指数（PDI）

权力距离指数（power distance index）指社会或组织中缺乏权力的成员对不公平权力的分配期望和接受程度。在权力距离指数大的国家，权力集中、上级制定规则，下级照办，下级对上级具有很强的依赖性；即使上司的判断是错误的，也要求员工严格执行。在权力距离指数大的国家中，公司组织结构是集中化的。在该指数比较小的国家，集权和明显的不平等很难被接受，下属虽然会按照上级的规定来完成任务，但是如果下属有异议，可以提出，下属对于上级不存在多大的依赖性。在权力距离指数小的国家中，公司组织结构是开放式的决策方式。

**表 6.2 权力距离小和权力距离大社会的关键性区别**

| 权力距离小的社会 | 权利距离大的社会 |
| --- | --- |
| □ 人们之间的不公平应该被限制在最小的范围内 | □ 人们之间的不公平已经被接受，而且人们也需要这种不公平 |
| □ 教师是传授客观真理的专家 | □ 教师是传授个人智慧的大师 |
| □ 组织中的等级结构是为了方便而建立起来的角色的不平等 | □ 组织中的等级结构反映上下级之间的不平等 |
| □ 以非集中化为主 | □ 以集中化为主 |
| □ 组织中高层与低层的薪酬差距小 | □ 组织中高层与低层的薪酬差距很大 |
| □ 理想的上司是机智的民主主义者 | □ 理想的上司是仁慈的独裁者或好父亲类型 |
| □ 特权与地位的象征是不受欢迎的 | □ 特权与地位的象征很流行，被大家接受 |

### 强调风险的不确定性回避指数（UAI）

不确定性回避指数（uncertainty avoidance index）指一种文化中的成员对不确定或不了解的情景感觉到威胁的程度。高不确定性回避指数文化中，人们往往更具表现力，需要通过肢体语言来缓解压力。

**表 6.3　低不确定性和高不确定性回避指数社会的关键性区别**

| 低不确定性回避 | 高不确定性回避 |
|---|---|
| □ 不确定性是生活的正常特征，它每天都可能出现 | □ 生活中的不确定性被认识是一种威胁，必须与之战斗 |
| □ 压力小，主观感觉好 | □ 压力大，主观感觉紧张 |
| □ 不应当显示进取心和情感 | □ 在适当的时间和场合会显示进取心和情感 |
| □ 在模糊的情景中或面对不熟悉的风险时，显得自信。 | □ 面对模糊的情景或不熟悉的风险时，显得恐惧。 |
| □ 对新事物好奇 | □ 对新事物感觉危险 |
| □ 规章制度尽量不采用 | □ 规章制度即使没有作用，但是情感上人们依然需要它 |
| □ 休息时自在，在需要时才努力工作 | □ 繁忙是一种感情上的需要，内心催促自己努力工作 |
| □ 能容忍越轨、革新的思想和行为 | □ 压抑越轨、革新的思想和行为 |
| □ 通过成就、自尊以及归属得到激励 | □ 通过安全、自尊以及归属得到激励 |

## 男性化/女性化指数（MAS）

男性化/女性化指数（masculinity）是霍夫施泰德研究中比较受争议的部分。在男性化指数高的国家，成功和金钱是最有价值的；而在女性化的社会中，生活质量才是最重要的。

**表 6.4　男性化和女性化社会的关键性区别**

| 男性化社会 | 女性化社会 |
|---|---|
| □ 社会中占支配地位的价值观是追求物质上的成功和发展 | □ 社会中占支配地位的价值观是关心他人和关注生活质量 |
| □ 金钱和事业是最重要的 | □ 人情与温暖是最重要的 |
| □ 男人应该果断、勇敢和拥有雄心壮志 | □ 每个人都应该谦逊 |
| □ 女人应该谦虚温顺、注意关系 | □ 男女都应该温顺、注意关系 |
| □ 同情强者 | □ 同情弱者 |
| □ 生活是为了工作 | □ 工作是为了生活 |
| □ 管理者应该果断和自信 | □ 管理者应该使用直觉和追求共识 |
| □ 强调公平、竞争与成果 | □ 强调平等、团结和工作生活的质量 |
| □ 通过战胜对方来解决冲突 | □ 通过谈判和妥协来解决冲突 |

表 6.5 各国的霍夫施泰德指标得分值

| 国家 | 个人/集体主义指数 | 权利距离指数 | 不确定性指数 | 男性/女性化指数 | 母语 | 与英语的距离 |
|---|---|---|---|---|---|---|
| 以色列 | 54 | 13 | 81 | 47 | 希伯来语 | 5 |
| 澳大利亚 | 90 | 36 | 51 | 61 | 英语 | 0 |
| 英国 | 89 | 35 | 35 | 66 | 英语 | 0 |
| 法国 | 71 | 68 | 86 | 43 | 法语 | 3 |
| 德国 | 67 | 35 | 65 | 66 | 德语 | 1 |
| 瑞典 | 71 | 31 | 29 | 5 | 瑞典语 | 4 |
| 丹麦 | 74 | 18 | 23 | 16 | 丹麦语 | 4 |
| 西班牙 | 51 | 57 | 86 | 42 | 西班牙语 | 3 |
| 日本 | 46 | 54 | 92 | 95 | 日语 | 4 |
| 中国 | 39 | 89 | 44 | 54 | 汉语 | 6 |
| 泰国 | 20 | 64 | 64 | 34 | 泰语 | 7 |
| 印度尼西亚 | 14 | 78 | 48 | 46 | 印度尼西亚语 | 7 |
| 美国 | 91 | 40 | 46 | 62 | 英语 | 0 |
| 巴西 | 38 | 69 | 76 | 49 | 葡萄牙语 | 3 |

资料来源：Geert Hofstede, Culture's Consequences, 2nd edition (Thousand Oaks, CA: Sage, 2001).

### 6.2.2 礼仪和仪式

礼是人与人之间的秩序，礼源于生活，首先表现为一种生活仪式，最后上升到伦理道德高度。礼仪和仪式中包含许多日常生活中的衣、食、居、行、立、坐等各种生活行为和习惯的礼节规范，不能随意而行。礼仪和仪式的精神内核是人伦关系和伦理价值。礼仪和仪式非常重要，它们协调着人们每天的交往和特殊的场合，它们让人们了解该做什么以及如何做。例如，在国际商务会晤场合，虽然国际流行的是握手礼，但是日本人习惯见面鞠躬；法国人喜欢贴脸礼；在东非，男士之间触碰肩膀以表示欢迎和亲切。在巴西，人们感情外露，人们在大街上相见也热烈拥抱；无论男女，见面和分别都以握手为礼。妇女们相见时脸贴脸，虽然唇不触脸，但双方都用嘴发出接吻时的声音。

### 6.2.3 文化符号

文化符号是世界上范围最广阔的人文现象，文化符号学指出，文化符号包括语言、图像、数据、文字、时间和空间等范畴。美国《新闻周刊》根据全球网民投票，评选出进入 21 世纪最具影响力的 12 大文化国家以及 12 个国家文化的二十大文化符号，如美国文化：华尔街、百老汇、好莱坞、麦当劳、NBA、可口可乐、希尔顿、万宝路、迪斯尼、硅谷、哈佛大学、感恩节、超人、自由女神像、芭比娃娃、白宫、橄榄球、爵士乐、星巴克、沃尔玛。**中国文化**：汉语、北京故宫、长城、苏州园林、孔子、道教、孙子兵法、兵马俑、莫高窟、唐帝国、丝绸、瓷器、京剧、少林寺、功夫、西游记、天坛、毛主席、针灸、中国烹饪。**法国文化**：法语、埃菲尔铁塔、卢浮宫、凡尔赛宫、巴尔扎克、雨果、轩尼诗、拿破仑一世皇帝、路易威登（LV）、雅诗兰黛、欧莱雅、家乐福、克里斯汀迪奥（CD）、皮尔卡丹、圣米歇尔山、圣女贞德、香榭丽舍大街、红与黑、启蒙主义、香奈儿。人类学家爱德华·霍尔说文化是一种交流，他认为学习正确理解我们周围的符号是关键。以下从语言这个最显著的往往涉及意识交流的部分来讨论文化符号。

### 语言和语言距离

除了国家界限和地理障碍之外，语言是国际商务人员常见的另一个障碍。语言是人类表达思想、交流思想的工具，文字是语言的书写符号，语言和文字都是文化信息的载体。在世界文化交流的今天，各民族语言文字有着相互的翻译、借鉴和吸收。但是这些并不能改变一个民族语言文字的基本特征和它在民族文化中的独特作用。来自不同地区的人，如果拥有同一种语言的话，文化传播就比较容易，自然开展商务也容易得多。据有关资料统计，全世界共使用5 651种语言，如非洲语言约有800种。其中使用人数超过5 000万的语言有13种：汉、英、印度、俄、西班牙、德、日、法、印度尼西亚、葡萄牙、孟加拉、意大利和阿拉伯语。按被规定为官方语言或通用语言的国家数目来说，英语占第一位（约44国），法语第二（约31国），西班牙语第三（约22国）。被定为联合国的正式语言的有五种：汉语、英语、俄语、法语、西班牙语。

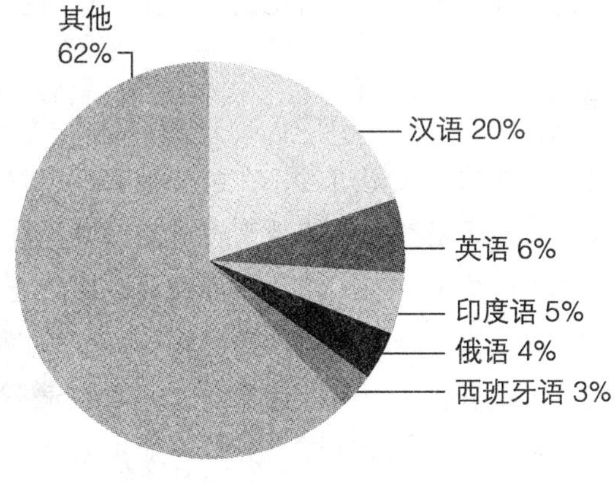


**图6.1 语言的全球人口分布比例**

资料来源：Charles W. L. Hill. International Business (6th edition). McGraw-Hill Companies, Inc.

语言学家根据语言形态和发展的相似特点，将全世界的语言分为不同语系，比如西班牙语、意大利语、法语和葡萄牙语都起源于拉丁语，因此划归罗马语系。表6.5还描述了如何利用语系来衡量语言距离，假定从英语出发，那么德语相隔1个分支，丹麦语相隔3个、日语相隔4个、希伯来语相隔6个、汉语相隔6个、泰语相隔7个。

语言对于文化价值观和期望有直接影响，研究发现，与英国语言距离越大的国家，个人指数越小。语言距离的概念可以更好地帮助理解和预测人们的行为和态度以及价值观方面的文化差异。当然语言和价值观的关系还有更深刻的政治含义，比如英语使用比较容易，所以能借助学校和互联网传遍全球，也将个人主义和民主平等主义的思想散布出去。而法语用语讲究对方的社会背景和地位，法国人一直在不遗余力、不计代价地维护法语的纯正。在加拿大，语言长期以来也是政治争论焦点。语言对国际商务人士非常重要，因为成功的交流和沟通不仅需要懂当地语言，而且要能够透彻理解语言的细微差别。

#### 语言情境

霍尔在关于商务背景下的文化差异的文章中，使用“情境”（context）概念来解释各国之间的文化差异。所谓情境是围绕一个特定事件所传递的暗示和其他信息，即不同时间、空间、事件、协议下的各种“语言”。学会正确理解我们周围的情境符号是国际商务成功开展的关键（参见图6.2）。

在高情境文化中，如中国、日本、西班牙和中东各国，信息是包含在特定的社会环境中，在这种环境中，人们都能够理解并常常使用肢体语言或特殊的腔调来表达他们的感情和所要传达的信息。而在低情境国家中，如美国、德国、瑞士，每个信息都会被准确地表达，通过语言就可以准确地表达自己的意思。例如，中国人喜欢顾左右而言他，表达意思迂回婉转，听者必须要揣测对方讲话的言外之意。而欧美商务人士喜欢开门见山，直接表达自己的意思。

### 6.2.4 宗教和信仰

宗教是文化价值观的强大塑造者，在某些国家，宗教控制和影响着国家的经济、政治和日常生活，而宗教的具体教义也可能影响国际商务的开展，如禁止出售某些产品或者禁止在某段时间工作。在沙特，饭店禁止提供猪肉食品和酒精制品，也不允许向顾客播放劲爆的音乐；星巴克特许权被许可方要求去掉星巴克图标上皇冠下的脸，因为宗教认为向公众暴露女人的脸是不道德的；在飞机后面的位置设置祷告区，等等。在印度，麦当劳既不能供应猪肉也不能供应牛肉以免激怒印度教徒和穆斯林信徒。以色列航空公司取消在犹太教节日周六的一切航班。当然，并非信奉同一宗教的所有国家对商务活动的限制是一致的。如在穆斯林国家，星期五为拜神日通常不工作。土耳其也是穆斯林国家，但是由于位于亚欧大陆之间，与欧洲有长期商务往来，所以为了提高效率采用了基督教的工作日历。

另外，全球宗教冲突造成的社会动荡、财产破坏、国际商务中断的例子比比

### 现场观察 6-2

## 英语和法语的较量

法国前总统希拉克在出席欧盟首脑会议期间打断法国人安托万·赛耶尔（欧洲共同体工业联盟主席）在会上用英语的演讲，并离席以示抗议。法国《费加罗报》说，希拉克此举是“捍卫法语”，但惹得英文媒体“热热闹闹地冷嘲热讽了一番”。一个致力于捍卫法语免遭英语入侵的法国团体“英语跟屁虫学会”将2005年度“英语跟屁虫”大奖授予了法国电信公司总裁，因为他使用英语来命名公司产品。而欧洲议会议长何塞普·博雷利获得了“巩固英语的海外统治地位”特别奖。他之所以获此“殊荣”，是因为在摩洛哥拉巴特举行的一次欧盟—地中海会议上，他未能提供英语文件的法语译本。

法语是世界上最有影响的语言之一，也是联合国和欧盟等国际组织的工作语言之一。目前，世界上以法语作为母语或第二语言的人超过1.8亿，法语国家首脑会议每两年一次在法语国家轮流举行，这一盛会加强了法语国家间的联系，扩大了法国在国际上的影响。但随着英、美实力的提升，英语的影响力越来越大，法语的颓势难以遏制。尤其是在经济全球化和互联网国际化时代，使用英语的人越来越多，英语的主导作用无所不在，法语受到了前所未有的挑战。法国人甚至沮丧地意识到，在国际交流中，要么讲英语，“要么说着法语默默无闻地死去”。

法国人有强烈的“语言危机感”。为了拯救和捍卫法语，法国政府每年拨巨额专款扶持法语国家的语言、教育、电视、电影、戏剧等方面的发展，不遗余力地在世界各地推广法语。在法国，有关部门每年举行法语听写大赛，吸引全球讲法语的人，把说法语变成法语世界的一项全民运动。2006年法国隆重推出的世界法语节持续200多天，来自法语国家国际组织的63个成员国的2 000多名艺术家和知名人士相聚法国，在不同场合，用说、写、唱、演等多种形式，共同分享美妙的法语、捍卫法语的未来。举办法语节的目的在于强化法语，这既表达了对法语的自豪感，也显露了对法语前途的深切忧虑。

资料来源：中国日报http：//www.chinadaily.com.cn/gb/doc/2005 –11/26/content_498193.htm；http：//www.yuanFr.com等.

皆是。如近年来，印度、伊拉克、尼日利亚和北爱尔兰等国家，宗教派系之间都爆发过严重的冲突。

基督教（Christianity）在全球有17亿教徒，在11世纪基督教分划为罗马天主教（the Rome Catholic Church）和东正教（the Orthodox Church）；16世纪英国的宗教改革使得罗马天主教继续分化出新教（Protestantism），新教又有洗礼派（Baptist）、卫理公会派（Methodist）和卡尔文派（Calvinist）。伊斯兰教有10亿教徒；印度教（Hinduism）有8亿教徒，大多集中在印度半岛。佛教（Buddhism）大约有3亿教徒。宗教对社会价值观体系影响相当强烈，如果不了解他人的宗教信仰，很容易冒犯他人。法国香奈尔公司就曾不明智地将《古兰经》诗文绣在时装上，被认为是亵渎了《古兰经》，为平息阿拉伯世界的愤怒，香奈尔

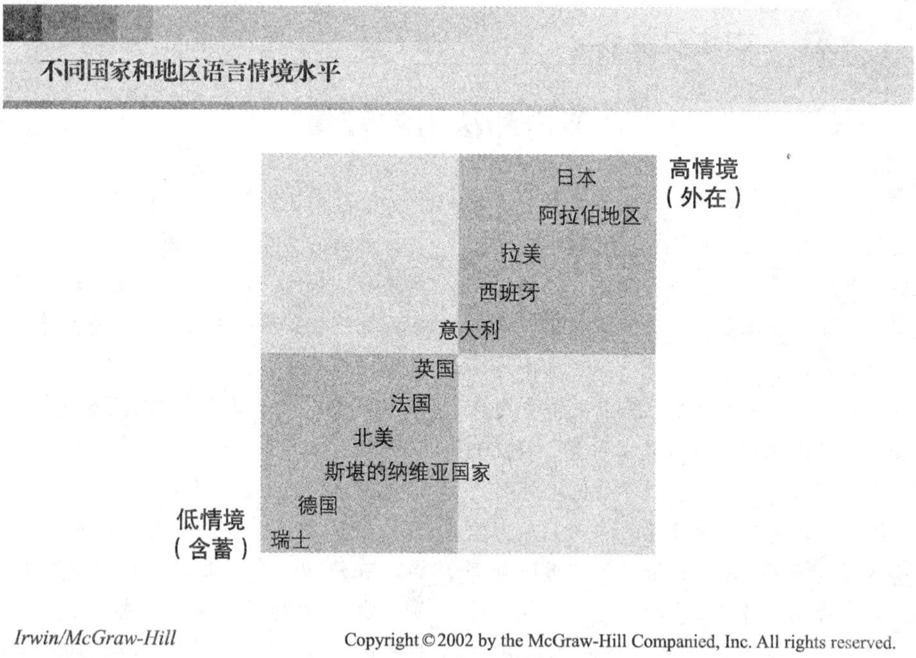


**图 6.2　语言文化情境高低值表**

公司不得不销毁这些服装以及服装的照片和底片。

全球各地的人民所禁忌的东西往往来自宗教。美国人不愿意从梯子下经过、高楼没有第 13 层、打破镜子后连续 7 年战战兢兢。亚洲人流行鬼、算命、血型、相面、风水等。巴西人忌讳棕色和黄色，他们以棕色为凶色，认为深咖啡色或暗茶色会招致不幸；认为人死好比黄叶落下，紫色配黄色为患病之兆。一个人的信仰在另外文化背景中成长的人看来是不可思议的。但是这些信仰、神话、迷信等都是社会文化的重要组成部分，影响着人们的思维和行为方式。

## 6.3　跨文化商务沟通与谈判

“世界上本无国际商务，有的只是人际商务。”本小节讨论跨文化商务沟通和谈判过程并比较不同的商务谈判风格。

### 6.3.1　跨文化商务沟通的过程、媒介和障碍

（1）跨文化商务沟通的过程。

在国际商务沟通过程中，主动去沟通的一方称为信息“发送方”，接受的一方称为“接受方”。商务沟通信息通过沟通媒介传递给接受方，接受方将信息翻译并理解。信息反馈时，流程相同，只不过接受方的角色变成了发送方。商务信息沟通存在沟通有效性的问题，即接受方对发送方所传递信息的理解程度。一般

现场观察 6-3

## 伊斯兰教习俗

伊斯兰教是当今世界的三大宗教之一，在公元6世纪由阿拉伯贵族商人穆罕默德创立，约有教徒10亿人，影响到90多个国家。伊斯兰教信仰真主（安拉）是世间唯一的神，尊崇现沙特阿拉伯的麦加（mekka）为圣地，其教徒通称为“穆斯林”，奉《古兰经》为经典，有些国家甚至以其作为法律。伊斯兰教的教规很多，教徒必须履行的宗教职责主要是五善功，即念功、拜功、课功、斋功、朝功。其中对商务活动影响最大的是拜功。沙特阿拉伯是最为严格的伊斯兰教国家，在沙特有宗教巡视员，而且政府对违反分子公开斩首或砍手。2002年沙特政府就对三个同性恋公开斩首；由于偷窃会被砍手，所以偷窃的现象几乎没有。

**伊斯兰教饮食习俗：**《古兰经》规定，凡猪、死物、动物的血与内脏为禁忌食物；虎、豹、蛇、鹰、马、骡、驴、狗等禽兽肉也为禁忌食物。其他可食动物，若非由阿訇“安排”而宰杀的也不可食用。伊斯兰教国家一般禁酒，但伊拉克有所例外，但在斋月期间必须用白布把酒瓶盖起来。抓饭为伊斯兰传统进食方式，不能用左手进食，因为他们认为左手是不洁的。

**工作时间：**伊斯兰国家通用伊斯兰历而非公历。每周星期六到下星期四，为办公日，星期五则为休息和祈祷日。伊斯兰教教义规定，穆斯林每天应做五次祈祷，当祷告时，正在进行的一切工作暂停，甚至正在驾车行驶者也要停车作祷告。伊斯兰历九月为阿拉伯人的斋月。在斋月，穆斯林白天禁食，午后不办公，人们晚上购物，所以商店营业时间都在晚上。

用“噪音”（noise）来指对信息的扭曲和干扰。选择性的感知、过滤、语言难点以及文化差异都会引起噪音、干扰沟通过程。跨文化沟通远远比在自己的文化环境中沟通更困难，因为不同文化的文化价值观、信仰、思维和行为方式等文化要素都不同。

（2）跨文化商务沟通的媒介。

沟通媒介一般有两类媒介，一是语言沟通，指任何书面或口头通过单词传递的信息途径；二是非语言沟通，指不用辞藻进行沟通的艺术和科学。

在国际商务场合，书面沟通可以清晰地传递很多的数据和信息，得到广泛运用，但书面沟通的问题是难以传达一些微妙的意思。电子“机媒”沟通（computed-mediated communication），如电子邮件是国际商务日益流行的迅捷、有效和低廉的沟通方式。电子邮件容易纂写、编辑、保存和发送。但是电子邮件可能丧失了传统面对面沟通的一些优点。在一些国家，如意大利，人们喜欢用手机，而厌恶电子邮件。IMB 公司的欧洲分公司的前总裁 Lucio Stanca 说，在意大利“根本没有人会阅读电子邮件!”，因此有效的沟通媒介应该采用手机短消息。

国际商务交易场合中面对面时，常常使用不同形式的语言沟通。但是在传递情绪或者一些微妙信息的时候，面对面的非语言暗示，如声音的语调、停顿的间隙以及身体语言很重要。在电话沟通中，这种效果当然会被削弱。

**表 6.6 国际商务谈判场合的交流**

| | 日本 | 美国 | 巴西 |
|---|---|---|---|
| "不"运用的次数 | 5.7 | 9.0 | 83.4 |
| 沉默 10 秒甚至更长的时间 | 5.5 | 3.5 | 0 |
| 打断谈判，谈话交换 | 12.6 | 10.3 | 28.6 |
| 凝视(任意 10 分钟时间段内的分钟数) | 1.3 分钟 | 3.3 分钟 | 5.2 分钟 |
| 触摸 | 0 | 0 | 4.7 |

资料来源：J. L. Graham.《商业谈判过程中文化的影响：探索研究[J]. 国际商业研究期刊，1985.

我们在 6.2.3 小节讨论了霍尔的"情境"（context）概念，由于情境是围绕一个特定事件所传递的暗示和其他信息，即不同时间、空间、事件、协议下的各种"语言"。中国人喜欢顾左右而言他，表达意思迂回婉转，听者必须要揣测对方讲话的言外之意。而欧美商务人士喜欢开门见山，直接表达自己的意思。世界媒体大亨默多克在一次采访中谈到，在自己来自中国广东的妻子邓文迪的"翻译"下，他终于明白了中国官员和商务人士的"言外之意"。

身体行为方面的非语言沟通包括如造型、姿势、面部表情和眼神交流等；双方身体的距离远近的空间关系也具有很好的沟通表达效果。霍尔指出，不同的文化直接影响在面对面交流中你允许对方离你的距离。如果想保留个人空间，身体的适当距离非常重要。如美国人商务谈判时双方身体的距离大约为 3 英尺，阿拉伯国家为 1 英尺。印度/马来西亚不能用左手接触对方。表 6.7 列出美国文化中身体距离的参考数据

在美国公司中，高层一般有自己独立的办公室，职位越高，办公室越大。法国领导的位置一般在其员工的中间。而在日本和拉美国家，倾向于集体办公，高层一般占据大办公室的一角。拉美人常常夸耀他们有漂亮和宽敞的办公室，即使典型 5 米 ×6 米办公室内居然密密麻麻安排有 17 个员工和他们的桌子。

**表 6.7 身体距离的类别**

| | |
|---|---|
| 亲密距离 | 在 18 英寸之间(注：1 英寸 =0.025 米) |
| 个人距离 | 18 英寸到 4 英尺之间(注：1 英尺 =0.3048 米) |
| 社会距离 | 4 ~ 12 英尺 |
| 公众距离 | 12 ~ 25 英尺 |

资料来源：E. T. 霍尔，M. R. 霍尔．了解文化的不同．Yarmouth，ME：Intercultural Press，1990.

（3）跨文化商务沟通的障碍。

在国际商务的沟通中，人们在将外部世界获得的信息进行分类纳入自己的知

识框架时，往往存在选择性感知和基于自己文化的固有印象的缺陷。这种阻碍国际商务人士理解不同文化环境的原因来源于自我参照标准和与此相关的民族中心主义。

自我参照标准（self-reference criterion，SRC）是指人们无意识地参照个人的文化价值观、经验和知识来作为决策的依据。自我参照标准往往让人认识不到文化差异的存在，或者认识不到这些差异的重要性，而是我行我素，激怒对方。

民族中心主义是人们相信自己的文化比其他文化优越，在国际商务中，这表现为企业或个人过于陶醉于自己的文化，而不顾文化差异的行事。民族中心主义有三种形式：管理者往往忽略外国重要的文化因素，因为他们已经习惯了自己国家的逻辑和因果关系；管理者认识到文化环境的不同，但仍然将重心放在国内目标，而不是外国或全球目标；管理者认识到文化差异，但是认为针对外国文化的调整是复杂和代价昂贵的。

要克服自我参照标准和保持对民族中心主义的警觉，有必要遵循以下步骤：第一步，按照本国的文化特征、习惯或规范定义经营中的问题或目标；第二步，向目标国人士咨询，按照该国文化特征、习惯或规范定义经营中的问题或目标，注意不要进行价值判断；第三步，分析自我参照标准如何使得问题复杂化，从而分离自我参照标准的影响；第四步，在没有自我参照标准的影响下，重新定义问题并解决问题，谋求最佳经营目标。

### 6.3.2 跨文化商务谈判

谈判是国际公司之间进行商业交易信息交换的正式形式。国际商务谈判包括四个基本要素：一是存在或可以预见的冲突；二是双方希望达成彼此都能接受的解决办法；三是双方有大量的幕后准备；四是以双方可以达成一致为目标，但是结果是不确定的。

同沟通一样，商务谈判需要连续不断地去沟通。过去谈判都是面对面，如今可以采取信件、电话、电视电话会议、电子邮件和网络等方式。谈判包括五个步骤：准备、关系建立、交换信息、说服以及作出让步和达成协议。

（1）准备阶段：在谈判中，谈判者的准备和计划至关重要。国际商务谈判人员必须集中精力搜集相关信息，筹划谈判战略，包括对对方和形势的估计；谈判中需要核实的事实；谈判日程；最佳备选方案；让步底线；谈判成员分工等。

（2）关系建立：在这一环节，谈判各方开展正式和非正式的会晤（如宴会和娱乐等），了解彼此，谈判讨论共同的利益。不同文化下，这一过程不同，美国人喜欢开门见山，但亚洲人和拉美人不喜欢一开始就谈生意，往往会晤的大部分时间在谈与工作看似不相关的话题或者安排一些似乎无关的观光时间来了解当地的风景名胜和文化等。法国人不喜欢在餐桌上谈生意，他们喜欢安静地享受美食和美酒，并在晚上的时间来逐渐了解对手方。

看似与工作无关的交流除表示友好和礼貌外，其实是了解对手背景和兴趣以确定有效沟通和谈判方式的前提。要想在国际谈判中获得成功，谈判者需要深思熟虑和全身心投入，努力建立长期合作关系。

（3）交换信息：这一阶段，谈判双方首次正式表明自己的立场，并就相关问题进行讨论。美国商人把这一阶段作为谈判进程的真正开端，美国人喜欢在谈判桌上摊牌，并急切地希望从信息交流阶段进入说服阶段，常常大量抛出自己的全面观点和信息。但是在许多集体主义观念流行的国家，谈判对手可能长时间地倾听和沉默。

（4）说服：为了达成双方满意的协议，谈判双方必须基于自己的利益来挑战对方的信仰、态度和利益。在这一阶段，文化因素非常重要，国际谈判中双方往往基于特定文化导向的战略来展示自己和推荐自己的观点、要求、进行威胁或妥协。说服是关键，否则就失去谈判的意义。在美国，销售培训的一个主要方面就是如何处理反对意见。但是如果咄咄逼人地威胁或警告，特别是美国式的放肆和情绪激动爆发会让来自中国等的谈判人员失去面子，破坏谈判的效果。另外需要注意，在许多国家，借助第三方和非正式渠道进行说服，即所谓的幕后渠道，是非常有效的。如果能有对手方的上级部门或友好伙伴的帮助，那么事半功倍的谈判结果是可以获得的。

（5）作出让步、达成协议。在这一阶段，谈判双方作出让步，并最终达成协议。一般有经验的国际商务人士都会首先确定好让步的底线。

依据不同的文化背景，上述的每个步骤的重要性和时间长度不相同。不同的文化对国际商务谈判的每个步骤具有重大的影响。表 6.8 比较美国和日本沟通和谈判风格如何因文化而不同，表 6.9 概括不同文化谈判方式的不同。

**表 6.8 美国和日本沟通和谈判风格的比较**

| | 日本谈判人员 | 美国谈判人员 |
|---|---|---|
| 语言 | 大多日本谈判人员懂英语，但是却经常采用翻译，谈判人员有足够时间思考和观察。 | 由于不懂日语，所以美国人思考答案和观察日本人的非语言反应的时间比较少。 |
| 非言语行为 | 日本人人际交流方式比较少使用凝视以及否定的面部表情。但是长时间沉默。 | 美国常常在对方沉默时，迫不及待地让步或努力争取。 |
| 价值观 | 含蓄和注意保全面子。倾向于长期关系的建立，属于垂直型买卖方关系，通常卖方依赖买方信誉。 | 讲内心话很重要，属于水平型的买卖方关系。 |
| 商务谈判的四个阶段 | | |
| 1. 与工作不相干的交流 | 在日本，人们常常在这一阶段投入大量时间和费用。 | 美国人投入比较少。 |

（续表）

| | 日本谈判人员 | 美国谈判人员 |
|---|---|---|
| 2. 与工作相关的信息交流 | 最重要的步骤，通常初次报价高，并带有很长的解释和深入阐述。 | 简单介绍情况，通常初次报价比较公道。 |
| 3. 说服 | 说服一般在幕后完成，垂直型地位决定讨价还价的结果。 | 最重要步骤：谈判时会改变思想，并经常使用大胆的说服战术。 |
| 4. 让步和妥协 | 在谈判最后时刻才可能让步。 | 从头到尾都有让步和承诺。 |

资料来源：james Day Hodgson, Yoshihiro Sano and John L. Graham, Doing Business with the New Japan (Boulder Co: Rowman&Littlefield,2000),9.45.

**表6.9 美、印、阿拉伯、瑞典、意大利的不同谈判方式**

| 美国谈判人员 | 印度谈判人员 | 阿拉伯谈判人员 | 瑞典谈判人员 | 意大利谈判人员 |
|---|---|---|---|---|
| 出现僵局能够接受妥协 | 依赖事实 | 为谈判各方留面子 | 直接进入讨论主题 | 戏剧性 |
| 有着坚定的上下底线 | 相信本能 | 避免对抗 | 避免对抗 | 情绪化 |
| 设定总纲要，细则放手下属去做 | 寻求妥协 | 试图由相关人员来让对手改变主意 | 时间意识强 | 能够对环境了解透彻 |
| 有着最大的选择权 | 做好在任何时候改变立场的准备 | 寻求创造性的解决办法来使各方满意 | 极度谨慎 | 多疑 |
| 尊重对方 | 信赖对手 | 通过会议来调解 | 不拘礼仪 | 讲求智谋 |
| 崇尚简短 | 尊重对方 | 能够保守秘密 | 容易变通 | 善于奉承 |
| 尽可能不暴露身份 | 向对方学习 | | 对新主张反应迟钝 | 希望建立好印象 |
| | 避免使用秘密武器 | | 安静，勤于思考 | 没有定数 |

资料来源：Arvind V. Phatak，等．国际管理[M]. 2005. 北京：机械工业出版社，2008：322.

## 6.4 跨文化冲突和管理

开展国际商务容易遇到所谓的文化冲突（cultural conflict）或文化休克（cultural shock），即不同形态的文化或者文化要素之间相互对立、相互排斥的过程。文化差异的客观存在，形成企业文化冲突，使经理与员工心理上形成文化休克的反应。

### 6.4.1 跨文化冲突原因及体现

文化冲突的产生原因很多，如种族优越感、不恰当地运用管理习惯、不同的感性认识、沟通误会、文化态度等。不同类型的文化差异有不同的文化冲突表现。

现场观察 6-4

## 阿拉伯人商务谈判中的 IBM 原则

阿拉伯社会中宗教和等级制度根深蒂固。不尊重对方的教义和习俗，是不可能同他们做生意的。阿拉伯人重感情，讲信誉，争取他们的好感和信任，与之建立起朋友关系，是和他们进行商务往来的基础。在阿拉伯国家，不可能一次见面或是一次电话就可做成一笔生意。如想向他们推销商品，前两次见面时最好提都不要提到，第三次才可稍微提一下，再访问一两次后，方可进行商谈。讨价还价是阿拉伯人做生意时的一个重要习惯。他们认为在买东西时与对方讨价还价是对对方的尊重。有意思的是，不讨价还价即将东西买走的人，还不如讨价还价后却什么东西也不买的人，更受到店主的尊重。

在与阿拉伯人进行商务交往中，“IBM”是一种经常出现、且令人很头疼的语言。这里的“IBM”，是阿拉伯商业圈中三个词语的字头。“I”表示“因夏拉（神的意志）”；“B”代表“波库拉”（明天再谈）；“M”为“马列修”（不要介意）。阿拉伯商人常用“IBM”以保护自己和抵挡对手。比如说，双方已在商谈中订好了合同，而后来情况有了变化，其中一方想单方面取消合同，他可名正言顺地说这是“神的意志”；若在商谈中刚好谈出一点名堂，自己已取得较为有利的地位，对方却常常耸耸肩，来上一句“明天再谈吧”，而当明天再谈时，对己有利的形势已不复存在，一切都要从头开始；或许你对他们的上述行为或商业上的其他不愉快十分恼怒，他却拍拍你的肩膀说：“不要介意，不要介意”，让你哭笑不得、进退两难。与阿拉伯人进行商务合作，一般都必须通过代理商。如果没有合适的阿拉伯中间商，其商务合作很难进展顺利。

**跨文化冲突的主要因素**

价值观方面不同。文化与价值观的不同会导致不同的管理实践，包括组织中的评价、选择、奖惩、上下级关系、群体的行为等。如西方价值观强调以个人为主体和中心，这种思维方式以实现个人利益、维护个人尊严等作为出发点，支配各种社会人际关系的调节，进行价值评价，并产生出相应的行为方式和态度。中国文化价值观念强调集体和社会是价值的主体，集体和社会的利益高于个人的利益，个人必须服从集体和社会。

思维方式不同。西方人是就事论事的象棋逻辑；中国人则是顾虑全局的围棋逻辑。因此，中方人士在商务往来中不会开门见山、直入主题，明确提出自己的要求。此外，西方人士在思维方式上是团队取向，侧重事或物的方面，忠诚于原则和注重个人；中国人则注重等级，侧重人的方面，因时因地制宜和注重整体。

民族个性差异。不同的民族文化抚育不同的民族心理和精神气质。不同民族之中的群体及成员有着特定的价值取向，遵循著特定的风俗习惯和文化规范。人们往往习惯于“自我参照”，根据自身文化的个性和价值观念去解释或判断其他一切群体的行为，因而产生了对异文化的偏见，导致文化冲突。

*信息理解差异和沟通形式不同*。不同国家语言不同、文化背景不同，对同一信息的翻译理解会产生差异，甚至会得出截然不同的结论。不同的文化模式有不同的沟通方式，如果沟通双方来自不同的文化便会存在沟通障碍。例如人们对于时间、空间事物、友谊、风俗习惯、价值观等的不同认识，造成了沟通的障碍，导致沟通误会，甚至演变为文化冲突。

*管理风格不同*。跨国公司的管理者不仅要具备在本土经营和管理公司的能力，更应具备在不同文化环境中从事综合管理的能力。如果片面以自我为中心进行管理，死守教条，势必遭遇跨文化冲突。

**跨文化冲突的具体体现**

*制度文化的冲突*。西方企业习惯于在法律比较完善的条件下开展经营管理，用法律条文作为行动的依据。中国企业习惯于按上级行政管理机构的指令行事，上级的条文、指令、文件便是企业的决策依据和办事章程。西方社会是法治社会，一切都用外在的非人际关系的硬件力量去约束，因此在企业管理上就表现为规范管理、制度管理和条例管理，追求管理的有序化和有效化。中国社会重伦理，偏重于人的作用和价值实现，以“情”治理，使员工对制度的执行比较松懈，以致规章制度往往难以发挥有效的作用。

*劳动人事方面的冲突*。中国人在人际关系中较重感情，而西方人则偏向于实际。西方人讲究相互竞争、公事公办，不讲情面。在物质分配方面坚持利己、平等、公平交易的原则。中国人讲人情、广交朋友，常常把人情当作交易的手段。如在企业人员的工资待遇上，中方较偏重于考虑企业人员的资历、学历和职称。西方则根据员工工作的性质和能力确定工资，把工资调整与价格指数和生活费用指数结合起来。在人才的选拔使用方面，西方管理者更多地把能力放在第一位，量才而用。中方比较注重德才兼备，重视人的政治素质、个人历史和人际关系。人才流动方面。西方认为人员流动可以保持企业活力，鼓励自己的职工不断流动，中方尚不太习惯员工“跳槽”，并由此影响到对人才的培训观念，常以某些条件和理由限制人才的流出。

*影响跨国经理与当地员工的和谐关系*。(1) **极度保守**：文化冲突影响了跨国经理与当地员工的和谐关系，呆板规章制度控制企业的运行，对员工更加疏远；与此同时，员工则对工作变得不思进取，经理的计划实施起来也十分艰难，结果双方都不会有所作为。(2) **沟通中断**：当经理与职工的距离大到一定程度，自下而上的沟通便自然中断，结果经理人员无法了解真情，双方在不同的方向上越走越远。(3) **非理性反应**：经理人员如不能正确对待文化冲突，就会凭感情用事。非理性的这种态度很容易引起员工非理性的报复，结果误会越多，矛盾越深，对立与冲突更趋剧烈。(4) **怀恨心理**：对于发生的冲突结果，冲突双方如果不耐心地从彼此的文化背景中寻求文化“共相”，而一味地抱怨对方的鲁莽或保守，结果只会造成普遍的怀恨心理。

### 6.4.2 跨文化管理策略

跨文化管理（Cross Cultural Management）指在全球化经营中，对子公司所在国的文化采取包容的管理方法，在跨文化条件下克服任何异质文化的冲突，并据以创造出企业独特的文化，从而实现卓越绩效的管理过程。跨文化管理目的在于在不同形态的文化氛围中设计出切实可行的组织结构和管理机制，在管理过程中寻找超越文化冲突的企业目标，以维系具有不同文化背景的员工共同的行为准则，从而最大限度地控制和利用企业的潜力与价值。

跨文化差异有两层含义：一是东道国文化如何影响当地员工的行为；二是母国文化如何影响企业外派东道国人员的行为。一般认为企业跨文化管理会经历三个阶段：全盘照搬母国管理模式的克隆管理阶段；母国和东道国不同文化相互渗透阶段；不同文化融合管理阶段。企业跨文化管理的策略选择包括：

*母国文化占领支配式战略*。母国文化占领支配式战略是一种比较偏激的跨文化管理策略，它直接将母公司的企业文化强行注入东道国的分公司，国外分公司只保留母公司的企业文化。这种方式一般适用于强弱文化对比悬殊，并且东道国分公司能完全接受母公司文化的情况下采用，从实际情况来看，这种模式采用得非常少。

*文化顺应的本土化策略*。国际公司试图运用这种方式效仿东道主的文化。国际公司根据“思维全球化和行动当地化”的原则来进行跨文化的管理，如在国外雇用熟悉当地的风俗习惯、市场动态以及其政府的各项法规的当地员工；管理者学习当地的语言；订立合同时采用东道国国家的货币形式等。

*文化妥协和相融策略*。当很强的两国公司文化组合时，可以考虑使用文化妥协相容策略。根据不同文化相容程度可分为两种策略：（1）**文化平行相容策略**，即母国文化和东道国文化之间虽然存在着巨大的文化差异，但并不互相排斥，反而互为补充，同时运行于公司的操作中。（2）**隐去两者主体文化的和平相容策略**，即管理者在经营活动中刻意模糊文化差异，隐去两者文化中最容易导致冲突的主体文化，保存两者文化中比较平淡和微不足道的部分，使不同文化背景的人均可在同一企业中和睦共处，即使发生意见分歧，也容易通过双方的努力得到妥协和协调。

*文化渗透策略*。跨国公司派往东道国工作的管理人员，基于其母国文化和东道国文化的巨大不同，并不试图在短时间内迫使当地员工服从母国的管理模式，而是凭借母国强大的经济实力所形成的文化优势，对于公司的当地员工进行逐步的文化渗透，使母国文化在不知不觉中深入人心，使东道国员工逐渐适应这种母国文化并慢慢地成为该文化的执行者和维护者。文化渗透是个需要长时间观察和培育的过程。

*文化规避策略*。当母国的文化与东道国的文化之间存在着巨大不同，母国文

化虽然在公司运作中占主体地位，可又无法忽视东道国文化的时候，由母公司外派管理人员可以在双方文化的重大不同之处进行规避，不要在这些“敏感地带”造成彼此文化的冲突。特别在宗教势力强大的国家更要特别注意尊重当地的信仰。文化回避也是亚洲的经理经常使用的方式。

借助第三方文化策略。跨国公司采用与母国的文化已达成一定程度共识的第三方文化对设在东道国的子公司进行控制管理。用这种策略可以避免母国文化与东道国文化发生直接的冲突。如欧洲的跨国公司想要在加拿大等美洲地区设立子公司，就可以先把子公司的海外总部设在思想和管理比较国际化的美国，然后通过在美国的总部对在美洲的所有子公司实行统一的管理。而美国的跨国公司想在南美洲设立子公司，就可以先把子公司的海外总部设在与国际思想和经济模式较为接近的巴西，然后通过巴西的子公司总部对南美洲其他的子公司实行统一的管理。

## 本章小结

- 文化是人们的生活态度、信念、行为规范，以及一个群体所共享的基本设想和价值观。跨文化冲突是指不同形态的文化或者文化要素之间相互对立、相互排斥的过程。
- 历史有助于一个国家明确其使命、如何看待友邦、如何看待自己以及如何找到自己在世界上的位置。地理是开展国际商务必须面对的不可控制的因素，地理研究对评估商业环境非常重要。
- 文化要素包括文化价值观、礼仪和意识、符号和信仰。
- 荷兰心理学家和管理学家霍夫施泰德开创对文化价值观研究，他认为国家文化差异主要体现在四个方面：个人主义/集体主义指数、权利距离指数、风险不确定性回避指数、男性化/女性化指数。
- 宗教是社会文化的重要组成部分，对社会价值观体系影响相当强烈，影响着人们的思维和行为方式。
- 跨文化沟通沟通媒介有两类媒介，一是语言沟通，二是非语言沟通。阻碍国际商务人士理解不同文化的原因来源于自我参照标准（SRC）和与此相关的民族中心主义。
- 国际商务谈判是国际公司之间进行商业交易信息交换的正式形式。国际商务谈判包括四个基本要素：一是存在或可以预见的冲突；二是双方希望达成彼此都能接受的解决办法；三是双方有大量的幕后准备；四是以双方可以达成一致为目标。
- 跨国公司必须理解跨文化冲突原因和表现，建立跨文化管理的策略。

### 关键词和概念

文化　文化环境　文化要素　文化价值观　霍夫施泰德文化分析模式　跨文化沟通和谈判　自我参照标准　民族中心主义　跨文化冲突与管理

### 思考题

1. 请说明文化的含义以及对国际商务的影响。为什么国际商务人士必须研究文化环境？
2. 为什么分析一国文化的基础是该国历史和地理？
3. 请列举影响文化的各种因素，文化价值观、礼仪和意识、符号、信仰和思维方式如何影响国际商务活动？

4. 请与同学讨论如何利用霍夫施泰德分析模式来理解不同国家的文化差异。请说明该模式各个指标的意义所在。
5. 思考国际商务人士如何适应并利用文化体系。
6. 一个国家的商业惯例往往与该国的文化习俗有密切联系，你认为什么情况下两方面会出现一致和不一致，请给出具体例子。
7. 有观点认为“世界上本无国际商务，有的只是人际商务”，你如何看待这一观点？
8. 西方国家企业在分析中国商务文化环境时，不约而同都会讨论“guan-xi（关系）”的重要性，你如何看待它们的见解？
9. 你如何看待跨文化冲突，请列举并分析你观察或收集到的例子。
10. 请选择你感兴趣的国家和产品，假定要求你提供一份该国该产品潜在市场的文化分析报告，你将如何做？请列举你工作的步骤并简要说明。

## 结尾案例

### 案例6-1 高通CDMA进入中国内幕[2]

高通公司（Qualcomm）于1985年由工程专家雅各布博士创建。1989年，高通开发出无线数字通讯技术CDMA。与TDMA和GSM一起成为无线电话三大技术。

意识到中国市场的巨大和潜力，雅各布博士在1992年就开始访问中国，试图向刚起步的中国电信行业推销CDMA。

美国政府在高通、朗讯、摩托罗拉等大公司的游说下，把CDMA入华列为中国入世WTO的条件之一，在谈判上给中国政府施加很大的压力。1999年4月1日，作为入世谈判的重头戏，中美电信高层会议在广州举行。双方在第2天就中美CDMA移动通信签署协议，其中涉及高通等众多美国电信公司。当月，国务院召开会议，决定将CDMA列入国家扶持联通的项目。2000年1月28日，中国联通和高通签署了有关CDMA在中国的框架协议，其中就有关CDMA知识产权及中国厂商使用CDMA的提成费等作了一些规定。但此协议并没有得到信息产业部及国家计委的支持，因为这个协议对中国厂商来讲，根本没有什么保护，联通本身是一个运营商，运营商只希望用最低的价钱取得最好的设备，中国设备厂商能否与高通就有关CDMA知识产权方面的谈判取得最好的条件并不是联通的当务之急。联通其实也不想接CDMA这个“烂摊子”，因为联通正在紧张筹备在海外上市，不希望因为CDMA影响其上市筹钱的计划。

11月29日，高通和信息产业部签署有关CDMA的备忘录，其主要内容包括：(1) 信息产业部表示支持中国联通做出短期内建立以IS－95A CDMA技术为基础的全国性CDMA的决定。(2) 高通公司将致力于设计出可支持CDMA/GSM双模手机的芯片，并同意与合适的中国企业合作，开发生产这种芯片。(3) 高通公司将积极在中国寻找合适的企业为高通生产CDMA芯片，并将积极考虑投资中国的芯片生产行业。高通公司将继续承诺向中国制造商提供世界最优惠价格的CDMA芯片。(4) 高通同意与受许可的中国厂商在中国合作并生产CDMA芯片。这份备忘录的内容于12月2日在香港透露给媒体，高通股票大涨30%。2001年5月8日联通终于上了CDMA 95A，订下200亿的大单。

高通对中国社会文化不熟悉，以为有美国政府支持就可藐视一切。高通发现自己缺少一条与中国政府高层沟通的管道，能够在关键时刻，把一些对高通有利的资料送交中国政府高层，使其能在决策前参考这些资料。高通公司很幸运地聘请到顾蔚华教授为顾问。顾教授的父亲是顾毓秀

（曾任国内中央大学校长、政治大学校长等职务）。顾蔚华教授为顾老次子，在微电子、IC芯片上颇有成就。更难得的是，**顾毓秀教授与中央高层的关系非常密切**。周恩来总理、邓小平和江泽民对顾老都给予很高的评价，江泽民主席曾亲笔挥毫为顾老题诗。顾蔚华教授得益于这种关系，为高通在许多关键时刻起到了非常重要的作用。有了顾教授作为高通的顾问，很多对高通有利的资料、白皮书等便可直接顺利送到中国政府高层，这对高通成功地把CDMA于2001年引入中国起了很大作用。

在双方备忘录下，中方完全履行诺言支持联通建设CDMA网络，至今联通的CDMA网络已有近1亿用户。但高通的承诺除了自己已生产出CDMA/GSM双模芯片外，不但没有和中国厂商合作开发CDMA芯片，到目前为止还没有一片高通CDMA的芯片在中国内地生产。至于高通承诺"向中国制造商提供世界最优惠价格的CDMA芯片"，更是空话。因为高通设有霸王保密条例，中国厂商根本无从知道高通用什么价格把CDMA芯片提供给朗讯、摩托罗拉等大公司，又何以知道什么才是"世界最优惠价格"。

**讨论和在线学习问题：**

1. 高通公司在中国推行CDMA经历漫长的10年，期间遭遇很多重大变化和挫折，请与同学讨论原因是什么？
2. 你认为借助同当地政府高层保持密切联系的本地顾问有怎样的作用？
3. 如本案例中所言，中国履行承诺，而高通公司却没有转让技术和提供优惠价格。你认为中国在同跨国公司交往时，应该怎样维护自己的利益？

## 案例6-2 从戴姆勒—克莱斯勒合并案看跨文化整合[3]

1998年5月6日，德国戴姆勒—奔驰公司以383.3亿美元的价格收购美国克莱斯勒公司，被盛赞为跨国汽车巨头合作的杰出范例。这个预期通过强强联合打造世界第一大汽车公司的梦想不仅未曾实现，克莱斯勒更是连年亏损，巨大的亏损和遥遥无期的赢利前景使戴姆勒被迫廉价出售克莱斯勒。

合并时，两家公司对资本、技术、管理、营销和运营方法考虑得相当成熟，戴姆勒—奔驰公司首席执行官于尔根·施伦普和克莱斯勒公司首席执行官罗伯特·伊顿在合并宣布时都认为是公平的合并，而且他们将担任三年的联席首席执行官。施伦普和伊顿都强调合并后可能带来的潜在节约和规模经济，基于这些期望，公司股票涨到了108美元。

但是两家公司却没有预见到德意志文化和美国文化之间可能出现的剧烈文化冲突，也没有任何文化整合战略。两家公司联合董事会中，德国人和美国人的比例为5:3。合并宣布之后，独立意愿很强的美国人（克莱斯勒员工）发现德国人控制着戴姆勒—克莱斯勒公司的命运，他们开始受不了德国人对他们发号施令。美国人觉得公司不是对等合并，而是已经卖给了外国人。克莱斯勒的总裁伊顿说话也失去了权威。一场文化冲突无法避免。戴姆勒—克莱斯勒的总部最初设在德国，由德国人掌握大权，可公司的通用语言规定为英语，造成高层管理者间沟通上的困难。合并不久，习惯于美国式经营作风的美国人发现自己无法忍受以厉禁刻板著称的德国人的管理。合并后次年，克莱斯勒的一批高层管理人士便愤而离职。有些人是因为文化冲突而被逐出了公司，更多美国员工特别是中高级管理或技术人员是自行离去的。另一方面，德国人也无时无刻不在担心，将太多的奔驰技术转让给克莱斯勒会有损于奔驰这个德国的象征之光辉。公司后来分别在美国密歇根州的奥本山和德国斯图加特都设立总部，当媒体上开始出现关于奥本山和斯图加特之间冲突的报道后，公司股票跌至26美元。

在经营理念上，两家公司也不同。克莱斯勒的生产模式是按计划生产，然后供给经销商；而戴姆勒的生产模式是依顾客的订单进行生产。两家公司的产销模式完全相反。双方合并的另一目的是意欲经由合并共享先进技术以体现整合的优势，但建立共享的汽车生产平台未能实现。克莱斯勒公司希望以新奇的汽车造型和低廉的价格来赢得市场。而戴勒姆公司则把先进的技术、精密的制造、一流的质量和昂贵的价格作为其基本的市场形象。相去悬殊的市场定位和消费者对两家市场的消费定势，决定了两家公司的技术与市场整合的艰难。

对待津贴的态度两国员工也不一样。公司内德国人对美国同事干活少拿钱多忧心忡忡。原来克莱斯勒经理人员工资普遍比德国同级管理人员高出 2~4 倍，而对工作的投入恰与德国人相反。克莱斯勒领导层每周工作五天，戴姆勒领导层则工作六天。在德国工作的美国人星期五早早下班赶回美国，更有甚者，在星期五早晨就乘坐公司往返飞机回美国去。而在美国工作的德国同事，则总在星期五下午 5 点准时下班然后回国。但是德国人在享受公款方面却较美国人擅长。德国人出国开会动辄坐头等舱，开完会还住宾馆的套房里度起假来了。而且德国人喜欢开会，繁文缛节也多得惊人，美国人对此不能理解。

**讨论和在线学习问题：**

1. 你认为戴姆勒—克莱斯勒公司合并案中，文化的成功整合对整个购并有何意义？
2. 请与你的同学讨论戴姆勒—克莱斯勒公司本来应该如何开展有效的跨文化管理和文化融合。

## 参考文献

1.《创业邦》2008 年第 7 期摘录
2. 根据高通公司大中华区前总裁/雷鸣.《IT 时代周刊》编写。
3. 透过企业文化看戴姆勒—克莱斯勒的合并. http://blog.163.com/ranran51@126/blog/static 等编写。

2

# 第二部分
# 国际商务理论和政策:贸易与投资



国际商务

7 CHAPTER 7

# 国际贸易理论

**学习目标**

- 国际贸易理论的核心：贸易原因、结构和利益分配
- 了解古典国际贸易理论：绝对优势和相对优势理论
- 了解新古典贸易理论：要素禀赋理论
- 了解新国际贸易理论：产业内贸易理论和国家竞争优势理论

**开篇案例**

## 美国贸易赤字对新经济增长的促进作用[1]

“贸易赤字”对经常账户是一种扣除，对国内生产总值（GDP）增长应产生收缩作用。传统经济中，“贸易赤字扩大”几乎是“净出口恶化”、“经济增长放慢”和“失业率上升”的代名词。然而在20世纪90年代“新经济周期”中，美国长期连年加速增长的“（巨额）贸易赤字”，不仅没有显示出其“收缩”功能，相反却同“经济长期扩张和增长率加速”相辅相成。

20世纪90年代初美国“新经济周期”开始扩张以来，贸易赤字一直趋于上升。1991年美国的贸易赤字是311亿美元，到2004年已经攀升到6 177亿美元。14年时间增长了近20倍！在贸易赤字“恶化”且规模惊人的同时，美国经济却长期保持着超强劲的增长态势：1991年美国经济走出衰退，1992年增长3%，1999年升至4.4%。2003和2004年，美国GDP增长率增为3%和4.4%（10多年中的峰值）。2005年，尽管遭遇特大“飓风”，但全年GDP增长速度根据测算仍然不低于3.5%。

美国经济快速增长的驱动因素首先在于“贸易赤字”所推动的投资高速增长。长期以来，美国的国民储蓄率一直很低，美国的投资总额却一直在迅速扩张。1991年美国的国内私人总投资约为10 000亿美元，而到2000年已经超过了20 000亿美元。在国内私人储蓄严重偏低甚至继续趋降的条件下，储蓄和投资之间的缺口由大规模涌入美国的外资来弥补。美国贸易赤字伴随着大量的国际借债，间接地增强对外资的吸引力，这让美国有更大的回旋空间来推行“赤字财政”，结果当然是促进GDP增长。

美国制造业的投资收益率一般较低，且回收期较长。因此，大多数外资并不选择美国制造业作为对象，而是选择收益率高、回收期短的IT产业。IT产业是高科技密集的部门，也是美国20世纪90年代以来劳动生产率倍增的主要原因。1990年以前的15年，美国劳动生产率大约每年提高1.5%，而1991年以来，每年大约

提高3%。经济学家的研究表明：投资IT产业和IT产品的普遍采用，可以使劳动生产率提高60%~70%。

从美国“贸易赤字”配合“国际宏观政策组合”看，美国的贸易赤字本身的负面作用很低。可以从三个方面来分析。

一是“贸易赤字”与“外资流入”共同优化国际分工和美国投资环境。美国贸易赤字和外资流入二者数额都比较巨大而且成对称镜像趋势。一国巨额的经常项目赤字的可持续性必然伴随巨额的资金流入。实际上美国国际直接投资和间接投资的流入远远超过其投资的流出，净资本流入完全可以弥补国际贸易逆差，这也是美国可以长期承受巨额贸易逆差的原因。

二是“贸易赤字”与“美元汇率”共同催迫微观结构调整。在传统的国际经济模型中，汇率是由商品服务的进出口来决定的。当经常账户赤字太大，本国货币就会贬值，从而刺激出口和减少进口直到经常账户再次达到平衡。但在经济全球化下，汇率不再取决于商品服务的进出口，而是取决于资本流动。资本流动往往先于贸易流动，从而导致“(货币）资产市场模型”取代“贸易平衡模型”。美国贸易赤字的扩大长期伴随着外资大量流入，并导致美元升值。对美国企业来说，会因此面临巨大的进口替代压力。不过，美国的“政策组合”已经成功地将这个双重压力利导到优化产业结构之上。

三是“贸易赤字”与“汇率走势”共同维持宏观经济增长态势。在全球金融风暴之中，利用其他国家货币相对美元大幅度贬值，通过扩大贸易逆差、用升值的美元大量地吞进当地廉价的资产和产品，是美国配置全球资源的大好时机。从这些国家进口的廉价品大幅度增加，有力地降低了美国消费品价格，缓解了美国的通货膨胀，支撑新经济继续走强。而贸易赤字国际融资的结果又是外国人在美国的金融资产的增长。这无异于既给美国优惠价格，又为美国经济输血。

# 导言

国际贸易理论是开放条件下的微观经济学，围绕着国际贸易产生的原因、结构的形成和利益的分配这三个基本问题展开分析。

国际贸易原因要说明：一国为什么要参与国际贸易，它的动力是什么？国际贸易结构要回答：国际贸易的生产结构或分工结构是什么？从而回答一国在国际贸易中所出口或进口的商品结构是什么？国际贸易的利益分配要回答：国际贸易能否给参加国带来经济利益。本章主要讨论古典国际贸易理论、新古典贸易理论、新国际贸易理论，特别是产业内贸易理论和国家竞争优势理论。

- 国际贸易（微观）
  - 贸易理论
    - 贸易基础
    - 贸易结构
    - 贸易利益分配
  - 政策措施
    - 贸易政策
    - 贸易政策的福利影响
    - 贸易保护主义理论

# 7.1 古典国际贸易理论

## 7.1.1 重商主义

在 15 世纪末 16 世纪初的资本主义原始积累时期，出现了重商主义（Mercantilism）的国际贸易观点，重商主义核心是追求贸易顺差。重商主义认为，财富的唯一形式即金银，金银的多少是衡量一国富裕程度的唯一尺度，而获得金银的主要渠道就是国际贸易。按照这一理论，一国应该使自己在国际贸易中处于出超的地位，因此必须限制进口并补贴出口来获得顺差，使金银流入，国家就会富裕。

晚期重商主义的代表人物是英国的托马斯·孟，该理论与早期理论没有本质区别，但是它不强调对每个国家、每笔交易都保持顺差，不主张限制金银输出，晚期的重商主义重视的是长期和总体上的贸易顺差，他们认为，一定时期的贸易逆差可以被允许，只要最终的贸易结果是顺差即可。这种思想被称为贸易平衡论。晚期的重商主义强调“货币产生贸易，贸易增加货币”，所以这一理论又称为“贸易差额论”。

**人物小传**

### 托马斯·孟

托马斯·孟（Thomas Munn，1571—1641）是最有影响力的重商主义者。和大多数重商主义者一样，他并不是以经济学为生的专业学者，而是一位成功的商人。他对经济问题的认识更多地来自实践，而不是书本。他在1630年左右纂写《英国得自对外贸易的财富》是重商主义的经典之作，在他死后由他的儿子于1664年出版。该书产生了巨大的影响，多次再版，最后一版在1775年出版。

亚当·斯密说：“孟的书的题目不但在英国而且在其他商业国家的政治经济学中成了一个基本公理。”它完全表达了那个时代的精神，那个时代被要求经济扩张和政治权力的迫切愿望占据着，并且经常二者合一。托马斯·孟所倡导的贸易差额论不仅在当时家喻户晓，而且对后人产生了深远的影响，比如凯恩斯就非常钦佩重商主义的思想，他的理论主张也被称为新重商主义。

对重商主义的评价：重商主义的局限性在于他们认为国际贸易是一种“零和游戏（zero-sum game）”，你得必然是我失，奖出限入是其必然结果，各个国家运用重商主义理论管理国际贸易的结果将导致国际贸易的萎缩。

## 7.1.2 自由贸易理论

自由贸易理论产生于 18 世纪中叶，是在批判重商主义的基础上以比较成本理论为基础发展起来的，主要包括亚当·斯密的绝对优势理论和大卫·李嘉图的比较优势理论（theory of absolute advantage）。

### 绝对优势理论

英国经济学家亚当·斯密（Adam Smith）是第一个论证国际贸易是“正和游戏（positive-sum game）”而非“零和游戏”的学者。亚当·斯密在在1776年出版的《国民财富的性质和原因的研究》（简称《国富论》）一书中指出，国际贸易可以使贸易双方都增加财富。这是因为国际贸易可以通过市场的拓展，将社会分工由国内延伸到国外。从国内分工到国际分工，意味着专业化程度和劳动生产率的提高，最终将促进实际收入意义上的财富增加。

亚当·斯密用**绝对优势**（Theory of Absolute Advantage）概念来解释国际贸易的基础。他认为，当一国相对于另一国在某种产品的生产上有绝对优势，但在另一种产品生产上有绝对劣势，那么两国可以专门生产自己有绝对优势的产品，并用其中一部分来交换其有绝对劣势的产品。这样，生产效率大大提高、资源得到有效利用、两种产品的产出都会增加，增加的产出可用来测度两国分工及贸易所带来的利益，适当地分配这种利益就可以使两国都受益。这就是绝对优势理论。

举一个关于绝对优势的例子。表7.1表明，1小时的劳动在A国可以生产6蒲式耳的小麦，但在B国只能生产1蒲式耳小麦；另一方面，1小时劳动在A国可以生产4码布，在B国可以生产5码布。因此，在小麦生产上，A国有绝对优势，而在布匹生产上，B国有绝对优势。按照斯密的分工原则，A国可专门生产小麦，B国可专门生产布匹，然后通过贸易交换产品。

表7.1 **绝对优势**

| | A国 | B国 |
|---|---|---|
| 小麦(蒲式耳/劳动小时) | 6 | 1 |
| 布匹(码/劳动小时) | 4 | 5 |

假定A、B两国各有2劳动小时，可分别生产6蒲式耳小麦、4码布和1蒲式耳小麦、5码布，世界总产出为7蒲式耳小麦和9码布。现在A、B两国开展专业分工，A国可生产12蒲式耳小麦，B国可生产10码布。如果A国用6蒲式耳小麦去交换B国的5码布，A国就可以得到5码布，B国则可获得6蒲式耳小麦，两国拥有的产品数量都比以前增加了。这说明，在资源消耗不变的情况下，世界总产出增加了，两国也可以从分工和交换中得到更多可供消费的产品。由此可见，通过分工与贸易就可实现双赢。

斯密在生产分工理论的基础上提出了国际贸易的绝对优势理论，他的主要观点：

- □ 财富并不由货币或金银构成，而由货币所购各物构成；
- □ 重商主义所主张的奖出限入政策是错误的；
- □ 一国从贸易中获得利益的大小不取决于贸易差额；

□ 国际贸易不是零和博弈，而是“双赢”。

绝对优势理论的主要贡献：

□ 分工可以提高劳动生产率；
□ 分工的原则是绝对优势；
□ 国际分工的基础是有利的自然禀赋和后天条件。

斯密指出国际贸易的基础，在于各国商品之间存在劳动生产率和生产成本的绝对差异，而这种差异来源于自然禀赋和后天的生产条件。亚当·斯密认为在国际分工中，每个国家应该专门生产自己具有绝对优势的产品，并用其中一部分交换其具有绝对劣势的产品，这样就会使各国的资源得到最有效率的利用，更好地促进分工和交换，使每个国家都获得最大利益。

对绝对优势理论的评价：亚当·斯密的绝对优势理论首次明确地肯定了国际贸易可以为参与双方带来经济上的利益，该理论解释和论证了国际贸易的基础和好处——它并不是一个“零和游戏”，而是可以实现贸易双方的“双赢”，并优化资源配置。但是，亚当·斯密的贸易理论所主张的互惠贸易前提条件、绝对优势理论的假定包括：两个国家；一种或两种生产要素；增加生产某产品的机会成本不变；生产要素在本国的各部门间自由流动，而在各国之间不能自由流动等。这些前提条件过于苛刻，尚不具有一般性。另外该理论只能解释现实中的部分国际贸易现象，而不能解释现实中还存在的当一个国家在所有生产部门都处于绝对劣势的情况下，是否还可以开展互惠贸易的情况，即绝对优势理论无法解释绝对先进和绝对落后国家之间的贸易。后来李嘉图提出的比较优势贸易学说，从理论上解答了这一问题。

### 人物小传

## 亚当·斯密

亚当·斯密（1723—1790）是经济学的主要创立者，1723年出生在苏格兰。1723—1740年间，亚当·斯密在格拉斯哥大学完成拉丁语、希腊语、数学和伦理学等课程；1740—1746年间，赴牛津大学求学。1748年受聘于爱丁堡大学，讲授修辞学、文学。1751年受聘于格拉斯哥大学担任逻辑学和道德哲学教授。1764年，斯密以私人教师身份跟随布克列公爵赴欧洲大陆旅行，结识重农学派的主要代表人魁奈和杜尔哥等人，深受影响。1768年开始着手著述《国家财富的性质和原因的研究》（简称《国富论》），1776年3月出版。《国富论》首先对如何进行贸易才能有效地积累财富和发展经济提出完整的命题，其政策代表英国新兴资产阶级的利益和要求，主张国际间实现自由贸易。该书引起大众广泛的讨论，影响英国本地、欧洲大陆和美洲，因此世人尊称亚当·斯密为“现代经济学之父”和“自由企业的守护神”。

### 比较优势理论

鉴于绝对优势理论的局限性，英国古典经济学家大卫·李嘉图（David Ricardo）在1817年出版的《政治经济学及赋税原理》中提出国际贸易的基础并不限于劳动生产率的绝对差异；只要两国之间存在着劳动生产率的相对差异，就会出现生产成本和产品价格的相对差异，从而使两国在不同的产品上具有比较优势，使互利的国际分工和国际贸易成为可能。以此思想为核心，他提出了著名的比较优势理论（Theory of Comparative Advantage）。

比较优势理论遵循“两优取其重，两劣取其轻”的原则，认为国家间技术水平的相对差异导致的比较成本的差异是构成国际贸易的原因，也决定着国际贸易的模式。李嘉图强调比较优势的决定因素是劳动生产率差异，认为各国之间只要相对劳动生产率水平不一致，就存在比较利益和相互贸易的动机。

*比较优势理论的假设*

（1）有1种劳动生产要素、2种商品以及2个规模既定的国家；

（2）两国两种产品的生产函数相同，消费者偏好相同；

（3）国内劳动要素具有同质性；

（4）劳动要素可以在两个生产部门间自由流动，但不能跨国流动；

（5）贸易是自由的，并且不考虑运输成本等任何贸易费用；

（6）规模收益不变，商品与劳动市场都是完全竞争的。

这一模型也就是所谓的2×2×1模型（两个国家、两种产品、一种要素）。由于劳动是唯一生产要素，且规模收益不变，所以两国间生产技术差异就表现为两国劳动生产率的差异。因此，李嘉图的比较优势理论实际上是从技术差异角度来解释国际贸易发生的原因。

*比较优势理论的内容*

比较优势理论认为，即使一国在两种产品的生产上与另一国相比均处于劣势（即不存在绝对优势产品），仍有可能进行互惠贸易。一个国家可以专门生产并出口它的绝对劣势相对较小的产品（或称比较优势产品），同时进口其绝对劣势相对较大的产品（或称比较劣势产品）。

我们可以通过表7.2、表7.3和表7.4来解释比较优势理论。

**表7.2 比较优势分析（分工前的生产情况）**

| | A国 | B国 | 合 计 |
|---|---|---|---|
| 小麦(10蒲式耳) | 1(劳动小时) | 6(劳动小时) | 20蒲式耳 |
| 布匹(1码) | 2(劳动小时) | 4(劳动小时) | 2码 |

从表7.2可以看出，无论在小麦还是布匹的生产上，B国都处于绝对劣势。然而，B国生产小麦的劳动生产率只有A国的1/6，而生产布匹的劳动生产率是A国的1/2，因此B国在布匹的生产上有相对优势。另一方面，A国在小麦和布

匹的生产上都有绝对优势，但是，生产小麦的绝对优势要大于生产布匹的绝对优势，因此 A 国在小麦的生产上有比较优势。根据比较优势理论，如果 A 国专门生产小麦并出口一部分小麦来换取 B 国的布匹，B 国专门生产布匹并出口一部分布匹来换取 A 国的小麦，则两国都可以获益。请看表 7. 3。

**表 7. 3　比较优势分析（分工后、交换前的生产情况）**

| | A 国 | B 国 | 合　计 |
|---|---|---|---|
| 小麦(10 蒲式耳) | 3(劳动小时) | 0 | 30 蒲式耳 |
| 布匹(1 码) | 0 | 10(劳动小时) | 2. 5 码 |

可见，在劳动投入总量不变的情况下，小麦产出增加 10 蒲式耳，布匹产量增加 0. 5 码，国际分工使劳动生产率提高，世界总产出增加了。

假定 A 国用 10 蒲式耳小麦来交换 B 国的 1 码布匹，那么交换后两国两种产品的消费情况如表 7. 4。

**表 7. 4　比较优势分析（交换后两国的消费情况）**

| | A 国 | B 国 |
|---|---|---|
| 小麦(蒲式耳) | 20 | 10 |
| 布匹(码) | 1 | 1. 5 |

交换后，A 国在布匹消费数量不变的情况下，可以多消费 10 蒲式耳的小麦，而 B 国在小麦消费数量不变的情况下，可以多消费 0. 5 码的布匹，两国都从国际分工和国际贸易中得到了好处。

对比较优势理论的评价：大卫 · 李嘉图的比较优势理论把国际分工和交换的领域扩展到了各种类型的、经济发展水平各异国家的更广泛的范围，从而论证了国际分工和贸易的普遍适用性和合理性。

## 人物小传

### 大卫·李嘉图

大卫·李嘉图是英国资产阶级古典政治经济学的杰出代表和完成者。他生于英国犹太资产阶级家庭。14岁就结束正规教育到父亲的交易所从事证券交易。20岁与异教徒女子普利斯娜恋爱，遭到父亲坚决反对后脱离家庭关系。1793年与普利斯娜结婚，独立经营交易所，1797年在年仅25岁时即成为大富翁。之后李嘉图将精力转向研究自然科学，1799年他读了亚当·斯密的《国富论》后引发对经济学的兴趣，并于1817年出版《政治经济学及赋税原理》，被誉为继斯密《国富论》之后最重要的经济学巨著。1819年他被选为下院议员，代表新兴资产阶级利益提倡自由贸易、反对谷物法，主张修改选举法。

### 7.1.3 保护贸易理论

1841 年，德国经济学家弗里德里希·李斯特（Friedrich List）在《政治经济学的国民体系》中提出基于国家主义的贸易保护政策理论，指出保护制度要与国家工业的发展程度相适应，又称幼稚产业保护论。与重商主义不同的是，他从保护生产力的高度把贸易和国家经济发展结合起来，形成以国家主义为基调的贸易保护理论，在实施贸易保护政策方面也更加客观实际。

## 7.2 新古典国际贸易理论

19 世纪末 20 世纪初，新古典经济学逐渐形成，在新古典经济学框架下对国际贸易进行分析的新古典贸易理论也随之产生。

### 7.2.1 要素禀赋理论

1919 年，瑞典经济学家埃利·赫克歇尔提出了要素禀赋理论（Theory of Factor Endowment）的基本观点，指出产生比较优势差异必备的两个条件。1930 年代，这一论点被他的学生伯尔蒂尔·俄林所充实论证，其代表作《地区间贸易与国际贸易》进一步发展了生产要素禀赋理论，因而这一理论又称为 H—O 理论。

在赫克歇尔和俄林的模型中，劳动不再是唯一的投入，但生产的规模报酬仍然不变。与古典贸易模型的单要素投入不同，H—O 模型以比较优势为贸易基础并有所发展，在两种或两种以上生产要素框架下分析产品的生产成本，用总体均衡的方法探讨国际贸易与要素变动的相互影响。

根据 H—O 模型，在两国技术水平相等的前提下，产生比较成本的差异有两个原因：一是两国间的要素充裕度不同；二是商品生产的要素密集度不同。各国应该集中生产并出口那些充分利用本国充裕要素的产品，以换取那些密集使用其稀缺要素的产品。这样的贸易模式使参与国的福利都得到改善。另外，商品流动可以代替生产要素流动，从而使得各国生产要素的价格趋于均等化。

20 世纪 40 年代，萨缪尔森（Palua A Samuelson）用数学方式演绎了 H—O 模型，指出国际贸易对各国收入差距的影响，将必然使不同国家间生产要素相对价格和绝对价格均等化，这也称为生产要素价格均等化定理或 H—O—S 定理（赫克歇尔—俄林—萨缪尔森模型）。这一定理潜在地认为，在没有要素跨国流动的条件下，仅通过商品的自由贸易也能实现世界范围内生产和资源的有效配置。

### 7.2.2 里昂惕夫悖论

按照 H—O 理论，美国是一个资本丰裕而劳动力相对稀缺的国家，其对外贸易结构应该是出口资本、技术密集型产品，进口劳动密集型产品。但是该原理能否得到统计上的验证呢？

人物小传

## 埃利·赫克歇尔和伯尔蒂尔·俄林

埃利·赫克歇尔（Eil Heckscher，1879—1955）是瑞典著名的经济学家、经济历史学家，乌普萨拉大学的哲学博士。曾任斯德哥尔摩商学院经济统计学教授和斯德哥尔摩学院经济史教授。赫克歇尔绝大部分学术生涯致力于经济史研究，生产要素禀赋理论就是他潜心研究瑞典及各国经济史而逐渐形成的。主要代表作有《大陆系统：一个经济学的解释》、《瑞典经济史》等。

伯尔蒂尔·俄林（Beltil G Ohlin，1899—1979）是瑞典著名的经济学家和政治学家，当代瑞典学派的奠基人和主要代表人。他在斯德哥尔摩商学院师从赫克歇尔，曾任斯德哥尔摩商学院教授、二战期间瑞典商务大臣，1969—1975年担任诺贝尔经济学奖委员会主席。主要经济著作有《地区贸易与国际贸易》（1933）（瑞典皇家科学院认为该研究奠定俄林现代国际贸易理论的创始人的地位）、《国际经济重建》（1936）、《经济活动的国际布局》(1977) 等。

20世纪50年代初，美国经济学家里昂惕夫（Wassily Leontief）根据H—O理论，在1953年所著的《国内生产和对外贸易：美国资本现状再考察》一文中用美国1947年200个行业的统计数据对其进出口贸易结构进行分析，结果却得出了与H—O理论完全相反的结论，这一难题称为里昂惕夫悖论。里昂惕夫将生产要素分为资本和劳动力两种，然后选出具有代表性的一揽子出口产品和在美国生产的进口产品，再计算出生产每百万美元的出口品和进口替代品使用的资本和劳动力的比例，从而得到美国进出口商品中的资本和劳动力的密集程度。美国出口品的资本密集程度为14 015，小于美国进口品的资本密集程度18 184，出口品资本密集程度仅仅为进口的77%。

里昂惕夫悖论虽没有形成系统的理论观点，但它对原有国际分工和贸易理论提出了严峻的挑战，引发了对国际贸易主流思想的反思，推动了二战后新的国际贸易理论的诞生。西方大量的经济学家进行验证和研究的结果是有时与H—O理论吻合，有时又存在昂惕夫悖论。如加拿大经济学家瓦尔对加拿大贸易构成统计验证后发现加拿大作为资本短缺国家出口的却是资本密集型产品，存在里昂惕夫悖论。印度经济学家巴哈尔德尔研究印度贸易构成，发现印度出口劳动密集型产品、进口资本密集型产品，与H—O理论吻合。但是印度在与美国贸易中又存在里昂惕夫悖论。

*新古典贸易理论小结*：新古典国际贸易理论是放松了古典贸易理论各个假定前提后所形成的国际贸易理论。

第一，古典贸易理论中只包含两个国家、两种产品。新古典贸易理论学者提出在多种产品生产的条件下，每个国家总是可以出口其中一部分自己有比较成本优势的商品，而进口另外一部分本国有比较劣势的产品。这一分析没有改变古典国际贸易理论的基本原理，但是推进了古典贸易理论的使用范围。

第二，古典贸易理论假定各国只使用一种或两种生产要素生产产品，现实生产中，人们使用的生产要素不只两种。新古典贸易理论学者指出在多种生产要素下，同样可以依据两种生产要素的分析方法将多种要素下生产的多种产品按照产品的相对价格比进行排列，得出要素禀赋在产品价格上比较优势的基本结论。

第三，古典贸易理论假定，当各国为了实现专业化分工，生产要素从一个部门转向另一个部门时，其机会成本不会发生变化。基于这一假定，各国的贸易结构表现为完全专业化的国际分工。但是在现实中，资源稀缺性将导致机会成本递增，结果是本国的生产不能达到完全专业化。因而其结论更接近于解释国际贸易结构的某种现实情况，即在现实的贸易中很少存在一国专门一种产品的情形。

第四，古典贸易的分析是建立在静态分析分析的基础上的。而从动态的角度看，一国各种生产要素总量、劳动力的总量、资本存量等要素都将发生变化，从而按照赫克歇尔—俄林模型的结论，该国的贸易结构和在国际分工中的地位都会发生变化。

## 7.3 国际贸易的当代理论——新贸易理论

绝对优势理论、相对优势理论以及要素禀赋理论在解释现实中的某些贸易形态上相当成功，并在较长时期内构成了国际分工与贸易理论的主流。但是随着时间的发展，传统的贸易理论已不能解释许多重要的贸易现象，如20世纪60年代以后，世界贸易绝大部分是在偏好、技术和要素禀赋都比较相似的发达国家之间进行。20世纪40年代兴起的产业组织理论主要以不完全竞争市场结构为考察对象，分析市场结构、厂商行为和市场绩效三者之间的因果关系。20世纪70年代中期，产业组织理论出现了一次大的突破，特别是博弈论方法被引入到产业组织理论研究之后，对不完全竞争市场结构下（主要是寡头市场）厂商行为的研究取得了巨大成功，大大丰富了经济学的理论基础。

在这种背景下，西方国际贸易理论出现了多元化的趋势，涌现了诸如新要素贸易理论、产业内贸易理论等各具特色的解释框架，大大深化了人们对国际分工、贸易和竞争的理解。美国哈佛商学院的迈克尔·波特（Michael Porter）1990年出版了《国家竞争优势》一书，书中提出的“国家竞争优势”理论（也称“波特钻石理论”），发展了传统比较优势理论，实现了从比较优势到竞争优势的飞跃。

### 7.3.1 产业内贸易理论（Intra-industry Trade Theory）

产业内贸易是与产业间贸易相对而言的。传统产业间贸易（inter-industry trade）是各国以部门之间生产专业化为基础的商品交换。而产业内贸易（intra-industry trade）指各国以产业内生产专业化为基础的商品交换，这种交换是在产业结构相同、消费结构相似的工业国家进行的交换。

产业内贸易理论又称差异化产品理论，以不完全竞争市场和规模经济为前提，以产品差异论、偏好相似论和规模经济三个理论来解释产业内贸易产生的原因。20 世纪 70 年代，格鲁贝尔和劳埃德等人开创产业内贸易理论研究，20 世纪 80 年代初美国经济学家克鲁格曼进一步推动这一理论的发展。由于产业内贸易规模的不断扩大，80 年代中期，产业内贸易理论研究进入高峰期，学者们提出许多产业内贸易一般均衡模型，其中包括同质产品的产业内贸易模型、水平差异产品的产业内贸易模型、垂直差异产品的产业内贸易模型。这些研究分别从不同角度解释了三种不同类型的产业内贸易现象，并且分析产业内贸易的利益来源。

### 同质产品的产业内贸易模型

同质产品的产业内贸易指两国之间发生具有完全替代性的同质产品的双向贸易现象。

对同质产品产业内贸易的解释源于格鲁贝尔和劳埃德。布兰德和克鲁格曼（1983）通过假定有两家企业，即本国企业和外国企业，它们生产完全相同的产品，存在运输成本，并且每一企业的产出决策以假定另一企业产出不变为前提，系统地阐述在寡头垄断市场模式下，当市场存在分割时，即使两国特征、生产函数和消费函数均相同，寡头垄断企业也可以通过在对方市场进行产品倾销，从而发生同质产品的产业内贸易现象。

这说明对于同质产品而言，即使不存在产品成本差别、要素禀赋及消费者偏好差异，也会由于企业的销售策略而发生产业内贸易现象。他们指出这并不意味着对社会资源无谓的浪费，因为损失的仅是运输成本，但竞争带来的社会效益可能远大于此。双头垄断比垄断对社会造成的扭曲要小。布兰德和克鲁格曼进一步证明，在市场分割的假设下，每一个企业针对不同的国家，有若干个彼此没有联系的市场，对其中一个市场所作的决定，不会影响到其他市场。寡头垄断厂商以低于国内的价格将产品销售到国外市场，尽管在国外的销售价格更低，但是只要有利润可赚，就比在国外没有销售要好，厂商在意的是总利润水平。同样的道理，其他国家的厂商也会采取同样的做法，把产品销售到本国的市场。这样，相互倾销就出现了。由于相互倾销的产品一般是同质的工业品，所以这个模型很好地解释了产业内贸易的一个原因。

### 水平性差异产品的产业内贸易模型

水平差异产品的产业内贸易（H-IIT）指两国进行双向贸易的产品为同一种类但属性不同的水平差异产品，发生在经济技术水平相似国家之间。对于水平差异产品，消费者对可选择产品的偏好依据消费者个人而异，不存在所有消费者均认同的产品排序，因此需要对消费者偏好进行新的假定。在水平差异社会中，总体上不可能保持对商品的不变排列。在其他条件不变的情况下，效用水平在一个人消费数量增长时提高。

水平性产业内贸易对各贸易国的利益主要表现为：可以为消费者提供更多的

可选择的产品，提高消费者的效用，以及促进技术进步和各国特色产品的国际营销。在具有水平性差异的产品存在的情况下，商品异质性和规模经济构成了产业内贸易产生的主要理论框架，从供给上看，规模经济的存在使参与国际贸易的产业通常都是处在垄断竞争的条件下，因而形成同类产品的异质性；从需求上来看，消费者偏好也同样具有多样性，需求具有差异性的产品，且消费层次结构存在重叠现象。

水平性产业内贸易理论代表人物主要有：迪克西特与斯蒂格利茨、凯尔文·兰卡斯特、张伯伦、霍太林、克鲁格曼、维纳布尔斯等。

**兰卡斯特模型**

凯尔文·兰卡斯特（K. Lancaster）1980 年在《国际经济学杂志》上发表《完全垄断竞争下的产业内贸易商》一文。兰卡斯特模型假定厂商可以自由进入和退出、消费者相同密度偏好、一样成本函数来保证长期均衡中实际生产的产品品种会均匀分布，而且每一品种的生产数量和销售价格都相同，每一个厂商获得正常的利润，即价格等于平均成本。兰卡斯特把这种情况称之为“完全垄断竞争”。

兰卡斯特模型是基于简单的水平差异产品的产业内贸易模型，是以产品差异特性和消费者偏好的唯一占优选择性为基础解释两国贸易。*产品差异论*指产品的质量、性能、规格、品牌、装潢等方面不同，或者是在其中某一方面有细微差别而形成的产品系列。产品产自不同国家，每样产品在各国都有需求，各国对同种产品产生相互需求，从而产生产业内贸易。如美国的小汽车以华丽、耐用为特点；日本的小汽车以轻巧、节能为特色。于是一种产品就会因这种异质性使两国同时出口又进口。*偏好相似论*认为人均收入水平决定一国需求结构，两国需求偏好越相似，两国间进行贸易的可能就越大。兰卡斯特认为，在具有相同特点的经济体之间，如果不存在贸易壁垒和运输成本，在规模收益最大化和消费偏好差异的影响下，两个经济体间仍能进行产业内分工和贸易。

**新张伯伦模型**

美国经济学家保罗·克鲁格曼（Paul Krugman）建立“规模经济贸易学说”。1978 年，克鲁格曼在博士论文《收益递增、垄断竞争与国际贸易》中首次将迪克西特（Dixit）和斯蒂格利茨（Stiglitz）提出的将差异产品和内部规模经济考虑在内的垄断竞争模型推广到开放条件下，创立新张伯伦模型。

该模型证明当市场结构从完全竞争变为不完全竞争，达到规模报酬递增阶段的时候，即使两国间没有技术和要素禀赋差异，产品水平差异性和规模经济也可推动国际贸易，增加两国的福利。该模型首次证明*规模经济*是国际贸易的另一起因，以及*差异性产品*决定贸易形态为产业内贸易。这一理论以企业生产中的规模经济和世界市场的不完全竞争为基础解释战后增长迅速的工业国之间和相同产业之间的贸易。

规模经济贸易理论的发展建立在两个与以往理论不同的假设上：（1）企业生

产具有规模经济；(2) 国际市场竞争是不完全的。具体讲，在规模经济和垄断竞争的条件下，企业的长期平均成本随着产量增加而下降，企业面对的是市场需求曲线，市场需求量会随着价格的下跌而增加。在参与国际贸易以前，企业所面向的只是国内的需求。由于国内市场需求有限，企业不能生产太多，从而使生产成本和产品价格不得不保持在较高的水平上。如果企业参与国际贸易，产品所面临的市场就会扩大，国内需求加上国外需求，企业生产就可以增加。由于生产处于规模经济阶段，产量的增加反而使产品的平均成本降低，从而在国际市场上增加了竞争能力。由于工业产品的多样性，任何一国都不可能囊括一行业的全部产品，从而使国际分工和贸易成为必然。但具体哪一国集中生产哪一种产品，则没有固定的模式，既可以自然（竞争）产生，也可以协议分工。但这种发达国家之间工业产品"双向贸易"的基础是规模经济，而不是技术不同或资源配置不同所产生的比较优势。

**战略性贸易政策理论**（Strategic Trade Theory）

1984 年，保罗·克鲁格曼在《美国经济学评论》上发表题为《工业国家间贸易新理论》的论文。克鲁格曼认为，传统的国际贸易理论都是建立在完全竞争市场结构的分析框架基础上的，因而不能解释全部的国际贸易现象，尤其难以解释工业制成品贸易。1985 年，克鲁格曼在其与赫尔普曼（E. Helpman）合著的《市场结构与对外贸易》一书中，运用垄断竞争理论对产业内贸易问题进行系统分析和阐释，并建立以规模经济和产品差别化为基础的不完全竞争贸易理论模型，被国际经济学界称之为战略贸易理论。

战略贸易理论认为，在不完全竞争的现实社会中，在规模收益递增的情况下，要提高产业或企业在国际市场上的竞争能力，必须首先扩大生产规模，取得规模效益。而要扩大生产规模，仅靠企业自身的积累一般非常困难，对于经济落后的国家来说更是如此。对此，最有效的办法就是政府应选择发展前途好且外部效应大的产业加以保护和扶持，使其迅速扩大生产规模、降低生产成本、凸现贸易优势、提高竞争能力。战略贸易理论建立在不完全竞争贸易理论的基础上，为国家进一步干预贸易活动提供了理论依据。

### 垂直性差异产品的产业内贸易模型

垂直性产业内贸易（V-IIT）是指不同国家在生产有关联的产品或中间产品上的产业分工和贸易，这种贸易是通过处于某一生产阶段一国企业输入零件或中间产品，进行加工后输出来实现。垂直性产业内贸易主要发生在经济技术水平差异较大的国家之间。

对于垂直差异产品，可以假定消费者能够根据产品质量将可供选择的产品进行排序。在垂直差异存在的情况下，所有人都会同意某一式样比所有其他式样都要好，只是由于收入等的限制，不能选择。

垂直性产业内贸易主要由要素禀赋差异等原因引起，值得注意的是垂直差异

**现场观察 7-1**

## 战略性贸易政策及其运用案例

运用贸易和产业政策可以形成有利于自己的分工格局的这一认识最早出现在欧洲共同体国家。由于意识到自身与美国的技术差距和竞争关系，当时的欧洲共同体国家运用产业政策试图改变旧有分工格局，形成对本国有利的贸易格局。如政府出面主持和协调研究和开发项目，运用公共基金对研究和开发项目进行补贴。此外还运用税收信贷、政府采购等多种方式对这些创新活动进行支持。据统计，2000年欧盟的R&D投入占到GDP的1.65%（包括政府补贴和企业自有资金的投入）。其中瑞典（3.72%）、芬兰（2.89%）和德国（2.30%）分别位居前三位。

美国历来都是自由贸易的积极倡导者。但在一些领域中，如对农业技术进步、国防和国家安全导向技术的研究开发以及新兴产业的建立与发展中，美国政府确实发挥着主导作用。而超级“301”条款作为改变竞争企业间战略博弈结果的手段，被认为是战略性贸易政策最为出色的运用。特别是对被称为“美国经济脊梁”、技术创新成果数量上占全美国的55%以上的中小企业的扶持，更是非常重视。美国政府先后通过了《小企业经济政策法》、《小企业创新发展法》等一系列法律法规，推动中小企业的技术创新活动。并组织实施了SBIR（小企业创新研究计划）、ATP（先进技术计划）等一系列项目计划，支持中小企业风险贡献大的高科技项目，帮助它们把研究开发的成果商品化。

在亚洲，一个比较著名的例子则是日本政府对产业和贸易政策的运用直接导致了本国当时较为落后的半导体产业赶上并超越了原来的领先者美国。对外国市场进入限制和强制性技术转让，是日本半导体产业早期发展的关键。上世纪60年代到70年代初，日本政府主要通过通产省限制外国竞争者进入本国市场以及通过获得外国技术和技术诀窍，谋求建立一个有竞争力的半导体产业。第二次世界大战后，日本拒绝所有设立外国独资子公司和外国厂商拥有多数所有权的合资企业的申请，也不允许外国人购买日本半导体厂商的股票。同时政府通过高关税、限制性配额等政策限制外国产品向本国市场渗透。通过排他性的定制程序、“购买日货”的政府采购要求和“政府强制”政策，外国产品进入日本市场也受到管理。美国厂商能在种种限制条件下进入日本市场的代价是必须允许日本使用高技术和技术诀窍。通产省要求外国厂商向所有要求获得某一技术的日本企业颁发经营许可，还根据交易涉及的日本厂商是否愿意将自己的技术进展通过分许可协议扩散到其他日本厂商来决定是否允许某项交易。这些政策的结果是先进技术有控制地扩散到整个日本半导体产业。这种封闭市场的政策产生了巨大的优势，使日本厂商可能在国内达到世界规模的生产能力，然后进军外国市场。日本半导体产业建立后，政府通过为厂商提供低息长期贷款，减免税收，放松反托拉斯政策，引导国内消费市场需求等方式，促进半导体产业形成规模，发展成为了具有国际竞争优势的产业。

印度被认为是发展中国家成功利用战略性贸易政策的典范。在战略性贸易政策的指导下，印度对其软件产业实施了一系列的产业政策，使印度软件的产业化和国际化得到迅猛的发展。主要措施有：为软件产业的发展提供必要的财力支持和基础设施建设支持；对软件产业进行合理的规划和布局；重视对国际市场发展态势的研究，为有效决策提供科学依据；提供资金支持，帮助企业开辟软件出口渠道。这些政策实施的直接结果就是使印度软件产业的规模发展速度均仅次于美国而位居世界第二。

资料来源：任重，朱延福.论战略性贸易政策.开放年代.2006.11.8/www.xslx.com/htm/jjlc/sjjj/2006-11-08-20790.htm0.

的模型可以不依赖垄断竞争的条件来说明产业内贸易问题。

垂直性产业内这种产业内贸易对贸易国的利益主要表现为：通过细化产业内分工提高各国的生产效率，有助于发达国家提高其技术核心竞争力，增加发展中国家的贸易机会和就业机会以及促进技术在各国的溢出（Spillover）。

对垂直性产业内贸易首先进行研究的是福尔威（R. E. Falvey），他认为，由许多不同厂家生产质量不同的产品，而且这些产品又都没有规模效应，这时垂直性产业内贸易可能发生。在这点上，垂直性产业内贸易与经典的以要素禀赋为基础的产业间贸易有相似之处，即资本相对充裕的国家出口质量高的物品，劳动力相对充裕的国家出口质量低的物品。

## 7.3.2　国家竞争优势理论

1990 年，哈佛商学院的迈克尔·波特（Michael Porter）出版《国家竞争优势》一书，该书总结了他与同事对遍布 10 个国家的 100 个行业研究的成果。波特认为现有的国际贸易理论存在缺陷，即没有揭示为何一个国家在某个特定行业能够获得国际性的成功并进而取得垄断性的行业地位。

在国际经济和贸易竞争中，为什么有的国家成功，而有的国家却失败？波特提出的“国家竞争优势”理论（也称“波特钻石理论”，Michael Porter Diamond Model）从企业参与国际竞争这一微观角度解释国际贸易。波特认为，一国的竞争优势就是企业与行业的竞争优势，而国家竞争优势取决于四基本因素（生产要素，需求状况，关联与辅助产业，企业战略、结构和竞争企业表现）以及两项辅助因素（政府和机会）。波特根据六大要素建立了钻石模型，说明了各个因素间如何相互促进或阻碍一个国家竞争优势的形成（见图 7.1）。

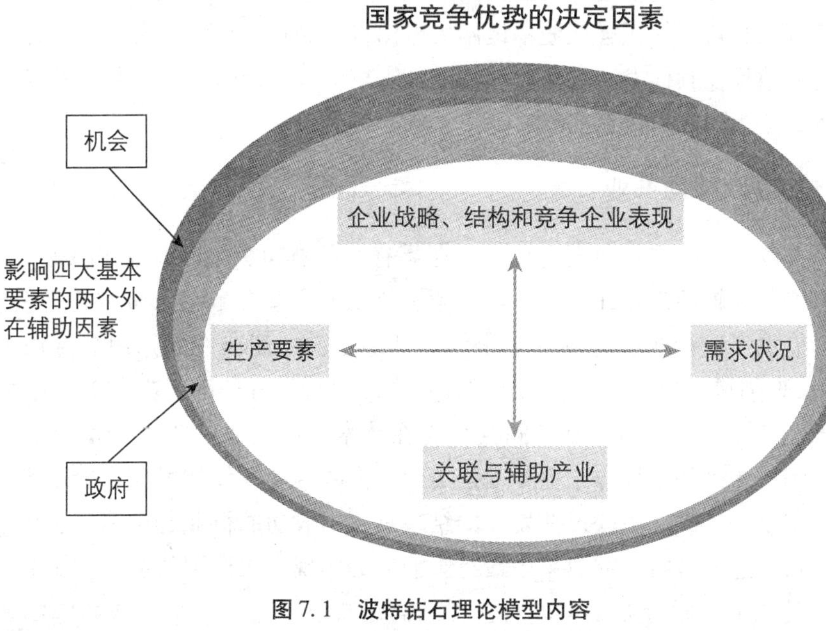


图 7.1　波特钻石理论模型内容

### 资源要素

资源要素指一个国家的生产要素状况，包括人力资源、天然资源、知识资源、资本资源、基础设施。迈克尔·波特把各种要素按等级划分成基本要素和高级要素两大类，前者包括自然资源、气候、地理位置、人口统计特征；后者包括通讯基础设施、复杂和熟练劳动力、科研设施以及专门技术知识。波特认为，高级要素对竞争优势具有更重要的作用，而且高级要素是个人、企业以及政府投资的结果。因此，政府在基础教育和高等教育的投资，通过提高人口的普通技能和知识水平，通过刺激和鼓励在高等教育与科研机构的高级研究等将极大地提高国家的高级要素质量。如日本作为一个严重缺乏可耕地和自然矿产资源的国家，通过国民教育投资创造了丰富的高级才能要素。事实上，日本拥有的庞大的工程师队伍（工程系毕业生占人口百分比大大超过美国，同德国等排世界前列），是日本在许多制造行业取得成功的关键所在。

### 需求状况

需求状况指对某个行业产品或服务的国内需求性质。波特理论十分强调国内需求在刺激和提高国家竞争优势中的作用。一般说来，企业对最接近的顾客的需求反应最敏感。因此，国内需求对塑造本国产品的特色、产生技术革新和提高质量的压力起着尤其重要的作用。波特认为，如果一国内的消费者是成熟复杂和苛刻的话，会有助于该国企业赢得国际竞争优势，因为成熟复杂和苛刻的消费者会迫使本国企业努力达到产品高质量标准和产品创新。如日本国内成熟复杂和高知识水平的照相机购买者就刺激了日本照相机工业不断改进照相机质量和不断推出革新型号。移动电话通讯设备生产工业也有同样的例子。欧洲斯堪的纳维亚地区成熟复杂和苛刻的顾客促使本地两大电信设备制造厂商——芬兰的诺基亚和瑞典的爱立信早在其他发达国家对移动电话需求形成之前就开始大规模投资移动电话技术，成为国际市场巨头。

### 关联和辅助产业

关联和辅助产业指国内是否存在具有国际竞争力的供应商和关联辅助产业。关联产业和辅助产业在高级生产要素方面投资的好处将逐步扩溢到本行业中来，从而有助于该行业取得国际竞争的有利地位。如瑞典在制造组装金属产品领域（如滚珠轴承、切割工具）的优势便依靠瑞典自身特种钢工业的技术力量。同样，瑞典制药业的发达与成功，同其早先在技术关联的染料工业的国际成就密切联系。美国先进的半导体工业技术是美国个人电脑和其他技术先进电子产品取得全球性成功的基础。关联产业发展的结果是一国成功的行业趋向聚集、形成关联产业集群，这是波特研究成果中最有影响力的发现。如德国的纺织和服装产业就是这样的一个关联行业集群。它包括从高质棉、羊毛、合成纤维、缝纫机针的生产、加工、制造，到范围广阔的纺织机械领域。

### 企业战略、结构和竞争企业的表现

企业战略、结构和竞争企业的表现指一国内支配企业创建、组织和管理的条件，以及国内竞争的本质。波特提出两个观点。第一，不同的国家有着特色各异的“管理意识形态”，这些“管理意识形态”帮助或妨碍形成一国的竞争优势。例如，在德国和日本企业中，工程师背景的人在最高管理层占据重要的支配地位。波特将此归结为这些国家企业注重加工制造过程和产品设计的原因。与此相对，在许多美国企业中，财务管理背景的人在最高管理层占据重要的支配地位。他认为，财务管理在企业中的支配性质导致了相应的对短期财务回报最大化的过分强调和追求。不同管理意识形态的后果是在工程技术为基础、加工制造过程和产品设计问题至关重要的行业中，美国企业（如汽车工业）的竞争力相对丧失。第二，一个行业中存在激烈的国内竞争与该行业保持竞争优势二者之间存在密切的联系。激烈的国内竞争引导企业努力寻求提高生产与经营效率的途径，反过来促使它们成为更好的国际竞争企业。国内竞争给企业带来创新、改进质量、降低成本、通过投资提升高级生产要素等一系列压力。这一切都有助于产生具有世界竞争力的企业。

波特将上述四方面的特质构成一个菱形，并认为当某些行业或行业内部门的菱形条件处于最佳状态时，该国企业取得成功的可能性最大。波特菱形同时还是一个互相促进增强的系统，任何一个特质的作用发挥程度取决于其他特质的状况。比如，良好的需求状况并不能导致竞争优势，除非竞争的状态（压力）已达到促使企业对其作出反应的程度。

**在四大要素之外还存在两大变数：机会和政府**，这是另外两个能够对国家菱形条件产生重要影响的变量。机会是无法控制的，政府政策的影响是不可漠视的。譬如，包括重大技术革新在内的一些机遇事件会产生某种进程中断或突变效果，从而导致原有行业结构解体与重构，给一国的企业提供排挤和取代另一国企业的机会。政府部门通过政策选择，能够削弱或增强国家竞争优势。例如，法规可以改变国内需求条件、反托拉斯政策能够影响行业内竞争的激烈程度、政府在教育领域的投资可以改变才能资源等。

### 波特钻石理论模型的政策价值

波特理论指出国家竞争优势形成的关键是优势产业的建立和创新。另外，国家竞争优势理论还系统阐述了政府在提高竞争优势中所发挥的作用。政府政策成功的关键在于为企业创造一个有利于公平竞争的外部环境。波特极力强调政府对四个组成部分中的任何一个方面都可以产生积极或消极的影响。如政府行业补贴、资金市场政策、教育政策等影响到该国资源与才能要素。政府制订国内产品标准以及规范和影响购买者需求的法规，政府可以培育和塑造国内需求及其性质。通过政策和法令，政府可以影响某个行业的关联和辅助产业。通过资金市场法规、税收政策和反托拉斯法等手段，可以影响企业之间的竞争。最后，波特的钻石模型成为理解国家或地区全球竞争地位的全新方法，现在已经成为国际商业思维中不可或缺的一部分。波特的“集群”观点或相互联系的企业、供应商、相关产业和特定地区的组织机构组成的群体，已经成为企业和政府思考经济、评估地区的竞争优势和制定公共政策的一种新方式。

**新贸易理论小结**

新贸易理论的出现，并不意味着代替传统的要素禀赋理论。首先，新贸易理论主要解释产生在发达国家之间的产业内贸易现象；而传统的要素禀赋理论则主要解释发达国家与发展中国家之间的产业间贸易。其次，新贸易理论以规模经济和不完全竞争为前提，强调产业和企业的市场结构和竞争性差异；传统的要素禀赋理论以规模收益不变和完全竞争为前提，强调国家间在要素禀赋上的差异性。因此两种观点不仅不是相互替代的关系，相反是互补性的，共同丰富和完善了国际贸易理论。

波特提出的国家竞争优势四基本因素、两辅助因素模型说明了各个因素间如何相互促进或阻碍一个国家竞争优势的形成。

## 7.4 国际贸易理论对中国的启示

2008 年中国进出口贸易总额 2.56 万亿美元，是世界第三大贸易国（仅次于美国和德国），占世界贸易总量的 7.9%。中国贸易依存度 2007 年超过 70%。但是中国对外贸易的现状不容乐观：一是出口产品的整体层次较低，主要以劳动密集型产品为主。二是在国际分工中处于不利地位，中国承担增值率不高的加工环节；而外商控制核心技术和销售渠道获取巨额利润。三是劳动密集型、低附加值的工业以及资源和能源消耗型产业加剧国内能源和环境压力。四是服务贸易发展相对滞后，已经成为外贸增长方式转变的障碍。国际贸易理论对未来中国贸易发展的启示主要集中在以下几个方面。

### 7.4.1 自由和保护之争

古典贸易理论表明保护给消费者和整个国家福利所带来的损失，保护应当限于幼稚行业。通过自由贸易，使本国企业由国内竞争转而面向国际竞争，这就迫使企业要不断改进技术，降低成本，以取得国际竞争的有利地位。从这种意义上来说，自由贸易对推动一国产业动态发展是有好处的。

新贸易理论中的产业内贸易观点表明，工业产品的多样性使得任何一个国家都不可能有足够的资源来生产、出口全部的工业产品。国际贸易的空间变得越来越大，即使在同一行业内，也可能既进口又出口，国际竞争并不局限于个别产品的得失。因此，中国没有必要去限制外国优质产品的进口，不一定非要通过保护来生产国外已占优势的产品。对外开放某些市场，并不等于国内的同类产业就不能发展。外国公司生产某些种类型号，中国企业可以集中资源生产别的或新的种类型号，并通过规模经济降低成本向国外出口。

新贸易理论中的规模经济观点提出战略性贸易保护问题。由于国际市场上的不完全竞争和规模经济的存在，如何扩大国际市场份额以扩大生产降低成本，成为企业在国际竞争中取胜的关键因素。如果政府能够正确地选择某些有发展前途并能充分发挥本国资源优势的产业，通过政策支持，帮助其达到一定生产规模的话，将有可能建立本国产业的竞争优势。不少国家曾采用过战略性贸易保护政策，如日本在战后经济发展过程中，也对许多产业有过保护。政府保护目的是希望在保护期内，让产业自身产生出一种技术外溢和自行不断壮大的能力，在短期内提高劳动生产率和竞争力；保护的时间是短暂的，保护行业是不断变动的。

## 7.4.2 产业升级和经济发展的必然路径

古典贸易理论显示发展中国家通过自由贸易能从劳动密集型行业中获得好处。但对于技术、资本密集型行业，发展中国家在自由贸易中明显处于不利地位。新贸易理论揭示当代国际市场以规模经济、垄断竞争和产业内贸易为主，为中国贸易政策提出新思路。

依据产业内贸易理论，大力发展高科技产业能促进发展中国家与发达国家之间产业内贸易（同种类差异产品之间的贸易），这是促进一国主导产业和支柱产业发展、推动一国的技术进步和产业升级的必然路径。因此如果发展中国家能在高技术、高附加值行业上增加与发达国家产业内贸易量，实质上等于缩小与发达国家的经济发展水平差距。加强与发达国家的产业内贸易对发展中国家经济腾飞起重要作用，而目前中国的贸易格局基本上还建立在以比较利益为基础的产业间贸易，这种贸易格局阻碍了中国产业结构升级，影响中国企业竞争力。

中国要想促进产业结构升级、提高国际竞争力，发展高新技术产业是关键。根据战略性贸易理论，政府实行适度保护政策，如对于高科技产业在关税和其他方面给予适度保护和扶持，将有利于抵抗外国进口产品的强大冲击，有利于产业结构的优化提高，有利于培育产业竞争优势和国家竞争优势。国家的战略性贸易性政策还能促使企业实现规模经济，降低成本，提高竞争力，并带来外部经济。因此，中国政府要转变职能，为企业、产业发展创造一个有利的竞争环境，鼓励企业竞争和创新，建立较为完善的政策体系。增加科研投入，加强科技推广，提高劳动力素质，建立信息服务体系，提供市场行情和动态，指导企业生产和出口，作好对外贸易规划。

## 本章小结

- 重商主义者以财富观为基础，推论出“奖出限入”的贸易政策。
- 亚当·斯密提出了国际贸易的绝对优势理论，首次明确肯定国际贸易可以为参与双方带来经济上的利益，是“正和游戏”。大卫·李嘉图进一步发展了亚当·斯密的理论，提出比较优势的来源是劳动生产率差异。
- 赫克歇尔提出要素禀赋差异是决定国际分工和贸易的基础的观点。俄林进一步阐述和发展要素禀赋理论。人们称要素禀赋理论为赫克歇尔—俄林理论，简称H—O理论。要素禀赋理论在国际贸易理论长期占据着主导地位，期间曾出现著名的里昂惕夫悖论和围绕解破此迷的研究而提出了不同于比较优势的新贸易理论。
- 新贸易理论的中心问题是解释产业内贸易。产业内贸易理论以不完全竞争市场和规模经济为前提，以产品差异论、偏好相似论和规模经济三个理论来解释产业内贸易产生的原因。
- 波特提出国家竞争优势四基本因素、两辅助因素的模型：生产要素，需求状况，关联和辅助产业，企业战略、结构和竞争企业表现，政府，机会都是国家竞争优势的决定因素。

**关键词和概念**

重商主义　绝对优势理论　相对优势理论　要素禀赋理论　里昂惕夫悖论　产业内贸易　新贸易理论　国家竞争优势理论

**思考题**

1. 绝对优势和比较优势理论倡导国际贸易是正和游戏，那为什么发达国家历史上要用枪炮迫使欠发达地区开放市场？为什么如今发达国家在自身不具有竞争优势的领域频频设置贸易障碍？你认为自由贸易框架中有负面影响和潜在成本吗？为什么？
2. 李嘉图和赫克歇尔—俄林理论中关于相对优势来源的解释有何不同？
3. 新贸易理论与传统贸易理论有哪些重要的不同？
4. 产业内贸易理论对构建新型国际分工体系有何重要意义？对发展中国家而言，有何政策启示？
5. 战略性贸易理论为国家干预贸易活动提供理论依据，你认为这样的国家干预与传统的贸易干预有何不同？战略性贸易理论在多国成功的实践对中国有何借鉴意义？
6. 波特钻石理论中四要素之间是如何相互联系的？请讨论四要素如何影响企业的国际商务活动以及企业竞争力？
7. 你认为所学习的国际贸易理论对中国企业开展国际竞争有何意义？

## 结尾案例

### 案例7－1　当代国际贸易发展的新趋势[2]

按照亚当·斯密、大卫·李嘉图和赫克歇尔、俄林的理论，一国与另一国发生国际贸易的动因，主要是各国拥有的生产成本和资源禀赋不同。然而，20世纪90年代以来，知识经济初露端倪，知识总量、人才素质和科技实力将代替资本成为竞争的根本要素，以自然资源为中心的国际分工体系逐渐被以知识和技术为中心的国际分工体系所代替。

**国际贸易交易对象高级化**。首先，国际技术贸易在国际贸易的构成中发展十分迅速。据统计，1993年以来，主要工业化国家高新技术产品出口增长均高于全部出口的增长速度，1975—1985年10年间，美、德、英、法、日五国高新技术出口额平均增长了73.1%，而1985—1995年，高新技术出口额增长了353%，是前10年的5倍。其次，国际贸易商品结构日益高级化。高科技产业产品在制造产业产品出口贸易的份额日益上升。

**国际贸易交易市场垄断化**。跨国公司垄断了国际技术创新的70%～80%和国际技术贸易的90%，全球500家大型跨国公司的总产值已占全球总产值的45%，全球5.3万家跨国公司内部和相互贸易占世界贸易总额的60%以上。跨国公司对内进行经济结构的升级和技术的大规模更新，对外竭力维护其市场份额，并努力开拓新市场。在未来的国际贸易中跨国公司的垄断地位将进一步得到加强。

**国际贸易利益分配两极化**。因为发达国家和发展中国家在知识经济的发展过程所处的地位不同，所以在国际贸易利益分配格局中，两极化的趋势将进一步明显，即所谓“中心—外围化”趋势。目前，发达国家与发展中国家在国际贸易利益分配中的“中心－外围”的地位并没有发生改变。在国际技术贸易中，发达国家占80%，其中美、英、德、法、日占发达国家技术贸易总额的90%以上，仅美国就占了世界技术贸易总额的1/3，而且全球技术贸易的85%在发达国家之间进行。未来发达国家“中心化”和发展中国家“边缘化”、“外围化”的趋势将进一步加剧。

**国际经济协调贸易化**。随着知识经济的发展，特别是近年来电子通讯产业的快速发展和网络贸易的兴起，国际贸易商品结构发生了很大的变化，国际经济协调的重点日益侧重贸易领域。与此同时，国际贸易所关注的问题也从自然资源转向了知识资源，从自然资源密集型产品、资本密集型产品转向了知识密集型产品，国际贸易协调的范围和重点也转移到以服务业、电信业、知识产权为代表的知识经济领域。

**讨论和在线学习问题：**

1. 你认为中国应该如何把握知识经济时代下国际贸易发展的新趋势，促进中国对外贸易的发展？
2. 1996年全球网上交易额只有23亿美元，请上网查询网络贸易的最新数据规模、各国关于网络自由贸易的政策规范，并与同学讨论。

## 案例7－2 中国外贸依存度问题[3]

外贸依存度是一定时期内进出口总额与GDP的比值，该指标通常反映一国国内经济与国际经济联系的紧密程度。2006年中国GDP为20.9万亿元，进出口总额1.76万亿美元，按美元兑人民币1∶7.8汇率计算，外贸依存度为65%。有学者认为，与美国、日本等西方发达国家相比，中国的外贸依存度明显偏高，如果不能逐步加以调控降低，势必爆发危机。但也有观点认为中国外贸依存度存在“虚高”现象。如果考虑到近一半的外贸出口是加工贸易以及汇率等不可比因素，中国外贸依存度则明显低于世界平均水平。外资企业进出口份额占外贸总额的比例2000年以前约为50%，到2006年进一步提高至近60%。外资企业从事的进出口贸易以出口加工为主，从国外进口原料，在中国生产、加工，再出口到国际市场，在这个过程中，国内要素所得往往非常有限。据人民网2006年11月报道，外商在中国生产的芭比娃娃，进口原料1美元，运输、管理费为65美分，中国获得的加工费只有35美分，出口价2美元，美国售价9.99美元。该产品的进出口总额3美元，中国的要素所得为1美元（即进入GDP统计的部分），单独计算该产品的外贸依存度为300%。因此，中国外贸依存度高很大程度上是外资企业主导的出口加工贸易的影响，在一定程度上，外资企业的进出口活动造成了中国外贸依存度的“虚高”现象。

### 外贸依存度的国际比较

从外贸依存度国际比较看，20世纪90年代以来，外贸依存度在全球范围内都处在上升阶段。国际货币基金组织（IMF）公布的《2006年世界经济展望》表明，1995年以前，全球外贸依存度在40%左右徘徊，在此后的11年内迅速提高到60%左右。同一时期发达国家外贸依存度也基本表现出同样的增长趋势和增长幅度。即使是外贸依存度一向较低的西方主要发达国家（7国集团），外贸依存度也从34%稳步提升至43%。20世纪90年代是经济全球化迅速发展的时期，WTO等全球性多边贸易组织，欧盟、北美自由贸易协定等区域性组织的成立，前社会主义国家迅速向市场经济转轨，共同推动了全球贸易迅速增长，这是全球范围内外贸依存度迅速提高的国际经济大环境。所以外贸依存度在全世界范围内的提高是普遍现象，并非中国所独有。

### 美、日外贸依存度偏低的特殊性

美国、日本是世界经济大国和贸易大国，但2004年两国的外贸依存度却分别只有23.7%和23.5%，不仅低于世界平均水平，还低于大多数发达国家。两国外贸依存度偏低与其自身的特殊性有着密不可分的关系。

首先，在产业结构方面，以服务业为主的产业结构是导致发达国家外贸依存度偏低的重要原因。在发达国家GDP的三次产业构成中，服务业占主要份额，2003年美国达到77%，日本达到68%。在国际贸易中，商品贸易是主要内容，服务产品的流动性较差，在全球贸易总额中的比例一直很低。因此，尽管美国、日本均为贸易大国，但由于国内经济总量巨大，国际商品贸易占GDP的比值自然偏低，例如2005年美、日的商品贸易额与GDP的比例分别为21%和25%。相比较而言，中国的产业结构还不够合理，第三产业相对落后，形成了国内经济活动总量相对较小，国际经济活动总量相对较大，这是造成中国外贸依存度偏高的客观原因。

其次，在国际分工模式方面，美、日等发达国家是全球对外投资的主要力量。上述国家在中国等发展中国家投资主要采用垂直分工模式，把当地工厂作为生产基地，投资方提供设计、关键原料、设备等，东道国提供劳动力和其他生产条件进行生产，产品有相当一部分出口到投资国或其他国家。相反，在发达国家间的相互投资中，主要以水平分工为主，把东道国主要作为销售基地、地区总部、研发基地。即使作为生产基地，也以本地销售为主。例如，根据日本贸易振兴机构2006年公布的《南加州日资企业调查报告》，在东亚的日资企业，产品有一半以上再出口，北美地区的日资企业本地销售比例高达99%。这种分工模式对东道国和投资国对外贸易依存度的影响差别非常明显。简单地说，出口加工模式下，产品涉及大量的进出口贸易，东道国的要素所得偏低；在本地销售、研发的模式下，进出口贸易额较小，东道国要素所得占主要部分。因此，同一个生产活动，从东道国角度计算和从投资国角度计算出来的外贸依存度差异是非常大的。

最后，在汇率方面，汇率只反映了国家之间可贸易的商品和服务的价格关系，用汇率计算的GDP往往不能反映一国真实的经济状况。各国经济活动中，总有相当一部分不参与国际经济活动，把这部分经济活动一律折算为国际价格并进行国际比较，并不能代表真实情况。例如，世界银行2004年2月份发布的《相对价格与汇率》认为，2002年末中国汇率的购买力折算指数为0.2，即按照购买力平价计算的美元汇率为$8.3\times0.2=1.66$。如果按照这一比率计算，中国的外贸依存度只有14%。尽管这只是极端情况，但至少说明评价外贸依存度有多方面的因素，不能简单根据本国的数字或者用个别国家的情况来推断中国的依存度是否合适。

就中国目前的经济结构、参与国际分工的模式、经济发展水平而言，较高的外贸依存度带有一定的必然性。外贸依存度迅速提高是多方面因素共同起作用的结果，尽管65%的比例不算低，但并不能据此认为外贸依存度已经非常高，甚至达到了危险的程度。要降低外贸依存度，从根本上还是要不断提高居民的消费能力。居民消费能力的提高有利于扩大国内市场规模，不断优化产业结构。随着经济总量的增长和产业结构的优化，国际贸易的重要性会相对降低，对于一个经济大国更是如此。

**讨论和在线学习问题：**

1. 2007年，中国外贸依存度为66.2%，高于美、日20%左右的水平，但低于发展中国家82%的水平。2008年，中国外贸依存度又下降6个百分点。你如何看待中国的外贸依存度问题？
2. 请结合有关贸易理论，分析美日在国际贸易中的分工结构以及美日在国际贸易中的利益格局。
3. 在世界经济危机和全球需求疲软的情况下，有观点认为强调出口导向式增长的华盛顿共识失败了，现在面向内需驱动式的新时代。请与同学讨论你们的看法。

## 参考文献


1. 萧琛，杨丽花．世界经济．2006（4）
2. 肖光恩．湖北大学学报．2001（3）
3. 李丽．中国经济时报人民网 http://theory.people.com.cn/GB/49154/49155/5511036.html

8

CHAPTER 8

# 贸易政策：政府对贸易的影响

“如今是重新审视全球自由贸易必要性的时候了。”

——希拉里

**学习目标**

- 了解贸易政策目的和贸易政策类型
- 掌握关税和非关税壁垒的概念
- 掌握鼓励出口的措施
- 了解出口管制措施，特别是美国出口限制

**开篇案例**

## 中美纺织品贸易争端：中国还要让多少？[1]

中国是世界最大的纺织生产国和贸易国，加入WTO以后，纺织业被誉为是“受益最大的行业”，然而现实表明针对中国纺织品服装出口实施的各种限制众多，如美国多次对来自中国的纺织品进行进口配额限制和启动特限调查。

**中美纺织产业对比**

在美国，纺织业是夕阳产业，美国商务部经济分析局数据表明：2001年纺织和服装业的GDP份额分别降为0.22%和0.23%，整个纺织服装业只占美国GDP的0.45%。2002年美国纺织从业人数仅为43万人，服装从业人数为52万人，整个纺织服装从业人数仅占该年全美制造业人数的5.7%。而中国纺织业是劳动密集型产业，涉及直接就业人数1 800万人，间接就业人数1亿人以上。中国纺织工业协会数据显示，美国设限的每一个纺织品种背后涉及至少1 000家中国企业，多则达6 000家。

另外中国出口到美国的纺织品年均约100亿美元左右，占中美贸易总额的8%左右；在美国销售每100美元中国纺织品，中国生产商只得到7~10美元，而美国商人却拿走了绝大部分利润。中国的廉价纺织品等出口到美国，既提高了美国国内的有效总供给，在一定程度上抑制了通货膨胀，又为美国经济实现低通胀下的增长创造了宽松的宏观经济环境。据英国《经济学家》统计，如果没有中国的消费品，美国的价格指数将上升两个百分点。另外，在全球棉花生产量明显供过于求的情况下，美国17个州2万多个农场3万多棉农的最大出口地是中国。据中国海关资料，2004年中国进口美国棉花金额为17.7亿美元，计106.3万吨，占中国进口棉花总额191万吨的55.6%。

**纺织品贸易争端的幕后**

1.从纺织品贸易本身来看，美国是要把中

国作为其纺织产业目光短浅的“替罪羊”。取消全球纺织品贸易配额10年前就已提出，美欧厂商和政府本该早就预见到世界纺织品市场将发生急剧变化，从而可以提前采取预防措施。本来美欧政府和厂商的应对失误是造成其纺织业工人失业的主要原因，但是现在他们把它归咎于价廉物美的中国产品的大量涌入，将工人对厂商和政府的不满引向中国纺织品。这种寻找“替罪羊”的手法是美欧厂商和政府过去两个世纪一贯做法，并且屡屡得手。

2.绿色贸易壁垒增强，削弱中国纺织品出口竞争力。绿色壁垒是技术性贸易壁垒的一种，但实质上就是新兴的贸易保护主义措施。发达国家利用其比发展中国家所拥有的明显的经济与技术优势大力发展环保技术、环保产品，并逐步形成环保壁垒。近年来国际上纺织品、服装贸易的环境要求越来越严格，特别是那些针对产品的环境法规、技术标准对纺织品、服装贸易产生了严重影响。纺织行业是高污染行业，针对产品生产中的印花、染色及后整理等工艺所涉及的污染问题和成品中有害物质对人体健康的危害，各国国家出台了标准不一、形式不同的产品的环境要求，中国纺织品出口竞争力受到严重挑战。

3.美国对中国纺织品设限持强硬态度延缓中国崛起的步伐。解决庞大的人口就业压力是中国面临的最重要任务之一，纺织业是转移农村劳动力的一条主渠道。因此，对中国纺织品设限，无异于为中国社会制造矛盾，迫使中国接受美国提出的人民币汇率调整以及更多条件。人民的小幅升值已经对中国的纺织品行业产生了一定影响。研究表明，人民币每升值一个百分点，出口利润棉纺织业约下降12%，毛纺织业下降8%，服装业下降约13%。

# 导言

在上述纺织品贸易案中，美国政府对中国纺织品的强硬政策态度对中国纺织行业造成严重负面影响。开展国际经营的公司是否获得市场准入和生存发展很大程度上取决于当地政府的贸易政策。政府可能禁止某些产品的进出口，或设定很多限制，当然也可能采取某些鼓励措施。本章介绍政府促进和限制自由贸易的目的、自由贸易和贸易保护政策、主要的国际贸易壁垒和管制手段等。

# 8.1　贸易政策的目的和制定依据

国际贸易政策是指一国政府根据本国的政治经济利益和发展目标而制定的在一定时期内的管理进出口贸易活动的准则。它集中体现为一国在一定时期内对进出口贸易所实行的法律、规章、条例及措施等。它既是一国总经济政策的一个重要组成部分，又是一国对外政策的一个重要组成部分。

## 8.1.1　对外贸易政策的目的

对外贸易政策的目的包括保护本国的市场、扩大本国产品的出口市场、促进本国产业结构的改善、积累资本或资金、维护本国对外经济政治关系、促进经济发展与稳定等。

国际贸易政策分为三个层次：(1) 对外贸易总政策，其中包括进口总政策和出口总政策。(2) 对外贸易国别（或地区）政策。(3) 对外贸易具体政策，又称进出口商品政策，即根据不同产业的发展需要，不同商品在国内外的需求和供应情况以及在世界市场上的竞争能力，分别制定的适用于不同产业或不同类别商品的对外贸易政策。

### 8.1.2 贸易政策的制定依据

不同的贸易政策在各国经济发展的历史过程中有着不同的作用；同一国家在不同的历史阶段也会选择不同的贸易政策。对外贸易政策既有一贯政策（即在一个较长时期内指导对外贸易的政策），也有只在一定时间内生效的暂时性政策措施。一个国家的对外贸易政策的依据包括：

(1) 一国在世界经济中所处的地位，经济发展战略。

(2) 一国的资源状况、产品、产业结构、市场经济地位。

上述两个因素是一个国家制定中长期对外贸易政策应当考虑的主要因素，决定了一个国家选择自由贸易政策，还是保护贸易政策。

(3) 在总政策（即自由贸易或保护贸易政策）指导下，一个国家工业发展水平、技术水平、产品的竞争能力等，又决定一国在不同时期制定相关政策措施的依据。例如鼓励出口、限制出口、限制进口、保护民族工业、幼稚工业等政策。

(4) 国家之间因政治环境变化、经济和外交关系发生重大改变时，也可引能起一国对贸易政策的局部或重大调整。

(5) 一国对外贸易政策与国内经济政策相适应的原则。如国内产业调整政策、金融政策、外汇政策、外资政策等变动对国际贸易政策的影响。

## 8.2 贸易政策类型

从国际贸易历史考察，以国家对外贸的干预与否为标准，可以把历史上的贸易政策归纳为三种基本类型：自由贸易政策、保护贸易政策和管理贸易政策。

### 8.2.1 自由贸易政策

自由贸易政策是指国家对商品进出口不加干预，对进口商品不加限制，不设障碍；对出口商品也不给以特权和优惠，放任自由，使商品在国内外市场上自由竞争。自由贸易政策产生于资本主义自由竞争时期（18—19 世纪），主要在英国、荷兰等首先进入资本主义、在经济上和竞争上居优势的国家实行，其理论代表人物是英国的古典经济学家亚当·斯密和大卫·李嘉图。

**现场观察 8-1**

## 一颗美国大米也甭想进入日本

对日本人而言，大米是近乎神圣的产品，盛产稻米的农田被尊称为“我们的圣地”。在日本人眼中，代表着市场准入谈判过程中不可商谈的话题是大米而不是牛肉、柑橘和纺织品。“外国大米一粒也别想进入日本。”这是日本形形色色的政客的郑重承诺，而在他们的背后支撑他们的则是民意、新闻界、商界、学术界以及大小官僚。反对进口大米，这一点上全日本上下一心。

所以当1986年美国要求日本开放大米市场，这被认为是对日本文化的一种威胁，也就不奇怪了。美国批评日本的稻米种植体系效率低下，这本身就具有讽刺意味。因为第二次世界大战后，打破旧的土地制度的就是美军。大片农田被分割为小块农田，成为稻农的堡垒。农民的选票为自己赢来慷慨的补贴，使得低效率的农田得以存续。

美日双方谈判耗时8年。美国把大米问题纳入关税和贸易总协定农产品补贴问题中。1994年，随着关税和贸易总协定通过日期的临近，日本迫于加拿大、欧盟和美国的压力，终于不再抵制大米进口。在日本国内，代表农民利益的政治家终于向汽车以及电子产品出口企业让步，最终达成的协议包括2000年前进口大米的配额以及从协议签订起征收的关税。如今，日本每年从加利福尼亚以及路易斯安娜州进口1.5亿美元大米，虽然比其他任何一种谷物都多，但是日本消费者付出的价格却因为令人瞠目的490%的进口关税而一直高居不下。

资料来源：Michael Blaker. Negaotiation on Rice: ‘No，No，a Thousand Times No’ in Peter Berton，Hiroshi Kimura，and Philip R.Cateora.

### 8.2.2　保护贸易政策

保护贸易政策是指国家对商品进出口积极加以干预，利用各种措施限制商品进口，保护国内市场和国内生产，使之免受国外商品竞争；对本国出口商品给予优待和补贴，鼓励扩大出口。保护贸易政策，在不同的历史阶段，由于其所保护的对象、目的和手段不同，可以分为重商主义、幼稚工业保护政策、超保护贸易政策和新贸易保护主义。

### 8.2.3　管理贸易政策

管理贸易政策（Managed Trade Policy），又称协调贸易政策，是指国家对内制定一系列的贸易政策、法规，加强对外贸易的管理，实现一国对外贸易的有秩序、健康的发展；对外通过谈判签订双边、区域及多边贸易条约或协定，协调与其他贸易伙伴在经济贸易方面的权利与义务。管理贸易政策是 20 世纪 80 年代以来，在国际经济联系日益加强而新贸易保护主义重新抬头的双重背景下逐步形成的。在这种背景下，为了既保护本国市场，又不伤害国际贸易秩序，保证世界经济的正常发展，各国政府纷纷加强了对外贸易的管理和协调，从而逐步形成了管理贸易政策或者说协调贸易政策。管理贸易是介于自由贸易和保护贸易之间的一种对外贸易政策。

但是无论哪种协调，贸易政策的本质始终具有保护性，即贸易政策的目的——保护本国市场，扩大本国产品的出口市场，促进本国产业结构的改善，积累资本或资金，维护本国对外的经济、政治关系，没有根本改变。就拿 WTO 这一多边贸易的最高成就来说，仍然改变不了各个国家贸易政策的保护本性。

### 现场观察 8-2

## WTO 条件下国家贸易政策保护性表现

**"公开型"的贸易保护**。"公开型"的贸易保护是指在关贸总协定和WTO下的贸易，以及投资自由化的谈判过程中还未涉及的领域，或是还未完全展开和达成协议的谈判的领域，再加上谈判达成协议后还没有履行的承诺，以及协议中的一些规则的例外而引起的保护措施。

还未涉及的领域指某些国家为了维护本国的利益暂时把某些行业的自由化搁置起来不予谈判。还未完全展开和达成协议的谈判的领域指某些"敏感行业"，国家的比较优势相差悬殊，如果完全放开会导致本国产业的"严重损害"，故在多边谈判中暂时将这些行业的自由化程度放低、放慢。谈判后还没有履行的承诺指已承诺减让还未兑现的部分。谈判达成的协议规则的例外指协议中一般都是作了自由化的规定的，但无论哪项协议，都是由一些规则和规则的例外拼凑起来的，这些规则的例外实际上就是承认这些方面的适当保护。这些保护都是公开的，这实际上也是国际间在多边贸易谈判中实力较量的结果。

一般认为，在WTO下的多边贸易谈判中的"敏感行业"，是自由化较缓慢和最不彻底的行业。如农业、纺织业、服务贸易领域，一直是各主要发达国家"公开型"的贸易保护的领域。在WTO条件下发达资本主义国家的"公开型"贸易保护的手段有两种：一是运用高关税限制进口；二是利用各种各样的非关税壁垒。国内的价格支持就是常见的公开型保护措施之一。国内支持的名目繁多，例如国内补贴、价格管理、出口补贴和绿箱（Green Box）政策，等等。

**"隐蔽型"的贸易保护**。在WTO框架下，除了"公开型"贸易保护外，还有十分重要的"隐蔽型"贸易保护。"隐蔽型"的贸易保护是与"公开型"的贸易保护相对应的，以反倾销壁垒为代表，还包括技术壁垒、绿色壁垒等。这类壁垒的特点是它们往往本着人类共同利益的原则制定出来，一般包括了"公平原则"、"保护生态和人类健康"等原则。这些原则本意确实是好的，但现实情况则是它们往往会成为某些国家（特别是发达国家）制定保护贸易政策的依据。事实上这种"隐蔽型"的贸易保护措施，现在已经成了发达国家保护国内产业的主要工具。

"隐蔽型"的贸易保护的手段包括两类：一是征收高额关税，如加征高额反倾销税、反补贴税；二是禁止进口甚至就地销毁，这主要是不符合国家的检验检疫标准、环保标准等而采取的措施。

## 8.3　关税壁垒

各国的对外贸易政策是通过具体的措施来实现的。主要的贸易措施包括关税措施、非关税壁垒以及其他对外贸易措施。

关税（customs duties；tariff）是进出口商品经过一国关境时，由海关对进出口商品所征收的一种税，关税是一种价格控制手段。

**关税壁垒**是指一个国家基于增加本国财政收入、保护国内生产和国内市场的目的，通过较高的关税来限制商品的进口。如 1983 年美国突然提高摩托车进口税，从原来的 4.4% 提升到 49%，目的就是阻止日本摩托车进口，以挽救本国仅存的哈雷摩托车制造公司。大多数发展中国家也都凭借高关税来阻挡外国商品进入，如墨西哥纺织品的进口关税高达 50%；巴西酒类和香肠的进口关税高达 105%。在美国，对外贸易法和海关法有2 000多页，对敏感性商品，如汽车、计算机、木材、服装等严格限制。请访问 www. usitc. gov/tariff_affairs，选择“互动关税数据库”栏目，阅读相关佐证。欧盟在 10 年前就向美国发出挑战，希望美国学习自己，对全球最贫穷的 48 个国家的进口产品实行全部的免税。

**现场观察 8-3**

### 中国现阶段的关税政策

2005年是中国履行入世关税减让承诺，大幅度降低关税的最后一年。从2005年1月1日开始，中国再次降低了900多个税目的关税税率，关税总水平从2004年的10.4%下降到9.8%。

就不同的进口商品来说，2005年的农产品平均税率由15.6%降低到15.3%，工业品平均税率由9.5%降低到9.0%。其中，水产品平均税率为10.5%，木材、纸及制品平均税率为4.6%，纺织品和服装为11.4%，化工产品为6.9%，交通工具为13.3%，机械产品为8.0%，电子产品为9.1%，信息技术产品等部分产品将降至零关税。同时，还将对200多种商品实行最惠国暂定税率，继续对小麦、豆油等10种农产品和磷酸二铵等3种化肥实行配额管理，对冻鸡、啤酒、摄像机等商品继续实行从量税、复合税。

就不同的进口产地来说，2005年将对原产于东盟、巴基斯坦、泰国、新加坡、中国香港、中国澳门等国家和地区的商品实行比最惠国税率更优惠的协定关税税率。同时，还将对原产于老挝、柬埔寨、缅甸、孟加拉国、非洲部分最不发达国家的部分商品实行特惠税率。

就出口产品来说，中国从2005年开始对外衣、裙子等六类纺织品从量征收出口关税，对尿素从量征收3个月的出口关税，对电解铝、铜、镍等部分高耗能产品和资源性产品恢复征收出口关税。

# 8.4 非关税措施

非关税壁垒（non-tariff barrier）即除关税以外的限制贸易的措施。非关税壁垒形式多样且更为隐蔽，它包括用进口许可证，进口配额，复杂的海关手续，严格的卫生、安全、技术质量标准，政府采购政策及国家补贴，特定的包装装潢条例等各种法律和行政手段、措施来限制商品进口。据统计，非关税壁垒的种类已达千种左右，已影响到世界贸易总额的40%左右，在个别商品部门中，影响范围更大，例如，在纺织品和服装贸易中，世界贸易额的80%受到非关税壁垒的限制。

与关税措施相比，非关税措施主要具有下列三个明显的特点：

首先，非关税措施比关税具有更大的灵活性和针对性。关税的制定要通过立法程序，调整或更改税率也需要法律程序和手续，因此关税具有一定的延续性。而非关税措施的制定与实施通常采用行政程序，制定起来比较迅速、程序较简单，能随时针对某国和某种商品采取限制措施，快速达到限制目的。

其次，非关税措施的保护作用比关税的作用更为强烈和直接。关税措施通过征收关税来提高商品成本和价格，进而削弱进口竞争能力，保护作用呈间接性。而非关税措施如进口配额，预先限定进口的数量和金额，超过限额就直接禁止进口，这样就能快速和直接地达到目的。

最后，非关税措施比关税更具有隐蔽性和歧视性。关税措施包括税率确定和征收办法是透明的，出口商可以比较容易地获得有关信息。关税措施的歧视性较低，还要受到双边关系和国际多边贸易协定制约。但一些非关税措施往往透明度差、隐蔽性强、有较强的针对性，容易对别的国家实施差别待遇。

从GATT的东京回合谈判开始起，非关税壁垒成为最重要的内容。东京回合列出的非关税壁垒主要包括以下五大类：（1）政府对贸易的干预，如出口补贴、政府采购、反补贴税等。（2）海关及行政管理程序，如分类、估价、通关手续等。（3）检验标准和包装。（4）特定的贸易限制，如进口配额、许可证等。（5）进口费用，如预付保证金、差额税等。非关税壁垒具有直接性、灵活性的特点，在现行贸易体制下备受青睐。中国商务部一年一度出版的《国别贸易投资环境报告》对各国非关税壁垒有具体介绍。

## 8.4.1 进口配额制

**进口配额制**又称进口限额制，是指一国政府在一定时期内（通常是一年）对某些商品的进口数量或金额加以直接的限制。与征收关税相比，进口配额对进口的限制更直接、更严厉、更易于控制，因此更有助于限制一国进口商品的数量。分配进口配额的主要方法有竞争性拍卖、固定的受惠、资源使用申请程序等。进口配额划分为绝对配额和关税配额。

**绝对配额**：绝对配额制是指在一定时期内，对某些商品的进口数量或金额规定一个最高额数，达到这个额数后，就不准进口。绝对配额在实施中又分为全球配额和国别配额。**全球配额**（global quota；unallocated quota）是对某种商品的进口规定一个总的限额，对来自任何国家或地区的商品一律适用。主管当局通常按进口商的申请先后或过去某一时期内的进口实际额发放配额，直至总配额发完为止，超过总配额就不准进口。**国别配额**（country quota）是政府不仅规定一定时期内进口总配额，而且将总配额在各出口国家和地区之间进行分配。因此，按国别配额进口时，进口商必须提供进口商品的原产地证明书。

**关税配额**：关税配额是指对商品进口的绝对数额不加限制，而对在一定时期内，在规定配额以内的进口商品，给予低税、减税和免税待遇；对于超过配额的进口商品则征收较高的关税或征收附加税或罚款。关税配额在实施中又分为优惠性关税配额和非优惠性关税配额。**优惠性关税配额**是对关税配额内进口的商品给予较大幅度的关税减让，甚至免税，超过配额的进口商品即征收原来的最惠国税率。欧共体（欧盟）在普惠制实施中所采取的关税配额就属此类。**非优惠性关税配额**是对关税配额内进口的商品征收原来正常的进口税，一般按最惠国税率征收，对超过关税配额的部分征收较高的进口附加税或罚款。

**现场观察 8-4**

## 甜蜜交易：走私集团覆灭记

美国政府为保护国内蔗糖工业，对蔗糖进口实施配额管理，蔗糖年进口量为估计年消费量减去估计的国内产量。保护导致美国国内蔗糖价格为每磅22.07美分，而国际市场价格才7.05美分。

一家走私集团通过系统研究糖类配额中的蔗糖产品目录后，惊喜地发一种用于喂牲口的糖蜜不在配额之内。于是走私集团在加拿大建立工厂，将巴西产的蔗糖加工成喂牲口的糖蜜。在美加边境线的另一边的美国密执安州，走私集团再建立一家工厂将喂牲口的糖蜜加工成蔗糖，并大肆销售给美国糖果厂家等。

美国产糖州要海关禁止这样的做法，该工厂预见到如果起诉到法院，该公司将面临的关税可能增加7 000%。于是主动起诉，让美国国际贸易法庭对海关的做法作出裁决。基于法律先例：产品分类依据是以产品进口的方式，而不是产品最终的用途，国际贸易法庭裁决该工厂胜诉。但是被告进行上诉，要求更改糖浆的定义，要求从最终用途而不是进口时的产品来定义，此举使得国际贸易法庭的裁决失效，走私集团工厂不得不关门。

资料来源："United State: Sugar protection" The Economist, April 22, 2000; and Bill Walsh, "Smart or Smuggling" The Time-Picayune, April 302 000, p.F9.

### 8.4.2 自愿出口配额制（VER）

**自愿出口配额**（voluntary export quota），又称自愿出口限制（voluntary export restrains），是指出口国家或地区在进口国的要求和压力下，“自愿”规定某一时期内（一般为3年）某些商品对该国的出口限额，在该限额内自行控制出口，超过限额即禁止出口。1956年，美日签署历史上第一份自愿出口限制协议，日本承诺自愿限制对美棉纺织品出口。其后，美国多次使用这一手段，80年代初里根执政时期美日汽车贸易争端中自愿出口限制手段的应用最为著名。自愿出口配额手段需要通过双边谈判来实现，美国主要针对大宗出口，或对方出口增长迅速的行业，涉及领域很广，包括纺织品、鞋类、汽车、电视机、录像机、机械设备、肉类等。有效期往往长达数年或更久，据统计，有300多种自愿出口限制协议至今仍然有效。

自愿出口配额制和进口配额制虽然从实质上来说都是通过数量限制来限制进口，但仍有许多不同之处。这表现在：

第一，从配额的控制方面看，进口配额制由进口国控制进口配额来限制商品的进口，而“自愿”出口配额制则由出口国控制配额，限制一些商品对指定进口国家的出口，因此是一种由出口国家实施的为保护进口国生产者而设计的贸易政策措施。

第二，从配额表现形式看，自愿出口配额制表面上好像是出口国自愿采取措施控制出口，而实际上是在进口国的强大压力下才采取的措施，并非真正出于出口国的自愿。进口国往往以某些商品的大量进口威胁到其国内某些工业，即所谓的“市场混乱”（market disruption）为借口，要求出口国实行“有秩序增长”（orderly growth），“自愿”限制出口数量，否则将采取报复性贸易措施。

第三，从配额的影响范围看，进口配额制通常应用于一国大多数供给者的进口，而自愿配额制仅应用于几个甚至一个特定的出口者，具有明显的选择性。那些未包括在自愿配额制协定中的出口者，可以向该国继续增加出口。

第四，从配额适用时限看，进口配额制适用时限相对较短，往往为1年，而自愿出口配额制较长，往往为3~5年。

### 8.4.3 技术和卫生检疫标准

技术标准是进口国为保证各种商品的进口质量符合一般的技术要求而作出的有关规定。然而，一些国家为限制某些商品的进口，常常规定一些外国难以掌握的技术标准或技术要求，以便寻找阻止外国商品进入本国市场的理由。这就是技术性贸易壁垒（technical barriers to trade，TBT）。技术标准是一项比较严厉的非关税壁垒措施。这些标准意味着，运到进口国口岸的商品可能因为技术标准不符而被拒之门外。

卫生检疫标准是一国对进口的动植物及其制品、食品、化妆品等所实施的必要的卫生检疫，以免传染疾病或病虫害。但是实际上却成了非关税壁垒的一项重要措施。进口国为限制外国商品的进口，常常以不合卫生标准为由，将外国产品拒之国门之外。

### 8.4.4　其他类型的非关税壁垒

**进口许可证制**（import license）。指进口国家规定某种商品进口必须事先领取许可证，没有许可证不准进口的管理制度。进口许可证分为两种：公开一般许可证，也叫自动进口许可证、公开进口许可证、一般许可证。自动进口许可证的获得比较简单，进口商只要填写自动进口许可证申请后，就可以获得批准。手续很简单。特种进口许可证，又叫非自动进口许可证，批准手续比较严格。

**外汇管制**（foreign exchange control）。也称外汇管理，是指一国政府通过法令对国际结算和外汇买卖加以限制，以平衡国际收支和维持本国货币汇价的一种制度。负责外汇管理的机构一般都是政府授权的中央银行，但也有些国家另设机构，如法国设立外汇管理局担负此任。一般说来，实行外汇管制的国家，大都规定出口商须将其出口所得外汇收入按官方汇率（official exchange rate）结售给外汇管理机构，而进口商也必须向外汇管理机构申请进口用汇。此外，外汇在该国禁止自由买卖，携带本国货币出入境也受到严格的限制。这样，政府就可以通过确定官方汇率、集中外汇收入、控制外汇支出、实行外汇分配等办法来控制进口商品的数量、品种和国别。例如，日本在分配外汇时趋向于鼓励进口高精尖产品和发明技术，而不是鼓励进口消费品。

**当地成分要求**（local content requirement，LCR）。一些国家的政府对原材料、机器和零部件的进口有选择地实行限制，实行当地成分要求是东道国政府迫使外国企业多购买本国产品而常采用的一种策略，以便为本国工业开拓市场销路。北美自由贸易区要求成员国的汽车当地含量至少为62%，欧洲对装配企业的要求是本地含量达到45%。

**歧视性政府采购政策**。指国家制定法令，规定政府机构在采购时要优先购买本国产品的做法。歧视性的公共采购是一国政府根据国家有关法律制度，给予国内供应商优先获得政府采购订单的一种非关税壁垒措施。国际社会对此提出了一些约束措施，但在具体执行时，尚有许多困难。

**进口最低限价制和禁止进口**。进口最低限价制是指一国政府规定某种进口商品的最低价格，凡进口货价低于规定的最低价格则征收进口附加税或者禁止进口。

**进口押金制**。进口押金制又称进口存款制。在这种制度下，进口商在进口商品时，必须预先按进口金额的一定比率和规定的时间，在指定的机构或银行无息

## 现场观察 8-5

# 新型技术性贸易壁垒(TBT)

**技术性贸易壁垒**（technical barriers to trade，TBT）指欧美等发达国家依靠其所拥有的科学技术优势，采用其所能达到的高技术标准来限制国外产品的进入，这一措施起到了明显的保护作用。诸如复杂苛刻的技术标准、卫生和检疫规定、包装和标签规定等措施，不断地花样翻新，层出不穷。如ISO 9000、ISO 14000认证，美国制定的《联邦危险品法》《家庭冷藏法》、《联邦植物虫害法》，欧盟通过《生态纺织品标签指令》、《报废电子电器设备指令》和《关于在电子电器设备中禁止使用某些有害物质指令》、《欧盟关于化学品注册、评估、许可和限制制度》（REACH法规）等。

**绿色贸易壁垒**指一些发达国家为了保护本国市场，借口保护环境和国民健康，通过立法，或设置技术法规、标准、合格评定程序等，对进口产品实行限制的新贸易壁垒。

欧盟要求进入欧盟国家的产品从生产前到制造、销售、使用以及最后处理阶段都要达到规定的环保技术标准，达不到环保标准则不准进口。美国等西方发达国家纷纷制定环保技术标准，并趋向协调一致，相互承认。

**社会责任标准贸易壁垒**。SA 8000是规范企业伦理行为的一项新的国际标准。SA 8000在童工、强制性劳动、健康与安全、结社与谈判、歧视、惩戒性措施、工作时间、工资报酬、管理系统等方面对企业规定了社会责任的最低的要求。

2000年以后，几乎所有的欧美企业都对其全球供应商和承包商实施社会责任评估和审核，只有通过审核与评估，才能建立商业伙伴关系。劳工标准由于操作程序简单，比反倾销更容易获得西方国家的认同，而且比反倾销更容易取得证据，能够很快获得裁定，所以更易被贸易保护者利用，成为限制发展中国家劳动密集型产品出口的有力工具。针对进出口商品而设置的劳工标准和社会责任标准又被称为蓝色壁垒。

**保障措施和针对中国的特定产品保障措施。**保障措施是在缔约方履行协定规定的义务后，对造成的严重损害得到补救或避免严重损害威胁，免除其承诺的义务的一项条款。一些国家利用保障措施条款来达到保护本国传统夕阳产业的目的。

例如，中国加入WTO时，被迫接受“特定产品过渡性保障措施机制”(特保)。根据该条款规定，在中国入世后12年内，如原产于中国的产品在输入任何WTO成员领土时，其增长的数量或所依据的条件对生产同类产品或直接竞争产品的国内产品的国内生产者造成或威胁造成市场扰乱，则受影响的WTO成员可请求与中国进行磋商，以期寻求双方满意的解决办法。如磋商一致，则中国应采取行动以防止或补救此种市场扰乱；如磋商未果，则该受影响的WTO 成员有权在防止或补救此种市场扰乱所需的限度内，对中国产品采取撤消减让或限制进口措施。

**动物福利壁垒**。欧美等发达国家在进口活体动物时，利用已有的“动物福利优势”，将“动物福利”作为进口标准的一个重要内容，以此判断是否准予进口。他们可能会利用“动物福利”的国家差距，作为新的贸易壁垒。动物福利标准主要由五项内容构成，即有清洁饮用水和必须食物；有适当笼舍；能预防或治疗疾病；良好的处置（包括宰杀过程）；足够空间和适当设施。

存入一笔本国货币现金，才能够进口。

**专断的海关估价**。专断的海关估价指有些国家根据某些特殊规定，提高某些进口货物的完税价格，来增加进口货物的关税负担，阻碍商品的进口。

**相关知识**

## 非关税壁垒度量方法

非关税壁垒包含的种类繁多、表现形式多种多样，因此对非关税壁垒的准确度量存在相当大的难度。目前，每种度量方法都各有一定的优势和局限。

**数量影响型的非关税壁垒测度**

数量影响型的非关税壁垒测度方法主要为频率类的度量方法（frequency-type measures），该类度量方法包括覆盖率（coverage ratio）和频数比率（frequency index）两个指标。覆盖率指标是测算受一种或一种以上非关税措施限制的进口商品额占所衡量类别商品总进口额的比重。频数指标是衡量非关税措施的出现频率，即受一种或一种以上非关税措施限制的进口商品税目数占所衡量类别商品包含的税目总数的比率（按税号数目计算）。两者指标均是百分比公式，取值范围为0%~100%，取值越大代表非关税措施实施的强度就越大。

**价格影响型的非关税壁垒测度**

价格影响型的非关税壁垒测度方法主要包括等量关税法（tariff equivalent）或价格差值法（price wedge）、等量补贴法（subsidy equivalents）和有效保护率法（effective Rate of Protection）等。

等量关税法是将非关税壁垒的实施所导致的国内商品价格的提高统一用相应程度的名义关税率来量化。等量补贴法是衡量诸如政府政策给予生产厂商的转移支付（即补贴）对价格的扭曲程度。两种方法反映进口限制及补贴对商品价格的扭曲程度，即将此类非关税壁垒的实施对国内商品价格所产生的价格影响或价格扭曲转化为等值的名义关税率，通过比较转化后的名义关税率来衡量非关税壁垒的强弱程度。

有效保护率（通常指有效关税率）避免了名义关税率只反映对最终产品国内生产者保护程度的局限，综合了税收、补贴等对投入品及产出品的双重影响，显示了以国内价格和国际价格计算的增加值的差别，因此能够用来衡量对促进或遏制某种经济活动的有效性。

**福利影响型的非关税壁垒测度**

福利影响型的非关税壁垒测度方法主要有贸易限制指数（trade restrictiveness index）和可计算的一般均衡分析法（computable general equilibrium）。

贸易限制指数是消费和产出扭曲的单一等量关税，即持续生产者等量补贴指数和持续消费者等量补贴指数的结合。贸易限制指数主要被用来度量贸易政策的实施对经济体或经济部门限制程度的变动，即比较两种扭曲的状况，而不是基于自由贸易的基础上。

可计算的一般均衡分析法提供了一个较严格的分析框架，通过观察非关税壁垒对产品市场及要素市场价格和数量的双重影响，全面把握生产者及消费者的福利变动，最终对一国（或地区）的福利变动状况进行实证分析。

## 8.5 出口环节的贸易鼓励措施

出口鼓励措施主要有出口信贷、出口信贷国家担保、出口补贴、出口退税、商品倾销、外汇倾销等。

### 出口信贷

出口信贷（export credit）是一个国家为了鼓励出口，增强商品的竞争能力，通过本国银行对本国出口商（卖方）或国外进口商或进口方银行（买方）提供的优惠利率的贷款。

### 出口信贷国家担保制

出口信贷国家担保制是国家为了扩大出口，对于本国出口厂商或商业银行提供的信贷，由国家设立的担保机构出面担保，当国外债务人拒绝付款时，该机构就按照承保的数额给予补偿。通常保险公司不承保的出口项目都可向担保机构投保。担保风险一般分为政治风险和经济风险，前者一般为合同金额的85%～95%，后者一般为合同金额的70%～80%。

### 出口补贴

出口补贴（export subsidy）又称出口津贴，是一国政府为了降低出口商品的价格，加强其在国外市场的竞争力，在出口某种商品时给予出口厂商的现金补贴或财政上的优惠待遇。需要指出的是，有些出口补贴会造成市场扭曲，属于不公平贸易行为，应根据有关承诺禁止使用。

**出口退税**（export duty refund）就是在商品出口时，国家将其在国内生产流转过程中被征收的所有税款全部退还给出口商，使商品能够零税率出口的措施。出口退税可以降低出口商品的成本和价格，是国际贸易中常用的鼓励出口的措施，它不属于不公平贸易行为。如2008年全球金融危机冲击下，中国一年内4次调整出口退税政策，提高了纺织服装、钢材、化工产品、机电产品等总计超过6 500种产品的出口退税率以确保年8%的经济增长率。

### 商品倾销

商品倾销（dumping）是指出口厂商以低于国内市场价格甚至低于成本的价格，在国外市场上大量抛售商品的行为。商品倾销类型：（1）持续性倾销。指这种倾销的存在是无限期的，厂商采取这种行为的目的在于追求利润最大化。形成持续性倾销的条件：市场是不完全竞争的；企业在国外市场面临的需求弹性比国内市场的需求弹性大；国内外市场是完全隔离的。（2）掠夺性倾销。指为了排除市场上的竞争对手，出口商暂时以较低的价格向国外市场销售商品，一旦达到目的，获取垄断地位后，企业又会重新提高价格，以获取垄断性的高额利润。掠夺性倾销通常被认为是一种“不公平贸易”行为。

**反倾销税**（antidumping duties，简称 ADD）是指进口国政府在确认外国出口商销售到本国市场的商品有倾销行为时，对该商品所征收的进口附加税。反倾销税的征收可能产生两方面影响：(1) 减少国内对低价进口品的需求，抵消不公平竞争；(2) 保护国内同类商品的生产者。

### 外汇倾销

外汇倾销是利用本国货币对外贬值的机会扩大出口。本国货币贬值，则用外币表示的本国出口商品的价格就会降低，本国出口商品竞争力提高，有利于扩大出口。同时，用本币表示的进口商品的价格增加，进口商品竞争力下降，有利于限制进口。但外汇倾销是有条件的：货币贬值的程度大于国内价格上涨的程度；他国不同时实行同等程度的货币贬值或采取其他报复措施。

### 鼓励出口的其他措施

鼓励出口的其他措施还包括：政府利用国家财政经费举办出口商品展销会，邀请外国贸易代表团来访和组织本国贸易代表团出访，以促进商品出口；颁布各种出口奖励政策；设置促进出口的行政机构，建立各类为出口厂商服务的信息情报网络；创办经济特区，鼓励出口加工贸易和转口贸易，促进对外贸易的发展。

## 8.6　出口环节的贸易限制措施

很多国家采用出口管制的贸易政策。出口管制的商品主要包括：(1) 战略物资及某些先进技术资料；(2) 国内生产所需的原材料、半成品及国内市场供应不足的某些必需品；(3) 实行自动出口控制的商品；(4) 实行许可证出口管理的商品；(5) 为了实行经济制裁而对某国或某地区限制甚至禁止出口的商品；(6) 重要的文物、艺术品、黄金、白银等。

例如，美国对出口经营业务一般不要求有正式的许可证，但是对以下领域却实施出口许可证：从美国出口商品和技术资料；把原产于美国的商品和技术资料从一国再出口到另一国；外国使用原产于美国的零部件所生产的外国出口商品；在某些情况下，利用美国技术生产的外国产品。必须获得许可证才能出口的商品都受到美国商务部工业与安全局（BIS）的管理。

商品出口前，首先根据不同商品、目的地、最终用途和最终用户来确定需要普通许可证还是核准许可证。普通许可证适用于不受出口管制条例限制的商品出口，仅仅需要申报商品的型号、价值和目的地。核准许可证需要正式申报并核准。

## 现场观察 8-6

### 保税区

保税区（Bonded Area或Tariff-Free Zone）是一国海关设置的或经海关批准注册、受海关监督和管理的可以较长时间存储商品的区域。保税区能便利转口贸易，增加有关费用的收入。运入保税区的货物可以进行储存、改装、分类、混合、展览以及加工制造，但必须处于海关监管范围内。外国商品存入保税区，不必缴纳进口关税，尚可自由出口，只需交纳存储费和少量费用，但如果要进入关境则需交纳关税。

保税区是20世纪70年代首先出现在墨西哥出现的一种特殊的关税优惠措施，被称为保税区工厂（maquiladoras）。美国和墨西哥达成的协议使得保税区工厂得以发展起来，墨西哥政府允许在保税区内的工厂进口零件并对加工过的原材料进行组装、包装和加工，最后制成品再出口。这之后保税区在劳动力充足和低廉的其他国家纷纷普及。

在中国，保税区是继经济特区、经济技术开发区、国家高新技术产业开发区之后，经国务院批准设立的新的经济性区域。1990年6月，经中央批准，在上海创办了中国第一个保税区——上海外高桥保税区。1992年以来，国务院又陆续批准设立了14个保税区和一个享有保税区优惠政策的经济开发区，即天津港、大连、张家港、深圳沙头角、深圳福田、福州、海口、厦门象屿、广州、青岛、宁波、汕头、深圳盐田港、珠海保税区以及海南洋浦经济开发区。保税区按照国际惯例运作，实行比其他开放地区更为灵活优惠的政策，具有进出口加工、国际贸易、保税仓储商品展示等功能，享有“免证、免税、保税”政策，实行“境内关外”运作方式，是中国对外开放程度最高、运作机制最便捷、政策最优惠的经济区域之一。

出口商根据以下步骤来判断：

（1）出口商负责选择出口商品的对应分类号，即出口管制分类号（Export Control Classification Number，ECCN）。根据 ECCN，出口商在商品控制目录（Commerce Control List，CCL）中找到相应描述，了解该商品是否可以出口。出口管制分类号由 5 个符号组成，分别表示类别、产品组别、管制类别和国家组别。例如出口管制分类号 OA984 管制商品为枪管长 45.72 厘米的猎枪，管制理由是控制犯罪（CC）、常规轻武器（FC）和联合国制裁（UN）。

（2）根据商品控制目录，出口商必须确定该商品是否存在最终用途的限制，是否存在双重用途，如商业目的和限制性目的如核武器。

（3）出口商必须确定最终客户以及产品的最终用途。如果出口商知道该商品将被转售给未经批准的用途，或知道将客户将用于非法目的，则出口商必须停止发货。不幸的是，国际买主的承诺不是很可靠，确定最终用途是艰难的工作。

（4）查询贸易国别表（Commerce Country Chart，CCC），结合商品控制目录可以了解该商品出口或转口贸易时，是否需要许可证。如以上出口管制分类号 OA984 管制商品猎枪，来自阿根廷、中国、印度等的订单属于 CC 第一栏，标记为×，即需要特别的许可证。而来自澳大利亚订购的 58.42 厘米和 66.04 厘米的猎枪属于 CC 第一栏和第二栏，则不需要特别的许可证。

（5）出口商最后还必须证明该商品的最终用户不在不准出口的拒绝订购清单上（List of Denial Orders）。

如出口商没有谨慎完成上述程序，导致的处罚包括取消出口权、罚金等。为加速出口，美国商务部修订了《出口管理条例》（Export Administration Regulation，EAR），该条例删除了大量被控制的商品，但是对特定商品，如被认为是影响国家安全、核扩散、恐怖主义和生化武器的商品以及一些美国短缺商品如雪松等无限制出口会给美国造成伤害等进行了保留。但是新条例扩大了出口商的责任，所以出口商必须确保不违反该出口管制条例。

## 8.7　新贸易保护主义对中国企业的影响

虽然世界贸易组织力图促进全球贸易和投资自由化、但如同本章开篇案例谈到的那样，由于全球性经济金融危机的影响，再加上当前全球性贸易保护主义的抬头，中国在国际贸易领域无疑面临更加严峻的挑战。

首先，随着贸易保护主义的抬头，中国的出口型企业的生存状况将变得更加艰难。随着全球贸易保护主义的抬头，中国企业在国际贸易中面临更大规模反倾销、反补贴、各种保障措施以及技术、环境、劳工等贸易壁垒的限制。据 WTO 统计，1995－2007 年世贸组织成员方共发起反倾销调查3 210起，实施最终措施 2 049起，其中涉及对中国产品进行调查 597 起，最终措施 423 起，分别占世界总数的 18.6% 和 20.6%。

事实上，贸易摩擦已给中国相关企业带来了巨大的出口压力。以空压机为例，欧盟是中国空压机的重要出口市场，但从 2008 年 3 月 21 日起欧盟对中国产空压机征收最高达 77.61% 的反倾销税。受此影响，2008 年 4—7 月中国对欧盟空压机出口量下降 12.9%。高额的反倾销税使中国许多出口企业苦心经营的竞争优势不复存在，甚至不得不退出相关国家的市场。2008 年中期以来，由于外部需求的锐减、国内持续紧缩的宏观经济政策效果的陆续显现、人民币升值以及劳动力成本的显著上升，中国出口型企业大量破产倒闭。

其次，贸易保护主义的抬头使得中国面临的国际经济政治形势更加复杂。从中国与主要贸易伙伴的关系来看，巨额顺差已成为影响中国与美国、欧盟等发达国家政治经济关系的重要因素。2005 年以来中国对美贸易顺差持续扩大，美国开始向人民币汇率、对华投资、技术出口等领域频频发难，随着有贸易保护主义传统的民主党上台，中美之间的贸易前景令人担忧。2009 年 1 月 21 日，美国财政部长盖特纳在国会听证会上公开指责中国“操纵人民币汇率”。而在欧洲，在欧盟就人民币升值问题频频向中国政府施压并对中国产品频繁设限的同时，当地企

### 现场观察 8-7

## 美国主要贸易壁垒对中国出口的影响

美国频繁利用反倾销等贸易救济措施对进口产品实施限制。美国一直歧视性地视中国为“非市场经济”国家，运用不合理的替代国方法确定中国产品的倾销幅度。这种做法未能客观反映中国产品在原材料和劳动力等方面的成本优势，并导致裁定的倾销幅度很高。

另外美国利用安全、卫生检疫及各种包装、标签等技术壁垒规定对进口商品进行严格控制和检查。近年来美国采取的对中国出口影响较大的技术壁垒有：(1)针对中药和保健食品的技术性贸易措施。美国食品和药品管理局（FDA）一直无视中国中药与西药的根本性差异，实施了多种不合理的管理措施。自20世纪80年代开始，美国就通过不合理的药物充分鉴定等手段限制中国中药对美国出口。(2)关于食品的技术性贸易措施。从1994年5月起，美国开始实施《食品标签法》，对所有的预包装食品实行强制性标签，内容复杂而繁琐。特别是该法要求食品必须加贴营养标签，每种食品为此进行的营养成分检测需花费约500~2 000美元。

**其他非关税壁垒还包括**

*政府采购*。美国《1933年购买美国货物法》包含歧视性的规定，如禁止一些公共部门从国外采购产品及服务，建立本地的特殊标准，要求为本地的供应商提供优惠的价格条款等。如2002年，一家中国公司的美国合作伙伴公司两次参与美国内务部组织的水电站项目投标，但均被拒绝。美国内务部称，根据《1974年贸易协定法》的规定，投标公司在水电站投标项目中只能使用来自美国、加勒比海国家、NAFTA国家和部分其他指定国家的设备。

*区域经济壁垒*。美国倡导并加入区域经济一体化组织。区域经济组织成员间相互给予特殊优惠待遇，在客观上对非成员构成歧视。以纺织品和服装为例，根据NAFTA规定，美国自1994年1月1日起取消了从墨西哥进口纺织品和服装的配额限制，并给予一系列的关税优惠。但是，中国此类产品对美国出口仍受配额限制并被征收较高关税。因此，墨西哥已于1998年取代中国成为美国最大的服装供应国。

*对进口产品征收歧视性国内税费*。美国海关对所有水运进口货物收取港口维护税（Harbor Maintenance Tax），标准为进口额的0.125%。这一收费标准与美国海关提供的服务并不相称。近年来，美国海关未使用完的港口维护税额居高不下，2000年达到22亿美元左右。

*海关壁垒*。美国海关等部门在进口产品通关时要求出口商提供所有的附加单证及相关信息，对某些产品还提出了更多的要求，远远超出正常通关的需要，对新出口商和小出口商构成了壁垒。特别是进口纺织品、服装及鞋类的通关手续极为繁琐，且美国海关要求进口商或出口商提供的信息中很多都与通关或贸易统计无关。

*原产地要求*。关于原产地的衡量标准，国际上通行的是实质性转化标准。即一国在对产品的加工中，从原材料的投入到制成品是否使之发生实质变化为标准。如果发生了重大变化，足以列入关税税则表不同项下时，该产品就具有该国性质，被认为原产地为该国。采用这种标准的以美国等工业发达国家居多。

资料来源：陈霖婕.美国非关税壁垒措施及其对中国的影响［J］.商场现代化，2008（24）.

业与中国厂商的矛盾出现了激化的趋势，针对中国出口企业的“砸店”、“烧货”事件时有发生，危及中国相关企业的正常经营和中国公民的人身安全。

最后，随着宏观经济层面利益冲突的加剧，国际上“中国威胁论”的声音近年来甚嚣尘上，并开始由贸易领域向政治、军事等领域蔓延。

## 本章小结

- 国际贸易政策是指一国政府根据本国的政治经济利益和发展目标而制定的在一定时期内的进出口贸易活动的准则。
- 以国家对外贸的干预与否为标准，可以把历史上的贸易政策归纳为三种基本类型：自由贸易政策、保护贸易政策和管理贸易政策。
- 主要的贸易措施包括关税措施、非关税壁垒以及其他对外贸易措施。
- 关税壁垒是指一个国家基于增加本国财政收入、保护国内生产和国内市场的目的，通过较高的关税来限制商品的进口。
- 非关税措施是指关税以外的一切限制进口的措施。非关税壁垒种类已达千种左右，主要有配额、自愿出口限制（VER）和技术性贸易壁垒（TBT）等。
- 出口环节采用的主要贸易鼓励措施包括：出口信贷、出口信贷国家担保、出口补贴、商品倾销、外汇倾销等。
- 一国对某些商品出口实行管制措施。

### 关键词和概念

国际贸易政策　关税壁垒　非关税壁垒　配额　自愿出口限制　技术性贸易壁垒　出口鼓励　倾销　保税区　出口管制

### 思考题

1. 思考一国政府采取限制或鼓励贸易政策的原因。
2. 请收集资料，比较主要发达国家与发展中国家贸易政策目的、政策类型和具体措施的异同。
3. 根据新贸易理论和战略性贸易理论，你认为中国政府应该采取怎样的贸易政策？
4. 选择一种你感兴趣的产品，并访问 http：//www. usitc. gov/taffairs. htm（美国海关税率）网站，查询该产品的关税水平，了解该产品的关税水平会如何因产品价值、材料构成和质量等不同而不同。
5. 请与同学讨论各种新兴的非关税壁垒形式。
6. 自 2009 年 1 月奥巴马就职以来，美国政府已经对中国产品开展至少十余次反倾销、反补贴调查。你认为美国频繁采用这种贸易保护措施的原因是什么？
7. 作为 WTO 及前身 GATT 的会员国和缔约方，发达国家可以采用的合法贸易保护工具已经为数不多。技术性贸易壁垒有何特点，为何被发达国家广泛采用？
8. 劳工标准与国际贸易关系一直是南北斗争焦点，将二者相联系主要有两方式：一是自上而下通过国际组织和主权国家予以强制执行，将劳工标准纳入 WTO 多边贸易体制，形成一种非关税贸易壁垒；二是自下而上通过劳工组织、消费者、非政府组织等民间力量，比如通过 SA 8000 标准与跨国公司的订单挂钩，形成事实壁垒。第一种方式遭到发展中国家的抵制，第二种方式即 SA 8000 标准的实施正在对国际贸易产生越来越大的影响。针对国际劳工标准和 SA 8000 标准两种考验，你认为中国应该采取哪些措施？
9. 请搜集资料来了解中国 2001 年加入 WTO 后，发达国家在哪些领域保留针对中国产品而采取保障措施，并请说明这样措施的影响。

## 结尾案例

# 案例8-1 美对华轮胎特保措施案[2]

美国总统奥巴马2009年9月11日不顾中国方面和美国业者的强烈反对，决定对从中国进口的轮胎实施惩罚性关税，即在4%的原有关税基础上，在今后三年分别加征35%、30%和25%的附加关税。这一特保措施将于9月26日正式生效。带有强烈贸易保护主义色彩的轮胎特保案为美对华实施的首例特保调查，也是案值最大的一起。该案不仅将影响到中国近20亿美元出口和10万人就业，还可能被美国其他行业与其他WTO成员国效仿，产生连锁反应。据中方统计，2008年中国对美轮胎出口金额约22亿美元。该案被认为是奥巴马时代中美贸易摩擦第一案，同时也被舆论界视作是对奥巴马贸易政策的第一次重大考验。

特保措施是“特定产品过渡性保障机制”和“特殊保障措施”的简称。翻开《中华人民共和国加入WTO议定书》，第16条赫然在目：中国产品在出口有关WTO成员国时，如果数量增加幅度过大，以至于对这些成员的相关产业造成“严重损害”或构成“严重损害威胁”时，那么这些WTO成员可单独针对中国产品采取保障措施。“特保”实施的期限为2001年12月11日至2013年12月11日。它含蓄地表明它是背离GATT/WTO原有保障措施规则异化出来的另类，之所以写进议定书，则是和中国正处于向完全市场经济过渡的时期相联系，作为妥协和让步的产物。因此，这个特保条款有12年的生命力。

2009年4月20日，美国钢铁工人联合会以中国对美轮胎出口扰乱美国市场为由，向美国国际贸易委员会提出申请，对中国产乘用车轮胎发起特保调查。6月29日，美国贸易委员会建议在现行进口关税（3.4%~4.0%）的基础上，对中国输美乘用车与轻型卡车轮胎连续3年分别加征55%、45%和35%的特别从价关税。目前，中国轮胎年出口量占总产量的40%以上，如果削减输美轮胎半数产量，中国就会出现12%的剩余轮胎产能。此外，根据WTO规则，如果奥巴马批准了对中国的特保制裁，相关国家可以直接援引美国的制裁方案。奥巴马上台后曾在许多公开场合强调美国坚决反对贸易保护主义，然而具体到中国输美轮胎特保案，却最终自食其言，采取了明显带有保护主义色彩的措施。

商务部新闻发言人姚坚表示，中方强烈反对美方这一严重的贸易保护主义行为。中方认为，美方对中国轮胎采取特保措施缺乏必要的事实依据。第一，2007年以来中国轮胎产品对美出口增长并不明显，2008年比2007年仅增加了2.2%，2009年上半年比2008年上半年同期还下降了16%；第二，中国涉案产品主要供应美国的维修市场，而美国自产轮胎主要供应原配市场和替换市场，两者并不存在直接竞争关系；第三，美国内轮胎产业的经营状况在中国产品进入美国市场前后并无明显变化，即使在中国产品出口增幅最大的2007年，其盈利情况也表现良好；第四，美国内产业关停部分工厂和生产设备的行为是出于选择高端市场而主动进行的结构调整，与中国产品的进口无关。即使美国停止进口中国产轮胎，此类轮胎仍然要从其他国家替代进口。

9月3日，商务部表示依照中国法律和世贸组织规则，对原产于美国的部分进口汽车产品和肉鸡产品启动反倾销和反补贴立案审查程序。对于此次发起的“双反”调查，商务部称近期收到中国国内产业申请，反映上述产品以倾销、补贴等不公平贸易方式进入中国市场，对中国国内产业造成冲击，并要求商务部发起反倾销和反补贴调查。美国对汽车和禽肉出口的补贴证据世人皆知，此次中国对美国发起“双反”调查的两类产品进口额约 20 亿美元，与中国轮胎对美出口额大体相当。清华大学中美关系研究所高级研究员周世俭对中新社记者说，中国对美采取反制举措是必要的、合理的，也是符合世贸规则的。他同时指出，中国对外国产品发起反倾销反补贴合并调查非常罕见。

**讨论和在线学习问题：**

1. 奥巴马上台后曾在许多公开场合强调美国坚决反对贸易保护主义，然而具体到中国输美轮胎特保案，却最终自食其言，采取了明显带有保护主义色彩的措施。奥巴马为何言行不一呢？
2. 中国商务部有关负责人指出中国一贯坚决反对贸易保护主义。中国实施贸易反制不是为出恶气发动全面贸易战，而是要遏制贸易伙伴的保护主义倾向，从而为国际贸易创造更加平稳、更可预期的发展环境。请讨论中国对美采取反制举措的必要和合理性及其可能的效果。并讨论该措施符合世贸规则的地方。

## 案例 8－2　美日贸易战[3]

用经济学的角度来看，一个国家的经常项目收支如果超过国民生产总值 1.5%，就会同主要的贸易伙伴发生“激烈摩擦”；要是超过 2%，就会引起对方的报复措施。如果对一国的贸易顺差超过该国贸易额的 25%～30%，那就不仅是经济问题，而是成为政治问题。据美国统计的数字，美日贸易差额最高时所占比率为 58.6%，说明日美贸易摩擦不仅是经济问题，也带有政治问题。

1965 年日本对美顺差仅为 4.4 亿美元，1987 年 598 亿美元，1998 年日本对美国的贸易顺差达到 630 亿美元，创历史最高纪录，占当年美国对外贸易逆差1 686亿美元的 27.2%（按美国统计占 40%）。其后，一直保持在 600 亿美元左右，2000 年突破 700 亿美元，达到 705 亿美元。

日美贸易摩擦以纤维产品摩擦拉开序幕，逐渐从钢铁、大米等低级产品向汽车、航空材料、电信等高级产品扩大，并逐渐要求市场开放。

日本的纤维制品从 20 世纪 50 年代中期开始出口到美国，随着出口数量的不断增加，不断引起美国企业和政府的不满，并遭到美国国内反倾销的诉讼。经过两国政府的谈判，于 1957 年签订了《日美棉织品协议》。

60 年代，日本出口到美国的钢铁离岸价比美国厂家的价格低 15%～40%。1967 年，美国从日本进口的钢铁占美国钢铁总需求量的 15%，1969 年，这一比率迅速升至 42%。1985 年双方达成协议，禁止日本 9 种钢铁商品进入美国市场，但导致美国钢材的价格高于日本钢材价格的 15%～30%。从此，日本钢材出口到美国的数量暂时得到控制。

汽车是日美贸易摩擦的核心所在。据美国公布的数字，日本汽车商从 70 年代开始至今在美国销售的汽车数量合计有4 000万辆以上。在日本对美的贸易顺差中，汽车的比率始终居高不下，1989 年占 40.5%，到 1994 年猛增到 60%，金额为 370 亿美元。1979 年谈判的结果，日本同意自动限制对美汽车出口量。1993 年，克林顿在《美日框架协议》中，要求日本进一步开放汽车市场，并为减少顺差确定数字指标。1995 年 6 月，双方终于达成《美日汽车及零部件协议》，日本将放宽对汽车配件市场的管制，增加购买美国国产汽车配件数量。美国放弃过去一贯坚持对日出口汽车、零部件及日本的车检制度等设定的数值目标的要求。

日本彩色电视机从 1980 年开始对美出口增加迅速，最高时曾占据美国彩电市场的 30% 以上的份额。日美之间的彩电摩擦不断发生，直到日美《维持市场秩序协定》签订后，日本才被迫采取对美出口的自动限制措施，日美彩电摩擦才平息下来。

除以上几个领域外，日美贸易摩擦的领域正在逐渐扩大。目前，摩擦的领域已经从80年代的汽车、钢铁、彩电、电子、航空、港湾转向大米、大型计算机、汽车零部件及燃料、玻璃等领域。1998年底和1999年初，美国决定对进口日本热轧钢板征收惩罚性关税，进口厂家也需向海关缴纳保护金。最后，由于日本自动减少了对美的出口，才得到平息。大米是美国对日出口的主要农产品，1998年底，日本决定对进口大米征收1 000%的关税，美国对此表示不能容忍。1998年12月，日本对大米关税进行了调整，美国产大米的关税约为350%。1998年底，美国ITC认定，由于日本大型计算机出口到美国，使美国大型计算机的价格下降，对厂家造成危害。同时，美国商务部也认定这是对美的倾销，双方摩擦渐起，结果以日本的败诉告终。除此之外，进入1999年以后，日美之间还发生了日美平板玻璃摩擦、日美植物检疫纠纷、日美电器通讯摩擦等多起贸易摩擦。从以上的摩擦可以看出，日美贸易摩擦涉及的产品范围越来越大，技术层次越来越高。美国对日本的要求从增强进口到开放市场和经济结构的调整，从单项商品到全面摩擦。

**讨论和在线学习问题：**

1. 目前美国贸易逆差的1/3来自中国，请上网搜集20世纪80年代日美巨额贸易逆差的数据，并将它同目前中美巨额贸易逆差进行比较。
2. 请上网查询日美贸易战中，两国政府采取的不同贸易对策，你认为对中国有怎样的启示？你有怎样的政策建议？

## 案例8－3　印度频频限制中国产品是何居心？[4]

2008年中印贸易额超过500亿美元，中国已成为印度第一大贸易伙伴。然而印度人有一种观点认为，全球化只能使印度更加落后，因此反对引进外资和实行全方位的对外贸易。对于中国成为印最大贸易伙伴，许多印度人心里总不是滋味。特别是中国即将取代德国成为世界第一大出口国的新闻，在印度国内引起的震动很大。在与中国的贸易问题上，印度的保护主义声音甚为高涨。

作为世界上使用贸易救济措施最多的国家，印度为了保护本国产业已开始跨过WTO协议边界，并企图走得更远。目前中国产品对印度出口形势比较严峻，在国际市场需求萎缩情况下，印度对进口产品的数量、价格等变得更加敏感。2009年9月，印度考虑通过一项新的法案，以限制使用外国生产的电信设备，“尤其是中国生产的设备”，以堵住其在2008年的孟买恐怖袭击中所暴露出来的安全漏洞。这意味着，华为、中兴公司等在印度市场开拓多年的中国电信设备商，可能在这一世界最重要的新兴市场遭遇重大挫折。印度表面上对限制中国产品给出的理由是“出于国家安全考虑”，实质上是为消除中国企业对印度本国市场的威胁。近年来，中国企业凭借强大的资本和技术优势，在印度市场表现出良好的发展势头，2008年，印度仅从中国进口相关电子机械设备总值就达83亿美元，对当地企业形成压力。

华为、中兴公司的遭遇已不是第一次。实际上，从中国企业进入印度第一天起，类似以危害国家安全为由限制中国企业的事件就屡有发生。华为公司自2000年起就多次向印度政府提交在该国设立工厂的申请，然而在对方“保障国家安全”的理由下至今仍未获准，使得华为不得不缴纳高额关税从国内进口设备。2005年华为与BSNL的电信设备采购合同也因“安全问题”遭到阻挠而终止。此外，和记黄埔集团所属的港湾事业部也未能打消印度政府的“安保忧虑”，投资印度遭遇挫折。正向印度最高法院申请举行听证会的一家中国海运集装箱公司，也吐露了进军印度市场的苦衷：虽然印度称要与中国开展合作，但当中国企业真正进入印度市场时，就会遇到各种限制。据中国商务部网站发布的消息，

2008年10月份以来，印度已经接连对中国进口产品发起17起贸易救济调查，其中包括反倾销调查10起，涉及产品包括青霉素、工业盐、热轧钢、汽车转向轴、炭黑、瓷砖、亚麻织物、轮胎等，涉案金额约15亿美元。

**讨论和在线学习问题：**

1. 印度一直对中国制造持警惕的态度，你认为贸易利益之争背后的深层次原因是什么？请上网搜集亚洲大国之间历史、战争和领土纷争的资料，并与同学讨论这些因素对亚洲大国间经贸关系有何影响。
2. 中美贸易额每年超过3 000亿美元，而美印年贸易额不过500亿美元。请与同学讨论你们如何看待这一现象。

## 参考文献


1. 根据中美纺织品贸易争端：中国还要让多少？联合早报网，2005－09－05；根据张小华．欧美“设限”影响中国纺织品贸易［J］．中国市场，2005（47）；王珏．后配额时代的中国纺织品贸易［J］．国际商务研究，2004（6）；李丽．后配额时代中国纺织品贸易发展问题探讨［J］．中南财经政法大学学报，2005（4）等编写。
2. 美对华轮胎特保措施案，根据刘洪，刘丽娜．轮胎特保案：美国开了个坏先例．新华网华盛顿9月11日电（国际观察）；商务部：中方强烈反对美对中国轮胎采取特保措施．中新网9月12日电；中国“双反”回应美对华特保　专家称必要合理．中新网北京9月13日电编写。
3. 日美贸易摩擦案例根据金柏松．日美贸易摩擦战的教训与启示［N］．中国经济时报．2007－08－14。
4. 根据《印度卡中国企业想达到什么目的?》中国经济网　邱林．2009. 10. 2；http：//blog. ifeng. com/article/3171172. html 等编写。

CHAPTER 9

# 9 国际直接投资理论和政策

市场不是为了一个人存在的。

——非洲谚语

**学习目标**

- 理解国际直接投资内涵和分类
- 了解国际直接投资的理论解释
- 学习母国鼓励海外直接投资的措施
- 学习东道国鼓励和限制海外直接投资的措施

## 开篇案例

### 生意都在越做越大[1]

1998开始，一股狂热的合并浪潮席卷整个世界的石油、银行、汽车和电信等产业。1998年全球宣布的企业兼并交易总额为2.5亿美元；1999年高达3.4万亿；2006年创纪录高达3.9万亿美元；2008年即使受到金融危机影响仍然达到3.28万亿美元。

1998年8月，英国石油公司宣布整体并购美国阿莫科公司。4个月后，美国最大的两家石油公司合并，石油产业巨人埃克森公司以790亿美元的价格收购收购美孚石油公司，创下西方企业并购史上最高纪录，缔造出全球最大的石油公司，两者合并后的总资产为8 200亿美元。1998年4月6日起，短短7天时间内，美国连续6家大银行先后合并。其中美国花旗银行和旅行者集团的合并涉及金额高达725亿美元，创下银行业并购价值的最高纪录。这两家企业合并后的总资产额高达7 000亿美元。花旗银行和旅行者集团合并后形成了国际性超级金融市场，业务覆盖100多个国家和地区的1亿多客户。一周后的4月13日，美国国民银行和美洲银行、第一银行和第一芝加哥银行又双双宣布合并，分别成为美国国内最大的银行和美国中西部地区为中小企业贷款和发行信用卡的最大银行机构。接着，德国最大的商业银行收购美国排名第八的信孚银行。1998年11月，戴姆勒—奔驰公司以360亿美元的巨资收购了美国克莱斯勒公司。戴姆勒—克莱斯勒(Daimler Chrysler) 合并后形成一家雇员42.8万人、年产汽车1 100万辆的庞大公司。1999年4月，美、英、日三国的通信企业联手合作成立了全球最大的通信集团。美国电话电报公司收购国际通讯技术公司，贝尔大西洋公司拿下了通用电话电气公司，而西南贝尔公司也在不久前将美国技术公司收入囊中。微软公司在1999

年至少进行了45项兼并交易，交易总额超过130亿美元。英特尔公司进行了35项兼并，交易额达50多亿美元。2000年1月10日，美国在线公司和时代华纳公司的合并，组建美国在线—时代华纳公司，新公司的价值将达3 500亿美元，相当于墨西哥和巴基斯坦两国的国内生产总值之和。

经济学家们认为，这种强强合并对全球经济的影响十分巨大，它极大地冲击了原有的市场结构，刺激了更多的企业为了维持在市场中的竞争地位不得不卷入更加狂热的并购浪潮之中。

# 导言

如同开篇案例中谈到的那样，最近十年来跨国购并浪潮席卷全球，全球跨国并购规模不断扩大，跨国并购成为国际直接投资高速增长的主要支柱。

全球国际直接投资增长速度远远超过国际贸易，成为全球经济增长的重要引擎。20 世纪 60 年代，国际直接投资出现第一个黄金时期，其增长率约为全球 GDP 增长率的 2 倍、同期国际贸易增长率的 1.4 倍。国际直接投资第二个黄金时期在 1985 年，跨国公司在更大范围和更大规模组织国际化生产。90 年代以来出现第三次跨国并购将国际直接投资流量推向历史高点。2000 年全球跨国直接投资达14 919亿美元。“9.11”袭击以后，2001—2003 年间国际直接投资流量连续三年下降，2003 年跌至5 600亿美元。2004 年起，全球跨国直接投资迅速增长，根据联合国贸发会议数据，2004 年全球跨国直接投资达6 112亿美元，比 2003 年增长 9%。2005 年全球国际直接投资达9 160亿美元，增长 29%。2007 年，全球对外直接投资总额达到18 330亿美元，同比增长 30%。其中，发达国家的对外直接投资总额达到12 480亿美元，同比增长 33%。

美国是全球对外直接投资最大的接受国，位于第二至第五位的国家分别是英国、法国、加拿大和荷兰。欧盟是吸引对外直接投资流入量最多的地区，占发达国家总流入量的 2/3。2007 年，发展中国家和地区对外直接投资流入量创下历史新高达5 000亿美元，同比增长 21%。其中亚洲地区继续成为最具吸引力的投资地区，占到全部发展中国家吸收外资的 2/3 以上，外国直接投资流入量居于前三位的分别是中国、中国香港和俄罗斯。本章讨论国际直接投资理论，包括国际直接投资动因、模式以及利益分配的理论分析以及政府直接投资政策类型和影响。

## 9.1　国际直接投资概论

国际直接投资（international direct Investment）也称为对外直接投资（foreign direct Investment，FDI）、跨国直接投资（transnational Direct Investment，TDI）、海外直接投资（overseas direct investment，ODI）。

### 9.1.1 直接投资概念

国际直接投资是指在投资人以外的国家（经济区域）所经营的企业中拥有持续利益的一种投资，其目的在于对该企业的经营管理拥有有效的发言权。根据国际货币基金组织（IMF）的解释，“发言权”实际上指管理控制权。

国际直接投资是与国际间接投资相对应的概念，直接投资与间接投资同属于投资者对预期能带来收益的资产的购买行为，但二者有着实质性的区别：直接投资是资金所有者和资金使用者的合一，是资产所有权和资产经营权的统一运动，一般会形成实物资产；而间接投资是资金所有者和资金使用者的分解，是资产所有权和资产经营权的分离运动，投资者对企业资产及其经营没有直接的所有权和控制权，其目的只是为了取得其资本收益或保值。

### 9.1.2 国际直接投资的分类

国际直接投资的分类根据：（1）从子公司与母公司的生产经营方向是否一致看，可分为横向型投资、垂直型投资和混合型投资三种类型。（2）从投资者是否新投资创办企业的角度，可分为新办企业（又称绿地投资，有独资和合资两种形式）和跨国并购两种类型。（3）从投资者对外投资的参与方式的不同，可分为合资企业、合作企业和独资企业三种形式。

**新建和并购**

按照新投资企业的建立形式，国际直接投资可以分为新建和并购两种形式。

**新建又称为绿地投资**（green field），是指跨国公司等投资主体在东道国建立新企业或新工厂，形成新的经营单位或新的生产能力。新建投资会直接导致东道国生产能力、产出和就业的增长。

**并购**（merger& acquisition，M&A）是指对东道国现有企业进行参股或收购。跨国并购是指跨国公司等投资主体通过一定的投资程序和渠道，取得东道国某现有企业的全部或部分资产的所有权的投资行为。跨国并购是国内企业并购的延伸。

随着经济全球化的不断发展，绿地投资在 FDI 中所占比例有所下降，跨国并购已成为跨国直接投资的主要方式。根据联合国贸发组织发布的《2006 年世界投资报告》，2005 年全球对外直接投资达到9 160亿美元，其中全球跨国购并金额为7 610亿美元，占当年 FDI 总量的 80%。跨国并购导致大宗交易（交易价值超过 10 亿美元）的大幅增加：2000 年大宗交易为 175 起，2005 年 141 起，总交易金额达4 540亿美元（为 2004 年交易额的两倍），大宗交易占据全球跨国并购交易的 63%。相比之下，进入中国的国际直接投资 95% 都是以新建投资的方式，即通过跨国购并进入中国的国际投资不足 5%。但是，随着中国加入 WTO 以及改革开放的深入和国内市场的巨大吸引力，跨国公司在各种场合纷纷表示：公司进入中国的方式首选购并和独资方式。

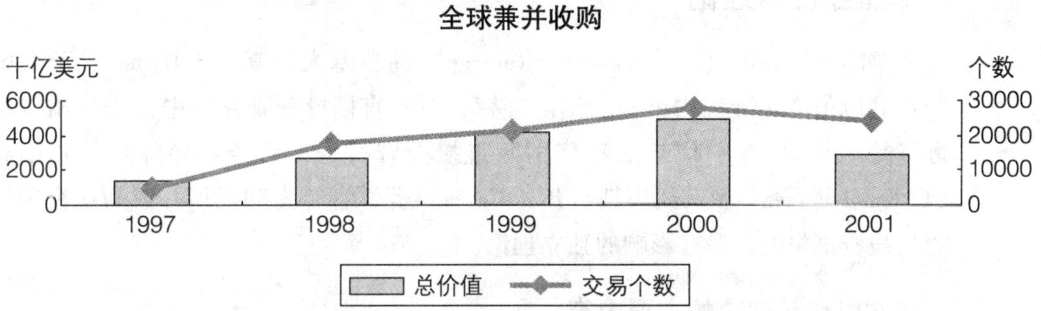


**图 9.1　1997—2001 年全球购并额和交易数量**

资料来源：外资并购. 中银国际控股有限公司"上市公司战略并购与创业企业资源整合"高级论坛。

### 独资和合营

按照母公司对子公司的控制程度，国际直接投资可以分为独资和合营两种形式。

独资企业是指母公司全资投入与经营，并根据东道国法律在当地注册登记的独立法人。

合营企业指来自不同国家的两个或两个以上的母公司，为生产、营销、财务和管理上的共同利益，将各自的资源组合在一起形成某种合伙关系，并以此为基础形成的企业。合营企业可以分为股权式合营和契约式合营。

股权式合营就是合资企业（equity joint venture，JV）。按照联合国的定义，国际合资企业是依法成立的公司实体、具有法人地位；由两个或两个以上的不同国家的投资者共同投资形成独立经营的法人资产；合资各方签订协议和章程，建立企业的决策和管理机构，共同经营和管理企业，并根据其在法定资产中的股权比例分享利润、承担风险；合资企业设定一定的经营期限，合资期满后双方按照股权比例清算并分担企业的债权和债务。

契约式合营（contractual joint venture）就是通常所说的合作企业。合作企业不一定设立法人企业，合作双方的权利和义务建立在契约的基础上，双方对利润的分享和风险的分担不一定按照各自的出资比例。

## 9.2　国际直接投资理论

国际直接投资理论体系，包括国际直接投资动因、国际直接投资模式以及国际直接投资利益分配的理论分析。从国际直接投资理论发展看，从上世纪 60 年代初期海默提出，其后经过维农、巴克利等人的发展，到70年代后期终于由邓宁完成国际直接投资的一般理论。以下讨论最具代表性的国际直接投资理论。

## 9.2.1 垄断优势理论

垄断优势理论（monopolistic advantage）的奠基人海默（S. Hymer）于1960年在其博士论文《国内公司的国际经营；对外直接投资研究》中首先提出“垄断优势”，并用垄断优势来解释国际直接投资行为，后经其导师金德尔伯格（C. Kindleberger）及其凯夫斯（R Z. Caves）等学者补充和发展，成为研究国际直接投资最早的、最有影响的独立理论。

### 垄断优势理论的主要内容

垄断优势理论回答一家外国企业的分支机构为什么能够与当地企业进行有效的竞争，并能长期生存和发展下去。海默认为，一个企业之所以要对外直接投资，是因为它有比东道国同类企业有利的垄断优势，从而在国外进行生产可以赚取更多的利润。这种垄断优势可以划分为两类：一是包括生产技术、管理与组织技能及销售技能等一切无形资产在内的知识资产优势；二是由于企业规模大而产生的规模经济优势。

金德尔伯格通过研究，把美国的垄断优势概括为：(1) 实行横向一体化和纵向一体化的优势。前者使跨国公司对价格有一定的控制能力，后者使跨国公司获得外部规模经济的优势。(2) 拥有市场的优势。如获得营销技术、专利、商标等优势。(3) 由于跨国公司资金雄厚、技术先进和实行全球性经营战略使其在生产和管理技能、方式上占有绝对优势。(4) 由于面向发展中国家投资，使其具有获得廉价劳动力的优势。(5) 实行限制政策也给对外直接投资带来优势。

### 垄断优势理论的前提假设条件

垄断优势理论的前提是跨国企业垄断优势源于市场的不完全性。据海默和金德尔伯格提出的“结构性市场非完美性理论”（structural market imperfection），不完全竞争问题表现为四个方面：商品市场的不完全竞争；要素市场的不完全竞争；规模经济所造成的不完全竞争；经济制度与经济政策所造成的不完全竞争。市场不完全导致企业拥有垄断优势，这构成了企业对外直接投资的根本动力。

### 垄断优势理论的贡献与局限性

垄断优势理论认为，跨国公司垄断优势本身是不完全的市场所赋予的，企业国际化的动因依赖于企业外部环境条件，企业是被“推”向国际化的。

该理论的贡献在于：(1) 提出了研究对外直接投资的新思路；(2) 提出了直接投资与证券投资的区别；(3) 主张从不完全竞争出发来研究美国企业对外直

接投资；（4）把资本国际流动研究从流通领域转入生产领域，为其他理论的发展提供了基础。

该理论局限性在于：（1）垄断优势理论无法说明不具有垄断优势的企业如何在出口与到国外直接投资之间进行选择；（2）缺乏动态分析；（3）无法解释为什么拥有独占技术优势的企业一定要对外直接投资，而不是通过出口或技术许可证的转让来获取利益；（4）该理论虽然对西方发达国家的企业的对外直接投资及发达国家之间的双向投资现象作了很好的理论阐述，但它无法解释自 20 世纪 60 年代后期以来，日益增多的许多并无垄断优势的中小企业及发展中国家企业的对外直接投资活动。

## 9.2.2 内部化理论

如果说最终产品市场不完善可以导致分配偏离最优结果而出现垄断，要素和其他中间产品市场同样可以扭曲资源配置形成垄断，这是否可以导致国际直接投资呢？这一思考是由英国经济学家巴克利完成的。借助于科斯关于市场因交易费用高昂而被企业制度替代的思想，巴克利认为中间产品市场的竞争是不完善的，特别是在超出零部件和半成品之外的专利技术、商标品牌、管理技能和市场信息等中间性知识类产品市场上，市场的不完善程度更高。内部化使得企业以内部技术和专利的形式获得了某种定价垄断，从而到国外投资有利可图。

**市场内部化**（internalization）是指由于市场不完全，跨国公司为了其自身利益，以克服外部市场的某些失效，以及由于某些产品的特殊性质或垄断势力的存在，导致企业市场交易成本的增加，而通过国际直接投资，将本来应在外部市场交易的业务转变为在公司所属企业之间进行，并形成一个内部市场。也就是说，跨国公司通过国际直接投资和一体化经营，采用行政管理方式将外部市场内部化。

**市场内部化理论的基本假设**

在不完全竞争的市场条件下，追求利润最大化的厂商经营目标不变；当中间产品市场不完全时，促使厂商对外投资建立企业间的内部市场，以替代外部市场；企业内部化行为超越国界，就形成了跨国公司。

**市场内部化的动因和成本**

市场内部化的动因是：防止技术优势的流失、特种产品交易的需要、对规模经济的追求、利用内部转移价格获取高额垄断利润、规避外汇管制、逃税等。市场内部化成本主要包括：通讯成本、管理成本、国际风险成本、规模经济损失成本。

### 内部化理论的贡献与局限性

内部化理论贡献：(1) 内部化理论提供与垄断优势理论不同的研究思路，提供了另外一种理论框架并能解释较大范围的跨国公司与对外直接投资行为；(2) 内部化理论分析具有动态性，更接近实际；(3) 内部化理论研究和解释了跨国公司的扩展行为，不仅较好地解释了第二次世界大战以来跨国公司的迅速增加与扩展，以及发达国家之间的相互投资行为，而且成为全球跨国公司进一步发展的理论依据。

理论局限性：(1) 内部化理论与垄断优势论分析问题的角度是一致的，都是从跨国企业的主观方面来寻找其对外投资的动因和基础，内部化的决策过程完全取决于企业自身特点，忽视了国际经济环境如市场结构、竞争力量的影响等，因而对于交易内部化为什么一定会跨国界而不在国内实行，仍缺乏有力的说明；(2) 在对跨国公司的对外拓展解释方面，也只能解释纵向一体化的跨国扩展，而无法解释横向一体化、无关多样化等跨国扩展行为。

## 9.2.3 产品生命周期理论

1966 年美国哈佛大学教授雷蒙·维农（R. Vernoon）从动态角度，根据产品的生命周期过程，提出产品生命周期（product life cycle）理论。维农在实证分析美国跨国公司对外直接投资实践的基础上，提出将产品生命周期划分为新产品创新、成品成熟和产品标准化三个阶段。当产品处于第一阶段时，为垄断技术，防止竞争进入，生产者选择在国内生产。当产品进入第二阶段时，随着产品出口的增加，生产者垄断的技术也因此扩散，仿制品开始出现，由垄断技术带来的优势出现丧失的危险。为了避免贸易摩擦、接近消费市场和减少运输费用，生产者选择到其他发达国家建立生产基地、在当地销售或向其他国家出口的经营策略。当产品处于第三阶段时，生产者拥有的技术垄断优势已经消失，竞争的焦点是产品的价格。为了降低生产成本，生产者选择到发展中国家建立生产基地、在当地销售或向其他国家出口的策略。当某产品进入第二、第三阶段时，生产者又开发出新一代产品，并进入一个新的周期（参见图 9.2）。

### 对产品生命周期理论的评价

从应用范围来讲，产品生命周期理论不能解释非代替出口的工业领域方面投资比例增加的现象，也不能说明今后对外投资的发展趋势。该理论没能解释清楚发展中国家之间的双向投资现象。此外该理论对于初次进行跨国投资的企业较适用，对于已经建立国际生产和销售体系的跨国公司的投资，它并不能作出有力的说明。

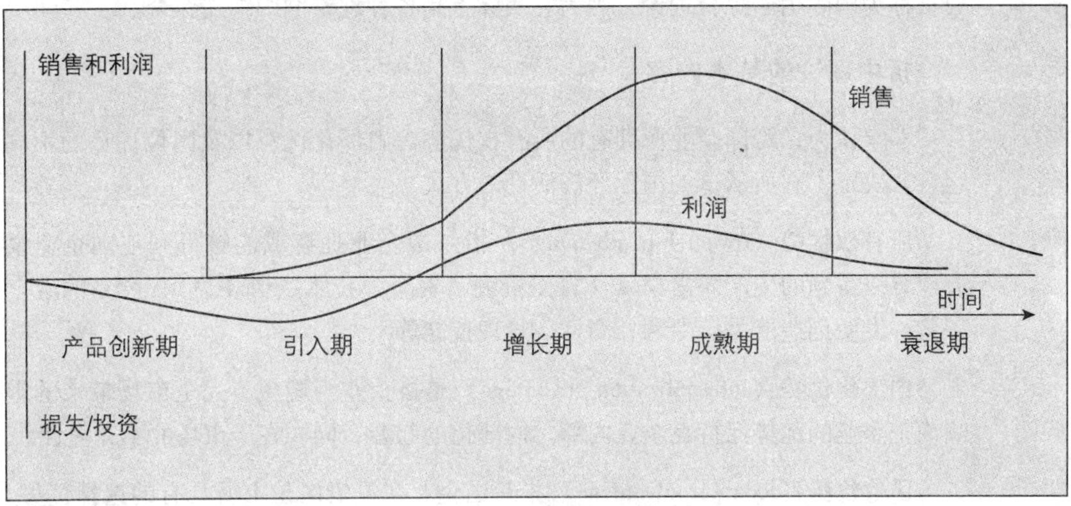


图9.2 产品生命周期

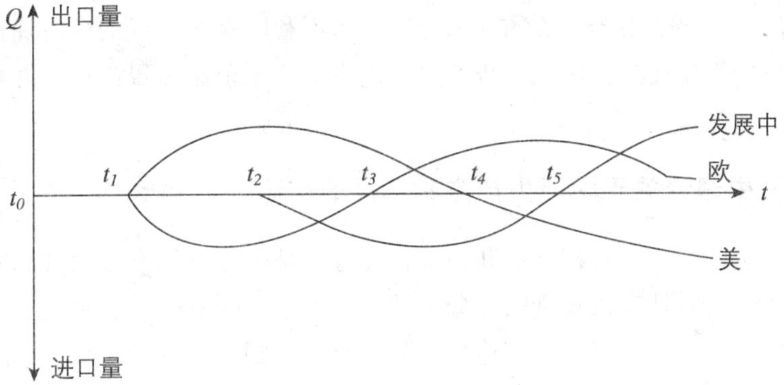


图9.3 国际贸易中产品生命周期的动态变化

上图中，$t_0$ 为美国开始生产时间，$t_1$ 为美国开始出口和欧洲开始进口时间，$t_2$ 为发展中国家开始进口时间，$t_3$ 为欧洲国家开始出口时间，$t_4$ 为美国开始进口时间，$t_5$ 为发展中国家开始出口时间。纵轴正方向表示出口量，负方向表示进口量；横轴 $t$ 表示时间。

## 9.2.4 国际生产折中理论

国际生产折中理论（eclectic theory of international production）是英国经济学家约翰·邓宁（John Dunning）于1977年提出的理论，他认为，一国的商品贸易、资源转让、国际直接投资的总和构成其国际经济活动。邓宁批评垄断优势理论、内部化理论的局限在于孤立地对国际直接投资作出部分的解释，没有形成一整套将国际贸易、资源转让和国际直接投资等对外经济关系有机结合在一起的一般理论。实际上只有企业所处的地域优势、历史累积的所有权优势以及替代市场获得的内部化优势的加权综合才有可能推动企业到国外去投资。邓宁的理论后来也被称为国际生产综合理论，因为它实际上是各种理论的归纳式综合。

### 折中理论的基本内容

邓宁认为，跨国企业所拥有的所有权优势、内部化优势以及区位优势的不同组合，决定了它所从事的国际经济活动的方式。

**所有权优势**（ownership advantage）指一国企业拥有或能够得到他国企业没有或难以得到的生产要素禀赋（自然资源、资金、技术、劳动力）、产品的生产工艺、发明创造能力、专利、商标、管理技能等。

**内部化优势**（internalization advantage）是指企业为避免不完全市场带来的影响而把企业的优势保持在企业内部。内部化的起源，同样在于市场的不完全性。

**区位优势**（location advantage）指跨国企业在投资区位上所具有的选择优势。区位优势包括直接区位优势和间接区位优势。直接区位优势指东道国的某些有利因素所形成的区位优势。如广阔的产品销售市场、政府的各种优惠投资政策等。间接区位优势指由于投资国和东道国某些不利因素所形成的区位优势。如商品出口运输费用过高等。区位优势的大小决定着跨国企业是否进行对外直接投资和对投资地区的选择。

### 折中理论关于国际生产方式选择的结论

邓宁认为，所有权优势和内部化优势只是企业对外直接投资的必要条件，而区位优势是对外直接投资的充分条件。因此，可以根据企业对上述三类优势拥有程度的不同，来解释和区别绝大多数企业的跨国经营活动。邓宁据此列出一个表（见表9.1），以说明三类优势与经营方式选择的关系。

**表9.1 三类优势与经营方式选择**

| 经营方式 | 优势 | | |
|---|---|---|---|
| | 所有权优势 | 内部化优势 | 区位优势 |
| 对外直接投资 | 有 | 有 | 有 |
| 出口贸易 | 有 | 有 | 无 |
| 技术转移 | 有 | 无 | 无 |

### 国际生产折中理论的贡献与局限性

国际生产折中理论贡献在于：(1) 克服了以前对外直接投资理论的片面性，吸收了各派理论的精华，运用多种变量分析来解释跨国企业海外直接投资具有较强的适应性和实用性。(2) 为跨国公司运作的全面决策提供了理论依据，指导企业用整体的观点去考虑与所有权优势、内部化优势和区位优势相联系的各种因素，以及诸多因素之间的相互作用。

国际生产折中理论的局限性：（1）国际生产折中理论所提出的对外直接投资条件过于绝对化。邓宁强调只有三种优势同时具备，一国企业才可能跨国投资，并把这一论断从企业推广到国家，这解释不了并不同时具备三种优势阶段的发展中国家迅速发展的对外直接投资行为，特别是大量向发达国家的直接投资活动。（2）该理论也局限在从微观上对企业跨国行为进行分析上，也没有摆脱垄断优势论、内部化理论、区位优势理论等传统理论的分析框架，缺乏从国家利益的宏观角度来分析不同国家企业对外直接投资的动机。（3）对三种优势要素相互关系的分析停留在静态的分类方式上，没有随时间变动的动态分析。（4）邓宁所论述的决定依据侧重在成本分析基础上，但它假定不同进入方式的收入是相同的，这不符合实际。一般来说，对外直接投资产生的收入流量最大，出口次之，而许可证贸易最低。事实上，企业在决策最有利的进入方式上是考虑收入差别的。

## 9.3　海外直接投资政策——政府对投资的影响

外商直接投资对东道国经济社会的影响有利有弊。外资的流入，对东道国可以产生许多积极效应，如弥补投资缺口、带来先进生产技术、促进对外贸易增长、引入市场竞争机制等。东道国为了吸引外资流入、实现其经济发展目标，往往会采取对某些外国投资的鼓励与优惠措施，这些政策措施通常包括财政鼓励措施、金融鼓励措施及其他鼓励措施。2005 年联合国贸发会议总共确认了 205 项与投资相关的政策变化，大多数政策变化营造了更便于国外公司进入和运营的环境（164 项），其中采用最为频繁的措施涉及以下几个方面：部门和跨部门的自由化（57 项）、促进措施（51 项）、运营措施（22 项）和 FDI 准入（19 项）。

截至 20 世纪 90 年代中期，许多发达国家不仅取消了对本国企业对外直接投资的主要限制措施，诸如外汇管制和资本输出管制，并且在鼓励和刺激本国企业对外直接投资的同时，强调增强国际间协调和合作的重要性。各国制定鼓励和促进对外直接投资政策的总体目标在于：增强本国企业的国际竞争力，维护和扩大国际市场份额，提高国家的经济业绩；寻求更加有利的投资区位，降低成本、提高生产率。如将产业转移至劳动力成本更低、资源供给更为充足的地区，可获得新的比较优势。发达国家为了鼓励和促进本国企业对外直接投资采取了一系列的具体政策措施。这些措施大致可以分成四类：信息和技术援助、直接的财政和金融支持、投资保险以及税收保护。

### 9.3.1　投资母国对外投资的鼓励措施

#### 信息和技术援助

几乎所有发达国家的政府机构或政府出资创办的全国性对外投资信息咨询中

心都为本国企业和居民的对外直接投资提供信息和技术援助服务，从而有效地降低了它们的前期成本。这种信息和技术援助包括五种具体的措施：

- □ 纯粹的信息服务。提供有关东道国的宏观经济状况、法律制度、行政治理制度和要素成本等信息。有些发达国家还通过建立本国对外直接投资企业的数据库等方式为一些发展中国家的企业服务，以便于双方企业寻找投资伙伴。
- □ 组织投资招商团。即通过母国政府机构的出版物、组织研讨会、投资洽谈会等方式为本国计划对外直接投资的企业提供服务，或组建赴海外投资考察团，为投资行为牵线搭桥，直接帮助跨国公司寻找投资机会。
- □ 通过提供某些东道国特定产业和特定投资项目的信息，为本国企业寻找特定的投资机会。
- □ 提供可行性分析以及所需的部分资金。
- □ 向本国小型企业在项目开发初期提供诸如预备法律文书、融资咨询、改进技术以适应东道国的法律要求和人员培训等方面的技术援助。例如，荷兰的发展金融公司 1989 年起制订的促进本国企业对外直接投资计划中，就为荷兰企业的对外投资提供可行性分析所需的资金，帮助它们培训管理人员。

### 直接的财政和金融支持

大多数发达国家对本国企业的对外直接投资提供财政和金融支持，这种财政和金融支持往往与母国对发展中国家的发展援助紧密联系在一起。但是，对本国企业的对外直接投资的财政支持并不局限于发展中国家东道国，同时也包括对其他发达国家的投资支持。

发达国家提供直接的财政和金融支持的机构包括日本的输出入银行、美国的海外私人投资公司、英国的英联邦开发公司（Development Corporation）、法国的经济合作中心、瑞典的产业合作基金、德国的投资金融公司和加拿大的出口开发公司等。此外，欧盟作为一个整体也采取了一系列的促进欧盟成员国企业对外直接投资的政策和措施。

### 海外投资保险

许多发达国家设立专门的机构为本国企业的对外直接投资提供保险服务。海外投资保险涉及的险种包括国有化险、战争险和投资收益的汇出险等。芬兰、荷兰、美国和瑞士等国实施的海外投资保险仅适用于本国企业对发展中国家的投资，而奥地利、瑞典和英国等国的海外投资保险则适用于本国企业对其他所有国家和地区的投资。各国立法中对保险费的规定也不一致。就综合保险费率而言美国最高，约为承保金额的 5%；英国次之，为 1%；接下来是法国、荷兰、比利时、瑞典等，约为 0.75%；日本、德国、挪威、丹麦、加拿大等国的综合保险费率较低，仅为承保金额的 0.5% 左右。

尽管不同发达国家的海外投资保险存在着上述差异，许多发达国家的投资保险都有着共同的前提条件，即申请投资保险的投资项目必须符合母国的经济利益，例如有助于增加母国的就业机会、增加母国的经济收入等国家利益。以美国为例，其海外私人投资公司从 1971 年以来，就为本国企业对发展中国家的投资提供包括政治风险和财务风险在内的投资保险服务。1993 年以来，为了加速俄罗斯和南非等国家和地区的经济增长，美国政府责成美国海外私人投资公司为美国企业对上述国家和地区的投资提供额外的投资保险。根据估计，通过投资保险促进的对前苏联国家的投资为美国增加了 10 亿美元的出口收入和 2 万个就业机会。其中，仅美国与俄罗斯的摩托车合资企业就为美国带来了 8 亿美元的国际收支顺差。

投资保险由国家特设机构执行，常与政府间协定有密切关系，互为补充，具有国家保证或政府保证性质，这使它区别于私人保险。其特点是：只限于海外私人直接投资，不涉及间接投资；保险对象只限于政治风险，不包括一般商业风险；政府保证的目的不仅是进行事后补偿，更重要的是防患于未然，尽可能保证事故不发生，一般是依靠两国投资保证协定来达到的。

**背景知识**

## 美国海外投资保证制度

美国海外投资保证制度始于1948年，是随着美国对外援助的扩大而发展起来的。1969年，美国修订《对外援助法》，设立海外私人投资公司（Oversea Private Investment Corporation，OPIC），由美国国务院领导，承担国际发展署对外投资活动的大部分业务，成为主管美国私人海外投资保证和保险的专门机构。

到目前为止，美国已同100多个发展中国家和地区签订了双边投资保证协定，在这些国家和地区中的投资由海外私人投资公司保证承担政治风险。1980年10月，中国同美国投资鼓励与保证协定换文正式生效。

美国海外投资保证制度，并不限于政治风险，根据1969年《对外援助法》，投资保证制度有三种：

- 政治风险的保证。
- 扩大风险保证或全风险保证，其保证范围包括政治风险和商业风险，主要是对海外投资企业长期贷款所发生的损失，负责补偿其75%，其余25%依投资者的选择，可另投政治风险的保险。
- 中、南美洲住宅投资保证，主要是对中、南美洲各国实行中、下层住宅建设计划进行长期贷款的保证，对有关住宅建设计划中的一切损失，保证补偿到100%。

**税收保护**

海外投资者可能面临着母国和东道国的双重纳税义务，为了避免双重课税，国际上通常采取两种方式：一是税收抵免，即对外投资者在东道国已纳的税款，可以在母国应纳税额中相抵扣减。它有利于维护母国的征税权，采用这种方式的国家比较多，主要有日本、美国、英国、意大利、加拿大、丹麦、澳大利亚、新西兰、奥地利、罗马尼亚等。二是税收减免或税收豁免，即只承认东道国的征税权，母国为了鼓励对外投资而放弃征税权。采用这种方式的国家有瑞典、挪威、芬兰、荷兰、法国、德国、比利时、波兰、捷克、匈牙利等。

## 9.3.2 东道国对国际直接投资的鼓励措施

外国直接投资总量供应的稀缺和外国直接投资需求的扩大，导致了国家间吸引外国直接投资的政策竞争愈演愈烈。东道国的投资鼓励措施多种多样，但主要有两类，一是财政鼓励，二是金融鼓励。发达国家一般喜欢使用金融鼓励，而不是财政鼓励，原因在于财政鼓励一般需要变动国内立法和议会的批准。相反，发展中国家倾向于使用财政鼓励，因为提供不了直接的金融资源。

具体而言，东道国提供的吸引外国直接投资的主要措施包括以下几种。

### 提供财政和税收的直接激励

发展中国家的投资环境，无论在软件（政策、法制）还是硬件（经济发展水平、基础设施）方面，都与发达国家相差甚远。为了与发达国家及其他发展中国家竞争，许多发展中国家竞相推出了对外资的种种鼓励、优惠政策，主要有以下几种：

（1）税率优惠。20 世纪 80 年代以来，发展中国家竞相出台一些税收优惠措施，而且相互攀比，不断加大本国的税收优惠力度以吸引外资。以公司所得税为例，在 2000 年发达国家普遍大幅降低所得税率以前，发展中国家对外资企业征收的所得税率一般较发达国家低 1/3 左右。2000 年以后虽然发达国家普遍大幅降低了所得税税率，但目前发达国家的税率水平依然普遍高于发展中国家的水平，而且近年来降低税率的趋势仍在继续。

（2）免税期优惠。免税期优惠依然是目前发展中国家常用的财政激励手段之一。发展中国家为跨国公司提供的免税期一般为投资后 5 年，但也有更长的。例如韩国《税收特例限制法》规定，对于属于法人税、所得税（国税）减免对象的项目，自 2005 年开始，从最初赢利的年度起 5 年内 100% 免征，之后 2 年内减按 50% 征收（2005 年前为 7 免 3 减）。新加坡规定，如属新兴工业和出口工业，从生产之日起算免征所得税 5 ~ 10 年；泰国规定，“奖励”产业可免征 5 年所得税或 1 年消费税；中国现行的《外商投资企业和外国企业所得税税法》规定，生产性外资企业，经营期 10 年以上的，从开始获利的年度起，第 1、2 年免征企业所得税，第 3 ~ 5 年减半征收企业所得税。

（3）对外资企业的关税减让和退税优惠。韩国《税收特例限制法》规定，直接用于法人税和所得税减免对象项目中的机械、器具、器材、零配件等产业设施以及其他原料、备用品，仅限于以新股发行方式进行投资时，其进口关税、特别消费税及增值税免征；马来西亚政府从1999年1月1日起，对生产企业进口生产所需的原材料实行免税；印尼政府规定，外资企业自用机械设备、零配件及辅助设备等资本物资免征进口关税和费用，外资企业2年自用生产原材料免征进口关税和费用，生产出口产品的原材料可退还进口关税；智利规定外资企业为发展营业而进口固定资产可批准全部或部分免除其进口税。

（4）加速折旧。巴基斯坦规定，对于在巴基斯坦首次投入使用的“可折旧资产”，在第一个纳税年度内可允许50%的初始折旧。此外，巴西、印度尼西亚、墨西哥、加纳等国家都有这样的法律规定。

（5）其他激励政策。除以上措施外，许多发展中国家还通过提供公有土地等租赁费用减免优惠、劳工训练计划赞助经费、发展工业区设施、成立投资促进机构等多项方案，全方位争夺FDI。

注意：上面我们讨论过避免国际双重课税，东道国采取各种税收激励等来吸引国际直接投资，然而母国关于避免双重纳税的具体规定决定这些税收优惠是否能够最终落实在投资公司上。如目前大多数国家采用抵免方式，即对在来源地国家缴纳的税额，可以在本国汇总计算的应纳税额中减除，投资所得利润最后都要在资本输出国按高税率被征税。结果发展中国家提供的低税率优惠不能落实到投资者本身，不能有效地发挥鼓励国际投资的作用。对税收抵免方式的缺陷，有观点主张用视同已征税额抵免的方法予以适当弥补，即来源地国家给予的减免税优惠在居住国计算征税时，要视同已征税额予以扣除，以有利于鼓励国际投资。发展中国家如新加坡、印度、巴基斯坦、斯里兰卡、泰国、马来西亚、赞比亚等，发达国家如比利时、爱尔兰、西班牙等国都在税收协定中采用这一方法。但是有的发达国家不赞同采用视同已征税额抵免，有的只同意对预提所得税的减免给予视同已征税额抵免，不同意适用于企业所得税。

### 加深投资规制框架自由化程度

联合国贸易和发展会议2005年3月16日公布数据指出，1992—2001年的10年，在116个发展中国家或经济体中，除了2个以外，全部都放宽了对外国直接投资的限制或者增加了对外国投资的鼓励，每年出台的相关新政策或措施为66～150项。贸发会议指出，东亚、东南亚和南亚的24个国家是吸引外国直接投资最积极的。这些国家出台的有利于吸引外国直接投资的政策占发展中国家出台全部政策的1/3以上，尤以中国、印度和越南出台的有利于吸引外国直接投资的政策最多。马来西亚从1998年2月起进一步开放电讯市场；从1998年7月31日起，取消了制造业外资持股比例与其产品内外销比例挂钩的有关规定，并进一步放宽了金融保险业外资的持股比例，允许外资控股，即从以前的49%提高到51%。泰国于1999年11月24日颁布实施了新的外商经营法，对证券代理服务、批发和零售、建筑、非丝质的纺织品、服装、鞋、酒类生产和拍卖做了进一步的放开，允许外商更大程度的参与。巴基斯坦从以前仅有制造业领域对外资开放发展到现在几乎所有的经济领域都已对外资开放，投资体制也已经大为自由化。

**不断增加国际投资协定**

为了有助于吸引直接投资，越来越多的发展中国家在双边和地区层面上缔结了国际投资协定，全球国际投资协定的数量，尤其是双边投资协定和在地区层面上有了极大增长。截至2005年底，全球双边投资协定的总量达到了2 495项，其中发展中国家签订的协定占全部协定的75%；全球双重税收协定达到了2 758项，其中发展中国家签订的协定占全部协定的58%。

### 9.3.3 东道国对外资的限制政策

各国政府有动机也有权利为了增进本国利益而制定限制外资的政策，联合国贸发会议发现，不利于FDI的政策变化所占比重正在稳步上升，联合国贸发会议发布的《2007年世界投资报告》中指出，2000—2006年，各国政府实施的限制外资政策数目依次为3项、14项、12项、24项、36项、41项和37项，占当年世界各国新发布外资政策总数的比例依次为2%、6.8%、4.9%、9.9%、13.3%、20.0%和20.1%。这一比重在拉丁美洲尤其高，该洲有2/3的政策变化中暗含着不利于FDI流入的措施。

外国投资者要受东道国规章措施的管理，其中一些措施在外国和本国投资者之间产生歧视，具体有三种情况：

**准入前限制**

东道国通常对外国投资者在准入和设立上的控制，是出于实现国际经济政策目标、国家安全、公共健康和安全、公共道德以及其他重要的公共政策的目的，是从本国优先发展的目标的角度而不是外国投资者的利益角度来对待直接投资，也是主权和经济自主权的一种表达方式。

一些发达国家不允许外国直接投资进入战略部门，如传媒、出版和电影或一些涉及国防和安全的产业，发展中国家的限制则更多一些，如项目审批管制、最高股权比例限制等。在外国投资领域，政治和经济考虑是相互关联的，外国投资比对外贸易的政治敏感度要高得多，外国投资领域的自由化又强化了政治上的敏感性。

在大多数国际投资协定中，只有NAFTA第11章和涉及美国的双边投资协议明确规定对外国投资的进入适用国民、最惠国待遇这样的非歧视规范。美联邦政府对外资一贯采取倾向鼓励的中立政策。普遍开放的经济制度加上国民待遇原则的实行也促进了外资的流入。不过，优惠的鼓励政策也并非意味着外资就可以畅通无阻，美国对外国在美的投资也设有不少限制。

**准入后待遇**

东道国对外资进入后仍然在所有权和业务上有所限制，但是这些限制主要是为了得到投资过程的经济利益。从20世纪60年代开始，为提高外国直接投资对当地经济的贡献，东道国对外资施加了各种各样的措施，作为外资准入的条件（业绩要求）或者对外资进行鼓励。这样业绩要求实际上代替了严格、僵化的外资管制，促进了外国直接投资准入上的自由化，代价是产生了贸易扭曲。自20世纪80年代中期以来，由于业绩要求对贸易产生了影响，所以取消业绩要求的呼声越来越高。美国是世界上许多跨国公司的母国，长期以来支持取消业绩要求，主要是出于经济利益的考虑。

近年来，外资设立后的待遇自由化程度越来越高，一般有最惠国待遇，但是设立后国民待遇还不十分普遍。在一些区域和多边投资规制框架中，外资设立后不但享有最惠国待遇，而且也享有国民待遇，如NAFTA、能源宪章条约以及约束力不强的世界银行的外资待遇框架以及APEC的非约束性投资原则。

**严格限制领域**

长期以来，各东道国政府出于保护本土企业的立场，对外国直接投资的投资领域、投资形式、投资比例、投资规模、经营范围等设置了许多政策壁垒。在大多数情况下，引入的不利于国际直接投资的新措施都与自然资源开采相关。如玻利维亚2006年5月决定将其石油和天然气行业收归国有，而委内瑞拉通过与国外投资者就特许契约重新进行谈判，以继续加强其对国有的委内瑞拉石油公司及其石油产量的控制。结果，许多国际石油公司同意签署新的合资契约，将其附属公司拥有的大部分所有权转移给委内瑞拉石油公司并接受一个更高的税率。在智利，一项新法律对年产铜50 000公吨以上的矿主征收5%的营业利润税。阿根廷则将2002年实行的经济紧急状态法延长至2006年。厄立特里亚政府撤消了投资促进机构（IPA）、暂停私人进出口许可并限制外汇的自由转移。中非共和国在一个不确定的时期内暂停增发黄金和钻石的许可证并禁止外国人进入采矿业，这反映出其对自然资源开采加紧控制的趋势。

## 9.5 中国吸收海外直接投资现状和问题

**吸收海外直接投资规模和主要投资国（地区）**

根据联合国贸发会议每年出版的《世界投资报告》，截止2007年，中国连续16年成为发展中国家吸收外国直接投资最多的国家。中国2007年吸收外资创历史新高840亿美元，相当于1983年的91倍。截止2008年7月底，中国已累计批准了外商直接投资项目63.4万个，实际利用外资金额累计达8 204亿美元。

中国内地外国直接投资国（地区）较为集中，如2005年流入中国内地FDI达到603.2459亿美元，前8位FDI来源地分别是中国香港、维尔京群岛、日本、韩国、欧盟、美国、新加坡和中国台湾。排名前三位的中国香港、维尔京群岛以及日本比重之和达55.52%，前8位FDI来源地的投资额占中国内地FDI流入量的83.77%。2005年中国内地进出口总额达到14 219.0617亿美元。其中，排名前7位的伙伴国家（地区）依次为美国、日本、欧盟、中国香港、韩国、中国台湾和新加坡，共占贸易总额的65%，说明中国内地与主要FDI投资国（地区）保持着良好的经济贸易关系。

### 外商投资企业在中国内地的产业分布与投资方式

以2005年为例，外商投资企业在中国内地的产业分布极不平衡。在中国内地的FDI主要集中在第二产业，合同项目、实际使用金额分别占到总量的68.24%和74.08%。第一产业吸收的FDI数量极少，合同项目、实际使用金额仅占总量的2.4%、1.19%。这主要是因为中国内地实施以家庭联产承包责任制为主的农业经营体制，使农户的分散经营达不到外商直接投资所需的经济规模。同时，由于对金融、保险、商业、外贸和信息服务业等第三产业限制较为严格，中国内地第三产业吸收的外商投资额还相对有限。

在外商投资方式上，中国内地目前虽然有合资经营、合作经营、外商独资经营和外商投资股份制经营等四种形式，但外商独资经营为最主要方式，其项目个数、合同金额、实际使用金额都占总体的80%左右。

### 存在问题

中国仍未进入全球外国直接投资的主流。商务部研究院在2009年6月举行的“2009中国企业发展融资峰会”上表示，目前中国吸收外商投资存量仅占全球2%；外资来源以华人资本为主，来自于发达国家的外资仅占不到1/5。

外商直接投资在上世纪80年代基本上是以港台资本小额投入为特征，项目多为粗加工工业，技术含量低。随着产业结构高级化，发达国家直接投资的重点行业从传统的制造业逐步转向高新技术产业，如计算机、新能源、精密机械和生物工程等。此外，发达国家继续投向资本和技术密集型的行业。第三产业中的一些行业，如金融、保险、不动产等也成为国际直接投资的热点，第三产业的投资在发达国家对外投资的部门结构中之所以占有较大比重，与服务业在其整个国民经济中所占的比重日益增大是一致的。

90年代以来中国在全球跨国直接投资中的地位在弱化。90年代中期，中国吸收外商投资最高占全球的11.8%，现在降低到5%左右；来自发达国家投资比重最高时达到30%左右，而2008年降低到了13%。

最后，在跨国并购成为国际直接投资主流方式的今天，中国吸收外资却绝大多数是新建投资，总体并购规模很小，近年来仅占外商投资总额的3%左右，且绝大多数为500万美元以下的小型并购。中国外资并购存在诸多问题：一是在规模、深度、广度及操作方式上与国际并购相差甚远，处于并购的初级阶段；二是缺乏相对完善配套的法律规制体系，使国内并购和外资并购都难以规范、有效、顺利进行；三是外资并购与国内企业间并购脱节，外资并购对于中国产业结构调整、资源优化配置和企业重组发挥的作用受到很大局限；四是对于外资并购的认识、有关法律法规政策的制定和具体的审批管理方面存在众多歧义，导致外资并购管理进退失据，使外资并购处于停滞不前的状态。

## 本章小结

- 国际直接投资理论研究关注的重点是投资动因、模式和利益分配。
- 垄断优势理论认为由于产品市场的不完全、要素市场的不完全以及规模经济和政府政策原因所带来的市场不完全导致企业拥有垄断优势，这构成了企业对外直接投资的根本动力。
- 内部化理论认为中间产品特别是知识和独特技能的市场失灵导致它们在市场上进行交易的成本很高，为了降低这种交易成本，企业便有用统一的所有权来连接这些交易的动力。当这种企业的内部化跨越国界时，也就实现了国际化。
- 国际产品生命周期理论从产品生命周期性特征需要走向海外投资的动态角度探讨跨国公司直接投资。
- 邓宁国际直接投资折中理论分析了所有权优势、区位优势和市场内部化优势的作用，是迄今为止FDI理论中影响最大、适用范围最广的理论，代表了FDI理论发展的趋势。
- 外商直接投资对东道国经济社会的影响有利有弊。大多数国家营造了更便于国外公司进入和运营的环境，但是各国政府对外资采取的限制性措施也在持续增长。
- 母国对外直接投资的鼓励措施可分成四类：信息和技术援助、直接的财政金融支持、投资保险以及税收保护。
- 东道国对国际直接投资的鼓励措施包括：提供各种财政和税收的直接激励（如税率优惠、免税期、关税减让和退税、加速折旧）、加深投资规制框架自由化程度、不断增加国际投资协定。

### 关键词和概念

国际直接投资　绿地（新建）投资　跨国购并　独资企业　合营企业　垄断优势理论　内部化理论　产品寿命周期理论　直接投资折中理论　国际直接投资政策　直接投资鼓励措施

### 思考题

1. 请比较说明国际直接投资理论体系中的代表性理论。
2. 美国是世界上最大的资本输出国，同时也是吸引国际直接投资最多的国家，2000年全球直接投资总额超过了1万亿美元，而美国所吸引的外资就达4 000亿美元。请分析美国具有的独特优势。
3. 墨西哥一年吸引海外直接投资约300亿美元，请采用区位优势理论来分析该国独特的优越性。
4. 请选择你感兴趣的一个中国企业，并用本章理论来分析该企业开展国际直接投资的动因、模式和收益和代价。请提交一份分析报告。

5. 请收集中国鼓励和限制外商直接投资的领域及其措施，并与同学讨论不同政策的意义。

6. 东道国采取的各种税收激励（如税率优惠、免税期）在投资母国采用抵免方式下，低税率不能使投资者得到实惠。请搜集中国主要投资和贸易合作伙伴国关于避免双重征税的具体规定，请与同学讨论哪些投资国主张用视同已征税额抵免的方法予以弥补？哪些国家不赞同采用视同已征税额抵免？哪些国家只同意对预提所得税的减免给予视同已征税额抵免，不同意适用于企业所得税？

7. 中国内地 FDI 来源地排名前三位的中国香港、维尔京群岛以及日本比重之和占全部 FDI 流入的 55.52%。你认为高度集中的来源地说明什么问题？比如像维尔京群岛这样的全球避税天堂扮演什么角色？

8. 请讨论不同东道国对国际直接投资的鼓励和限制措施。

9. 国际直接投资大多采用跨国购并方式，而在中国过去主要是绿地投资为主，你认为原因是什么？

10. 目前中国政府和企业都在热烈讨论“走出去”，你认为中国企业成功走出去需要具备怎样的竞争优势和能力？

## 结尾案例

### 案例 9－1　40 亿元换来海外并购的经典教训[2]

2004 年，上汽 5 亿美元并购双龙曾引起国内外汽车业的轰动效应，被认为是中国汽车工业走出去、具有国际性竞争力的标志性事件。

并购之后的运作极不顺利。虽然上汽持有双龙 51.3% 的股份，按惯例上汽应该算是控股公司，但 4 年间，上汽却始终缺失话语权，上汽派去对方的高管竟无法行使权力。更让人难以相信的是，打开双龙的网站，浏览公司简介，根本就没有任何关于上汽的标识及文字描述，仿佛上汽这位控股其 51.3% 的公司与双龙根本没有任何关系。2006 年，当传出上汽有意和双龙合作开发 SUV 车型时，双龙工会立即向韩国司法当局举报中国人欲“偷”本国技术，韩国检察院还对此进行了调查。

当初上汽并购双龙主要为了得到对方的 SUV 技术。然而，上汽对未来没有充分估计，双龙是否具备先进技术本就有争议，柴油车的前景在国内也不被看好，加上石油紧缺，油老虎 SUV 销售一落千丈。

另外上汽对韩国国内的复杂法律关系、劳资纠纷估计不足，对自身管理能力过于自信，也造成上汽并购双龙的失败。由于双龙 SUV 销售困难，双龙公司 2009 年 1 月申请破产保护，宣布裁员 36%。但 900 名遭裁撤员工不满这一决定，5 月 22 日起在工会组织下占据厂房，要求重新上岗、政府提供资金拯救公司。这一要求遭到政府拒绝，双方因谈判破裂进入紧张对峙局面。在损失近 20 亿人民币、罢工 76 天后，双龙汽车劳资双达成妥协协议。

从销量下滑、经营困难，到破产危机，再到申请法院托管和破产，4 年前一个价值 5 亿美元的企业，4 年后分文不值，上汽用 40 亿买了个教训。回顾上世纪 90 年代中期以来的全球跨国汽车企业并购案，除了雷诺—日产联盟一家外，其余均以失败告终。尽管有专家指出，汽车业的当务之急是做好国内企业间的兼并重组，然而，这并不能阻挡中国车企要“走出去”的强烈欲望，腾中重工收购通用悍马的消息尚未尘埃落定，吉利收购沃尔沃的合同已经签订。这些并购能否实施成功，现在作出评价还为时过早。但有了上汽并购双龙的失败教训，国内车企进行海外并购就有教训借鉴。

**讨论和在线学习问题：**

1. 此次追求规模效应以希望带来预期的成本削减和市场份额的跨国购并让中国汽车企业承受如此惨痛的教训，你认为瞬息万变的国际经济形势和资产所在国的复杂政策、法律、文化环境或社会风俗可能导致怎样的跨国购并风险？
2. 中国企业带着一种抄底的心态参与海外投资，但是被并购企业一方的资产负债表背后的包袱以及企业工会组织和相关法律法规起到什么样的作用？
3. 上网搜集中国汽车行业海外购并的新动向，并与上汽的收购作比较。

## 案例 9-2　政策下的"蜜月期"——宝洁公司从合资到独资[3]

宝洁公司是世界上最大的日用消费品公司之一，在 80 多个国家和地区设有工厂及分公司，经营 300 多个品牌的产品，畅销 160 多个国家和地区，旗下有宝洁、汰渍、碧浪、护舒宝、飘柔、潘婷、佳洁士、玉兰油和伊卡璐等世界品牌产品。2008 年，宝洁公司全年销售额为 835 亿美元，实现净利润 120 亿美元。

1988 年以前，宝洁公司就看中中国是一个潜力很大的市场。但是，由于中国刚刚开放不久，国家曾明文规定合资企业必须中方控股，外资在合资企业的股份不得超过 49%。同时，宝洁公司对中国的对外经济政策缺乏准确的把握，加之中国的市场机制不完善，各种要素市场基本都存在着各种管制，市场具有很大的不确定性。为了降低在中国的投资风险，合资方式是宝洁公司在中国投资的最好选择。宝洁先是找到了李嘉诚，双方在很短时间内达成共识，以美国宝洁 69.25%、香港和黄 30.75% 的股权比例，在香港注册纯粹的投资公司——宝洁和记黄埔有限公司，携手进军中国内地市场。经过广泛的考察，他们选择拥有 60 多年历史的广州肥皂厂作为合资伙伴。广州肥皂厂的"洁花"系列洗护肤产品在国内市场上有一定的影响和信誉，并建立了良好的销售渠道。合资后，宝洁公司产品可以沿用这个渠道顺利进入中国市场。由于当时中国政策规定，进出口贸易需由中国内地外贸公司代理，且合资企业进驻指定的技术开发区可享受返税优惠，宝洁和黄又选择了广州经济技术开发区内的建设进出口贸易总公司为合作方。1988 年 8 月 18 日，美国宝洁先与广州肥皂厂、香港和记黄埔（中国）有限公司及广州经济技术开发区建设进出口贸易公司共同成立了中美港合资广州宝洁有限公司。广州宝洁成立之初的股权比例为——宝洁和黄 65%、广州肥皂厂 30%、建总 5%，合资公司第一期投资为1 000万美元。

进入内地市场两年后，广州宝洁的"海飞丝"品牌顺利取代广州肥皂厂的"洁花"，并出口到香港和东南亚。随后，宝洁和黄宣布对广州宝洁增资 900 万美元，广州肥皂厂因无法凑足 270 万美元的增资款，持股由 30% 缩至 20%。1999 年，宝洁和黄态度非常坚决地提出，要一次性买断中方所有股份。当时传言，如果广州市政府不满足宝洁和黄提出的条件，广州宝洁将搬出广州迁往天津。在广州市政府牵头组织下，宝洁和黄与广州肥皂厂、建总展开了收购股权的多轮谈判。2000 年，宝洁和黄以 20 亿元人民币的价格，收购广州肥皂厂所持有的广州宝洁 20% 股份。2001 年，建总将所余 1% 股份出售给宝洁和黄。至此，广州宝洁成为完全外商独资公司，宝洁控股广州宝洁 80%，和黄持股 20%。2004 年 5 月 13 日，美国宝洁公司宣布，将以 18 亿美元从和记黄埔收购其在中国合资企业中剩余的 20% 股份。这意味着，在进入中国内地市场 16 年之后，宝洁终于将它的中国公司变成了独资公司。

在改革开放之初，合资企业在中国外商直接投资中一直占有绝对优势，比例一般能占到 70%

~80%，也因此有“合资中国”之称。从小心翼翼进入中国探路，到如今纷纷与合资伙伴解除“婚约”，已经在中国落地生根的跨国公司纷纷独立门户。据统计，1997年，中国外商独资企业合同利用外资首超合资企业，从此独资就成为外资进入中国的首选模式，1998年起，独资企业实际利用外资赶超合资企业。

**讨论和在线学习问题：**

1. 从改革开放之初的“合资中国”到后来的独资成为外资进入中国的首选模式，你认为最重要的原因是什么？中国企业应该如何应对外国投资的这一显著转变？
2. 上网搜索你所在地区的外资公司的演变案例，并与同学讨论这些外资公司中曾经的中方合作伙伴在合资过程中的市场份额、品牌等是如何逐渐丧失的？对民族企业有怎样的教训和启发？

## 参考文献


1. http://business. sohu. com/0225/file/977cetimes. html 等编写。
2. 邱林．40亿元换来海外并购的经典教训．光明网—光明观察，2009-08-22；上汽40亿买个跨国并购教训　双龙可能分文不值．爱意汽车网，2009-01-11.
3. 巫燕玲．从合资到独资：中国企业面临新挑战[J]．大经贸．2001（6）．

3

# 第三部分 全球金融环境

# 10 CHAPTER 10 全球外汇和资本市场

如果你不想持有一只股票10年，就不要持有它10分钟。

——巴菲特

**学习目标**

- 学习外汇基本知识
- 了解全球外汇市场的特征、运作机制
- 学习全球货币市场，尤其是欧洲货币市场
- 学习全球资本市场：股票、债券、信贷市场
- 中国企业的海外上市方式：ADR

## 开篇案例

### 国有银行上市便宜了谁[1]

——外资一年净利润超10000亿元

根据保守估计，外资一年从中国银行身上赚取的利润超过10 000亿元。仅2006年，境外投资者在工、建、中、交等银行的股权投资上就狂赚7 500亿元，加上从其他中国股份制商业银行享受到的利润，外资投资者成了国有银行上市的最大赢家。

4家上市大型银行交通银行、中国银行、工商银行、建设银行2008年年报显示，四家大型上市银行合共实现利润2 953.7亿元，平均增速达到30.5%。遗憾的是，真正分享四大银行高额利润却是外国投资者。以建行为例，美国银行2005年8月和10月共以30亿美元购入建行8.19%股权，2008年再从汇金公司手中增持60亿股建行股份，目前持有建行10.8%股权，建行10%以上的利润分成被美国银行抽走。

当初国有银行引入战略投资者时定价极低，以建行为例，2005年美国银行和淡马锡公司分别斥资25亿美元和14.66亿美元购进了建行9%和5.1%的股权，每股定价仅0.94港元。接下来引进外资投资者的中行、工行也没能避免入股价格过低的命运：2006年高盛集团、安联集团及运通公司出资37.8亿美元入股工银，收购约10%股份，收购价格1.16元/股。此后，苏格兰皇家银行、新加坡淡马锡、瑞银集团和亚洲开发银行共投资中国银行51.75亿美元，入股价格1.22元/股。

不但能够以较低的价格获得较高的利益分成，在自身危机的情况下，外资投资者还可

以随时通过低买高卖套现，在金融危机的大环境下，把中国的银行变成其名副其实的提款机。中国银行2009年初证实，苏格兰皇家银行已经将所持有的108.1亿股中国银行H股股权全部抛售。禁售期满不足半月，中行已连续遭到三家外资大股东的减持。加上同时期遭美国银行减持的建行，国有上市银行似乎正面临一股不小的外资战略伙伴抛售潮。自2008年年底禁售期满以来，中国银行似乎尝尽了战略投资者抛售的滋味。在2008年12月31日，禁售期满的第二天，瑞士银行集团便迫不及待地将所持全部中行H股配售给15家投资者。

## 导言

狭义概念的国际金融市场指国际间长短期资金借贷的场所，广义概念指从事各种国际金融业务活动的场所。传统的国际金融市场分为国际外汇市场、国际货币市场、国际资本市场、国际黄金市场等。

1985—2002 年，全球 GDP 增长平均每年 3.52%，全球贸易的增长平均每年 6.82%，全球国际资本流动增长平均每年 13.84%，即贸易的增长速度是生产速度的一倍，国际资本流动的速度是贸易的两倍、是生产增长速度的四倍！全世界资本市场每天的交易额是 2 万亿美元，其中 98.62% 纯粹是为了金融的交易，只有不到 1.5% 是为了贸易。如同开篇案例中谈到的那样的，中国企业正在融入全球金融市场体系。但是很多中国企业，对于如何开展国际融资、进行国际资本运作以及防范金融风险等问题的认识并不清楚，这需要我们系统了解国际金融市场的运行。本章将学习全球外汇市场和资本市场在国际商务中的运作，分为两部分：第一部分是外汇市场；第二部分是国际货币与资本市场。

## 10.1 外汇和外汇市场

外汇（foreign exchange），广义的定义指以外国货币表示的、在国际上可以自由兑换且能被各国普遍接受与使用的一系列金融资产。根据 1997 年 1 月修订的《中华人民共和国外汇管理条例》的定义，“外汇是指以下以外币表示的可以用作国际清偿的支付手段和资产，具体包括：（1）外国货币，包括纸币、铸币；（2）外币支付凭证，包括票据、银行存款凭证、邮政储蓄凭证等；（3）外币有价证券，包括政府债券、公司债券、股票等；（4）特别提款权（SDRs）；（5）其他外汇资产。”

汇率（exchange rate）指两国货币的兑换比率，或一国货币用另一国货币表示的价格。汇率的标价方法分为直接标价法和间接标价法。直接标价法以一定单位的外币为标准折合成一定数额的本国货币，其特点是外币数固定不变，本国货币数随汇率高低发生变化，本国货币币值大小与汇率的高低成反比。目前，世界上大多数国家汇率的标价采用直接标价法，我国也采用这一方法。间接标价法以一定单位的本国货币作为标准，折合成一定数额的外币。间接标价法的特点是本国货币数固定不变，外币数随汇率高低发生变化，本国货币价值大小与汇率高低成正比。通常英、美国家采用间接标价方法，但美国对英国采用直接标价法。

## 10.1.1　外汇市场的特征

外汇市场（foreign exchange market）是进行外汇买卖的交易场所。外汇市场有两大功能：外汇兑换（converting currencies）和减少风险（reducing risk）。外汇市场具备以下特点。

**外汇市场是全球最大的金融市场**

从上世纪90年代起，全球每天外汇交易量超过万亿美元。据位于瑞士巴塞尔的国际清算银行（BIS）的调查：2004年日均外汇交易量为1.9万亿美元；2006、2007、2008年外汇日均交易额达3.2万亿美元。

**外汇市场是一个无形市场**（over the counter，**简称**OTC）

外汇买卖通过行商网络进行，交易没有集中统一的地点。外汇交易网络是全球性的，市场是由大家认同的方式和先进的信息系统所联系，交易商不具有任何组织的会员资格，但必须获得同行业的信任和认可。这种没有统一场地的外汇交易市场被称之为无形市场。全球外汇市场每天平均三万亿美元的交易就是在这种既无集中的场所又无中央清算系统的管制，以及没有政府的监督下完成清算和转移。

**外汇市场是24小时连续作业市场**

由于全球各金融中心的地理位置不同，亚洲市场、欧洲市场和美洲市场因时间差的关系，连成了一个全天24小时连续作业的全球外汇市场。早上8时半（以纽约时间为准）纽约市场开市，9时半芝加哥市场开市，10时半旧金山开市，18时半悉尼开市，19时半东京开市，20时半香港、新加坡开市，凌晨2时半法兰克福开市，3时半伦敦市场开市。如此24小时不间断运行，外汇市场成为一个不分昼夜的市场，只有星期六、星期日以及各国的重大节日，外汇市场才会关闭。这种连续作业，为投资者提供了没有时间和空间障碍的理想投资场所，投资者可以寻找最佳时机进行交易。比如，投资者若在上午纽约市场上买进日元，晚间香港市场开市后日元上扬，投资者就可以在香港市场卖出。不管投资者本人在哪里，他都可以参与任何市场、任何时间的买卖。

### 美元是外汇市场中最重要的货币

在2004年，美元占据全球外汇单方（买或卖方）总额的89%。原因在于美元是许多国家央行的储备货币、是众多资本市场的投资性货币和众多国际商品市场的交易货币。表10.1显示全球外汇市场的货币分布。

### 外汇市场是高度一体化和波动剧烈的市场

虽然美元是全球外汇交易最常用的货币，但是全球最大的外汇交易市场在英国，伦敦的外汇交易量远远超过纽约。伦敦的重要性来自其独特的地理位置——处于两大时区交汇处、外汇交易的历史传统等因素。全球外汇交易前四名分别为英国、美国、日本和新加坡，其业务总量占据全球日均总交易额的64%。图10.1为全球外汇市场的地理分布。

20世纪80年代以来，由于国际经济发展不平衡以及国际资本流动的进一步加剧，大量国际游资不断冲击各国货币，导致全球外汇市场上的汇率剧烈波动，如1997年亚洲金融危机前，印尼货币卢比汇率为1美元=2 580卢比，亚洲金融危机后，1美元=15 300卢比，而泰国货币泰铢则贬值100%。

### 外汇市场交易是一场零和游戏（zero-sum game）

外汇交易中，一个交易员的获利肯定是对手方另一个交易员的损失。当然如果有中央银行干预，损益可能是由央行承担。

**表10.1 全球外汇市场的货币分布（%，合计200%）**

| 货 币 | 1989年4月 | 1992年4月 | 1995年4月 | 1998年4月 | 2001年4月 | 2004年4月 | 2007年4月 |
|---|---|---|---|---|---|---|---|
| 美元 | 90 | 82 | 83 | 87 | 90 | 89 | 86 |
| 欧元 | - | - | - | - | 38 | 37 | 37 |
| 日元 | 27 | 23 | 24 | 21 | 23 | 20 | 17 |
| 英镑 | 15 | 14 | 10 | 11 | 13 | 17 | 15 |
| 瑞士法郎 | 10 | 9 | 7 | 7 | 6 | 6 | 7 |
| 其他 | 31 | 32 | 39 | 44 | 30 | 31 | 38 |

资料来源：Bank for International Settlement, Central Bank Survey of Foreign Exchange and Derivatives Market Activity, 2007)(Base, Switzerland: BIS, December 2007: 11).

## 10.1.2 外汇交易方式

外汇交易经历两代发展，一是传统外汇交易，包括即期、远期和掉期外汇交易。二是创新外汇交易，包括外汇期货、外汇期权、货币互换等。以下简单讨论几种主要的外汇交易方式。

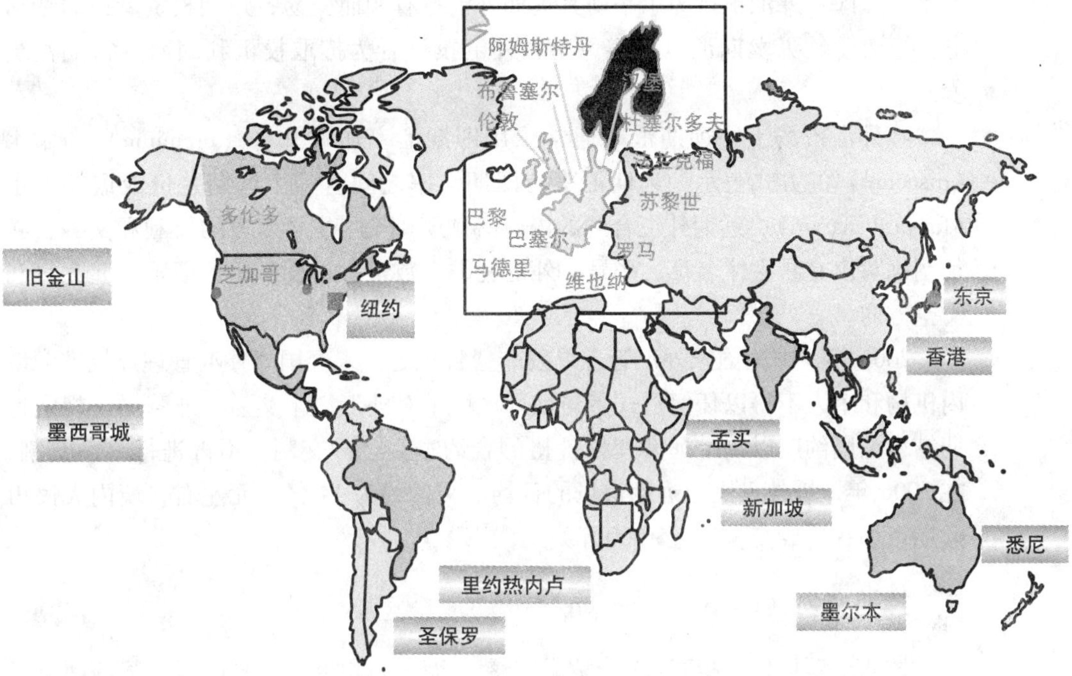


图 10.1　全球外汇市场地理示意图

**即期外汇交易**（spot exchange transaction）

即期外汇交易又称为现汇交易，是指买卖双方以当时的外汇市场的价格成交，成交后必须在当天或两个营业日内按成交时的汇率交割（卖方交付外汇，买方交付本币）的一种业务活动。即期外汇交易是外汇市场上最常用的一种交易方式，占外汇交易总额的大部分。即期外汇买卖不但可以满足买方临时性的付款需要，也可以帮助买卖双方调整外汇头寸的货币比例，以避免外汇汇率风险。

在外汇市场上，即期汇率通常采用双向报价法，即同时报出买入价（buying rate，或 bid）与卖出价（selling rate，或 offer），买入价是银行愿意以此价格买入标的货币的汇率，卖出价是银行愿意以此价格卖出标的货币的汇率。买入价与卖出价之间的价格称为价差（spread），是银行的利润。在直接标价法下，银行买入价在前，卖出价在后。例如 2009 年 11 月 7 日某一银行的报价为：即期汇率 USD1 = JPY：90.72/90.766，即买入价为 1 美元 = 90.72 日元；卖出价为 1 美元 = 90.766 日元。

**远期外汇交易**（forward exchange transaction）

远期外汇买卖，也称期汇交易，指在外汇买卖成交时，双方先签订合同，规定交易的币种、数额、适用的汇率及日期、地点等，并于将来某个约定的时间（如 1、2、3、6 个月）某个交割日（value day）进行交割的外汇业务活动。

进行远期外汇买卖的原因主要有：进出口商预先买进或卖出期汇，以避免汇率变动风险；外汇银行为了平衡其远期外汇持有额而交易；短期投资者或定期债务投资者预约买卖期汇以规避风险；外汇投资者为攫取投机利润而进行期汇买卖。

在外汇市场上，远期汇率通常采用即期汇率加减升水（premium）和贴水（discount）的方式表示，远期汇率与即期汇率之间有一个远期差价或远期汇水（forward margin）。远期外汇合约的内容必须明确交易主体双方的权利和义务，必须明确写出交易主体名称、账号、外汇种类、数量、远期汇率、期限、起息日和交割方向。

2006 年，中国国家外汇管理局发布通告规定，未经国家外汇管理局批准，境内机构和个人不得以任何形式参与境外人民币对外汇衍生交易。外管局还规定远期结售汇履约应以约定远期交易价格的合约本金全额交割，不得进行差额交割。在 2006 年，境外人民币远期市场的日均成交量约为 14 亿美元左右，境内人民币远期市场日均成交量接近5 000万美元。

### 掉期交易（swap transaction）

掉期交易是指将相同货币、相同金额，而方向相反、交割期限不同的两笔或两笔以上的外汇交易结合起来进行，即在卖出或买进某外币时，同时卖出或买进金额相同的同种外汇，但交割期限不同。

作为一种复合型的外汇买卖，掉期外汇交易明显地具有下述特点：一种货币在被买入的同时即被卖出，或者是一个相反的操作；买卖的货币币种、金额都一致；买与卖的交收时间不同。正因为如此，掉期外汇交易不会改变交易者的外汇持有额，改变的只是交易者所持有的外汇的期限结构，故名“掉期”。

掉期交易的目的包括两个方面：一是轧平外汇头寸，避免汇率变动引发的风险；二是利用不同交割期限汇率的差异，通过贱买贵卖，牟取利润。按照交割期限的差异，掉期可以分为即期对远期（spot-forward）、隔日掉期（tomorrow-next swap）、远期对远期（forward-forward swap）三种。

假定美国某银行在 3 个月后应向外支付 100 万英镑，同时在 1 个月后又将收到另一笔 100 万英镑的收入。如果市场上汇率有利，它就可进行一笔远期对远期的掉期交易。假定某天外汇市场汇率为：即期汇率£ 1 = US $1.5960/1.5970；1 个月远期汇率£ 1 = US $1.5868/1.5880；3 个月远期汇率£ 1 = US $1.5729/1.5742，这时该银行可作如下两种掉期交易：

一是进行两次“即期对远期”的掉期交易，即将 3 个月后应支付的英镑，先在远期市场上买入（期限 3 个月，汇率为 1.5742 美元），再在即期市场上将其卖出（汇率为 1.5960 美元）。这样，每英镑可得益 0.0218 美元。同时，将一个月后将要收到的英镑，先在远期市场上卖出（期限 1 个月，汇率为 1. 5868 美元），并在即期市场上买入（汇率为 1.5970 美元）。这样，每英镑须贴出 0.0102 美元。两笔交易合计，每英镑可获得收益 0.0116 美元。

二是直接进行远期对远期的掉期交易，即买入 3 个月的远期英镑（汇率为 1.5742 美元），再卖出 1 个月期的远期英镑（汇率为 1.5868 美元），每英镑可获净收益 0.0126 美元。可见，这种交易比第一种交易较为有利。

掉期交易作为一种灵活、有效的避险和资产负债综合管理的衍生工具，交易量急速增加。这种交易形式已扩展到商品、股票等汇率、利率以外的领域。由于掉期合约内容复杂，多采取由交易双方一对一进行直接交易的形式，缺少活跃的二级市场和交易的公开性，具有较大的信用风险和市场风险。因此，从事掉期交易者多为实力雄厚、风险控制能力强的国际性金融机构，掉期交易市场基本上是银行同业市场。国际清算银行（BIS）和掉期交易商的同际性自律组织国际掉期交易商协会（ISDA）近年来先后制定了一系列指引和准则来规范掉期交易，其风险管理越来越受到交易者和监管者的重视。

### 10.1.3 外汇市场参与者与交易方式

全球外汇市场的参与者主要包括：

外汇银行（foreign exchange bank），它们是主要的造市者（principal market maker，简称 PMM）。造市商是外汇买卖中间商，主要业务是为买方及卖方进行报价并为双方寻找最佳价格撮合交易，本身则从买卖差价中获利。有时候造市商也会用自有资金来进行外汇交易，扮演买方或卖方的对手，借此确保市场流动性。造市商具备信息及执行交易上的优势，因此能发挥稳定市场的功能，并防止买方或卖方过多造成市场剧烈波动。重要的造市商还有商业银行和中央银行。根据 BIS 数据，85% 的外汇交易在造市商之间，源于商业需要的外汇交易不到 15%。

外汇经纪人（foreign exchange broker）是专门在外汇交易中充当中介，以赚取利润或收取佣金为目的的中间商。外汇经纪人分为：一般经纪人，又称自营商（dealer），以自有资金参与外汇交易、自负盈亏；跑街经纪人（running broker）或称外汇掮客，此类经纪人专代客户买卖外汇以赚取佣金。

跨国公司、外汇投机者、进出口商和其他外汇供求者也是外汇市场的参与者。

#### 外汇交易的自动交易系统

美国银行间清算系统（clearing house interbank payment system，简称 CHIPS）是“纽约清算所银行同业支付系统”的简称，于 1970 年建立，由纽约清算所协会（NYCHA）经营，是全球最大的私营支付清算系统之一，主要进行跨国美元交易的清算。目前全球 90% 以上的美元收付通过纽约的 CHIPS 进行。纽约外汇市场是全球第二大外汇交易中心。

环球同业银行金融电讯协会（Society for Worldwide Interbank Financial Network，简称 SWIFT）是国际银行同业间的国际合作组织，成立于 1973 年，目前全球大多数国家大多数银行已使用 SWIFT 系统。SWIFT 的使用，为银行的结算提供了安全、可靠、快捷、标准化、自动化的通讯业务，从而大大提高了银行的结算速度。

### 10.1.4 国际商务中的外汇风险

所有开展国际商务的公司的资产负债表都会直接或者是间接地和外汇相挂钩，公司的上下游企业或竞争对手一定与外汇形成某种形式或程度的关联。全球金融一体化下，欧元、日元和美元三大汇率交锋，全球外汇市场上的汇率剧烈波动。如日元汇率从 20 世纪 90 年代开始波动剧烈：最高为 85 日元比 1 美元，最弱为 135 日元比 1 美元。仅仅是因为汇率的变化，国际企业就可能出现巨额利润或巨额亏损。如何通过外汇市场防范风险是开展国际商务的公司面对的重大问题，我们将在第 16 章国际会计问题中讨论跨国公司中的外币会计和防范外币风险的具体措施。

## 10.2 国际货币市场

货币市场（money market）是指资金期限在 1 年以内（含 1 年）的短期金融工具进行交易的场所，也称为短期资金市场。货币市场对于现金管理和营运资金运作十分重要。货币市场参与者（借款人和贷款人）一般是同时作为资金的借款人和贷款人的大银行、金融公司、非金融公司、政府机构，甚至中央银行（如美联储、英格兰银行、东京银行）。美国财政部是世界最大的货币市场借款人。

### 10.2.1 国际货币市场的特点

#### 国际货币市场中拆借短期资金

国际货币市场是短期资金市场，主要拆借短期资金，最短为几个小时或隔夜（overnight），以弥补头寸的短暂不足。由于该市场所容纳的金融工具主要是政府、银行及工商企业发行的短期信用工具，具有期限短、流动性强和风险小的特点，在货币供应量层次划分上被置于现金货币和存款货币之后，称之为“准货币”，所以将该市场称为“货币市场”。

相对于资本市场为中长期资金的供需提供服务，货币市场提供季节性、临时性资金融通。相对于长期投资性资金需求来说，短期性、临时性资金需求是微观经济行为主体最基本的、也是最经常的资金需求，因为短期临时性、季节性资金不足是由于日常经济行为的频繁性所造成的，是必然和经常的资金缺口，所以短期资金融通功能是货币市场的一个基本功能。

**国际货币市场是高度一体化的无形市场**

国际货币市场是具有高度组织化的市场，具有牢固的体制性结构、完善的交易规则和普遍确认的市场惯例，而且参与者为信用评估等级很高的跨国公司或跨国银行，所以借贷一般不需要担保。货币市场交易有序、价格稳定，能吸引大量交易，对证券价格和利率的影响小。国际货币市场是通过现代化通讯技术和计算机网络联系和交易的无形市场。

**国际货币市场交易分为证券化交易和非证券化交易**

证券化交易涉及的借贷活动可以通过标准化的可转让的信用票据或流通凭证来进行。这些体现债权和债务的凭证可以在二级市场上流通。非证券化交易只涉及两个交易对象，所产生的债权和债务不可转让。

### 10.2.2　货币市场工具

全球货币市场的主要工具包括：以银行为主要贷款人和借款人的货币市场（短期国库券、联邦基金、大额可转让存单、回购协议）；以大公司和银行为主的货币市场（商业票据、联邦机构证券）；以全球性短期资金借贷的货币市场（银行承兑票据、欧洲美元）。以下讨论几种主要的货币市场工具。

**短期国库券**

国库券是一种贴现证券（discount security），即国库券本身没有利息，投资者持有到期，将得到国库券面值（face value）。国库券的出售一般通过拍卖方式。有两种方式：竞争性报价方式，即由投资者报出收益率和认购数量；非竞争性报价，即投资者不报出收益率，只报出认购数量。

以美国财政部发行的美国国库券为例，分为三类：

短期国库券（treasury bills），期限为13、26或52周，多以折价方式拍售。最小购买金额为10 000美元，较大面额应为10 000美元的倍数。

中期国库票据（treasury notes），期限为2、3、5、10年的附息证券。中期国库票据发行额占总额60%左右，为美国政府主力债券。所有的国库票据都为固定利息，到期一次偿还。债券最小面值1 000美元。若期限低于4年，则最低购买金额为5 000美元。大额购买应为1 000美元的倍数。

长期国库债券（T-Bonds），为10年期以上的附息证券。所有证券都为固定利率，到期一次偿还。最小面值1 000美元，大额购买应为1 000美元的倍数。

美国国库券是全球流动性最大的资产，全球对美国国库券的需求很强。美国财长盖特纳不无自豪地表示：在全世界没有任何比美国国库券更安全、更有流动性的金融工具。这也是即使在2008年全球金融危机冲击下，中国和日本仍选择增持美国国库券的原因。

### 联邦基金

联邦基金（Fed Fund）是在中央银行存款保证金账户上交纳存款准备金的金融机构之间进行准备金余缺调剂的资金。传统上联邦基金指美国银行所持有的超额储备，如今联邦基金的范围超出联邦储备系统，包括储蓄贷款协会、信用合作社、储蓄银行等。联邦基金同城通过当地清算所，异地通过联邦电报网络（Fedwire）清算。联邦基金投资者主要是货币市场共同基金（MMMF）、市政机构，此外还有工商企业、储蓄银行、互助基金、外国银行、联邦机构和保险公司等。

### 大额可转让存单

大额可转让存单（certificate of deposit，简称 CD）是银行创造的金融资产，有标明的利率和到期时间。大额可转让存单不记名，可以转让流通，在到期前可无限次转让。面值为 10 万～1 000万美元。期限根据客户需要，可以长达 18 个月。大多为 6 个月。整批交易金额为 100 万美元。CD 收益率高于国库券，因为违约风险更大，二级市场有限，且收益交地方和州所得税。

### 商业票据

商业票据（commercial paper，简称 CP）是一些资金雄厚、财政健全、信誉卓著的著名公司在公开市场发行的最小面额为 10 万美元的短期无担保借款证明文件。商业票据的优点是信用担保，而且利率低于银行提供的公司贷款利率，而且不需要像在贷款方式下，将一定比例的贷款（补偿性余额一般占据 15%～20%）存放于银行。商业票据比贷款更方便、发行便利和迅速，在发行票据当天即可筹集资金。缺点是通过发行商业票据方式融资，容易与银行关系疏远，这样一旦企业出现融资困难时，不容易得到银行的支持。而商业票据也不允许提前偿付。

银行承兑票据（bankers' acceptance 简称 BA），即经过银行在商业汇票上签章承诺付款的远期汇票。银行承兑汇票是进（出）口商支付货款或购买外汇需要开立的，以银行为付款人的远期汇票。银行愿意承兑汇票，就在该汇票上签署"承兑（Accepted）"字样并背书（endorse，即票据的收款人或持有人在转让票据时，在票据背面签名或书写的手续）。

### 回购协议

回购协议（repurchase agreement，简称 RA）是在出售证券的同时承诺在一定时间以某一较高的价格再将所出售的证券购回的交易合同。回购协议实际是一种以证券为抵押的贷款，作为担保的证券可能是政府证券、货币市场工具等各种证券。

## 10.2.3　欧洲货币市场

欧洲货币（eurocurrency）是货币发行国境外被储蓄和借贷的各种货币的总称。欧洲货币市场这个名词的词头“欧洲”是因为原先的市场在欧洲，但实际上由于欧洲货币市场的不断发展，它已不再限于欧洲地区。“欧洲”失去地理意义，实际为离岸金融中心（off-shore）概念。如今欧洲货币市场的范围已经扩展至亚洲、北美和拉丁美洲，因此所谓欧洲货币，不一定是存放在欧洲各国的生息资本。

**欧洲货币市场的形成和发展**

欧洲货币市场起源于 20 世纪 50 年代，由于美国在朝鲜战争中冻结中国存放在美国的资金，原苏联和东欧国家为了本国资金的安全，将原来存在美国的美元转存到原苏联开设在巴黎的北欧商业银行和开设在伦敦的莫斯科国民银行以及设在伦敦的其他欧洲国家的商业银行。另外美国和其他国家的一些资本家为避免其“账外资产”公开暴露，从而引起美国管制和税务当局追查，也把美元存在伦敦的银行，这就是人们所说的“欧洲美元”。当时，欧洲美元总额不过 10 亿多美元。

60 年代，欧洲货币市场逐渐发展起来。主要原因有：（1）美国国际收支发生逆差是欧洲美元市场迅速增长的最根本原因。欧洲美元根源于美国银行对外负债的转移，这种对外流动性负债的转移与美国国际收支逆差有着直接关系。（2）美国政府对资本输出入的限制措施促使大量美元外流。从 60 年代开始，美国政府采取一系列限制美元外流措施。如利息平衡税（对外国政府与私人企业在美国发行的债券利息，一律征收平衡税）限制美国企事业对外直接投资，同时限制设立海外分支机构和银行对外信贷。另外美国联邦储备银行 Q 项条款规定，美国商业银行对活期存款不付利息，并对定期与储蓄存款利率规定最高限额，而在国外的欧洲美元存款则不受此种限制。联邦储备银行的 M 条款也规定：美国银行对国外银行的负债，包括国外分支行在总行账面的存款，必须缴存累进的存款准备金，而国外的欧洲美元存款则可以不缴存任何存款准备金。这些措施引发美国国内商业银行纷纷向国外寻求吸收存款的出路。

70 年代以后，欧洲货币市场进一步发展。从资金供应方面来看，有以下因素促进了欧洲美元的发展：（1）美国巨额和持续的对外军事开支和资本输出，使大量美元流入外国工商企业、商业银行和中央银行手中，它们把这些美元存于欧洲各国银行中套取利息。特别是 1971 年 8 月 15 日美国宣布停止美元与黄金兑换后，促使更多的美元流入欧洲市场。（2）石油生产国的美元。1973 年 10 月油价提高，石油生产国的石油美元收入急剧增加，这些国家将美元收入的一部分存入欧洲货币市场。（3）经营欧洲货币市场业务的各国商业银行的分行，为适应业务的需要，常将其总行的资金调至欧洲市场，以便调拨使用。一些大的跨国公司，为促进其业务的发展，便于资金的使用，也增加在欧洲银行的投放。（4）派生存款的增加。欧洲银行在吸收一笔欧洲美元存款后，留存一定的备付金，将剩余资金贷出，而接受贷款的借款人，又将所得贷款存入欧洲银行，这样就像在国内银行体系中所发生的存款派生过程一样，在欧洲货币市场上，也会发生类似的存款派生过程。而且，由于没有法定存款准备金的规定，其派生存款的倍数往往要高于国内派生存款的倍数。

### 欧洲货币市场规模

伦敦是欧洲美元市场的诞生地，是组成欧洲货币市场的国际银行网络的主要中心。在伦敦的外国银行规模占世界首位，目前世界上 100 家最大银行中有 95 家在伦敦设有办事机构或分行。现在欧洲货币市场规模（即某一时点未清偿的欧洲货币存放款或其他金融资产的存量）有多种统计资料，其中以国际清算银行、摩根保证信托公司和英格兰银行的统计比较可靠。根据国际清算银行（BIS）统计，欧洲货币市场增长规模 1963 年为 124 亿美元，1968 年为 464 亿美元，1978 年为5 496亿美元，1988 年为45 113亿美元，1995 年为80 341亿美元。2008 年中期，欧洲银行（包括欧元区、英国和瑞士的银行）共持有 8 万多亿美元金额的美元资产，约占其总资产近 10%。

### 欧洲货币市场的性质和特点

欧洲货币市场是摆脱了任何国家或地区政府法令的管理约束、经营非常自由的货币批发市场。它突破了国际贸易与国际金融业务汇集地的限制，建立了独特的利率体系，完全由非居民交易形成的借贷关系，具有广泛的银行网络与庞大的资金规模等特点，见表 10.2。

**表 10.2 欧洲货币市场的性质和特点**

| 特　点 | 具体表现 |
|---|---|
| □ 独特的利率体系 | □ 以伦敦银行同业间拆借利率(LIBOR)为基准的独特利率体系;存款利率高于货币发行国的存款利率;而贷款利率低于国内贷款利率。 |
| □ 资金调度灵活,手续方便 | □ 资金不受管辖,周转快,调度非常灵活。 |
| □ 交易额大,为批发交易市场 | □ 以银行之间交易为主,银行同业拆借比重大。市场上的存款人和借款人是大客户,具整存整取的特点。 |
| □ 不受任何国家金融法规的管制 | □ 超国家和无国界的资金市场。在货币发行国以外借贷,该国无权管制;而且市场所在国也无法管理,一般还提供优惠措施。 |
| □ 不以所在国经济实力为基础 | □ 所在国只需要政治稳定,通讯发达,政策优惠,管制宽松,即使本身没有巨额资金积累,也可以成为离岸金融中心,如卢森堡、开曼、巴哈马。 |
| □ 借贷关系发生在非居民之间 | □ 外国投资者和筹资者之间的关系。 |

欧洲货币市场的积极作用在于为各国经济发展提供资金便利；有利于平衡国际收支；推动了跨国公司国际业务的发展。欧洲货币市场的消极影响在于无最后贷款人功能；无联邦存款保险公司（FDIC）类似的机构保证，所以刺激投机，加剧外汇市场的动荡；市场无监管，削弱各国金融政策实施的效果。

## 10.3　全球资本市场

相对于货币市场提供季节性、临时性资金的融通，资本市场（capital market）为中长期资金的供需提供融资服务。长期资金的筹集主要包括直接融资和间接融资两类方式。直接融资（direct financing）是指不通过金融中介机构，由资金供求双方直接协商进行的资金融通，如企业股票融资、债券融资。间接融资（indirect financing）是指资金供给者与资金需求者通过金融中介机构间接实现融资的行为。

### 10.3.1　全球股权资本市场

企业可以通过全球股权资本市场融资，2009 年全球股票市场融资规模约 1 万亿美元。股权融资方式有在证券市场上公开出售证券的公募方式（public offer）和针对少数机构投资者私下认购的私募（private placement）两种方式。私募源于美国 1933 年证券法，由于是出售给经验丰富的合格机构购买者（qualified institutional buyers，简称 QIBs），所以不需要正式注册，但传统上不能上市交易。但是如今投资者可以通过"PORTAL"交易系统进行买卖，或根据 S 条例在股票上市的市场出售股票。

下面以美国为例进行介绍。美国是全球规模最大的资本市场，主要包括三个层次：

（1）主板市场。美国证券市场的主板市场是以纽约证券交易所为核心的全国性证券交易市场。该市场对上市公司的要求比较高，在该交易所上市的企业一般是知名度高的大企业，有良好的业绩记录和完善的公司治理机制，有较长的历史存续性和较好的回报。从投资者的角度看，该市场的投资人一般都是风险规避或风险中立者。目前在纽约证交所上市公司总数约4 000家。截止 2005 年 12 月，有近 460 家非美国公司在纽约证交所挂牌，上市证券总值达71 000亿美元。在美国上市的公司须遵照更严格的法律、信息披露和其他司法要求。

（2）以纳斯达克（NASDAQ）为核心的二板市场。纳斯达克市场对上市公司的要求与纽约证券交易所截然不同，它主要注重公司的成长性和长期盈利性，在纳斯达克上市的公司普遍具有高科技含量、高风险、高回报、规模小的特征。纳斯达克虽然历史较短，但发展速度很快，按交易额排列，它已成为仅次于纽约证交所的全球第二大交易市场，而上市数量、成交量、市场表现、流动性比率等方面已经超过了纽约证交所。纳斯达克还是首家电子化的股票市场。

（3）遍布各地区的全国性和区域性市场及场外交易市场。遍布全国各地的区域性证券交易所有 11 家，主要分布于全国各大工商业和金融中心城市，它们成为区域性企业的上市交易场所，可谓是美国的三板市场（OTC 市场）。

在美国，公开发行股票要在证监委（SEC）注册登记，要根据美国一般公认会计准则（US GAAP）调节账目，销售程序和存档文件和信息披露等要符合法律要求。在各州要符合《蓝天法》即州登记注册法的规定。

国际股票的发行一般通过组建承销团（underwriter）来推销股票。发行股票的定价方法有两种，一是固定价格（如香港和欧洲），巡回路演（rollout）时推荐股票的价格已由主承销商协商好。但由于事前难以判断需求，所以一般定价比较低以保证成功销售。二是公开定价发行（如美国），投资银行向投资者报出股票的出售价格范围，在巡回路演结束了解投资需求之后，确定在原先的基点上上浮或下降。上述两种方法有时同时使用。

### 10.3.2 144A 私募交易

在美国证券法律架构中，私募发行是一种“豁免交易”、“注册豁免”，私募发行与美国注册制度下普通证券发行不同。美国法律界定私募发行是针对特定对象、采取特定方式、接受特定规范的证券发行方式。

为了吸引跨国公司及外国公司到美国市场募集资金，美国证交会于 1990 年颁布了 144A 规则，144A 规则确定私人证券可以在特定类别机构投资者间自由交易的规则和条件，由此缔造出专门发行和交易未经 SEC 注册登记证券的私募资本发行市场。144A 指针对合格机构投资者的定向发行，投资者还可以通过“PORTAL”交易系统进行买卖，或根据 S 条例在股票上市的市场出售股票。

144A 规则市场中主要的发行活动由那些想要快速发行并且避免由于注册发售造成延误的公众企业。144A 条例为发行人提供最迅速进入美国市场的渠道。因为发行人可无须按照美国一般公认会计准则（US GAAP）调节账目数据，而且在不用存档文件和遵守其他信息披露的情况下，接触到美国投资者群体。美国市场上的 144A 私募股权交易异常活跃，交易量急剧上升。由于在美国股票市场挂牌交易手续复杂，且监管成本高昂，许多企业越来越倾向于选择非上市证券。根据纳斯达克（NDASAQ）统计，根据 144A 规则募集的权益与债务资本 2002 年以来已增长了三倍，2006 年首次突破 1 万亿美元。2007 年上半年，全球范围内募集的 144A 权益与债务资本接近 1 万亿美元，同期增长了 43%。表 10.3 对比了 144A 发行和公开发行的优点和缺点。

**表 10.3　144A 与公开发行的比较**

| 144A | 公开发行 |
|---|---|
| 优点：<br>不需要向 SEC 登记<br>财务信息不需要符合美国 GAAP 财务准则<br>准备和审核阶段时间短<br>发行只需要提供有限信息 | 缺点：<br>需要向 SEC 登记<br>财务信息需要符合美国 GAAP 财务准则<br>准备和审核阶段时间长<br>发行后履行对 SEC 报告的义务 |
| 缺点：<br>销售只覆盖公司和机构投资者<br>销售方法需要仔细界定<br>再出售只限于合格机构投资者<br>由于有限流动而提供价格折扣<br>不能在证券交易所上市 | 优点：<br>可以销售给美国任何人<br>销售完全流动，再出售无限制<br>一般无价格折扣<br>可以在证券交易所上市 |

### 10.3.3　中国企业的国际股票发行方式

中国企业发行的国际股票按发行地划分为 N 股、H 股、S 股、T 股。对中国企业来说，在美国上市是公司整体战略的一个关键性的部分。1992 年 10 月 9 日，中国华晨汽车股份有限公司成为首家正式在纽约证券交易所上市的中国公司。目前在纽约证交所上市的中国内地公司大多采用美国存托凭证（american depositary receipt，简称 ADR）的方式，见表 10.4。

美国存托凭证指在美国证券市场流通的代表外国公司有价证券的可转让凭证。对包括中国企业在内的国际企业，ADR 提供了进入海外市场的一种简便方法，由此可以扩大公司股东的基础，筹集资金；有助于提高相关股票的流动性；有助于增强非美国公司在美国的声誉等。对投资者，ADR 像其他可转让证券一样，通常用美元报价和支付股息或利息，是持有海外公司股票便利的途径。与直接拥有所有权相比，存托凭证在拥有海外公司股票方面简化了交易和清算程序。前者往往涉及监管服务、外汇交易等；存托凭证与它所代表的基础股票则具有同样的流动性，因为两者之间是可以互换的。

ADR 发行程序图示：

客户→美国存券银行→海外市场经纪人→当地托管银行→美国存券银行→发行 ADR→存券信托公司或客户

存券银行是 ADR 的发行人和 ADR 市场中介，为 ADR 投资者提供所需的一切服务。托管银行是由存券银行在基础证券发行国安排的银行，负责保管 ADR 所代表的基础证券；根据存券银行的指令领取红利或利息，用于再投资或汇回 ADR 发行国，并向存券银行提供当地市场信息。存券信托公司指美国的证券中央保管和清算机构，负责 ADR 的保管和清算。

ADR 的类型分为有担保的 ADR：一级 ADR、二级 ADR、三级 ADR 和 144A 规则 ADR，见表 10.4。

**表 10.4 我国采用 ADR 在美上市的公司**

| 公　司 | 公开发行 |
| --- | --- |
| 兖州煤业<br>中国电信(香港)<br>中国南方航空公司<br>中国东方航空<br>吉林化工<br>中国南方航空<br>北京燕化 | 三级 ADR、二级 ADR<br>允许在美国交易所上市,公司能筹措新资本。允许股东以正式公开发行出售股份,但必须在 SEC 注册及提交财务报告和定期报告,财务清单必须完全符合美国的 GAAP |
| 上海金桥<br>广船国际<br>中海发展<br>青岛啤酒 | 一级 ADR<br>发行一级存托凭证最简单,只需按美国 1933 年《证券法》,以 F－6 注册登记单注册,按 1934 年《证券法》的 12g3－2(b)豁免申请书呈报报告就可以,无须提供财务报告和全面的定期报告,在美国场外市场交易,发行时间短 |
| 马鞍山钢铁<br>庆铃汽车 | 144A |

## 10.3.4 全球债券市场

债券融资和股权融资是直接融资的两大方式。国际债券全球债券市场由外国债券、欧洲债券（离岸债券）和全球债券市场组成。

### 外国债券

外国债券（foreign bond）指在债券发行人所在国以外、以当地货币计算面值的债券。外国债券有时有特殊的称谓，如美国为扬基债券（yankee bond）、日本是武士债券（samurai bonds）、英国为猛犬债券（bulldog bond）、中国为熊猫债券（panda bond）。例如，1996 年中国政府在美国发行了 1 亿美元的 100 年期扬基债券。2005 年，国际金融公司和亚洲开发银行分别在中国首次发行熊猫债券 11.3 亿和 10 亿人民币。

### 欧洲债券

欧洲债券（eurobond，也称离岸债券）。以不同于债券发行国货币的币种在外币所属国以外地区发行。其特点是不需要在市场所在国注册和披露信息、不受债券面值货币发行国的控制和监督，是一个完全自由的市场。欧洲债券的发行主要受汇率、利率等经济因素的影响。欧洲债券没有发行额和标准限制，只需根据各国交易所上市规定，编制发行说明书等书面资料。和一国的国内债券相比，欧洲债券具有发行手续简便、发行数额较大的优点。

欧洲债券的发行由世界各国知名的公司组成大规模的辛迪加认购团完成，因而较容易在世界各地筹措资金。欧洲债券的发行一般需要 2 - 3 个月的时间。由于竞争的增加和金融市场风险加大等原因，包销正在成为欧洲债券发行的一种新方式。这种方式由主承销商从发行人处按预先协商的发债规模、利息和发行价买下全部债券，然后负责销售。欧洲债券还有一种新的发行方式为拍卖发行（auction issue），它是通过拍卖的形式邀请投资者竞价发行的方式，这种发行方式很大程度上避免了支付管理费用和银团费用。欧洲债券自产生以来，发展迅速、规模庞大，在全球债券市场上，欧洲债券一般占据全球债券市场份额的 75%。

#### 全球债券

全球债券（global bonds）指在全世界各主要资本市场同时大量发行，并且可以在这些市场内部和市场之间自由交易的一种国际债券。全球债券概念源于世界银行，其研究人员提出将扬基债券和欧洲债券这两个平行市场统一起来。1989 年 9 月由高盛公司和所罗门兄弟公司联合牵头发行了第一笔全球债券。全球债券是国内债券和欧洲债券的组合，具有三大特点：全球发行、高度流动性和借款人信用级别高。

进入 90 年代以后全球债券的发行逐渐增加。1993 年之前，人们普遍认为只有世界银行、国际组织和各国政府才能够发行真正的全球债券。但 1993 年以来，全球债券的发行人、发行规模、发行货币和期限等方面都出现了多样化趋势。全球债券已越来越多地被低信用等级的借款人所利用，成为其同时进入多个金融市场的有效途径，更多的企业开始进入这一市场。仅 1993 年，企业发行的全球债券就达 53 亿美元。同时新兴的发展中国家也开始利用这一市场。作为信用等级较低的主权借款人，阿根廷发行了 10 亿美元的全球债券，为低信用等级借款人打开了这一市场。1994 年，中国也首次发行了全球债券。

### 10.3.5 国际银行信贷市场

信贷融资是以银行为经营主体，按信贷规则运作的间接融资。国际银行信贷市场是非常重要的长期资本市场。例如，2005 年欧元区非金融企业的融资延续以前的趋势，80% 的融资来自银行贷款，剩余部分则由债券和股票平均分担。如银行贷款比例在德国和法国为 70%，而西班牙为 80%。欧洲大陆高比例银行贷款的原因是欧洲大陆的金融体系与美国的差异：欧洲体系是以银行为主导的，而英美体系是以市场为导向的。2005 年底，欧元区银行贷款存量约为 GDP 的 110%，而美国的比例为不足 60%。

国际商业银行贷款有三种形式：双边即两国银行（或信托投资公司）之间签

订协议；俱乐部贷款（3~5 家银行联合向一个借款人贷款）和银团贷款（又称国际辛迪加贷款，syndicated loans）。跨国公司需要的长期巨额款项往往通过国际银团贷款，占据国际资本市场融资总额的 30%，约上万亿美元。

国际银团贷款是由不同国家的数家银行联合组成银行团，按照贷款协议所规定的条件，统一向借款人提供巨额中长期贷款的国际贷款模式。在银团贷款中，由一家银行牵头、多家银行参与（参与银行可能多达上百家），在一项贷款协议中按照同一条件向同一借款人发放贷款。

国际银团贷款利率基础为：LIBOR + Spread

（LIBOR 为伦敦同业拆放利率，Spread 为息差）

国际银团贷款成本为：

期间费用 = 已提取的贷款额 × 参考利率 + 附加利率 + 尚未提取的贷款额 × 承担费 + 代理费

前端费（up-front fee）为 0.5% ~2.5%，包括管理费和参与费

银团贷款主要不足在于：一是条件苛刻、限制性条款太多、手续复杂；二是安排时间相对较长；三是利率偏高。希望获得银行借款的企业必须让银行了解自己有足够的资产进行抵押或质押，有明确的用款计划，企业或项目利润来源稳定，有还本付息的能力。但是随着 1997 年亚洲金融危机、2002 年阿根廷经济危机不断在新兴市场发生，银行对贷款的审核越来越严格。

## 10.4 中国金融市场日益融入全球金融市场

近年来，中国金融市场与国际金融市场已经开始形成一定程度的联动，有些金融产品价格如外币利率、金价、期货市场价格等的走势与国际市场接近。

中国目前有五条途径参与国际金融市场：中资银行的跨国经营、政府和企业在海外举债、中资企业在海外发行股票、中资企业对海外投资、中资企业参与国际期货交易。中国金融市场正在融入全球金融市场体系，但是所占份额有限。

从外汇市场看，中国的外汇交易量在世界外汇交易中的占比还很低。据《2008 年中国国际收支平衡表》显示，中国银行间外汇市场交易已突破 3 万亿美元，这是交易规模首次全面超过进出口贸易总额（2.56 万亿美元）。不过，与全球外汇市场每天约 3.2 万亿美元的成交量相比，中国外汇市场交易量还相当小。

从股市看，2009 年底，中国沪深股市总市值 24.3 万亿，全球排名第二。股市已经成为举足轻重的直接融资渠道。然而中国股市的国际化水平不高，缺少世界级上市公司，公司治理水平不高，准入和交易还存着不透明的现象。由于中国对资本项目的外汇交易实行管制，中国股市同国际接轨还很困难。

从债市看，中国债券市场已在国际债券市场体系中占有一定地位，但债券品种结构与国际市场差异较大。截至 2005 年末，中国债券市场债券余额 7.24 万亿元人民币，大约相当于世界规模最大的美国所有未清偿债券余额的 3.7%。

## 现场观察 10-1

### 中国外债管理机制

中国企业不能直接对外贷款，企业要借用国际商业银行贷款，首先要获得国家发展改革委的外债指标，另外要采用银行或信托投资的方式代为企业筹资。

中国外债实行统一计划和规模控制，由国家统一制定中长期和年度利用国外贷款的总规模和使用方向。主要有两类贷款计划，即中长期国际商业银行贷款计划以及年度借用国外贷款计划。

外债项目的审批管理在国家发展改革委和财政部。国家发展改革委对外债实行计划管理，建立中长期和年度外债规模，并合理安排外债行业、地区、期限、币种结构；审查限额(2亿美元以上）利用外资的项目、提出国家统借外资的备选项目，并做好外债的宏观管理；了解国际金融机构、市场的动态和信息，研究中国利用外资的战略和方针政策；研究编制借用世界银行和其他金融组织贷款，双边政府贷款的计划。

中国外债归口管理部门包括：

中国人民银行：建立全国统一的信贷制度、结算制度、加强国外贷款的信贷和结算。

国家外汇管理局：在外债方面负责执行政府和中央银行的职能。

财政部：建立全国统一的国外贷款借、用、还的财务制度，加强外债的财务管理、会计核算和财政监督。

商务部和海关总署：建立全国统一的借用国外贷款的进出口货物的监督制度、关税优惠制度和管理办法，加强借用国外贷款进出口物资的监督。

国家审计署：建立全国统一的国外贷款借、用、还的审计制度。

国家税务局：建立全国统一的国外贷款借、用、还的税收制度。

中国外债实行窗口结算：即财政部代表中国政府统一对外筹借和归口管理双边的政府贷款，并由中国进出口银行、国家开发银行和中国银行负责转贷。

另外，财政部是世界银行贷款、亚洲开发银行贷款的对外窗口，人民银行为IMF的窗口，农业部为国际农业发展基金贷款的窗口。

从黄金市场看，中国的黄金市场总交易量远低于世界主要黄金市场，如与伦敦黄金市场相比，上海黄金交易所的交易量不足其1%。

与外汇、股票、债券、黄金等其他金融市场不同，商品期货市场近年来发展迅速，已成为世界新兴的主要商品期货市场之一。上海期货交易所已经成为世界主要的铜、铝期货交易中心，铜和铝期货成交量位居世界第二位；大连商品交易所的大豆期货成交量也是世界第二位；郑州商品交易所棉花期货交易量仅次于纽约期货交易所，居第二位。中国期货市场价格与国际期货市场关联度较高，少数几个品种初具一定程度的国际影响力。例如，国内铜期货市场已成为全球市场不可或缺的一部分，国际影响力不断增强。

## 本章小结

- 外汇广义定义指以外国货币表示的、在国际上可以自由兑换且能被各国普遍接受与使用的一系列金融资产。汇率指两国货币的兑换比率，或一国货币用另一国货币表示的价格。
- 外汇市场是全球最大的金融市场，全球每天外汇交易量超过3万亿美元。外汇市场两大功能是外汇兑换和减少风险。
- 传统外汇交易主要包括即期、远期和掉期外汇交易。
- 货币市场是指资金期限在1年以内（含1年）的短期金融工具进行交易的场所。全球货币市场的主要工具包括：以银行为主要贷款人和借款人的货币市场（如短期国库券、联邦基金、大额可转让存单、回购协议）；以大公司和银行为主的货币市场（商业票据、联邦机构证券）；以全球性短期资金借贷的货币市场（如银行承兑票据、欧洲美元）。
- 欧洲货币是货币发行国境外被储蓄和借贷的各种货币的总称。
- 公司可以通过全球股权资本市场融资，方式有公募方式和私募两种方式。美国是全球规模最大的资本市场。
- 许多企业越来越倾向于144A私募股权交易。
- 在美国公开上市的中国公司一般采用美国存托凭证（ADR）的方式。
- 全球债券市场由外国债券、欧洲债券（离岸债券）和全球债券市场组成。
- 国际银行信贷市场是非常重要的长期资本市场。国际银行信贷市场同国际股票和债券市场相比的缺点是：条件苛刻、限制性条款太多、手续复杂；安排时间相对较长；利率偏高。
- 跨国公司需要的长期巨额款项往往通过国际银团贷款，国际银团贷款是由不同国家的数家银行联合组成银行团，按照贷款协议所规定的条件，统一向借款人提供巨额中长期贷款的国际贷款模式。

### 关键词和概念

外汇　外汇市场　外汇交易　货币市场　货币市场工具　欧洲货币　国际资本市场　股权资本市场　公募　私募　美国存托凭证　国际债券市场　外国债券　欧洲债券　全球债券
国际信贷市场　国际银团贷款

### 思考题

1. 美元在外汇交易中是最频繁使用的货币，然而伦敦是最重要的外汇市场，你如何看待这点？
2. 请登陆英国金融时报网站www.ft.com，查询最新的外汇市场交易行情表。
3. 请思考欧洲货币市场为何如此重要？它有哪些重要特色？
4. 日本和欧洲大陆国家的公司长期资本筹措主要依靠银行信贷，你认为原因是什么？
5. 国际银团贷款正在逐渐失去传统的魅力，你认为背后的原因是什么？
6. 美国存托凭证有何优越性，为何中国企业在美国公开上市一般采用该形式？
7. 股权融资中公开发行和私募发行的各自的优缺点是什么？
8. 股权融资中，私募日益重要和流行，你认为根本原因是什么？请给出你观察到的中国企业国际私募案例并开展案例分析。
9. 请上网搜集中国企业的国际信贷融资案例，并了解企业借用国际商业银行贷款的条件和申报程序。
10. 2008年全球金融危机凸显全球金融一体化蕴藏的巨大风险，请与同学讨论中国在不断融入全球金融体系的同时，如何规避巨大的风险？

## 结尾案例

### 案例10－1　江西赛维LDK太阳能高科技公司在美国上市[2]

2007年6月4日，中国光伏企业——江西赛维LDK太阳能高科技有限公司成功登陆美国纽约股票交易所，首次公开发行股票融资额为4.69亿美元。江西赛维LDK共发行1 738.4万美国存托股，每股售价27美元。

作为一家太阳能公司，LDK在短短的一年多时间里，顺利完成了建设、生产和登陆全球最大的资本市场，并成为2004年以来在美国上市单一发行最大的IPO公司，创造了新能源行业的一大奇迹。

从无锡尚德到江西赛维，这些涌现出来的太阳能光伏企业通常有这样的特点：一是民营企业；二是背后有强大的资本推动；三是以上市为目标。现任法国NBP亚洲投资基金董事中国区首席代表王刚最早介入无锡尚德是2004年10月。当时，全球的太阳能光伏企业刚刚步入盈利，而国内企业尚处于起步阶段。凭借敏锐的行业洞察力，王刚所在的NBP在尚德这个投资项目上回报超过9倍。这样高的回报率刺激了风险资本（VC）的神经。在尚德上市之后，包括王刚在内的投资人积极地寻找着下一个尚德。到了2006年初，一个新鲜的名字进入了王刚的视野，这就是江西赛维。当时的江西赛维是一家刚刚成立的新公司，虽然已经投入几亿元人民币建厂房买设备，但还没投产运行，更没有销售业绩。在见到王刚之前，一直筹划融资的赛维已经见过多家VC，但投资人普遍对其持谨慎态度。接触之初，王刚认为赛维完全是一个早期项目。之后，通过与赛维董事长彭小峰的深入交谈，加深了双方的了解，也奠定了最终的投资结果，NBP成为江西赛维项目的领投，经过三轮投资，规模达3 000万美元。

在政府产业政策支持下，中国太阳能光伏发电产业迅速扩张，市场稳步发展，已经形成了一批具有竞争力和国际知名度的光伏电池生产企业。预计到2010年，我国的光伏发电产品产量可能突破1 000MW，成为世界最大的光伏电池生产国。

**讨论和在线学习问题：**

1. 登陆江西赛维LDK太阳能高科技有限公司网站www.ldksolar.com/index_cn.html，查询英文投资者关系（investor relationship）一栏，点击stock quote以及SEC File一栏了解更多该公司的上市和股票信息。
2. 江西赛维上市之前，在很短时间内获得巨额高科技风险投资，你认为对一个希望融资的企业而言，有怎样的启发？行业优势和管理队伍如何促进融资？

### 案例10－2　全球金融一体化的风险[3]

资本在全球的流动会使资源的流动配制效益改善，但是大规模、高速度的无序资金流动、冲击也会产生无数的危机。

从资本的结构看，全球资本流动都在追逐利润和规避风险，和实物的流动没有任何的关系。全世界资本市场每天的交易额是2万亿美元，其中98.62%纯粹是为了金融的交易。

从资本流动规模看，1974年，美国的跨境资本流动只占美国GDP的4%，1998年已经占到了GDP的230%！24年时间，在美国这样的国家里，跨境资本流动发生了巨大变化。同样，在法国、日本等国，跨境资本流动的规模也在迅速增长。资本流动的速度也是金融危机的促发因素。如1998年7月28日，索罗斯阻击香港股票市场和期货市场来攻击纽约的港币市场。1998年8月28日是香港金融保卫战最激烈的一天。前一天，香港整个资本市场的流动量是38亿港币，而28日整个香港资本市场交易量是789亿港币，一天之内资金的变动可以扩大20倍！而且资金是从全世界的各个地方来，根本没有办法分辨是哪个地方进来的，十秒钟的时间10亿港币就进来了。这种炒汇仗，也只有香港打赢了。1992年索罗斯阻击英镑，英国被迫退出欧洲汇率机制（ERM），至今对加入欧元区心存余悸。1997年3月和5月，索罗斯两次动用70亿美元阻击泰铢，泰铢贬值100%。

金融产品的形态正走向无限化。今天，你在金融市场买到任何一个产品，如股票、证券、商业票据等，在下一秒钟就可以变成任何的组合，固定利率可以变成浮动利率，长期可以变成短期，债券可以变成股票，股票可以变成贷款，贷款可以变成结构融资，给今天的金融市场造成了非常大的风险，因为根本不知道产品的形态和结构。

金融风险还包括连带性、突发性的风险。1998年7月7日台湾的货币自动贬值7%，第二天香港的股市崩溃，下跌了近千点，利率上升达到200%！同样，俄罗斯发生经济危机时，不是它周边的国家德国和它的南边中欧产生了金融危机，而是巴西产生了问题。金融问题中的无序，使得没有人能够说明什么是危机的传导机制，这是金融危机很大的问题。

### 讨论和在线学习问题：

1. 你如何看待全球金融一体化以及伴随的巨大金融风险？你认为开展国际商务的公司应该如何防范？

## 参考文献

1. 张一君，辛平．中国经营报．2009-10-31
2. 根据太阳能产业网 http：//linuopv. solarbe. com/news/content/2009/1/411. html，中国创业投资网 http：//www. ezcap. cn/News/200814471 等编写。
3. 朱民．国际金融：中国正在融入的混沌链条［J］．中外管理，2003（12）．

# 11 CHAPTER 11 国际货币体系

最大的风险就是不去承担风险。

——英国谚语

**学习目标**

- 学习国际货币体系的基本内涵和演变
- 了解固定和浮动汇率制度特征对国际商务的意义
- 了解特殊的汇率制度安排
- 学习汇率决定机制的理论
- 了解人民币国际化对国际商务的影响

**开篇案例**

## 奥巴马回应周小川:没必要创建新全球货币[1]

2009年3月23日，中国人民银行行长周小川在中国人民银行网站发表了《关于改革国际货币体系的思考》。

指出，此次金融危机的爆发并在全球范围内迅速蔓延，反映出当前国际货币体系的内在缺陷和系统性风险。周小川认为，国际储备货币的币值首先应有一个稳定的基准和明确的发行规则以保证供给的有序；其次，其供给总量还应当及时、灵活地根据需求的变化进行增减调节；最后，这种调节必须是超脱于任何一国的经济状况和利益。而当前以主权信用货币作为主要国际储备货币，导致储备货币发行国国内货币政策目标与各国对储备货币的要求经常产生矛盾。货币当局既不能忽视本国货币的国际职能而单纯考虑国内目标，又无法同时兼顾国内外的不同目标。既可能因抑制本国通胀的需要而无法充分满足全球经济不断增长的需求，也可能因过分刺激国内需求而导致全球流动性泛滥。这就是特里芬难题(Triffin's Dilemma)，即储备货币发行国无法在为世界提供流动性的同时确保币值的稳定。当一国货币成为全世界初级产品定价货币、贸易结算货币和储备货币后，该国对经济失衡的汇率调整是无效的。从布雷顿森林体系解体后金融危机屡屡发生且愈演愈烈来看，全世界为现行货币体系付出的代价可能会超出从中的收益。不仅储备货币的使用国要付出沉重的代价，发行国也在付出日益增大的代价。危机未必是储备货币发行当局的故意，但却是制度性缺陷的必然。

周小川建议创造一种与主权国家脱钩、

并能保持币值长期稳定的国际储备货币，从而避免主权信用货币作为储备货币的内在缺陷。

虽然中国官员并没有直接点美元的名，但是西方多家大媒体对此反应激烈，甚至有人认为这是中国政府“想终结美元的统治”。美国《华尔街日报》文章称，中国呼吁创造一种新的国际储备货币，最终取代美元。这种提出大规模改革国际金融体系的做法反映出发展中国家对美国在世界经济中所扮演角色的不满。《华盛顿邮报》在题为“美元的终结”的文章表示，当周小川呼吁废弃美元的全球储备货币地位时，美国人不禁会问中国人到底是在忧虑1.9万亿美元储备的价值下跌还是“另有所图”？文章说，上周美联储主席伯南克宣布了将购买数千亿美元的美国国债，中国官员对此“感到气愤”，因为他们担心这将导致通货膨胀并最终使中国的资产缩水。而这一次，周小川建议“创造一种与主权国家脱钩、并能保持币值长期稳定的国际储备货币”，这“分明是对美国未来经济的发展又投了一次不信任票”。《纽约时报》认为，这是中国又一次表示担心美元资产的安全性。文章说，这一建议显示“中国已经准备好在全世界发挥更大的影响力”。

3月25日美国总统奥巴马在面对公众时再次坚定了美元强势的信念，称美元“眼下格外强劲”，没有必要设立一种新的全球货币。奥巴马在白宫举行新闻发布会时称，全球投资者将购入美元视为安全投资，而美国经济则更为稳健。

# 导言

金融全球化是经济全球化的核心。开篇案例中关于全球货币的争鸣无非体现不同国家的利益和立场。自金本位制崩溃后，建立了以美元为核心的布雷顿森林固定汇率体制。20世纪70年代后期，国际金融体系完成了布雷顿固定汇率体制崩溃后的调整，牙买加货币体系确定了浮动汇率的合法性。此后，国际货币体系一直动荡发展，2008年全球金融危机再次显示现行国际金融体系的不稳定性，已成为开展国际商务巨大的风险来源。

## 11.1　国际货币体系概述

国际货币体系就是各国政府为适应国际贸易与国际支付的需要，对货币在国际范围内发挥世界货币职能所确定的原则、采取的措施和建立的组织形式的总称。历史上不同类型的国际货币体系通常根据两个标准来划分：一是汇率制度，二是货币本位以及储备资产的性质。

### 11.1.1　国际货币体系的主要内容

**国际收支及其调节机制**

国际收支及其调节机制是指有效地帮助与促进国际收支出现严重失衡的国家

通过各种措施进行调节，使其在国际范围能公平地承担国际收支调节的责任和义务的机制。

### 汇率制度的安排

汇率制度涉及本国和外国货币之间的比价、确定依据、货币比价波动的界限以及为维持该比价采取的措施和能自由兑换等。根据汇率弹性可划分固定汇率制度和浮动汇率制度。固定汇率制（fixed exchange rate system）是指以本位货币本身或法定含金量为确定汇率的基准，汇率比较稳定的一种汇率制度。浮动汇率制（floating exchange rate system）是指一国不规定本币与外币的黄金平价和汇率上下波动的界限，货币当局也不再承担维持汇率波动界限的义务，汇率随外汇市场供求关系变化而自由上下浮动的一种汇率制度。

### 货币本位和储备资产的性质

货币本位（standard money）和储备资产的性质，即采用什么货币作为国际间的支付货币；在一个特定时期中心储备货币如何确定，以维护整个储备体系的运行；世界各国的储备资产又如何选择，以满足各种经济交易的要求。国际本位货币应该具备四大功能：非居民的支付手段、交换媒介、价值储藏、计价单位。一国货币的国际化道路要经历从国际结算货币到国际投资货币、再到国际储备货币三个步骤。

一国货币作为国际结算货币是本币在国际贸易中执行计价和结算的货币职能。是指在居民与非居民进行国际贸易时，进出口合同以本国货币计价；居民向非居民可以用本币支付，并且允许非居民持有本国货币存款账户以便进行国际结算。采用什么货币作为结算货币，取决于这种货币的稳定程度、使用的广泛程度、使用习惯和方便。

投资货币的前提是必须要实现该货币的可自由兑换。

一国货币要成为储备货币必须有四个前提条件：一是货币国的产出和贸易占世界一定的比例；二是该国内宏观经济稳定；三是金融市场的发达程度；四是经济网络的外部性，一国货币的地位取决于其他国家使用该货币作为储备货币的程度。

一国货币充当国际结算和储备货币是由其经济实力、世界贸易量等决定和支撑的。

### 国际间金融事务的协调与管理

各国实行的金融货币政策，会对交往国家乃至整个世界经济产生影响，因此如何协调各国与国际金融活动有关的金融货币政策，通过国际金融机构制定若干为各成员国所认同与遵守的规则、惯例和制度，也构成了国际金融体系的重要内容。

### 11.1.2 国际货币体系的评价三大标准

对国际货币体系的评价，有三个标准：

**调整性**（adjustment）。即国际收支失衡的调节过程。在良好的国际货币体系下，国际收支失衡能在最短时间内，以最小成本加以调节，并且各国能公平合理地承担调节责任。

**流动性**（liquidity）。指国际贮备总额，适当的国际贮备水平能弥补国际收支短期失衡所需要的国际贮备量。

**信心**（confidence）。指各种储备资产的持有者愿意继续持有，而不会匆忙转向。良好的国际货币体系能使人们确信调节机制可以顺利发挥作用，国际贮备的相对值和绝对值能保持稳定。

## 11.2 国际金融体系的演变

历史上货币本位主要有三种：纯粹的商品，如金本位；纯粹的信用本位，如不兑换纸币本位；混合本位，如金汇兑本位。从历史看，现代国际金融体系大致经历了三个发展阶段，第一阶段是国际金本位制时期，从1816年英国实行金本位制开始，到第一次世界大战爆发而结束。第二阶段是布雷顿森林体系时期，始于二战结束后的1945年，终止于1973年。第三阶段是牙买加货币体系时期，始于1976年1月IMF临时委员会牙买加协议的正式签订日。

### 11.2.1 金本位制度

金本位制度（gold standard）有三种形式：

**金币本位制**（gold specie standard）。这是金本位货币制度的最早形式，盛行于1880—1914年间。该货币制度的三大特点是自由铸造、自由兑换及黄金自由输出入。在该制度下，各国政府以法律形式规定货币的含金量，两国货币含金量的对比即为决定汇率基础的铸币平价。黄金可以自由输出或输入国境，并在输出入过程形成铸币—物价流动机制，对汇率起到自动调节作用。

**金块本位制**（gold bullion standard）。这是一种以金块办理国际结算的变相金本位制，亦称金条本位制。在该制度下，由国家储存金块，作为储备；流通中各种货币与黄金的兑换关系受到限制，不再实行自由兑换；但在需要时，可按规定的限制数量以纸币向本国中央银行无限制兑换金块。

**金汇兑本位制**（gold exchange standard）。这是一种在金块本位制或金币本位制国家保持外汇，准许本国货币无限制地兑换外汇的金本位制。在该制度下，国内只流通银行券，银行券不能兑换黄金，只能兑换实行金块或金本位制国家的货币。国际储备除黄金外，还有一定比重的外汇，外汇在国外才可兑换黄金，黄金是最后的支付手段。实行金汇兑本位制的国家，要使其货币与另一实行金块或金币本位制国家的货币保持固定比率，通过无限制地买卖外汇来维持本国货币币值的稳定。

### 11.2.2　布雷顿森林体系

1944 年 7 月，联合国 44 个成员国于美国新罕布什尔州的布雷顿森林召开了“联合国货币金融会议”，签订了《国际货币基金协定》，战后统一的国际货币体系——布雷顿森林体系（Bretton Woods System）由此建立。

**布雷顿森林体系**

布雷顿森林体系构建了双挂钩的固定汇率体系，其内容主要有以下几个方面：

国际储备体系。布雷顿森林体系确定了以黄金为基础，以美元为国际主要储备货币，即所谓的美元与黄金挂钩，其他国家货币与美元挂钩的原则。“双挂钩”通常被视作布雷顿森林体系的两大支柱。

汇率体系。布雷顿森林体系采取了固定汇率体系。IMF（国际货币基金组织）规定成员国的货币含金量一经确定，就不得随意变动。成员国在进行即期外汇交易及黄金买卖时，汇率和金价的波动幅度不得超过法定汇率和金价的上下各 1%（超过该界限，有关政府有义务进行干预），使汇率始终保持在一个较为稳定的水平上。只有当国际收支发生根本性不平衡时，才允许贬值或升值。这种体系下的固定汇率制度，亦称可调整的钉住汇率制度。

国际收支调节的安排。当成员国国际收支发生困难时，IMF 通过三种方式帮助成员国渡过难关：一是敦促成员国广泛协商，促进国际货币合作。二是为成员国提供融通资金的便利。发生国际收支逆差的国家需要储备时，可用回购方式取得短期信贷，来弥补逆差。即逆差国以本币向基金组织购买一定数额的外汇，并在规定的期限内用所借的外汇购回本币，以此方式来偿还所借的款项。三是规定各成员国实行多边支付与清算，不得限制经常项目的支付，亦不许采取歧视性的货币措施，由此创造平衡国际收支的外在条件。

建立国际金融机构。根据布雷顿森林协定，设立国际货币基金组织（IMF）和国际复兴开发银行（WB）。前者的宗旨在于稳定汇率，协助成员国改善国际收支，后者的宗旨在于以低利息长期贷款，协助推动成员国的经济发展。

布雷顿森林体系下双挂钩体系保证了二战以后的较长时间里国际货币制度有了一个较为有效和稳定的基础，同时也促进了国际贸易、国际投资和国际经济的迅速发展。

### 特里芬难题和布雷顿森林货币体系的解体

特里芬难题（Triffin's Dilemma）是指以下悖论：如果美国国际收支保持顺差，则国际储备资产不敷国际贸易发展的需要，形成“美元荒”；如美国国际收支逆差，则易引起美元贬值，发生美元危机，形成“美元灾”。特里芬难题的本质是：基准货币美元的发行国美国，其国际收支无论盈余或赤字都会给布雷顿森林体系运行带来困难，最终瓦解。

布雷顿森林体系的核心缺陷体现在：首先，布雷顿森林体系是以美元为中心的国际货币制度，其存在的先决条件是美国经济占绝对优势和美元地位的稳固。因此，当美国国际收支不断恶化和短期对外债务不断增加时，国际间对美元作为主要国际储备货币的信心也就会不断降低。其次，由于固定汇率制的限制，成员国政府大多不愿以改变汇率的方法来应付“基本失衡”。待到非改不可时，投机者早已闻风而动，在外汇市场及黄金市场上掀起投机的浪潮，加剧金融危机。再次，虽然 IMF 规定赤字国家和盈余国家都有调整国际收支失衡的责任，但事实上，采取纠正措施的多是赤字国家，盈余国家往往不愿以及时升值的举措来减少盈余，这就加深了调节国际收支的困难性。最后，在布雷顿森林体系下，大多数货币与美元保持固定汇率，而美元又与黄金挂钩，因此，其他国家可用本币兑美元贬值来调节赤字，但美国却无法体面地使其货币贬值。

20 世纪 60 年代初，这一以美元为中心的固定汇率制度便开始呈现不稳迹象。美国国际收支开始出现逆差，短期对外债务增加，“美元匮乏”逐渐被“美元过剩”所取代。1971 年 8 月尼克松政府宣布实行“新经济政策”，停止美元兑换黄金，同年 12 月在华盛顿史密森博物馆举行国际金融会议，决定美元对黄金贬值 7.9%。1973 年 2 月，美元实行了第二次贬值，同年 3 月，欧共体、日本、加拿大等国宣布本区或本国货币对美元实行浮动。布雷顿森林体系就这样在一系列美元危机与 1971—1973 年国际金融危机中解体了。

## 11.2.3 牙买加协议

布雷顿森林体系崩溃以后，国际金融秩序又复动荡。1976 年 1 月，经过激烈争论，IMF 理事会“国际货币制度临时委员会”在牙买加首都金斯敦达成了“牙买加协议”，国际上一般把牙买加协定后的国际货币制度称为“牙买加体系”。牙买加协议包括：

实行浮动汇率制度的改革。牙买加协议正式确认了浮动汇率制的合法化，承认固定汇率制与浮动汇率制并存的局面，成员国可自由选择汇率制度。同时 IMF 继续对各国货币汇率政策实行严格监督，并协调成员国的经济政策，促进金融稳定，缩小汇率波动范围。

推行黄金非货币化。协议作出了逐步使黄金退出国际货币的决定。

增强特别提款权的作用。主要是提高特别提款权的国际储备地位，扩大其在 IMF 一般业务中的使用范围，并适时修订特别提款权的有关条款。

增加成员国基金份额。成员国的基金份额从原来的 292 亿特别提款权增加至 390 亿特别提款权，增幅达 33.6%。

扩大信贷额度。增加对发展中国家的融资。

**背景知识**

## 特别提款权（Special Drawing Rights，SDR）

国际货币基金组织（IMF）于1969年创设的一种储备资产和记账单位，亦称“纸黄金”。它是基金组织分配给会员国的一种使用资金的权利。会员国发生国际收支逆差时，可用它向基金组织指定的其他会员国换取外汇，以偿付国际收支逆差或偿还基金组织贷款，还可与黄金、自由兑换货币一样充作国际储备。但由于它只是一种记账单位，不是真正货币，使用时必须先换成其他货币，不能直接用于贸易或非贸易的支付。特别提款权定值是和“一篮子”货币挂钩，市值不是固定的。

**牙买加体系的运行特点：**

储备货币多元化。牙买加体系下，国际储备呈现多元化局面，美元虽然仍是主导的国际货币，但美元地位明显削弱了，目前国际储备货币已日趋多元化。

汇率安排多样化。牙买加体系下，浮动汇率制与固定汇率制并存。一般而言，发达工业国家多数采取单独浮动或联合浮动。发展中国家多数是钉住某种国际货币或货币篮子。不同汇率制度各有优劣，浮动汇率制度可以为国内经济政策提供更大的活动空间与独立性，而固定汇率制则减少了本国企业可能面临的汇率风险，方便生产与核算。

多种渠道调节国际收支。在牙买加体系下运用国内经济政策、汇率政策、国际融资、国际协调等来调节国际收支。在浮动汇率制或可调整的钉住汇率制下，汇率是调节国际收支的一个重要工具，其原理是：经常项目赤字→本币趋于下跌→本币下跌→外贸竞争力增加、出口增加、进口减少→经济项目赤字减少或消失。相反，在经常项目顺差时，本币币值上升会削弱进出口商品的竞争力，从而减少经常项目的顺差。

IMF 的贷款能力有所提高。在牙买加体系下，IMF 的贷款能力有所提高。更重要的是，伴随石油危机的爆发和欧洲货币市场的迅猛发展，各国逐渐转向欧洲货币市场，利用该市场比较优惠的贷款条件融通资金，调节国际收支中的顺逆差。

### 11.2.4 固定和浮动汇率的优缺点以及汇率波动的影响

布雷顿森林体系下的固定汇率制度是货币当局把本国货币对其他货币的汇率加以基本固定，波动幅度限制在一定的、很小的范围之内。这种制度下的汇率是在货币当局调控之下，在法定幅度内进行波动，因而具有相对稳定性。

牙买加体系下确定的自由浮动汇率制度，指一个国家不规定本国货币与外国货币的汇率的上下波动幅度，也不承担维持汇率波动界限的义务，而听任汇率随外汇市场供求的变化自由浮动。在这一制度下，外汇完全成为国际金融市场上一种特殊商品，汇率成为买卖这种商品的价格。

固定汇率制度的好处是：（1）汇率波动的不确定性将降低；（2）汇率可以看做一个名义锚（nominal anchor），促进价格水平和通货膨胀预期的稳定。但固定汇率制度也存在一些缺陷：（1）容易导致本币币值高估，削弱本地出口商品竞争力，引起难以维系的长期经常项目收支失衡；（2）同时，僵化的汇率安排可能被认为是暗含的汇率担保，从而鼓励短期资本流入和没有套期保值的对外借债，损害本地金融体系的健康。在固定汇率制度下，一国必须要么牺牲本国货币政策的独立性，要么限制资本的自由流动，否则易引发货币和金融危机。如1992—1993年的欧洲汇率机制危机、1994年的墨西哥比索危机、1997年的亚洲金融危机、1998年的俄罗斯卢布危机。这些发生危机的国家都是采用了固定汇率制度，同时又不同程度地放宽了对资本项目的管制。

实行浮动汇率制度的好处是：（1）浮动汇率制度可以保证货币政策的独立性；（2）浮动的汇率可以帮助减缓外部的冲击；（3）干预减少，汇率将由市场决定，更具有透明性；（4）不需要维持巨额的外汇储备。但是人们对浮动汇率也有一些顾虑：（1）在浮动汇率制度下，汇率往往会出现大幅过度波动，不利于贸易和投资；（2）汇率自由浮动助长投机活动；（3）浮动汇率制度对一国宏观经济管理能力、金融市场的发展等方面提出了更高的要求。现实中，并不是每一个国家都能满足这些要求。

关于固定汇率制和浮动汇率制的长期争论中，汇率波动性对国际贸易的影响成为固定汇率制度支持者的重要论据。他们认为，浮动汇率制度下名义汇率和实际汇率的频繁波动将不可避免地导致国际贸易量的减少。作为经济发展的发动机，国际贸易的萎缩将给许多国家经济发展带来灾难性的后果。然而，30年来进行的大量实证分析却得出了十分令人困惑的结论。实证分析结果显示，汇率波动性对国际贸易量的影响不一定是负面的，有时不显著，甚至为积极的正面影响。总体分析结论是，汇率波动性对国际贸易流量的影响是不确定的，依赖于特定的假设条件。

## 11.3　特殊汇率安排

IMF 在 1999 年将全球汇率制度分为三大类，共 8 种。一是严格的固定汇率制度，包括无法定货币的汇率安排（如货币联盟和美元化）以及货币局制度；二是独立自由浮动汇率制度；三是中间汇率制度，包括传统的固定钉住、钉住平行汇率带、爬行钉住、爬行带内浮动、管理浮动。以下讨论几种特殊的汇率安排形式。

### 11.3.1　无独立法定货币的汇率安排

无独立法定货币的汇率安排指一国采用另一国货币作为唯一的法定货币或成员国属于货币联盟，拥有同一法定货币，包括美元化和货币联盟。

美元化指一国/地区采用“锚货币”（主要指美元）逐渐取代本币并最终放弃本国货币和金融主权的过程。美元化实质是不可逆转的严格的固定汇率制度。目前完全实现美元化的国家有巴拿马、波多黎各和利比里亚。宣布采用美元化的有东帝汶（1999）、阿根廷（1999）和厄瓜多尔（2000）。

美元化的优势在于：降低外汇交易成本和风险；降低本国的高通货膨胀以及膨胀预期；降低国内的利率水平和波动性。美元化的缺点在于：本国放弃独立的货币政策；丧失铸币税收入；受货币发行国的货币战威胁；退出成本高昂。一旦发生银行挤兑，货币当局只能采取冻结美元提款，重新启用本国货币的措施，结果又面临原有问题。

货币联盟指成员国共有同一法定货币，目前最重要的是欧元区。货币联盟的优势主要有：实现区域市场一体化，推动生产要素在区域内自由流动；降低外汇交易成本和汇率风险；谋求政治上及经济上趋同性以获取所期望的共同利益。货币联盟的主要缺陷有：成员国将丧失独立的货币政策；由于汇率灵活性丧失，成员国遭受非对称冲击成本将十分高昂；货币联盟要求成员国货币政策及财政政策相当程度的协调，这就要求某些成员国不得不作出较大的牺牲。

美元化和货币联盟的主要区别在于美元化货币当局完全丧失了担任最后贷款人的角色，而货币联盟的共同央行（如欧洲央行 ECB）能够在整个联盟内担任最后贷款人角色。

### 11.3.2　货币局制度

货币局制度（currency board system）又称发钞局制度，是指在法律中明确规定本国货币与一外国可兑换货币保持固定的交换率，并且对本国货币的发行作特殊限制以保证履行这一法定义务的汇率制度。

货币局制度与普通汇率制的区别：一是货币局制度对汇率水平作了严格的法

**现场观察 11-1**

## 欧洲货币体系和欧元的诞生

区域货币一体化有三个阶段：一是区域货币合作，即有关国家在制定和实施货币和汇率政策时协调。二是实现区域性货币联盟，即货币金融合作以法律形式固定。三是通货区，即以成员国中经济实力大的国家的货币为基准货币，成员间汇率固定，对外浮动。四是采用单一货币，即成员国放弃本国货币，接受单一货币；中央银行由区域中央银行负责。

著名经济学家蒙代尔（Mundell）号称欧元之父，他于1961年提出最优货币区理论（Theory of Optimum Currency Areas），首次研究了一组国家在具备一定条件的基础上，可以组成最优货币区，在经济趋同的基础上先实行固定汇率，最终过渡到单一货币。建立最优货币区需要具备的充分条件：区域内生产要素的高度流动；经济高度开放性；低程度的产品多样化；成员国金融一体化程度高；通货膨胀相似性；经济政策一体化。

欧元诞生之前的欧洲货币体系（European Monetary System，简称EMS）采用欧洲货币单位（European Currency Unit，简称ECU），ECU为成员国一篮子货币，篮子权数根据各国的经济（连续五年的GNP的平均值）、EEC内部贸易比重（连续五年平均值）、货币币值（在EEC中短期支付体系中占的位置）等得出；第一次在1979年3月3日确定；每五年调整一次，为官方记账单位货币。同时建立欧洲货币合作基金，稳定汇率机制。

1991年，《马斯特里赫特条约》规定，最迟在1999年1月1日开始启动单一货币。1995年，马德里首脑会议确定，未来统一货币为欧元，并确定具体的时间表。1997年1月1日开始的三年过渡期，最终目标建立单一货币区域和成立欧洲中央银行ECB。1999年1月1日欧元正式启用。2002年1月1日，欧元正式成为流通货币启用，7月1日，各成员国货币退出流通。

律规定，这一规定是公开的，因此政府想改变汇率水平是很难的，其改变会影响货币局制的可信性；二是货币局制度对储备货币的创造来源作了严格的法律限制，货币局只有在拥有外国货币作为后备时才可以发行货币，这一规则也可称为“后备规则”（backing rule）；三是货币局制对于财政赤字融资作了严格限制。

货币局制的优点在于管理与操作方便；能赋予货币政策高度可信性。货币局制的缺陷在于：名义汇率僵硬；金融系统脆弱；相当部分中央银行职能丧失以及财政政策受到严重限制。

### 11.3.3 中间汇率安排

中间汇率制度包括传统的固定钉住、钉住平行汇率带、爬行钉住、爬行带内浮动、管理浮动。

传统的固定钉住制又称固定但可调整钉住制，它是指汇率波动围绕中心汇率上下不超过1%，包括钉住单一货币、钉住货币篮子、钉住合成货币SDR。

钉住平行汇率带是指被保持在官方承诺的汇率带内的波动，其波幅超过围绕

**现场观察 11-2**

## 香港联系汇率

香港在1983年开始实施联系汇率制度，这是一种货币发行局制度。根据货币发行局制度的规定，货币基础的流量和存量都必须得到外汇储备的十足支持。换言之，货币基础的任何变动必须与外汇储备的相应变动一致。

联系汇率是与港币的发行机制高度一致的。香港没有中央银行，是世界上由商业银行发行钞票的少数地区之一。而港币则是以外汇基金为发行机制的。外汇基金是香港外汇储备的唯一场所，因此是港币发行的准备金。3家发钞银行为汇丰银行、渣打银行、中国银行，各自分别的发钞比例为80%、15%和5%。

3家发钞银行在发行钞票时，必须以百分之百的外汇资产向外汇基金交纳保证，换取无息的“负债证明书”，以作为发行钞票的依据。联系汇率制度规定，汇丰、渣打和中银三家发钞银行增发港币时，须按7.8港元等于1美元的汇价以百分之百的美元向外汇基金换取发钞负债证明书，而回笼港币时，发钞银行可将港币的负债证明书交回外汇基金换取等值的美元。

这一机制又被引入了同业现钞市场，即当180家持牌银行向发钞银行取得港币现钞时，也要以百分之百的美元向发钞银行进行兑换，而其他持牌银行把港元现钞存入发钞银行时，发钞银行也要以等值的美元付给它们。这两个联系方式对港币的币值和汇率起到了重要的稳定作用，这是联系汇率制的另一特点。香港历史上，无论以何种资产换取负债证明书，都必须是十足的，这是港币发行机制的一大特点，实行联系汇率制依然沿袭。

联系汇率制度自1983年正式实施，迅速地稳定了港币对内价值，十多年来更接受过多次挑战，香港1997、1998年击退金融炒家、成功捍卫联系汇率依赖以下几大因素：庞大的外汇储备；坚守货币发行局制度；拥有丰厚的财政盈余；良好的理财纪律以及中央政府的全力支持。

中心汇率上下各1%的幅度。爬行钉住制下汇率可以作经常的、小幅度的调整。

爬行带内浮动制又称目标汇率区制，广义的是指将汇率浮动限制在一定区域内（例如中心汇率各10%）；狭义的是特指以限制汇率波动为核心的，包括中心汇率及变动幅度的方法、维系目标区的国内政策搭配、实施目标区的国际政策协调等一整套国际政策协调方案。

管理浮动制又称为肮脏浮动，指货币当局通过在外汇市场上积极干预来影响汇率的变动，但不事先宣布汇率的路径，货币当局用来管理汇率的指标包括国际收支状况、国际储备、平行市场发展以及自行调整等。

## 11.4　汇率决定机制理论

### 11.4.1　购买力平价

购买力平价（purchasing-power parity，PPP）探索货币之间的关系，认为两国之间相对的通货膨胀率变化必然引起两国货币之间的汇率变化，这样才能保证两国商品价格大体一致。

购买力平价又分为绝对购买力平价和相对购买力平价。绝对购买力平价，指汇率取决于以不同货币衡量的可贸易商品的价格之比，即不同货币对可贸易商品的购买力之比。这一理论的基础是“一价定律”（the law of one price），即假定世界市场是统一的，那么在不同国家每一种商品的价格应该趋同。绝对购买力的假设条件过于严格，虽然国际贸易的增长速度很快，但统一的全球市场仍远未建立。相对购买力平价指出，由于各国间存在交易成本，同时各国的贸易商品和不可贸易商品的权重存在差异，因此各国的价格水平以同一种货币计算时并不完全相等。这种理论认为，决定汇率变动的主要因素是国家间通货膨胀率的差异，如果本国的通货膨胀率高于外国，则本币会贬值。

《经济学家》杂志从 1986 年起每年公布的“巨无霸汉堡”货币指数是使用购买力平价预测汇率的有趣例子，它根据麦当劳在全球 120 个国家销售巨无霸汉堡的价格来预测美元与其他国家之间货币的汇率。

然而，由于价格指数的选择不同，商品分类的主观性和差异性都会导致不同的购买力平价，甚至是对购买力平价的扭曲。这种理论在检验的过程中主观性太强，在理论上假设过于严格，因此只能是作为决定中长期均衡汇率的参考。例如国际上有的学者根据购买力平价认为人民币需要升值 36% 甚至 50% 以上，这难以令人信服。

### 11.4.2 国际收支理论

国际收支理论认为在外汇市场上，国际收支顺差表现为外汇的供给大于外汇的需求，则外币贬值，本币升值；国际收支逆差表现为外汇的供给小于外汇需求，则外币升值，本币贬值。

但国际收支状况是否会影响汇率，要看国际收支的顺差（逆差）的性质。短期、临时和小规模的国际收支差额，可以轻易地被国际资金的流动、相对利率和通货膨胀率、政府在外汇市场的干预和其他因素所抵消。长期巨额的国际收支顺差（或逆差），会导致本币对外币汇率的大幅变动。例如，当前美元贬值，就是美国贸易逆差不断积累，并达到了不可持续状态的结果。

### 11.4.3 利率平价理论

利率平价理论（interest rate parity，IRP）认为两个国家利率的差额等于远期货币的升贴水。

要理解汇率和利率的关系，首先要理解两个关键概念：费雪效应和国际费雪效应。

## 费雪效应

费雪效应（Fisher Effect）是由著名的经济学家欧文·费雪揭示的通货膨胀率预期与利率之间的关系，它指出当通货膨胀率预期上升时，利率也将上升。

费雪认为债券的名义利率等于实际利率与金融工具寿命期间预期的价格变动率之和，名义利率r可以表示为：

$$1+r=(1+R)(1+a)$$

式中：R为实际利率；a为金融工具寿命期间的预计年通货膨胀率。

当通货膨胀率仅处于一般水平时，乘积项Ra会很小，计算时通常忽略不计，因此：

$$r=R+a$$

上述费雪方程式表明，每一国家的名义利率等于投资者所要求的实际利率与预期的通货膨胀率之和。两国的利率之差等于两国的通货膨胀率之差。

## 国际费雪效应

费雪方程式可用于预测浮动汇率制下的即期汇率，即国际费雪效应。国际费雪效应认为：浮动的即期汇率会随着两国的名义利率差别而改变，改变的幅度和利率差别一样，但方向相反。

利率平价理论的基本观点是：远期汇率差价是由两国利率差异决定的，并且高利率国货币在期汇市场上必定贴水，低利率国货币在期汇市场上必定升水。汇率的远期升贴水率等于两国货币的利率之差；利率高的货币远期会贴水，利率低的货币远期会升水。

由凯恩斯和爱因齐格提出的远期汇率决定理论认为均衡汇率是通过国际抛补套利所引起的外汇交易形成的。在两国利率存在差异的情况下，资金将从低利率国流向高利率国以谋取利润。但套利者在比较金融资产的收益率时，不仅考虑两种资产利率所提供的收益率，还要考虑两种资产由于汇率变动所产生的收益变动，即外汇风险。套利者往往将套利与掉期业务相结合，以避免汇率风险，保证无亏损之虞。大量掉期外汇交易的结果是，低利率国货币的现汇汇率下浮，期汇汇率上浮；高利率国货币的现汇汇率上浮，期汇汇率下浮。远期差价为期汇汇率与现汇汇率的差额，由此低利率国货币就会出现远期升水，高利率国货币则会出现远期贴水。随着抛补套利的不断进行，远期差价就会不断加大，直到两种资产所提供的收益率完全相等，这时抛补套利活动就会停止，远期差价正好等于两国利差，即利率平价成立。

利率平价理论从资金流动的角度指出了汇率与利率之间的密切关系，有助于对外汇市场汇率形成机制的认识和了解。同时也为央行对外汇市场的调节提供了有效的途径和手段。利率平价理论具有很高的实践价值，被广泛运用于外汇交易中。

但在实践中，实际汇率变动与利率平价存在一定的偏离，它反映了交易成本、外汇管制以及各种风险因素。

## 11.5 人民币国际化对国际货币体系改革和中国企业的意义

金融危机后凸显国际货币基金组织的治理结构缺陷，虽然IMF的会员国现在已经增加了4倍多，但是它的基本权力结构仍掌握在少数国家手中；发展中国家缺少足够的发言权，发展中国家的利益得不到切实的保障，因此改革首先要赋予发展中国家更多发言权。

虽然2008年20国华盛顿金融峰会（G20）就改革国际金融体系达成了一定的共识，如增加新兴经济体和发展中国家的份额比例、扩大成员国的基本票、增加小份额国家的代表权，但是这样的一揽子方案只是朝着国际金融体系改革的正确方向迈出的第一步。

华盛顿金融峰会以来，作为国际社会负责任的国家，中国已通过各种方式，向一些国家和地区提供了大量的帮助和支持。与有关国家和地区签署了5 800亿元人民币的双边货币互换协议；参与清迈倡议多边化项下的货币储备库建设；参与国际金融公司贸易融资计划；成立“与美洲开发银行合作联系机制”；中美两国进出口银行洽谈签署了200亿美元贸易融资协议；并积极推行人民币跨境结算。

2009年4月国务院常务会议决定，在上海、广州、深圳、珠海及东莞五个城市开展跨境贸易人民币结算试点。跨境人民币结算是指将人民币直接使用于国际交易，进出口均以人民币计价和结算，居民可向非居民支付人民币，允许非居民持有人民币存款账户。

开展人民币用于跨境贸易结算试点是人民币国际化的关键一步。因为货币国际化道路要经历从结算货币、投资货币到储备货币。目前人民币国际化正在实行两个三步走。一是地域的“三步走”，目前人民币在周边地区以“硬通货”的形式出现，已经实现了准周边化，将来人民币可以由准周边化发展为正式周边化，进而发展为正式区域化及准国际化，最终人民币将真正实现国际化。二是货币职能的“三步走”，即结算货币、投资货币、储备货币。配合地域的“三步走”，人民币可依次成为周边国家贸易结算货币和区域性的投资货币，最后将成为国际储备货币，为全球各国所接受。

人民币跨境结算最大的受益者是开展国际经营的企业：

首先，可以规避金融危机美元弱势情况下的汇兑风险，使得中国企业第一次在国际贸易结算中有了货币的选择权。

其次，运用人民币进行结算，亦有利于更加透明地计量企业的经营成果，无需通过外汇核算模式，考虑国际市场货币汇率的变化。企业在合同签订前就能够切实了解交易的成本和收入，从而提高贸易决策的有效性，防范汇率风险，出口企业可以因此锁定收入，进口企业可以因此锁定支出。

再次，减少中间汇兑的环节，节省交易费用。比如，在目前汇兑环节中，为规避风险而进行外汇衍生产品交易的费用最少在 2% 以上。而在外汇不能流通的情况下，通过银行结汇，企业亦要给银行支付不菲的手续费，而如果用人民币直接进行结算，则大大节省了这方面的成本，提高了企业的利润空间。

最后，人民币跨境结算对于提升中国企业的国际化理念与自信具有极大的意义。

用人民币结算，是否一定就将风险转移给了外方？答案是不一定。因为结算货币是由买卖双方协商的，所以，外方也会对人民币结算利弊作出考量。对境外企业而言，用人民币结算也有利。近年来人民币币值一直保持稳定。境外企业选择人民币作为结算货币，也能够在一定程度上防范汇率风险。

## 本章小结

- 国际货币体系就是各国政府为适应国际贸易与国际支付的需要，对货币在国际范围内发挥世界货币职能所确定的原则、采取的措施和建立的组织形式的总称。
- 历史上不同类型的国际货币体系通常根据两个标准来划分：一是汇率制度，二是货币本位以及涉及储备资产的性质。
- 国际货币体系的评价三大标准：调整性、流动性和信心。
- 布雷顿森林体系构建双挂钩的固定汇率体系，即美元与黄金挂钩，其他货币与美元挂钩。
- 牙买加体系包括：实行浮动汇率制度的改革；推行黄金非货币化；增强特别提款权的作用；增加成员国基金份额；扩大信贷额度，以增加对发展中国家的融资。
- 特殊的汇率安排，如美元化和货币局制度。
- 汇率决定机制的理论：购买力平价、国际收支理论、利率平价理论。
- 人民币国际化的演变路径分为三个阶段：国际结算货币、国际投资货币和国际储备货币。

### 关键词和概念

国际货币体系　汇率制度　货币本位　储备资产　布雷顿森林体系　牙买加体系　美元化　货币局制度　购买力平价　国际收支理论　利率平价理论

### 思考题

1. 国际货币体系在二战后经历了怎样的变迁？美元地位如何演变？
2. 请用国际货币体系的评价三大标准：调整性、流动性、信心来分析目前的国际货币体系具有怎样的根本痼疾。
3. 你认为固定汇率体系和浮动汇率体系对国际公司开展国际商务有何影响？
4. 东亚一直有呼吁建立亚洲统一货币，如亚元。结合欧元的理论和实践，谈谈你的看法。
5. 香港的联系汇率体系实施以来虽然成果斐然，但是由于其极端固定的汇率安排又造成很多潜在的危机。请与同学讨论你们认为有哪些弊端和危机隐患。

6. 你如何看待2008年全球金融危机？请与同学讨论2008年危机与1998年亚洲金融危机的不同之处。
7. 目前全球金融机构，如世界银行和IMF都是欧美人的天下（如世行行长一直都是美国人担任，而IMF总裁一直是欧洲人），你认为发展中国家应该怎样努力争取自己的权利？
8. 人民币一直面临升值压力，早在2005年7月，美国众议院议员兰戈尔（Rangel）在3 306号提案中认为：美国贸易赤字1/3来源中国，仅仅2004年就达1 620亿美元，中国也成为美国国债的主要购买者。导致这些情况的主要原因是自从1994年，中国采取了钉住美元的汇率政策，人民币汇率被人为低估了40%，从而要求美国财政部对人民币汇率政策审查。你如何看待这一观点？
9. 你如何看待开篇案例中周小川与奥巴马的不同立场？
10. 你认为推进人民币国际结算对我国企业有何重要意义？请与同学讨论人民币国际化之路。

## 结尾案例

### 案例11－1 从“天真的财富”看中国外汇储备的出路[2]

2009年底，我国外汇储备余额已经达到2.4万亿美元，超过了世界主要七大工业国（G7）外汇储备规模的总和。近年来，由于外贸顺差持续增加，中国一直在增持美国国债。美国经济的持续衰退以及财政赤字的扩大，有可能导致中国所持美国国债面临大幅贬值的风险。外汇储备承载了我国改革开放30年以来的物质财富，也是我国经济进一步发展的巨大动力和货币基础。外汇储备庞大的规模、快速增长的势头和复杂多变的国际经济金融环境，给我国外汇储备管理的思路和政策提出了严峻的挑战。

目前，中国外汇储备调整进入了一个困局：一方面，外汇储备高度集中于美元资产，如果不调整外汇储备的结构，随着美元的大量发行，未来很可能出现大幅缩水；另一方面，如果进行调整，则当即就会导致美元大跌，而我们的外汇储备也会立刻贬值。随着美联储不断降低利率（美国的联邦基金隔夜拆借利率从2009年底已降至00.25%），美国短期债券收益率一路走低，使我国持有美国短期债券的外汇储备资产的收益大大下降。而且，美国国债未来的下跌势头不减。2009年初，美国国债密集投放，令美国30年期国债价格创近几个月来最大的下跌速度，30年期国债收益率自2008年12月15日以来首次跌破3%。大规模的发债，加之注入大量流动性，令各国对美国债市前景感到悲观。

在美联储决定直接收购商业银行的短期票据后，10月13日，欧美央行再次联手决定，无限额的向银行系统注资。这意味着当今两大国际货币的发钞行正在不停地印刷纸币，通过通货膨胀（货币贬值）来消除所有的巨额债务，化解当前的危机。这将是对中国此类以资源和劳动积累的贸易顺差储备的惊人掠夺。

但美元仍然是最主要的国际货币，美元资产市场的深度、广度、流动性在当今世界上仍然无法取代。在中国还沉浸在救不救美国的讨论之中时，实际上最需要拯救的是我们的外汇储备，这是一个对中国的巨大考验。

**背景**：中国外汇储备总量居世界第一位，为了有效管理外汇储备，2007年9月29日，中国主权财富基金——中国投资有限责任公司（China Investment Corporation，CIC，简称中投公司）挂牌成立，注册资本为2 000亿美元，目前是全球第6大主权财富基金。自成立以来，CIC海外投资出现了大量的浮云，引起人们对此类公司投资能力的怀疑。在华尔街，主权财富基金被讥笑为

"愚笨财富"（dumb money），投资家巴菲特则使用"天真的财富"（innocent money）这样的说法。同时西方发达国家日益严重的金融保护主义，也使中投公司在国际资本市场上面临更为严峻的投资环境。

主权财富基金（Sovereign Wealth Funds，简称 SWFs）又称主权基金，主要指一国政府利用外汇储备资产创立的、在全球范围内进行投资以提升本国经济和居民福利的机构投资者。主权财富基金是 2005 年由国际投行们创造出来的一个新词，但实际上该类型的基金早在上世纪 50 年代就已出现，并非 2005 年的金融创新。世界历史上第一只主权财富基金是由位于太平洋密克罗尼西亚吉尔伯特群岛的英国执政当局在 1956 年利用其富含磷酸盐的鸟粪出口收入创建的。当鸟粪消耗殆尽时，该群岛 SWFs 的投资组合价值达到 5.2 亿美元，约为该群岛年度 GDP 的 9 倍。

主权财富基金规模迅速增长，伦敦国际金融服务机构 IFSL 报告称，全球 2008 年主权财富基金管理的资产高达 3.9 万亿美元，预计至 2015 年将扩大至 12 万亿美元。迄今为止，全球范围内已有 22 个国家和地区设立了主权财富基金，2008 年中东产油国拥有全球主权财富基金的 45%，另有 1/3 是亚洲和太平洋国家。

### 讨论和在线学习问题：

1. 你认为目前我国外汇储备管理的两难局面的根源是什么？
2. 在既定的外汇储备规模下，你认为应该如何优化外汇储备资产结构呢？
3. 上网搜集新加坡政府财政部 100% 控股的新加坡淡马锡控股公司（Temasek Holdings），该公司对中国大量银行开展战略投资，如建设银行、中国银行、民生银行等，你认为该公司的运作对中投公司有何启示？
4. 有观点认为加强外汇投资管理并不是化解外汇储备规模压力的唯一出路，中国外汇储备的持续增长根源在于经济结构的内在失衡，因此提出转变经济增长方式才是关键。请和你的同学讨论你们的看法。

## 参考文献

1. 2009 年 03 月 23 日中国人民银行网站；2009 年 03 月 25 日 16：38 来源：人民网—经济频道等编写。
2. 根据外汇网 http：//forex. hexun. com/2009 - 03 - 10/115482338_ 1. html2009 年 03 月 10 日和人民网"国际金融危机与中国外汇储备：巨额外储会否瘦身" http：//www. 022net. com/2008/10 - 21/451632313169143. html 等 2008 - 10 - 21 12：03：15 编写。

4

# 第四部分
# 全球战略和结构



国际商务

12 CHAPTER 12

# 国际商务战略

“夫未战而庙算胜者，得算多也。”

——《孙子兵法》

**学习目标**

- 了解战略管理内涵和战略管理过程
- 了解战略管理理论三个阶段的演变：经典战略管理理论、竞争战略理论（SCP）、核心竞争力理论
- 战略管理外部分析：PEST 模型、五种竞争力量模型、战略集团分析
- 战略管理内部分析：核心竞争力与价值链分析
- 国际企业四种基本竞争战略：国际战略、多国战略、全球战略、跨国战略
- 了解战略联盟为何成为当今世界最广泛使用的战略之一

## 开篇案例

### 国际化战略：海尔 PK 华为[1]

海尔和华为是中国国际化做得比较早和比较好的企业。两家企业开始国际化的时间点基本是一致的，都是在1995年左右，它们在国际化战略方面有怎样的不同呢？

海尔在2005年对外就传播“1 000亿，世界的海尔”；即全球销售额是1 000亿人民币，当时海外销售大约在100亿元左右。2008年，海尔集团全球营业额实现1 220亿元人民币，外销额大概占到1/3。目前，海尔是世界第四大白色家电制造商。根据海尔集团最新制定的战略，今后海尔集团销售额中有1/3比例为国内生产、国内销售；1/3比例为国内生产、出口销售；1/3比例为海外生产、海外销售。

华为2008年取得233亿美元的合同销售额，其中海外销售占比达75%。2004—2008年，华为合同销售额从56亿美元快速上升至233亿美元，海外销售占比从43%上升至75%。2010年，华为有望成为全球第三大全球电信设备商。

海尔是家电产业，华为从事的是通信、IT产业。家用耐用消费品，主要是通过大卖场销售。而华为销售的是针对运营商使用的通信系统，属于基础设施的资本性产品，一般是用户通过招标直接采购。下面从三个方面对华为和海尔的国际化进行比较和分析：

1.国际化战略的路径选择：海尔“先难后易”PK华为“先易后难”

海尔“先难后易”的国际化战略简单的

说就是先打开发达国家市场，后进入发展中国家市场的战略。按海尔的说法，到消费者最讲究、最挑剔的市场，到强者如林的成熟市场，摔打历练，才能迅速成长，占领制高点，然后，居高临下，进入其他市场。从海尔的海外实际的运作情况来讲，这个战略运作的不是很成功。海尔虽然在美国有工厂和贸易公司，但在美国市场一直没有占领主流市场，只是在细分市场上小有斩获，在欧洲和日本等发达国家市场的表现也不如人意。

华为国际化采取的是“先易后难”的战略。华为的国内市场是通过先做县城再做城市的战略创建起来的。华为的国际化战略是农村包围城市的“海外”翻版。这种“先易后难”的战略是一种不得已的战略，因为华为当时不管在产品、技术、人才、综合实力上和强大的国外竞争对手都差距悬殊，正面较量的话，凶多吉少。华为先去啃亚非拉的骨头，1996年华为启动了拓展国际市场的漫长之旅，起点就是非洲、中东、亚太、独联体以及拉美等第三世界国家。在经过长达10年的发展中国家市场的磨砺和考验后，华为的产品、技术、团队、服务等已日趋成熟，完全具备了与世界上最发达国家竞争的强大实力。此后，华为才陆续登陆欧洲、日本、美国市场，“先易后难”的战略取得了阶段性的胜利。

2.国际化人才战略：海尔“三融一创”PK华为“输出革命，赤化全球”

海尔在国际化人才战略上基本上是“拿来主义”，集中体现在海尔的“三融一创”上，即融资、融智、融文化来创立品牌。海尔国内从事国际市场开拓的销售人员加上各产品部负责海外销售的人员，加起来也不过数百人。海尔海外的销售管理模式基本采用区域代理制。在当地成立的独资或合资的销售公司，雇佣的绝大部分是当地的职业经理人。海尔负责海外销售的人员大部分是以商务出差的形式去管理海外市场，常驻海外的人员很少，基本是依靠当地的职业经理人来经营和管理。

华为的人才战略是从国内大批向海外输出人才开拓国际市场。据说华为在海外工作的有一万人左右，占其员工总数的1/4强。华为几乎将其所有的高层管理者“驱逐”到海外去开拓海外市场。华为人把这种人才战略形象地称为“输出革命，赤化全球”。华为海外市场的销售业绩基本上是由中国派驻的华为人做出的。华为认为，在国际市场开拓的初期，使用自己的人才，能与总部进行良好的沟通和便于总部的直接管理，有很好的执行力。当然，随着华为国际化推进，华为要走国际化人才战略的第二步即培养当地的优秀人才，开放更多的高级职位给当地人才，让当地人才逐渐替代华为派驻的人员。

3.国际化文化战略：海尔执行力文化PK华为狼性文化

海尔文化的精髓是它的执行力文化。对市场、对用户需求都要“迅速反应、马上行动”。讲究下级对上级的绝对服从，上级对下级的绝对权威。华为人同样强调执行，他们的特色是狼性文化。狼有三种特性：一是良好的嗅觉；二是反应机敏；三是发现猎物集体攻击。华为人发挥他们的土狼精神，对市场猎物有机敏的嗅觉；发挥团队合作的精神，为获取猎物不择手段，不计后果。

# 导言

国际商务战略力图帮助学生理解两个国际企业管理中的基本问题：国际企业竞争优势的来源和国际企业如何获得持续的竞争优势。如同开篇案例中海尔和华为的国际化战略制定和实施时面临的问题一样，本章的学习可以帮助我们系统理解这样的问题。

# 12.1　战略管理概论

战略（strategy）最早来源于军事术语，意思是指导战争的谋略。企业战略作为企业组织长期方向与目标，是企业为谋求生存和发展而作出的长远性、全局性的谋划或方案。企业战略管理的开创者伊戈尔·安索夫（Igor Ansoff）认为，企业战略的核心应该是：弄清你所处的位置，界定你的目标，明确为实现这些目标而必须采取的行动。因此，安索夫认为战略管理（strategic management）是企业在宏观层次充分利用本企业的人、财、物等资源，为实现战略目标，制定战略决策、实施战略方案、控制战略绩效的一个动态管理过程。

# 12.2　战略管理理论的演变

战略管理理论从发展的先后顺序看，大体经过了以环境为基点的经典战略管理理论、以产业（市场）结构分析为基础的竞争战略理论以及以资源、知识为基础的核心竞争理论三个阶段的演变。

## 12.2.1　以环境为基点的经典战略管理理论

首开企业战略问题研究之先河的是 20 世纪 60 年代初美国著名管理学家钱德勒（Chandler），他在 60 年代初出版的《战略与结构》一书中，分析了环境、战略和组织结构之间的相互关系。他认为，企业经营战略应当适应环境、满足市场需要，而组织结构又必须适应企业战略，随着战略变化而变化。

其后，就战略构造问题的研究，形成了两个学派，即以哈佛商学院的安德鲁斯为代表的“设计学派”和以安索夫为代表的“计划学派”。尽管具体主张不尽相同，但总体上说，其核心思想是一致的，主要体现在以下几点：

□ 企业战略的基点是适应环境；
□ 企业战略的目标在于提高市场占有率；
□ 企业战略的实施要求组织结构变化与适应。

经典战略理论中的企业战略实质是一个组织对其环境的适应过程以及由此带来的组织内部结构变化的过程。

但是以环境为基点的经典战略理论至少存在以下不足之处：

□ 该理论缺少对企业将投入竞争的一个或几个产业的分析与选择，它从现在的产业市场出发，要求企业所适应的环境实质上是已结构化的产业市场环境。这势必导致：一方面，企业所追求的生存与发展空间十分有限；另一方面，企业往往被动地适应环境，处于被动地追随领先者的困境之中，充其量只能是战略的追随者。

□ 该理论缺乏对企业内在环境的考虑，它只是从企业的外部环境（即现存的、已结构化的产业市场环境）来考察企业战略问题。

**背景知识**

## 背景知识：安德鲁斯的“设计学派”

1971年，哈佛商学院的安德鲁斯（Kenneth R. Andrews）出版了《公司战略思想》一书，对企业战略的相关问题进行了理论阐述，他指出战略分为战略制定和战略实施两大部分。安德鲁斯认为，战略是目标、意图或目的，战略的形成过程是企业内部条件与外部条件相匹配的过程。安德鲁斯还提出SWOT分析模型，将战略定义为公司能做的（内部优势和劣势）与可能做到（环境机会和威胁）之间的匹配，认为企业应充分利用自身的优势和外部环境机遇，扬长避短，制定适合企业自身实际的战略（见图12.1）。

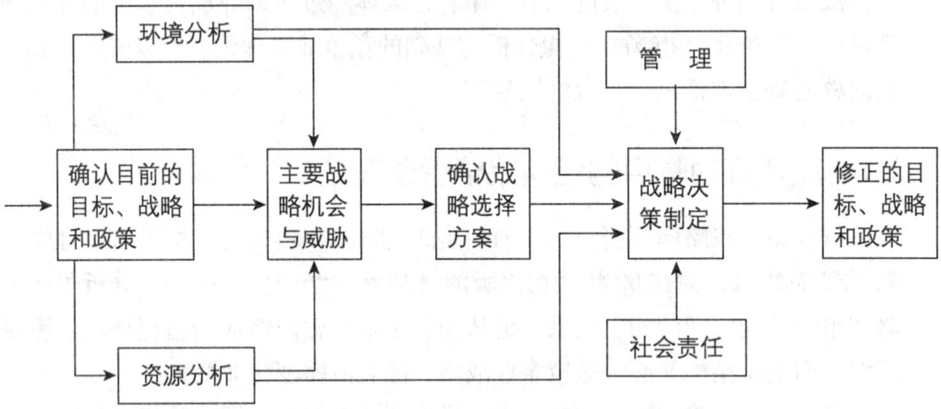


**图12.1　安德鲁斯的战略制定过程模型**

### 12.2.2　以产业（市场）结构分析为基础的竞争战略理论

经典战略理论的缺陷之一是忽视了对企业竞争环境的分析与选择，弥补这一缺陷的是波特，他将产业组织理论中结构（S）—行为（C）—绩效（P）这一分析范式引入企业战略管理研究之中，提出了以产业（市场）结构分析为基础的竞争战略理论。

20世纪80年代初，以哈佛大学商学院的迈克尔·波特为代表的竞争战略理论取得了战略管理理论的主流地位。波特认为，企业盈利能力取决于其选择何种竞争战略，而竞争战略的选择应基于以下两点考虑：（1）选择有吸引力的、高潜在利润的产业；（2）在已选择的产业中确定自己优势的竞争地位。在《竞争战略》一书中，波特提出了著名的五种竞争力量模型：进入威胁、替代威胁、现有竞争对手的竞争以及客户和供应商讨价还价的能力所形成的竞争模型，认为产业的吸引力、潜在利润是源于这五个方面的压力相互作用的结果，并在此基础上提出了赢得竞争优势的三种通用战略：总成本领先战略、差异化战略和目标集聚战略。

波特的竞争战略理论认为产业结构是决定企业盈利能力的关键因素，企业可以通过选择和执行一种基本战略影响产业中的五种竞争力量（即产业结构），以改善和加强企业的相对竞争地位，获取市场竞争优势（低成本或差异化）；价值链活动是竞争优势的来源，企业可以通过价值链活动和价值链关系（包括一条价值链内的活动之间及两条或多条价值链之间的关系）的调整来实施其基本战略。

与经典战略理论相比，竞争战略理论前进了一大步。它指出了企业在分析产业（市场）结构竞争环境的基础上制定竞争战略的重要性，从而有助于企业将其竞争战略的眼光转向对有吸引力的产业的选择上。然而，同经典战略理论一样，竞争战略论仍缺乏对企业内在环境的考虑，因而无法合理地解释下列问题：为什么在无吸引力的产业中仍能有盈利水平很高的企业存在，而在吸引力很高的产业中却又存在经营状况很差的企业。在这样的情形下，以资源、知识为基础的核心竞争力理论便迅速地发展了起来。

### 12.2.3　以资源、知识为基础的核心竞争力理论

以资源、知识为基础的核心竞争力理论存在这样的理论假设：假定企业具有不同资源（这里的资源包括知识、技术等），形成了独特的能力，资源不能在企业间自由流动，属于某企业特有的资源，其他企业无法得到或复制；企业利用这些资源的独特方式是企业形成竞争优势的基础。

该理论认为，企业经营战略的关键在于培养和发展企业的核心竞争力。所谓核心竞争力是“组织中的积累性学识，特别是关于如何协调不同的生产技能和有机结合多种技术流的学识”。

总之，从战略理论的内容上看，存在这样一个发展轨迹，即关注企业内部（强调战略是一个计划、分析的过程）→关注企业外部（强调产业结构的分析）→关注企业内部（强调核心能力的构建、维护与产业环境分析相结合）→关注企业外部（强调企业间的合作，创建优势互补的企业有机群体）。从竞争的性质看，竞争的程度遵循着由弱到强，直至对抗，然后再到合作乃至共生的发展脉络。

## 12.3　战略管理过程

跨国公司的战略管理具有重要意义：可以帮助明确公司的使命与目标；提供整合与协调功能；减少公司内部的冲突；为跨国公司的经营管理决策提供行动指南；对复杂的国际商务环境作出正确的反应。一个规范性的、全面的战略管理过

程可大体分解为：战略分析、战略选择及评价、战略实施及控制三个相互联系、循环反复、不断完善的环节。战略管理过程可用图 12.2 来表示。

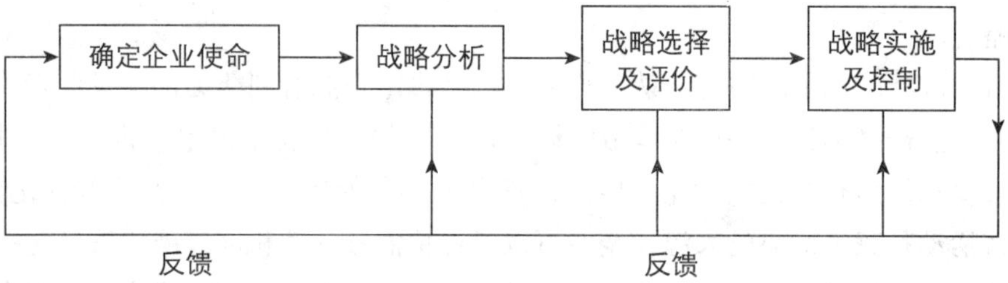


**图 12.2 战略管理过程**

## 12.3.1 确定企业的目标和使命

在进行战略分析之前，首先要确立或审视企业的使命。公司使命规定着该公司在社会经济生活中所扮演的角色。跨国公司使命是其经营意图的总体持久反映，它规定着公司为什么存在，为什么在某些产业、市场、区域和国家而不是在另一些产业、市场、区域和国家展开业务和竞争，体现该公司的经营理念、所追求的形象与自我认识。对跨国公司使命的描述使其与世界上其他竞争者区别开来，这种观念有助于它不断地认清其全球市场、重点技术领域与资源。

按照美国的标准，一份好的使命说明书应该有助于集中力量、提供配置资源的合理性、规定广义的职责权限和确定更具体的组织目标。美国的使命说明书倾向于那些与其各自产业的成功因素息息相关的市场问题，如表 12.1 所示。

**表 12.1 美国公司的使命说明书**

| 关键成功因素 | 使命构成因素 | 公司例证 |
|---|---|---|
| 产品或服务 | IBM 意味着服务 | IBM |
| 技术 | 化学可以创造更好的东西用于更好的生活 | 杜邦 |
| 目标 | 在世界任何地方的配件服务都不超过 48 小时 | 卡特皮勒 |
| 自律 | 你不要扼杀一个新的产品概念 | 3M |
| 哲学 | 诚实、仁慈与渴望卓越 | 伊莱克斯 |
| 顾客 | 为所有的银行、S&L 公司和投资公司提供无缺陷的仪器设备 | 德鲁克斯凭证印制公司 |
| 公共形象 | 以质量赢取好的价格 | 西尔斯 |

与美国公司的使命说明书相反，日本公司的使命说明书没有对范围的明确界定。同美国经理相比，日本经理倾向于更抽象的使命说明。如磁带和电子产品制造商 TDK 将其任务使命界定为“通过创造性对全球文化和工业作出贡献”。日本公司使命说明书的另一个主要特点是表现出击败或赶上西方国家的愿望，如计算

机制造商就特别强调其目标是赶上 IBM，日立公司则宣称："我们是 IBM 加上 GE。"

### 12.3.2　战略分析

战略分析是指对影响企业现在和未来生存和发展的一些关键因素进行分析、评价和预测。战略分析包括企业外部环境分析和企业内部环境或条件分析两部分。

企业外部环境一般包括下列因素或力量：政府法律因素、经济因素、技术因素、社会因素以及企业所处产业中的竞争状况。企业外部环境分析是为了适时地寻找和发现有利于企业发展的机会，以及对企业来说所存在的威胁，做到"知彼"，以便在制定和选择战略中能够利用外部条件所提供的机会而避开对企业的威胁因素。

企业的内部环境即是企业本身所具备的条件，它包括生产经营活动的各个方面，如生产、技术、市场营销、财务、研究与开发、员工情况、管理能力等。企业的内部环境分析是为了发现企业所具备的优势或弱点，以便在制定和实施战略时能扬长避短、发挥优势，有效地利用企业自身的各种资源。

### 12.3.3　战略选择及评价

战略选择及评价过程实质是对战略进行探索、制定以及选择的战略决策过程。一个跨产业经营的企业的战略选择应当解决两个基本的战略问题：一是企业的经营范围或战略经营领域，即规定企业从事生产经营活动的产业，明确企业的性质和所从事的事业，确定企业以什么样的产品或服务来满足哪一类顾客的需求；二是企业在某一特定经营领域的竞争优势，即要确定企业提供的产品或服务，超过竞争对手的优势是什么。

### 12.3.4　战略实施及控制

企业战略方案一经选定，管理者的工作重心就要转到战略实施上来。战略实施是贯彻执行既定战略规划所必需的各项活动的总称，是战略管理过程的一个重要部分。战略实施主要包括战略实施以及战略控制两部分内容。

企业战略实施是战略管理过程的行动阶段，战略实施是一个自上而下的动态管理过程。所谓"自上而下"是指战略目标在公司高层达成一致后，再向中下层传达，并在各项工作中得以分解、落实。所谓"动态"主要是指战略实施的过程中，常常需要在"分析—决策—执行—反馈—再分析—再决策—再执行"的不断循环中达成战略目标。企业战略实施包含四个相互联系的阶段。

□ 战略发动阶段。调动起大多数员工实现新战略的积极性和主动性，要对企业管理人员和员工进行培训，灌输新的思想、新的观念，使大多数人逐步接受一种新的战略。

- □ 战略计划分解阶段。将经营战略分解为几个战略实施阶段，每个战略实施阶段都有分阶段的目标，有每个阶段的政策措施、部门策略以及相应的方针等。要对各分阶段目标进行统筹规划、全面安排。
- □ 战略运作阶段。企业战略的实施运作主要与各级领导人员的素质和价值观念、企业的组织机构、企业文化、资源结构与分配、信息沟通、控制及激励制度六个因素有关。
- □ 战略的控制与评估阶段。战略是在变化的环境中实践的，企业只有加强对战略执行过程的控制与评价，才能适应环境的变化，完成战略任务。这一阶段主要是建立控制系统、监控绩效和评估偏差、控制及纠正偏差三个方面。

现实中，一般美国跨国公司倾向于自上而下的战略实施。高层管理负责评估公司内外部环境，确定公司或该种经营的基本战略，计划人员和较低层的经理通常是参与并协助进行。较低层管理人员对战略实施的影响较大，也就是说，较低层的管理人员负责建立实施战略的系统。通用电器（GE）公司为了落实和推动企业多元化战略构建了强大的战略实施和支持体系，共分三个步骤，第一是320名高级管理人员每年要集中4天时间研讨和制定公司战略规划纲要；第二是428名战略经理每年应集中用2周时间完成全部战略计划的制定工作；第三是全公司1万多名各级经理人员每年都要接受战略规划的训练。GE公司前CEO杰克·韦尔奇认为，这样做的时间代价虽大，却是成功的关键。其实这样做也是各级管理人员培训学习、交流互动的过程，有利于团队通过这样的活动提高认识、统一思想、实现目标。

## 12.4 外部分析——识别产业机会和威胁

上面我们讨论过战略管理中外部分析的目的是识别有利于企业发展的机会以及对企业的威胁。企业的外部环境主要包括宏观环境、产业环境、竞争环境等因素，其分析的意义在于评价这些因素对企业战略目标和战略制定的影响。

### 12.4.1 PEST分析模型

分析宏观环境的一个常用工具是PEST（政治、经济、社会文化和技术环境）分析模型。政治法律环境是指对企业经营活动具有实际与潜在影响的政治力量和有关的法律法规等因素。具体来说，政治环境主要包括国家的政治制度与体制，政局的稳定性以及政府对外来企业的态度等因素；法律环境主要包括政府制定的对企业经营具有刚性约束力的法律、法规，如反不正当竞争法、税法、环境保护法以及外贸法规等因素。经济环境是指一个国家的经济制度、经济结构、产业布局、资源状况、经济发展水平以及未来的经济走势等。构成经济环境的关键战略要素包括 GDP 的发展趋势、利率水平的高低、财政货币政策的松紧、通货膨胀程度及其趋势、失业率水平、居民可支配收入水平、汇率升降情况、能源供给成本、市场机制的完善程度、市场需求情况等。社会文化环境是指企业所在社会中成员的民族特征、文化传统、价值观念、宗教信仰、教育水平以及风俗习惯等因素。技术环境不仅包括那些引起时代革命性变化的发明，而且还包括与企业生产有关的新技术、新工艺、新材料的出现和发展趋势以及应用前景。

### 12.4.2　五种竞争力量模型

跨国公司具体产业环境的分析主要包括两个方面，一是产业中竞争的性质和该产业中所具有的潜在利润；二是该产业内部企业之间经营上的差异以及这些差异与它们战略地位的关系。产业是指提供相互间密切可替代的产品或服务的一切公司。如我们谈到软饮料（非酒精饮料）产业时，由于软饮料定义为经包装的乙醇含量小于 0.5%（m/V）的饮料制品，所以广义的软饮料产业包括碳酸饮料（汽水）类、果汁饮料类、蔬菜汁饮料类、乳饮料类、植物蛋白饮料类、瓶装饮用水类、茶饮料类等繁杂的产品和公司类型。但是如果仅仅讨论碳酸饮料（汽水）类产业中的可乐型饮料，美国的可口可乐和百事可乐就是主要的行业力量。

分析产业中竞争的性质的常用工具是迈克尔·波特于 20 世纪 80 年代初提出的“五种竞争力量模型”，该模型用于竞争战略的分析，可以有效分析客户的竞争环境。

五种竞争力量模型确定了竞争的五种主要来源，即供应商和购买者的讨价还价能力、潜在进入者的威胁、替代品的威胁以及来自目前在同一产业的公司间的竞争。五种竞争力量的不同组合变化最终影响产业利润潜力变化。五种竞争力量模型将大量不同的因素汇集在一个简便的模型中用于分析一个产业的基本竞争态势。一种可行战略的提出首先应该包括确认并评价这五种力量，不同力量的特性和重要性因产业和公司的不同而变化，如图 12.3 所示。

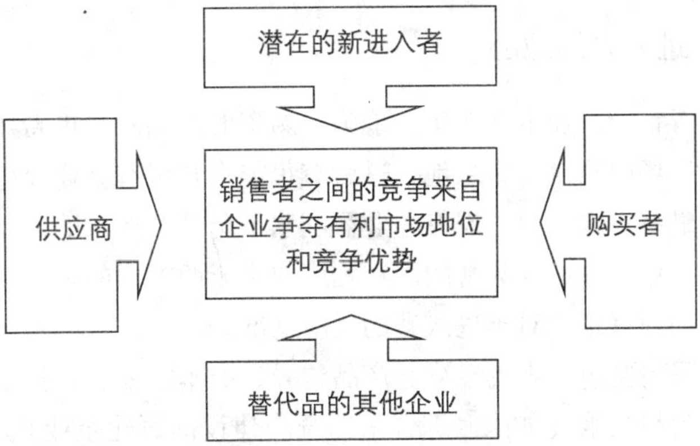


**图 12.3　五种竞争力量模型**

### 供应商的议价能力

供应商主要通过其提高投入要素价格与降低单位价值质量的能力，来影响产业中现有企业的盈利能力与产品竞争力。供应商的强弱主要取决于他们所提供给购买者的是什么投入要素，当供应商所提供的投入要素的价值构成了买主产品总成本的较大比例，对购买者产品生产过程非常重要，或者严重影响购买者产品的质量时，供应商对于购买者的潜在讨价还价力量就大大增强。

一般来说，满足如下条件的供应商集团会具有比较强大的讨价还价力量：

- □ 供应商产业为一些具有比较稳固市场地位而不受市场剧烈竞争困扰的企业所控制，其产品的购买者很多，以至于每一单个购买者都不可能成为供应商的重要客户。
- □ 供应商企业的产品各具有一定特色，以至于购买者难以转换或转换成本太高，或者很难找到可与供应商企业产品相竞争的替代品。
- □ 供应商能够方便地实行前向联合或一体化，而购买者难以进行后向联合或一体化。

### 购买者的议价能力

购买者主要通过其压价与要求供应商提供较高的产品或服务质量的能力，来影响产业中现有企业的盈利能力。一般来说，满足如下条件的购买者可能具有较强的讨价还价力量：

- □ 购买者的总数较少，而每个购买者的购买量较大，占了供应商销售量的很大比例。
- □ 供应商产业由大量相对来说规模较小的企业所组成。
- □ 购买者所购买的基本上是一种标准化产品，同时向多个供应商购买产品在经济上也完全可行。
- □ 购买者有能力实现后向一体化，而供应商不可能前向一体化。

### 潜在新进入者的威胁

新进入者在给产业带来新生产能力、新资源的同时，也希望在已被现有企业瓜分完毕的市场中赢得一席之地，这就有可能会与现有企业发生原材料与市场份额的竞争，最终导致产业中现有企业盈利水平降低，严重的话还有可能危及这些企业的生存。竞争性进入威胁的严重程度取决于两方面的因素：进入新领域的障碍大小与预期现有企业对于进入者的反应情况。

进入障碍主要包括规模经济、产品差异、资本需要、转换成本、销售渠道开拓、政府行为与政策（如国家综合平衡统一建设的石化企业）、不受规模支配的成本劣势（如商业秘密、产供销关系、学习与经验曲线效应等）、自然资源（如冶金业对矿产的拥有)、地理环境（如造船厂只能建在海滨城市）等方面，这其中有些障碍是很难借助复制或仿造的方式来突破的。

预期现有企业对进入者的反应情况，主要是采取报复行动（如价格战）的可能性大小，则取决于有关厂商的财力情况、报复记录、固定资产规模、产业增长速度等。

总之，新企业进入一个产业的可能性大小，取决于进入者主观估计进入所能带来的潜在利益、所需花费的代价与所要承担的风险这三者的相对大小情况。

### 替代品的威胁

两个处于同产业或不同产业中的企业，可能会由于所生产的产品互为替代品，从而在它们之间产生相互竞争行为，这种源自于替代品的竞争会以各种形式影响产业中现有企业的竞争战略。首先，现有企业产品售价以及获利潜力的提高，将由于存在着能被用户方便接受的替代品而受到限制；其次，由于替代品生产者的侵入，使得现有企业必须提高产品质量，或者通过降低成本来降低售价，或者使其产品具有特色，否则其销量与利润增长的目标就有可能受挫；最后，源自替代品生产者的竞争强度，受产品购买者转换成本高低的影响。总之，替代品价格越低、质量越好、用户转换成本越低，其所能产生的竞争压力就强；而这种来自替代品生产者的竞争压力的强度，可以具体通过考察替代品销售增长率、替代品厂家生产能力与盈利扩张情况来加以描述。

### 同业竞争者的竞争程度

大部分产业中的企业，相互之间的利益都是紧密联系在一起的，各企业竞争战略的目标都在于使得自己的企业获得相对于竞争对手的优势，所以，在实施中就必然会产生冲突与对抗现象。这些冲突与对抗就构成了现有企业之间的竞争，常常表现在价格、广告、产品介绍、售后服务等方面，其竞争强度与许多因素有关。

一般来说，出现下述情况将意味着产业中现有企业之间竞争的加剧：

- □ 产业进入障碍较低，势均力敌竞争对手较多，竞争参与者范围广泛。
- □ 市场趋于成熟，产品需求增长缓慢。
- □ 竞争者企图采用降价等手段促销；竞争者提供几乎相同的产品或服务，用户转换成本很低。
- □ 一个战略行动如果取得成功，其收入相当可观；产业外部实力强大的公司在接收了产业中实力薄弱企业后，发起进攻性行动，结果使得刚被接收的企业成为市场的主要竞争者。
- □ 退出障碍较高，即退出竞争要比继续参与竞争代价更高。在这里，退出障碍主要受经济、战略、感情以及社会政治关系等方面考虑的影响，具体包括资产的专用性、退出的固定费用、战略上的相互牵制、情绪上的难以接受、政府和社会的各种限制等。

每个产业中的每一个企业或多或少都必须应付以上五种竞争力量构成的威胁，根据对于五种竞争力量的讨论，企业可以采取尽可能地将自身的经营与竞争力量隔绝开来、努力从自身利益需要出发影响产业竞争规则、先占领有利的市场地位再发起进攻性竞争行动等手段来对付这五种竞争力量，以增强自己的市场地位与竞争实力。

## 12.4.3 战略集团分析

分析产业内部企业之间竞争关系的常用工具是战略集团分析。战略集团（strategic group）是指一个产业内执行同样或类似战略并具有类似战略特征的一组企业。

企业盈利率不仅取决于企业自身的实力，而且取决于产业结构状况及企业所处的战略群状况。产业战略集团之间在竞争利润率方面的差异是由于移动壁垒与进入壁垒一起抵抗产业集团外的企业入侵。移动壁垒阻止了产业内企业从一种战略群向另一战略群移动。移动壁垒的高低决定产业内战略集团间的竞争激烈程度。

在同一战略集团内的企业在许多方面非常相近，它们在类似的战略的影响下，会对外部环境作出类似的反应，采取类似的竞争行动。以酒店业为例，星级酒店属于同一战略集团，向顾客提供优质服务，收取高价。而经济型酒店则属于另一个战略集团，只提供基本服务，价格较低。两者分别表现出各自的特征，主要的竞争在战略集团内部展开。这种特征可以用战略集团图勾画出来，如图 12.4 所示。

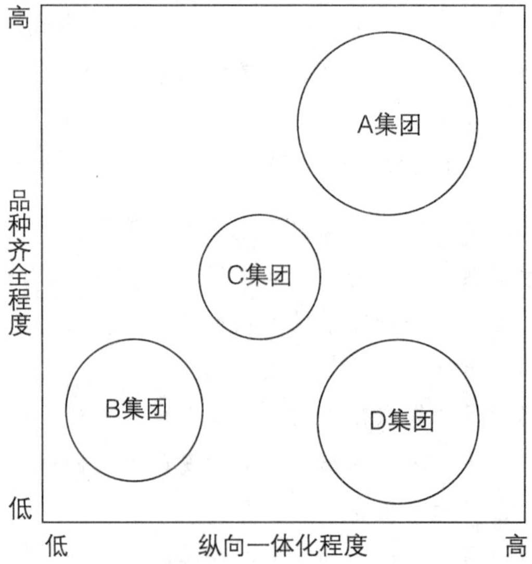


图 12.4 产业内战略集团分布图

上图中横轴代表纵向一体化，纵轴代表专业化程度。一般来讲，以标志图形的大小表示每一战略集团中企业市场占有率之和。如 A 集团：丰富的产品品种，高度纵向一体化，成本低，中等质量。B 集团：狭小的产品品种，低纵向一体化，高成本、高质量、高技术水平。C 集团：品种齐全程度和纵向一体化程度都是中等，中等价格，质量低，服务水平高。D 集团：狭小的产品品种，成本低，价格低，服务水平低。

## 12.5 内部分析——竞争优势的本质

企业内部分析是寻找和定位企业竞争优势的根本源泉，即能为企业带来竞争优势或劣势的任何要素。在上面战略管理理论讨论中，产业组织理论认为企业的竞争优势来自外部的、有吸引力的产业结构，而以资源为基础的学者则把竞争优势的获得归为企业拥有的独特资源。

### 12.5.1 可持续竞争优势和核心竞争力的来源

核心竞争力（core competency）是美国学者普拉哈拉德和哈默尔在其经典论文《公司的核心能力》中首次提出来。核心竞争力指企业所特有的、比竞争对手更高明的创造价值的方法，它是企业在经营过程中学习和总结所形成的运用资源和能力的独特方法。

作为战略管理理论的核心问题，企业如何获取竞争优势一直是学者们关注的重点。上世纪 80 年代中期之前，关于企业竞争优势的研究一直被以波特为代表的产业组织理论的外部竞争优势来源观所主导。但随着竞争环境变化的不断加快，人们逐渐认识到仅仅关注企业的产业环境是远远不够的。基于资源基础的公司战略理论认为：企业之所以赢利是因为企业特有的稀缺资源，它可以产出成本显著低或质量非常高的产品，即有效益的产品；这种资源依附于企业内在组织中，具有无形性和知识性，难以模仿，为企业专有。因此，企业的竞争优势并不是在波特所指的市场中，而是在企业内部，依赖于企业的异质性的、非常难以模仿的、效率高的专有资源；并且企业有不断产生这种资源的内在能力来保持企业的竞争优势不断形成。

**资源与能力**

资源（resource）是企业拥有的、能够为顾客创造价值的要素禀赋的总和。企业的资源可以分为有形资源与无形资源。有形资源是实物形态的，例如土地、建筑物、设备、存货和资金。无形资源是非实物性的，是由企业和员工在企业活动过程中所创造的。无形资源的例子包括品牌、商誉、通过经验所掌握的知识和有利于价值创造的习惯，还包括知识产权如专利、版权和商标。有形的资源往往可以通过购买获得，因此并不具备独特性。而无形的资源因为受到专有权的保护以及不透明的资源特性而更具价值。

能力（capability）是企业协调各种资源为顾客创造价值的技能。这些技能隐藏在企业的组织结构、流程和控制系统之中，让企业以独特的方式发挥资源的价值。能力表现为企业决策过程、管理内部流程和行为的风格，包括由谁作出决策、如何作出决策、企业鼓励怎样的行为和价值观。例如，作为一家高技术企业，华为公司在企业发展的早期主要是模仿国外的先进技术，没有强大的专利组合，可以说企业不具备高价值的资源。但是，华为公司在营销方面表现出超强的能力，通过出色的客户关系管理在省级以下对技术不敏感的市场中取得了极大成功。华为公司依靠由此积累的利润投入研发，最终转化为资源。能力是无形的，它不是企业中某个人的素质，而是企业环境中个人间互动、协作和决策的方式。

即使一家企业拥有了专有的和有价值的资源，但是，如果它没有能力有效地运用这些资源，仍然谈不上竞争优势。在中国，像航空、移动通信、石化行业中的国有企业掌握了稀缺的资源，但未能提供令顾客满意的服务，表明它们在能力上存在缺陷，难以建立可持续的竞争优势。

### 核心竞争力

企业能够生存，说明它必然拥有某些资源和能力或资源和能力的组合。显然，绝非所有的资源和能力都具有战略意义，也就是能够为企业带来竞争优势。能够为企业带来竞争优势的资源和能力还必须达到以下 4 个标准，我们用 Google 公司的例子来给出说明：

- □ 有价值。资源和能力的价值表现在企业能够通过满足顾客的需求创造利润。例如 Google 的搜索可以满足全球范围内不同顾客对信息的需求，而庞大的搜索服务需求又为获得广告收入创造了条件。
- □ 无法替代。无法替代意味着其他企业的资源和能力的组合无法创造出相同的价值，无法削弱企业的赢利能力。Google 的竞争对手只能在某些局部市场上替代其产品和服务，Google 得以保持高水平的赢利能力。
- □ 稀少。资源和能力的稀少意味着只有少数企业能够掌握。目前有能力提供全球资源搜索并获利的企业为数很少，这就保证了 Google 在市场上的地位。
- □ 难以模仿。竞争对手无法学习或无法在成本上竞争。Google 创新的速度和质量以及顾客体验在市场上居于领先地位，这是竞争对手最难学习和竞争的能力，也是 Google 长期竞争优势的来源。

符合上述 4 项标准的企业资源和能力的组合称为核心竞争力，核心竞争力是持续竞争优势的来源。核心竞争力对于管理者的一个重要启示是企业不需要追求在各个方面都超越竞争对手，而应当专注于自己所独有的、优于竞争对手的价值创造过程。例如，沃尔玛为顾客创造的价值是在提供质量适当、价格低廉的商品方面做到最好。它应当优化信息系统、提高货运效率，沿着这一方向加强资源和能力。而改进商店装潢、提供贴身服务，尽管也能够为顾客创造价值，但这些都属于百货公司的核心竞争力。许多企业在价值观中强调了核心竞争力的重要性，像 Google 公司的价值观要求员工“将专业做到极致”。

在动态的竞争环境下，构成核心竞争力基础的资源和能力都是动态的。柯达公司在化学成像方面的资源和能力至今仍然是世界第一，但由于这项资源为顾客创造的价值被数码成像所取代，柯达公司的竞争优势逐渐下降。在企业外部环境激烈变化的今天，学习能力在企业的核心竞争力中居于特别重要的地位。例如，新闻出版产业正在经历数字化转型的过程，只有通过学习建立起基于新的资源和能力的核心竞争力，企业才有机会保持长期的竞争优势。

核心竞争力还告诉我们企业应当专注于提高自己比竞争对手更有优势的资源和能力，价值链分析则向企业指出哪些资源和能力符合这一要求。下一小节将讨论价值链过程。

### 12. 5. 2　价值链分析

对企业经营资源进行分析的一个常用工具是迈克尔·波特提出的价值链。所谓**价值链**（value chain）是一个企业用来进行设计、生产、营销、供货以及对产品起辅助作用的各种活动的集合。

波特提出的价值链分析法，把企业内外价值增加的活动分为基本活动和支持性活动，基本活动涉及企业生产、销售、进料后勤、发货后勤、售后服务；支持性活动涉及人事、财务、计划、研究与开发、采购等。基本活动和支持性活动构成了企业的价值链。价值链活动如图 12. 5 所示。

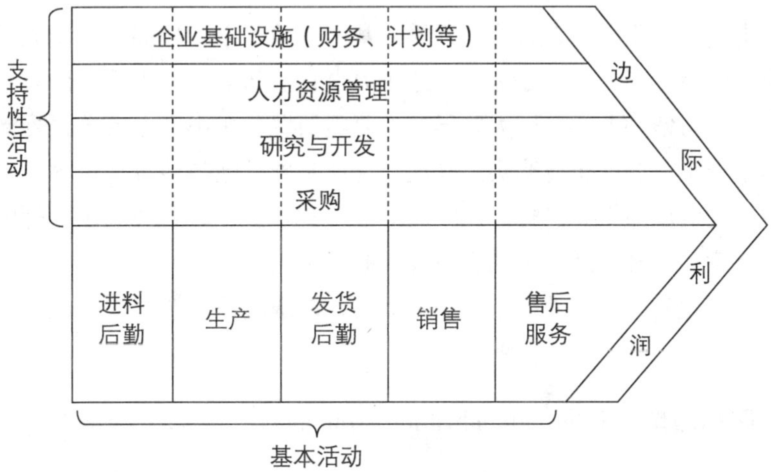


**图 12. 5　价值链**

资源审核所要解决的主要问题是，分析和判定在所有可控资源中，哪些资源是形成公司核心能力的战略性资源，它在何种程度上支持公司的战略行动并帮助公司构建起市场竞争的优势地位。不同的企业参与的价值活动中，并不是每个环节都创造价值，实际上只有某些特定的价值活动才真正创造价值，这些真正创造价值的经营活动，就是价值链上的战略环节。企业要保持的竞争优势，实际上就是企业在价值链某些特定的战略环节上的优势。

运用价值链的分析方法来确定核心竞争力，就是要求企业密切关注组织的资源状态，要求企业特别关注和培养在价值链的关键环节上获得重要的核心竞争力，以形成和巩固企业在产业内的竞争优势。企业的优势既可以来源于价值活动所涉及的市场范围的调整，也可来源于企业间协调或合用价值链所带来的最优化效益。

## 12.6 全球化背景下的国际企业战略选择

企业实现国际化和开展全球市场竞争时，面临两种竞争压力：降低成本（cost leadership）与地区调适（local responsiveness）。两种力量相互冲突：降低成本的压力要求企业把生产活动设置在最有利的低成本区位，或提供面向全球市场的标准化产品；而地区调适压力则要求企业对不同的国家提供差异化的产品与营销策略，以满足各国不同的消费者兴趣与嗜好、企业实践、分销渠道、竞争条件与政府政策。

国际企业面临降低成本的压力与日俱增，迫使公司努力去降低其创造价值的成本，通过在世界上最佳的区位大量生产标准化的产品来实现区位和经验曲线经济。当然，随着各国需求的趋同、通讯运输技术的发展、文化的传播，全球也形成很多巨大的标准化的全球消费品市场，如汉堡包、可口可乐、李维牌牛仔裤、索尼电视机、化学品、石油、钢铁、掌上电脑、半导体晶片、个人电脑、液晶显示屏、轮胎等产品。但是地区调适压力也日益凸显，首先不同国家和地区的消费者在兴趣与偏好上存在巨大差异，如北美消费者对小卡车有着强烈需求，而欧洲国家小卡车主要由企业购买。其次，全球基础设施与传统做法的差异，如北美家电系统的电压为110伏特；而欧洲标准为240伏特。另外各国对待国际贸易和投资的态度和管理以及各国的竞争环境截然不同。

全球化背景下的战略划分国际战略、多国战略、全球战略和跨国战略四种模式。

**国际战略**（internationalization strategy）

国际战略指向国外市场转让当地竞争者缺少的技能和产品。国际战略是一种以本国为中心的战略，这种战略的核心内容是确定母公司在技术创新和开发能力

## 现场观察 12-1

### 中国企业的竞争力模式

中国号称“世界工厂”，但是目前中国的制造商大部分处于全球价值链最低的生产环节，获得的利润率不足产品总价值的5%。以耐克公司为例，一个市场售价8美元的缝制皮球，中国工厂出厂价格为7元人民币，外包工人的缝制收入为5元人民币。大部分利润被那些有研发能力、有品牌影响力、有核心客户关系的外国公司收入囊中。

中国企业与国际企业相比，技术进步对企业销量和利润的贡献率非常低，大多数中国企业还属于“节约盈利型”企业。以TCL为例，在其借助跨国并购实现国际经营后，欧洲市场已经基本退出、美国市场彩电占有率下降、新兴市场国家大多也在收缩战线。在产业观察人士看来，欧洲市场高昂的营销成本是其亏损的最大结症。一个靠廉价劳动力生存的企业，怎么可能靠欧洲高昂的人力成本来生存？这正是TCL 2006年下半年痛下决心重组欧洲市场的原因。2006下半年以来，TCL在美国实现扭亏转赢，但其实是大幅缩减人力和渠道成本带来的，支出减少了，市场也随之萎缩。

迈克尔·波特说过，创新是企业存在和发展的源泉。创新是一种能力，它体现先进技术同消费者最新需求的结合，几乎所有的国际企业都舍得在技术开发上大投入。如宝洁公司全球18个研究开发中心雇佣超过8 300名的研究人员，每年研究与开发的费用达到17亿美元，平均每年申请专利2万次，宝洁成为世界上最具创新实力的公司之一。研究人员来自600多所不同的大学及研究机构，亚洲、拉丁美洲、欧洲和北美的科学家通过这个庞大的科研网络分享最新的技术和成功的经验，不断开发品质卓越的产品。在开发新产品之外，宝洁每年对产品都要进行改进和升级，如汰渍品牌在1946年推出后，到目前为止已改进了60多次。韩国三星电子有超过7 000人的开发队伍，年科研开发经费在40亿美元以上，成为全球年申请专利最多的五大企业之一。三星CEO尹钟龙曾经说过这样一句话：“对于目前的三星来说，需要做的事情很多，但是，第一重要、第二重要、第三重要的事情，都是核心技术开发。”

支撑一个企业“创新型盈利”有两大动力，一个是企业的技术创新能力，一个是品牌影响力。恰恰在这两个方面，中国企业基本上都没有发言权。

资料来源：刘步尘.内部人直指四大痛 TCL国际化是怎么失败的.http：//green-1982.blog.163.com/blog/static/67120832007029571494 3/

上有怎样的竞争优势以及在产品生命周期的哪个阶段通过跨国经营方式转移到国外。显然，母公司具有雄厚的创新技术实力是运用这种战略的前提条件。国际战略的特点在于没有成本压力和本地响应的压力。由于巨大的国内市场和领先的技术创新，美国的跨国公司早期一般都采用国际战略。如宝洁公司早期就是将美国辛辛那提开发的产品原封不动的搬到海外。美国实现复印机商业化的施乐公司在60 年代由于复印技术专利的保护，曾经在全球没有竞争对手，所以施乐公司只在全球高价销售一个基本产品型号的产品，没有成本削减压力，也无需顾及不同国家客户的需要，结果是身材矮小的日本客户为操作这种针对身材高大的美国人而开发的复印机，不得不踩在板凳上。

国际战略的优点是集中管理可以节约大量的成本支出，缺点是产品对东道国当地市场的需求适应能力差。国际战略的适合条件：企业具有核心能力，国外市场当地竞争者又缺少这种能力，并且企业面临的地区调适和降低成本的压力都相对较弱，则采取国际战略是有效的。

**多国战略**（multi-domestic strategy）

多国战略又称多国本土化战略（localization strategy），指根据不同国家的不同市场，提供更能满足当地市场需要的产品和服务。

采用多国战略的企业把重点放在最大程度地顾及东道国的差异上，寻求地区调适最大化，以广泛地改造其提供地产品和营销策略以适应不同国别条件。多国战略的核心内容是确定各东道国市场的需求特征，生产什么样的产品才能满足东道国市场的需求，怎样从组织结构、决策机制、人力资源、经营方式等方面提高子公司对东道国经营环境的适应能力。

由于面对差异巨大的市场和比较弱的成本压力，欧洲的跨国公司早期一般都采用多国战略。如联合利华公司 20 世纪 80 年代在欧洲有 10 几个工厂，以迎合不同国家的消费者的不同喜好。瑞士的雀巢公司在全球 100 多个国家有 480 个工厂，仅仅是速溶咖啡产品就有 200 种。

多国战略的优点是对东道国当地市场的需求适应能力好，市场反应速度快，在当地市场强烈要求根据当地需求提供产品和服务并降低成本时，企业应采取多国本土化战略。多国战略的缺点是：多国战略下，企业往往在各主要国家的市场建立一整套创造价值的活动，包括生产和营销设施。这种战略生产设施重复建设并且成本比较高，在成本压力大的产业中不太适用。同时，实行多国本土化，会使得在每一个东道国的子公司过于独立，增加了子公司和子公司之间的协调难度，企业最终有可能会失去对于公司的控制。

多国本土化战略适合条件：地区调适压力高而降低成本压力低，采取多国战略最为有效。

**全球战略**（global strategy）

全球战略指跨国公司从全球观点出发，利用不同国家和地区的区位比较优势，把价值链上的各个环节和职能加以分散和配置，使它们有机地结合起来，实行综合一体化经营，努力降低生产经营成本，以期获得长期、稳定的全球竞争优势，实现最大化的全球效率。

全球战略将全球视为一个统一的大市场，跨国经营目标是提高全球市场的占有率。而依靠大规模生产降低单位产品成本和提高产品质量，是确保跨国经营目标实现的必要条件。

全球战略的核心内容是确定什么样的产品是全球产品；怎样在全球范围内合理配置有限生产资源，实现全球产品的大规模生产经营；如何通过集权管理和决策，有效协调和控制全球范围内的生产活动，从而提高全球性经营效率。实行全球战略，前提是存在全球市场，并能开发和生产出满足全球性市场需求的全球产品。由于国内缺乏资源和足够大的市场，来自日本的跨国公司往往在一开始就采用全球战略。

全球战略的优点在于能集中力量建立规模经济优势和效率，但缺点是难以适应各东道国的不同特点。另外对企业管理水平的要求高，管理资金投入大。

**表 12.2　多国本土化战略与全球战略的对比**

| 项　目 | 多国本土化战略 | 全球战略 |
|---|---|---|
| 战略实施地域 | 经过精选的国家、地区 | 购买其企业产品的许多国家,直到面向全球 |
| 经营战略 | 使战略适合于各个东道国的具体情况,不进行或极少进行战略的跨国协调 | 在全球范围内招待统一协调的战略,必要时国与国之间有微小差别 |
| 产品线战略 | 适应当地需要 | 大多是品质相同,只是款式、型号有点差别 |
| 生产战略 | 在许多东道国设厂 | 根据竞争优势最大化的原则来设厂(如在低成本国家,接近市场) |
| 供应品来源 | 尽量使用东道国供应商(本地设施满足本地需要,或东道国政府有此要求) | 在全球范围内寻找有吸引力的供应商 |
| 市场营销分销 | 适应每个东道国的文化和惯例 | 侧重在全球范围内协调,必要时有微小差别 |
| 公司组织 | 在每个东道国设立子公司,程度不同地主动、自主经营,适应所在国情况 | 一切主要的战略决策均由全球总部来协调,全球性的组织结构用于统一在各国的活动 |

**跨国战略**（transnational strategy）

跨国战略是综合了上述三种战略目标的跨国经营战略。多国战略强调国外子公司的适应能力和自主经营的灵活性，失去的是效率和相互之间的交流、学习知识与技能的能力；全球战略强调全球性整体经营效率，失去的是对各东道国不同经营环境的适应能力和经营的灵活性；国际战略强调母公司的创新和技术开发能力，但既缺乏对东道国的适应能力，难以达到较高的全球经营效率。

采用跨国战略的企业认识到，为了真正建立世界范围的竞争优势，必须同时兼顾创新能力与效率、成本与收入。这种战略的核心内容就是确定如何合理配置资源及各种生产、管理和经营能力，同时在适应能力、全球性经营效率和创新能力三个方面建立竞争优势。

跨国战略理论上是最佳的选择，但是实践中却难以实施。一些跨国企业在跨国战略上做了很多有益的尝试。如日本的精工表，依靠多样化的设计、价格优势和可靠的质量迅速打破瑞士企业在精确仪表上的传统优势。精工表通过只生产几种基本机芯，而外观却可以根据消费者爱好而变化等方式同时收获成本优势和多样化的优势。

**表 12.3 四种战略的优缺点比较**

| 战　略 | 优　点 | 缺　点 |
|---|---|---|
| 国际战略 | □ 向国外市场转移独特的能力 | □ 不能实现区位经济<br>□ 不能利用经验曲线效应 |
| 多国战略 | □ 根据地区调适的要求提供改制的产品和特定的营销 | □ 不能实现区位经济<br>□ 不能利用经验曲线效应<br>□ 不能向国外市场转移独特能力 |
| 全球战略 | □ 利用经验曲线效应<br>□ 利用区位经济<br>□ 缺乏地区调适 | □ 缺乏地区调适 |
| 跨国战略 | □ 利用经验曲线效应<br>□ 利用区位经济<br>□ 提供改制产品和特定营销<br>□ 收获全球学习效应 | □ 因组织问题而难以组织实施 |

# 12.7 国际化战略新模式——战略联盟

当今世界，国际战略联盟成为企业全球化发展的一道亮丽的风景线。跨国公司普遍通过缔造战略联盟，从研究与开发到产品销售等一系列经济活动的环节上广泛开展经营合作，以寻求一切对自己发展有利的知识、技术、人力资源等方面的优势和机会。据统计，在世界 150 多家大型跨国公司中，以不同形式结成战略联盟的高达 90%。战略联盟作为一种全新的现代组织形式，已被众多当代企业家视为企业发展全球战略最迅速、最经济的方法，成为现代企业提高国际竞争力的方法。根据统计，世界领先的2 000家公司在战略联盟中的投资回报率接近 17%，比所有公司的平均数高出 50%。

美国 DEC 公司总裁简・霍普兰德（J. Hopland）和管理学家罗杰・奈杰尔（R. Nigel）提出战略联盟概念，尽管目前管理学界和企业界关于企业战略联盟的概念有争议，但从战略联盟的各种形式来看，战略联盟（strategic alliance）是两个或两个以上的经济实体为了实现特定的战略目标而采取的任何股权或非股权形式的共担风险、共享利益的长期联合与合作协议。

## 12.7.1 战略联盟主要形式

### 合资性联盟

合资性联盟包括建立新企业、双方保持同等比例的合资方式和建立同等的企业、双方在各自所在地的跨国公司拥有较多股份的合资方式。前者如美国通用汽车公司与日本丰田公司在美国建立的新联合公司，双方各拥有50%的股本，以保持各自的相对独立性；后者如美国的科宁公司与墨西哥威特罗公司，它们分别在各自的国家建立两个合资企业，在美国，科宁公司控股51%，威特罗占49%，在墨西哥则相反。

### 非股权型联盟

非股权战略联盟是指两个或两个以上的企业出于对市场预期和企业自身经营目标、经营风险以及共同使用资源等战略考虑，通过各种协议、契约而形成的非股权参与、优势相长、风险共担、生产要素水平式双向或多向流动的一种松散型合作组织模式。

其主要形式和内容包括：分担投资与风险、共享技术能力的R&D联盟；减少投资、共享运营设施能力的联合业务运作；共享客户关系资源的营销联盟；追求规模经济性，联合采购和后勤行政业务；通过联盟进入新产业新市场；联合核心能力、创造新市场的联盟等。

非股权战略联盟不涉及股权参与，更大程度上依靠的是类似契约的制约与协调。契约性是非股权战略联盟的最重要特征，根据合作契约的不同，作如下分类：

*供应或购买协定*。例如宝马和奔驰通过联合采购零部件节省了15%的成本。双方还将进一步扩大零部件共享，合作开发零部件等。

*市场或销售协定*。微软与日本NEC公司的结盟就属于这类，微软借助NEC在日本的销售网络加强其产品进驻日本市场。同时，在日渐激烈的网络浏览器市场中，微软又与美国50家硬件及网络服务厂商组成以销售通路为主的战略联盟。

*提供技术服务协定*。美国的摩托罗拉与日本的东芝在1986年组成一个以技术交换为导向的战略联盟，在此战略联盟下，东芝获得当时日本公司一直缺乏的单芯片微处理器关键技术，对日后该公司的整体研发有很大的帮助。摩托罗拉则因此改善其制造技术，不但缓解日本公司在此产品上的价格压力，同时也提升了芯片制造的整体技术。

*专有技术、设计或专利许可证*。如美国通用电气公司与法国斯纳克马公司联合生产小型民用飞机的发动机。在此战略联盟的影响下，美国政府才勉强同意通用电气公司使用高度机密的天然气涡轮发动机的核心技术，使斯纳克马公司通过战略联盟获得了专利技术的使用权。

*特许经营权*。如麦当劳、可口可乐、迪斯尼之间的战略联盟关系包含着许多特许经营权。例如，在迪斯尼动物王国公园外面开设以迪斯尼世界为主题的麦当劳餐厅，该餐厅的员工穿的是经过迪斯尼特许的制服，而餐厅中央则有一个超大型的可乐“瓶”供应可口可乐。

*管理合同*。如肯德基快餐在全世界增开了成百上千个分店，其中不少分店肯德基并没有控股，只是建立一种较为紧密的战略联盟关系，由肯德基提供一整套

的经营管理模式，从而保证各地分店经营的统一性。

### 12.7.2 建立战略联盟的动因和优势

公司进入联盟往往出于三个原因：达到战略目标、增加收益的同时减少风险、充分利用宝贵资源。战略联盟可以为合作各方提供下列其他机制中所不具有的显著优势：

（1）协同性，整合联盟中分散的公司资源凝聚成一股力量；

（2）提高运作速度，尤其是当大公司与小公司联合时更是如此

（3）分担风险，使公司能够把握伴有较大风险的机遇；

（4）加强合作者之间的技术交流，使他们在各自独立的市场上保持竞争优势；

（5）与竞争对手结成联盟，可以把竞争对手限定到它的地盘上，避免双方投入大量资金展开两败俱伤的竞争；

（6）通过联盟可获得重要的市场情报，顺利地进入新市场，与新客户搞好关系，这些都有助于销售的增长；

（7）大公司以股票或 R&D 合约方式的投资将会给小公司注入一笔资本；

（8）由于许多联盟形式不含有稀释股权的投资，因而有助于保护股东在各公司的股东权益；

（9）组成联盟可给双方带来工程技术信息和市场营销信息，使双方对于新技术变革能够作出更快速地调整和适应；

（10）营销领域向纵向或横向扩大，使合作者能够进入新的市场或进入单方难以渗透的市场。一旦战略联盟管理有方，合作双方将比单方自行发展具有更广阔的战略灵活性，最终可以达到双赢。

### 12.7.3 战略联盟问题和挑战

战略联盟与任何的企业战略一样，具有不可避免的局限性。大多数公司经理认为面临的最大问题是联盟的控制权问题，如美国经理比欧洲和亚洲的同行更担心失去对联盟的控制权。美国人更倾向于避免达成双方各占 50% 的合资企业项目，因为他们担心不能保持住控制权。如通用汽车公司和中国上汽集团总投资额达 15 亿美元、各投资 50% 的上海通用公司必会遇到此类控制权问题。

战略联盟的另外一大难题是寻找合适的伙伴，如果双方不匹配乃至不相容，容易产生消极的后果。若这一步走得比较顺利，寻找到了合适的伙伴，随着联盟进程的发展，双方的配合将越来越有成效，还可进一步发展为兼并收购。

除控制权问题和挑选合适的联盟伙伴外，构建战略联盟还存在以下几个方面的问题：

（1）竞争。大多数的联盟协议规定，参与联盟的企业不得与联盟涉及的领域

发生直接的竞争，但是在签署这个协议时务必谨慎从事，因为双方企业的战略地位在将来可能会发生巨大变化，与联盟发生冲突是双方所不愿看见的。联盟双方所拥有的技术保护是敏感问题，如果其中一方用于私自目的，甚至被用来与主要竞争对手成立另一个联盟就构成竞争关系。所以即使拥有先进的技术，有些企业也不愿意立即把它应用到关系不牢固的联盟中。

（2）无法克服的风险。组建联盟可以分担风险但不可能逾越风险。无论协议制订的过程是多么小心谨慎，技术上的失败仍是技术开发联盟失败的主要原因之一。美国麦肯锡咨询公司发现，合作技术开发联盟的失败率是 50%。

（3）战略转换。有的联盟是为了克服双方固有的弱点、取长补短而建立的。然而随着时间的推移和战略环境的变换，当其中一家企业的弱点不再存在时，它的战略也应该随之发生转换，这样联盟存在的基础就发生了变化，另一家企业将不得不改变它的合作战略。

（4）经营运作的有效性。战略联盟的运作要求管理者具有创新的管理方法和技能，这对于初涉此道的企业和管理者来说是有些困难的。联盟的特点是，一旦总体战略制定正确，是否成功将有赖于经理们的经营运作，选择了不善经营的经理很可能导致联盟的失败。另外，在联盟中，一合作方若过于相信对方处理问题的能力，尤其是当这些问题被认为是在对方熟练操作的领域内，其结果常常是遭遇失利。

## 12.7.4　建立有效战略联盟

美国学者戴维·雷（David Lei）等人考察了一些企业战略联盟，结果发现有效的战略联盟在建立过程中非常注意以下三个阶段的实施步骤。

### 挑选合适的联盟伙伴阶段

首先要树立明确的战略目标，并据此来寻找或接受能帮助实现战略意图、弥补战略缺口的合作伙伴。高级管理层了解双方在一定时间里的目的和战略。一个合适的联盟伙伴的基本条件是：能够带来本企业所渴望的技术、技能、知识，具备风险分担和进入新市场的机会等优势。还要注意，文化上相容、相似的企业比有较大文化差异的企业更适合成为本企业的合作伙伴。

### 联盟的设计和谈判阶段

成功的联盟不仅是以交叉许可安排、联合开发、合资经营、股权共享等联盟方式为基础的初始合作协议，还包括厂址选择、成本分摊、市场份额获得等通常的细节以及对知识创新、技术协同等方法进行设计。企业的高级管理层还应就联盟的共同目标与主要的中层经理和技术专家进行沟通。另外，由于联盟伙伴之间往往存在着既合作又竞争的双重关系，双方应对联合与合作的具体过程和结果进行谨慎细心的谈判，摒弃偏见，求大同，存小异，增强信任。

### 联盟的实施和控制阶段

战略联盟的最终目的是通过联盟提高企业自身的竞争能力。联盟内的企业应该把通过联盟向对方学习作为一项战略任务，最大限度地尽快将联盟的成果转化为己方的竞争优势。联盟往往需要双方进行双向信息流动，每个参加联盟的企业都应该贡献出必要的信息供对方分享，从而提高联盟的成功率。同时企业要合理控制信息流动，保护自身的竞争优势，防止对方得到己方应予以保护的关键信息，做出有损己方的行为，因为联盟伙伴极有可能成为将来的主要竞争对手。

## 本章小结

- 战略管理的开创者安索夫认为战略管理是企业在宏观层次充分利用本企业的人、财、物等资源，为实现战略目标，制定战略决策，实施战略方案，控制战略绩效的一个动态管理过程。
- 战略管理包括战略分析、战略制定与战略实施三个相互联系、循环反复、不断完善的环节。
- 战略管理理论的发展大体经过了以环境为基点的经典战略管理理论、以产业（市场）结构分析为基础的竞争战略理论（SCP）和以资源、知识为基础的核心竞争力理论三个阶段的演变。
- 战略分析包括外部分析和内部分析。外部分析是指识别产业机会和威胁外部分析。跨国公司具体产业环境分析工具主要是迈克尔·波特的五种力量模型，该模型用于客户竞争环境和竞争战略分析。
- 分析产业内部企业之间竞争关系的常用工具是战略集团分析。企业内部分析是分析竞争优势的本质，也就是企业的核心竞争力。对企业经营资源进行分析的一个常用工具是波特提出的价值链。
- 国际企业四种基本竞争战略：国际战略、多国战略、全球战略、跨国战略。每种战略具有特定的适用环境和优缺点。
- 战略联盟是两个或两个以上的经济实体为了实现特定的战略目标而采取的任何股权或非股权形式的共担风险、共享利益的长期联合与合作协议。战略联盟已成为当今世界最广泛使用的战略之一。

### 关键词和概念

战略管理　经典战略理论　竞争战略理论　核心竞争力理论　PEST 分析模型　五种力量模型　战略集团分析　价值链　国际战略　多国战略　全球战略　跨国战略　战略联盟

### 思考题

1. 战略的定义和特点是什么？企业战略和企业国际竞争力有怎样的联系？
2. 战略管理理论经历了怎样的演变？经典战略理论、竞争战略理论以及以资源知识为基础的核心竞争力理论如何相互补充形成完善的企业战略管理理论体系？
3. 战略环境分析的目的、分析方法和工具是什么？
4. 产业环境分析包括哪些因素？请选择你感兴趣的某个产业，并用五种力量模型和战略集团理论进行该具体产业环境的分析。
5. 为什么价值链有助于正确理解公司的国际化战略？选择你感兴趣的某个企业，采用价值链工具来分析该企业的价值增值过程。

6. 比较国际企业四种基本竞争战略的特点并指出每种战略的适用领域。
7. 欧洲企业早期大多采用多国战略，而美国企业多采用国际战略，你认为主要原因是什么？现代跨国公司采用的战略又有什么新特点？
8. 搜集开展国际化经营的中国大型企业实例，并结合四种基本竞争战略作具体分析。
9. 战略联盟形式与传统的战略有何不同？战略联盟对跨国公司的影响？建立成功战略联盟的关键问题在哪里？

## 结尾案例

### 案例12－1 可口可乐和腾讯之间形成国际企业战略联盟的动机[2]

2006年3月29日在可口可乐（中国）饮料有限公司与腾讯科技有限公司联合举行的“要爽由自己，畅享3DQQ秀”上海主题新闻发布会上，双方宣布结成战略合作伙伴，联手打造全新的3D互动在线生活。可口可乐公司同时宣布，其深受年轻人喜爱的可口可乐www.iCoke.cn网站将在拥有逾4.6亿注册用户的在线生活平台腾讯公司的技术支持下，借助腾讯最新推出的3DQQ秀网络虚拟形象，全面升级成中国首个运用3D形象的在线社区，为年轻消费者提供革命性互动沟通体验。

可口可乐（中国）饮料有限公司副总裁兼市场战略及创新总经理苏柏梁说：“可口可乐‘要爽由自己’的方式引起了用户的极大兴趣和热情，上线几个小时，用户的积极参与就使icoke网站不堪重负了。”腾讯科技有限公司总裁刘炽平先生说：“腾讯和可口可乐虽然处于两个不同的产业，但我们有一个理念是共同的，那就是为了满足用户的需求而不断创新！”

值得一提的是，可口可乐与腾讯公司联合开展的数码营销将不仅仅局限于网络平台。为了让更多的人有机会亲身感受“要爽由自己，畅享3DQQ秀”的数码娱乐新境界，从2006年3月起，可口可乐已在全国掀起一场线上线下有机结合的数码整合营销活动。数码娱乐的拥趸们有机会从可口可乐促销包装的产品上获得特定编码，在可口可乐www.iCoke.cn网站上换取iCoke积分，兑换为3D形象特制的物品配件，打造自己的个性3D形象。此外，他们还能够用iCoke积分享受其他数码娱乐项目，集音乐、体育、娱乐、游戏、聊天等目前年轻人热衷的潮流和文化，并有机会在可口可乐www.iCoke.cn网站上换取丰富的数码奖品。

**背景**：可口可乐不断用创新的手段加强同年轻消费者的沟通，并致力于带给他们最热门的潮流和文化。可口可乐突破传统营销模式，运用全新的“数码”营销策略，激发年轻消费者的激情触点，而可口可乐www.iCoke.cn网站由2D向3D的升级完美地诠释了这一品牌战略方向。www.iCoke.cn网站自2005年4月推出，立即受到年轻消费者的欢迎，目前已拥有超过120万的忠实用户。

腾讯公司作为中国互联网的领先企业，积极倡导并推进“在线生活”战略，建立了IM、QQ.com、QQ游戏和拍拍网四大平台，即腾讯一直强调的“在线生活”产业布局，围绕已经形成的社区进行全面的业务布局，为社区用户提供信息获取、沟通、娱乐、商务等全方位的互联网内容服务。与传统门户的发展路径不同，腾讯从提高用户忠诚度和黏度入手，通过网络社区聚揽起强大人气，全面满足用户网络生活中信息获取、群体交流、个性展示、休闲娱乐、在线交易等全方位的需求，从而形成了强大的聚合力和用户黏度。

**思考问题：**

1. 可口可乐和腾讯之间形成国际企业战略联盟对

你有怎样的启示?

2. 请利用本章战略管理分析工具，对腾讯的战略目标、战略竞争环境进行分析。

3. 为腾讯提出新的战略联盟机会和建议。

## 参考文献

1. 中国营销传播网营销传播网 http：//info. ceo. hc360. com. 搜狐 IT 频道/2/15http：//it. sohu. com/20090127/n261959890. shtml 等编写。

2. 腾讯网 . http：//qq. free789. com/QQnews/qq011849. html. 2007. 1

13 CHAPTER 13

# 国际商务的组织设计

不以规矩，不能成方圆。

——中国谚语

**学习目标**

- 学习国际战略与国际组织的理论
- 国际企业组织设计原则和影响因素
- 国际商务组织结构几种基本类型
- 比较产品和地区分部结构的特点
- 全球矩阵结构的优势和运用难点
- 了解网络型结构的特点和适用性

**开篇案例**

## IBM矩阵结构：从全球化管理的最佳选择到放弃[1]

IBM是一个巨大的公司，很自然地要划分部门。单一地按照区域地域、业务职能、客户群落、产品或产品系列等来划分部门，在企业里是非常普遍的现象。20世纪90年代中后期，IBM开始真正做到矩阵组织，即把多种划分部门的方式有机地结合起来，其组织结构形成了“活着的”立体网络——多维矩阵。IBM既按地域分区，如亚太区、中国区、华南区等；又按产品体系事业部，如PC、服务器、软件等划分事业部；既按照银行、电信、中小企业等行业，也有销售、渠道、支持等不同的职能划分等。所有这些纵横交错的部门有机地结合成为一体。20世纪90年代，IBM矩阵组织结构成为全球化管理的最佳选择，很多跨国公司也随之效法：在横向结构上，将全球的地域市场进行分类，如亚太区、北美区、欧洲区等；在竖向上，既有按产品体系划分的事业部，也有按照行业划分的部门，还有以销售、渠道、支持等不同的职能划分的部门。

IBM公司这种矩阵式组织结构带来的好处是什么呢？矩阵式组织结构具有灵活、高效、便于资源共享和组织内部沟通等优势。非常明显的是矩阵组织能够弥补对企业进行单一划分带来的不足，把各种企业划分的好处充分发挥出来。显然如果不对企业进行地域上的细分，比如说只有大中华而没有华南、华东、香港、台湾，就无法针对各地区市场的特点把工作深入下去。而如果只进行地域上的划分，对某一种产品而言，就不会有一个人能够非常了解这个产品在各地表现出来的特点，因为每个地区都会只看重该地区自己的生意。再比如按照行业划分，就会专门有人来研究各个行业客户对IBM产品的需求，从而更加有效地把握住各种产品的重点市场。

但是任何事情都有它的“两面性”，由于双重命令链的存在，员工往往无所适从。命令统一性消除后，模糊性就大大增加了，容易导致混乱和冲突，使组织内出现争权夺利的倾向。在矩阵组织中，区域分公司和产品事业部之间的权利争斗始终存在，而矩阵式组织也经常在横向与纵向间摇摆。时而偏重于以区域分公司为主的横向结构，时而又强调垂直化，使组织向以产品事业部为主的纵向结构转移。

一直在矩阵管理上扮演榜样角色的IBM也悄悄开始变革，IBM先对区域子公司和全球总部的职能进行重新分工，前者更集中在市场应对、产品本土化方面，而后者的工作是寻找最合适的外包渠道，集中财力研发，如对呼叫中心这种可以统一处理的事业进行整合。在区域子公司层面，IBM削弱了管理的职能，在西欧一些地区甚至解除了部分区域管理人员的职位；与之相反公司加大了当地市场销售团队充分自由作决策与行动的权力。而在总部职能上，核心功能则更加集中，例如在马来西亚、斯洛伐克、西班牙和巴西这四个被称作共享服务中心运作着客户支持业务。另外，为了在激烈市场上取得优势，研究机构也延伸到了中国与印度。

IBM引导的公司组织结构的变革意味着随着全球化的深入，矩阵管理结构已经发生变化，目前全球大多数跨国公司都转变为以矩阵中的横（或竖）结构为主导的组织结构类型，而不是传统矩阵中横和竖两重并重的类型。

# 导言

现代企业的组织结构直接影响企业对外部环境变化的应变能力和应变效率，开篇案例中 IBM 公司从引以为傲的铁打的矩阵结构到如今的放弃，反映了跨国公司组织结构的动态变化和适应性。本章介绍企业国际战略与组织结构的理论、国际商务组织结构的基本类型以及最新发展趋势。

## 13.1 企业国际化战略与组织结构的理论

组织结构一直是管理学科研究的热点问题之一。古典管理学家探讨组织结构可能会对企业效率产生的影响，但他们更多的是从技术角度来探讨的，较少涉及企业组织结构与战略之间的关系。近现代以来，人们开始了对战略与结构的关系、战略与组织结构变迁等领域的研究。

### 13.1.1 战略与结构的一般理论

美国管理学家艾尔弗雷德·D. 钱德勒把企业组织结构定义为：管理一个企业所采用的组织设计。这个组织设计，无论是正式的还是非正式的，都涉及两个方面的问题：一是各个不同管理机构和主管们之间的权力和沟通路线；二是通过这些权力和沟通路线流转的信息和数据。

钱德勒在比较美欧日等国家和地区工业发展史的基础上认为，对于在全球居领导地位的大企业，虽然规模经济是其重要优势之一，但更重要的优势却是由于其在生产、管理、营销等方面长期三重投资，使之累积了巨大的“组织能力”，从而能历百年之变而不衰。在组织能力构成中，钱德勒认为，组织结构对企业战略的执行关系重大。他在美国杜邦、通用汽车、新泽西标准石油和西尔斯等公司组织结构演变比较分析的基础上，发现这些公司战略更新之后，必须建立新的或至少更新结构，才能使扩大了的企业更有效地运营。

据此，他在1962年出版的《战略与结构》一书中提出了具有历史意义的结论：**企业战略决定组织结构**。对于企业来说，量的扩张将导致在某一个地区管理单一职能的办事处的产生。而地理上的扩散则需要建立部门结构和总部以管理多个当地的基层单位。扩张进入新类别职能的决策要求建立一个中心办事处和一个多职能部的组织结构，而新的产品线的开发和全国甚至国际范围的持续发展要求建立一个由总办事处管理各个不同分部的多分部结构。钱德勒进一步指出：没有组织结构调整的增长只能导致经济上的无效率。

### 13.1.2　企业国际化战略与组织结构变迁的理论

美国管理学家理查德·L. 达夫特利用钱德勒企业战略决定企业组织结构的原理提出：企业国际化经营的不同阶段对组织结构设计的要求也不同。美国管理学家Stopford和Wells也同样基于“战略决定结构，结构为战略服务”的原理，在对美国187家跨国公司调查分析的基础上发现，随着企业卷入国际市场的程度加深，其组织结构呈现出一种有规律的变迁，因此提出跨国公司组织结构变迁模型，描述组织结构随复杂性的增加而变迁的规律。

企业国际化经营一般要经历四个阶段：以国内生产为主，简单出口；通过代理商出口，开始拓展海外市场；设立海外销售部，有计划地拓展国际市场；成立海外事业部，多国化和全球化经营。与之相应的国际公司结构有三种：产品、地区和混合结构。产品结构适合于海外产品线多样化并且海外和国内业务协调程度较高的企业；地区结构适应于产品线单一或地区内一体化程度较高的企业；混合矩阵结构由几种基本结构混合而成，适应于跨国环境或特定战略。最后，矩阵结构可以很好地把全球产品协调和区域一体化结合在一起。

## 13.2　国际企业组织结构设计原则

国际企业的组织结构，是为实现国际经营目标而确定的一种内部权力、责任、控制和协调关系的形式。它既涉及国际企业内部部门之间、岗位之间以及员工之间的相互联系，也涉及公司内部的决策和控制系统。本小节讨论组织结构设计的原则和要点。

### 13.2.1　国际企业组织结构设计的原则

国际企业组织结构在多样甚至是矛盾的环境中，显现出独特的复杂性特征。这种独特复杂性具体表现为下述两重矛盾：全球化经营和适应当地化的矛盾；总部集权与全球子公司分权的矛盾。国际经营组织结构设计原则包括三个。

**决策权利分配**

在国际公司内部，谁有权力作出何种决定，这对公司运作有着深刻影响。在分配决策权时必须提前考虑到的因素是如何将决策权交给相关个人/机构。

决策权分配包括水平和垂直决策权分配。其中水平决策权力分配是同一管理层次如何进行决策权分配和划分，国际组织一般以职能、业务类型或地理区域为基础来分配。垂直决策权分配指在层级制组织中决策权集中在何处，有集权和分权两种组织形式。一般而言集权有利于协调；能保证决策与组织目标相一致；保证高层管理者作出必要的重大组织变革；避免重复活动，如研究开发活动。但是分权可以让高层管理者能够把时间集中在关键问题上；能够激励人的工作积极性；具有灵活性，能对环境变化作出更快反应；能使决策者作出更好的决策，因为基层的管理者比上层更了解情况；能够加强控制。分权能在一个组织内部建立相对自治、自给的子单位。

因此，国际公司中集权与分权的选择取决于决策类型以及公司采取的具体战略。一般而言，公司整体战略、主要财政支出、财政目标等关键决策权通常集中于公司总部。而经营决策权，如生产、营销、研究与开发、人力资源可能集中，也可能下放，这取决于公司的国际战略。根据钱德勒结构紧跟战略理论，一个企业通过地区多样化，或通过增加产品线和产品的最终用途来扩大其业务时，其组织必须从集中的职能形式变成一个分权的业务部制结构，以增强其有效性，该理论在国内企业和国际企业组织结构变化中得到了充分验证。如采用全球战略的公司，总部对研究开发、生产、营销等实行集权。而采用多国战略的公司强调地方敏感性，把经营决策权下放到国外子公司就显得极为重要，如营销决策权一般下放给子公司。

2003年索尼公司将原有日本、美国、欧洲三大区调整为亚洲、欧洲、美洲三大运营中心，并采用区域代表管理制，强调区域特色，建立地区总部，这其实是将原控于总部的部分决策权下移，这样便于地区总部及时根据环境与资源作出灵活的市场反应，是分权的过程。但是从另一种视角看，以前的多级结构造成了总部与直接市场信息之间的隔膜，在传递过程中，信息失真、部分权力被散失，造成不少具体事宜经常向总部反馈以求决策，或是搁置本区延迟解决，所以地区总部设计将这些分散权力收拢过来，本质上又是一种集权的过程。可以说分权与集权是在两个不同层面上的整合。

**整合机制**

整合机制是协调各个全球各个子公司的方法，主要分为正式和非正式的整合机制。正式的整合机制主要包括：(1) 直接联系，子单位经理之间的直接联系；(2) 联络员，每一子单位设置专门的联络员；(3) 团队，公司将组建一个临时或永久性的班子，如新产品开发与上市；(4) 矩阵结构的两重协调和整合路线。非正式的整合机制主要指管理网络和组织文化。

国际企业战略与协调中，多国战略对协调的需求最低；其次是国际战略；再次是全球战略；协调需求最高的是跨国战略。整合协调中的阻碍主要来自于生产经理与营销经理往往关心不同的问题。

**控制系统**

控制系统是管理和指挥全球化经营的组织结构和内部控制机制。控制系统分为正式的组织结构和控制机制、非正式的组织结构和控制机制（如企业文化和公司网络）。国际企业使用的四种主要的控制系统为：个人控制、行政组织控制、成果控制和企业文化控制。其中个人控制指通过与下属个别接触而进行的控制。跨国公司 CEO 往往运用个人影响力来实施控制，如通用电气前 CEO 韦尔奇定期召开主要国际业务主管一对一的会议。而企业文化是指一个企业的全体成员共同拥有的信念、期望值和价值观体系，它确定企业行为的标准和方式，规范人们的行为。

随着跨国公司由国际化到多国化再到全球化的发展，总部对地区业务的控制由行政控制（正式的管理规划与控制系统）发展到个人控制（财务控制），发展到现在的运营控制（对决定、资源和信息的控制），企业结构变得越来越灵活，矩阵结构、网络结构的出现，使规模经济和地区市场反应速度的鱼与熊掌兼得成为可能。

### 13.2.2 影响国际企业组织结构设计的因素

影响企业组织结构设计的权变因素很多，如公司历史与起源、经营时间长短、企业规模、销售额与雇员、产品行业类型、产品多样性、地理多样性、技术与生产方法、国际商务环境、竞争条件、国际企业战略等。以下讨论几种重要的影响因素。

**公司国际竞争战略**

公司的战略决定与之相适应的组织结构。企业的国际经营战略一般来说包括国际战略、多国战略、全球战略和跨国战略等四种形式。每种战略对当地反应和全球效率的要求不同。全球战略追求全球范围的规模经济，要求对产品进行集中管理，因而企业可在结构上选择产品组织结构。多国战略讲究满足地方差异化需求，企业往往选择地区结构来实现快速的地方反应。例如业务范围广泛的 ABB 公司就将其管理结构按欧洲、美洲和亚太三个地域重新进行了设置，取得了显著的成果。而当企业的产品或服务有很大差异时，广泛采用产品组织结构，如通用汽车公司、杜邦公司和宝洁公司。

### 企业参与国际经营的程度

在企业国际参与程度（如国际销售占企业总销售的比例）较低的情况下，企业倾向于选择较简单的结构形式，如出口部和有国外销售机构的国际分部结构。随着国际参与程度的提高，企业可能会选择对国外某一市场进行投资，设立地区子公司。如海尔在国际化经营初期，1993 年时改变原工厂直线职能制、推行事业部制，海尔参照通用电气事业部制，建立起来按产品、地区或市场不同建立事业部或分公司。但是高度分权的事业部容易造成各事业部之间盲目竞争，而且各事业部均设置相应的职能部门，管理机构重叠，管理成本较高。1999 年随着海尔国际化程度的提高，公司又对组织结构进行了一次彻底变革，采用流程型网络组织，将原有的各产品事业部演变成独立的生产及研发部门，而不再具有其他的功能；而在海尔集团范围内统一营销、统一采购、统一结算。

### 公司国外所售产品属性和多样性

销售消费品的企业通常具有高度分权化的产品组织，这些企业往往选择地区式组织结构，以使当地的柔性最大化。相反，销售精密工业设备的公司，如销售涡轮机的通用电气公司，则具有负责全世界范围产品的集权化组织。一个企业产品的多样性也会促使企业逐渐将组织结构向产品式组织结构演变。

如日化消费品巨头联合利华由于产品线众多、在多个国家销售，所以采取复杂的公司组织结构。联合利华有两家母公司、两个总部（分别设在英国伦敦和荷兰的鹿特丹）、两个董事长，母公司股票分别单独上市。1996 年之前，公司的管理权力主要由集团特别委员会行使，该委员会由两名董事长和一名董事组成。在两家母公司下是分布在各个国家的众多业务公司，这些业务公司又分属于两家母公司。但是这种公司结构职责不清、决策缓慢。90 年代末，联合利华陷入困境，不得不进行组织结构调整、压缩产品线等。改革后，联合利华的全球业务被合并为两大全球业务部，即食品业务部、家庭用品及个人护理用品业务部。其全球组织运营架构采取按地域组织的原则，如食品业务部分为亚洲区、欧洲区、北美区、拉美区、非洲中东土耳其区，地区总裁全面负责某一地区的运营。

### 人员素质

任何一种组织结构都只是一种框架，只有充实具体的有能力的合适人才才能使这种形式框架产生内在活力，企业国际化经营更是如此。国际化人才的选聘、培训、发展和整个职业生涯管理不同于单纯的国内经营，面临着文化、技能、情感和家庭方面的各种障碍。人力资源能力强的企业有可能迅速进行结构性的人事安排和调整，人力资源弱的企业则可能在结构选择和调整时束手束脚，寸步难行。另外企业组织结构的设置在很大程度上受限于企业决策者（包括企业所有者）素质的高低。很难想像一个紧盯国内市场的企业决策者能够将精力重点放在国际经营的结构设计上。另外，企业决策者过去积累的成功经验也可能蜕化成企业的管理传统，从而阻碍企业国际化战略和结构的变革。

**表 13.1　四种国际经营战略、结构与控制系统**

| 结构与控制 | 多　国 | 国　际 | 全　球 | 跨　国 |
|---|---|---|---|---|
| 经营决策集权性 | 分权 | 核心能力集权 | 部分集权 | 集权、分权交叉 |
| 水平差异化 | 地区结构 | 产品分部 | 产品分部 | 非正规矩阵 |
| 协调需求 | 低 | 中等 | 高 | 很高 |
| 整合机制 | 无 | 几乎没有 | 多 | 很多 |
| 绩效模糊性 | 低 | 中等 | 高 | 很高 |
| 文化控制需要 | 低 | 中等 | 高 | 很高 |

## 13.3　国际商务组织结构的基本类型和演变

遵从“结构跟随战略”原则，企业从以国内市场为主到以出口为导向，涉及多个市场到多个国家最后到全球的战略性市场定位，其组织结构会相应地调整。从出口部门的国内业务结构到包括国际分支机构的国内业务结构（职能制），再到提供地域化产品的世界范围组织框架（这种结构经常表现为事业部制或类似事业部制），最后发展为全球化的矩阵结构或跨国结构。

### 13.3.1　国内结构 + 进出口商

企业在国际化的初期很少改变其基本的组织结构，绝大多数企业最初是作为被动的出口商，只是利用在国内销售中使用的相同的结构、程序和人员来完成订单。即使是参与大量的出口活动，企业也经常避免改变基本的组织结构，而是利用进出口商和许可受让方提供的国际专门知识来管理其出口经营。

### 13.3.2 出口部

当出口占企业销售的很大比重并且企业希望对其出口经营实施更大的控制时，管理者经常建立独立的出口部。出口部负责所有产品的所有国际客户，出口部的管理者经常控制对国际市场的产品定价与促销，该部人员具备特定国家或产品的专门知识，出口部管理者有责任处理与出口管理企业、国外分销商和国外客户之间的关系。当企业采用直接出口战略时，其他国家的销售代理也可能向出口部管理部门提交报告。

### 13.3.3 国际业务部

当公司扩张到国外后，它们通常把所有的国际活动集中在一个国际业务部。国际分支机构则按照地理来组织。随着公司扩大其销售力量的规模和在其他国家开展生产经营，出口部门通常随之成长为国际分部。国际业务部在许多方面不同于出口部门，它通常规模较大并拥有较大的责任，除管理出口和销售力量之外，国际业务部监督履行多种职能的国外子公司，其中绝大多数是销售单位，但是在其他国家采购原材料和生产公司产品的单位也很普遍。国际业务部还拥有国际经验丰富的职员，这些人员应该履行比如洽谈许可贸易与合资协议、翻译促销材料或提供有关不同国家文化与社会制度专门知识等职能。对于中等规模、经营的产品和国家地区有限的公司来说，国际业务部结构是一种普遍的、潜在有效的组织结构。国际业务部结构的缺点是存在国内与国外经营之间潜在的冲突与协调问题。国外子公司的负责人在组织中的发言权没有国内职能部门负责人或产品部门负责人多，而且国内外经营也缺乏协调。图 13.1 为国际业务部结构示意图。

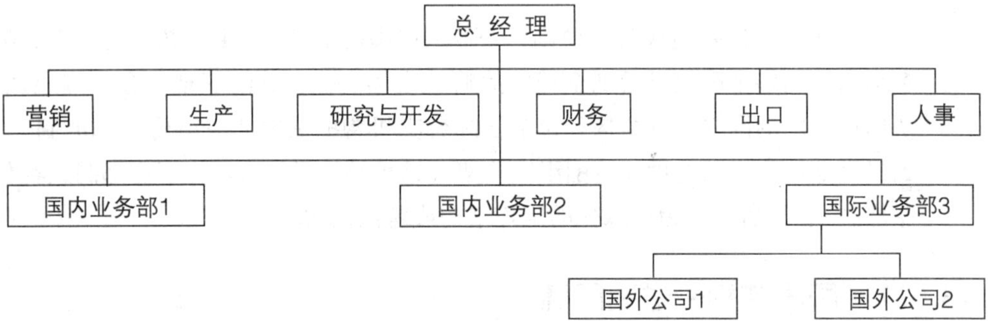


**图 13.1 国际业务部结构**

### 13.3.4 事业部制

事业部制最早是由美国通用汽车公司总裁斯隆于 1924 年提出的，故有“斯隆模型”之称，也叫“联邦分权化”，是一种高度（层）集权下的分权管理体制。它适用于规模庞大、品种繁多、技术复杂的大型企业。

事业部必须具有三个基本要素，即相对独立的市场；相对独立的利益；相对独立的自主权。事业部制是分级管理、分级核算、自负盈亏的一种形式，即一个公司按地区或按产品类别分成若干个事业部，从产品的设计、原料采购、成本核算、产品制造，一直到产品销售，均由事业部及所属工厂负责，实行单独核算，独立经营，公司总部只保留人事决策、预算控制和监督大权，并通过利润等指标对事业部进行控制。

企业发展壮大后，由于在国际销售的产品多元化或国际市场区位的数量增长时，世界地区结构和世界产品结构将是国际事业部的两种不同的替代选择。

### 全球地区结构

全球地区结构（geographic departmentalization），又称区域事业部制，指企业以全球不同地区划分分部，地区分部拥有较高的自主权，可以为企业调整或开发满足当地或地区特殊需要的产品。跨国公司常在世界不同的国家或地区设立自主经营的分部。

当区域环境具有高度差异性、技术具有非例行性，而区域又需要较全的功能支撑时，这种结构是最有效的。一般产品多样化程度低且国内组织结构以职能为基础的公司适合采用全球地区结构。

全球地区结构下，经营决策权下放到每个区域，总部则掌握公司总的战略决策权和财务权。按地区划分部门，特别适用于规模大的公司，尤其是跨国公司。这种组织结构形态，在设计上往往设有中央服务部门，如采购、人事、财务、广告等，向各区域提供专业性的服务。图 13.2 为全球地区组织结构示意图。

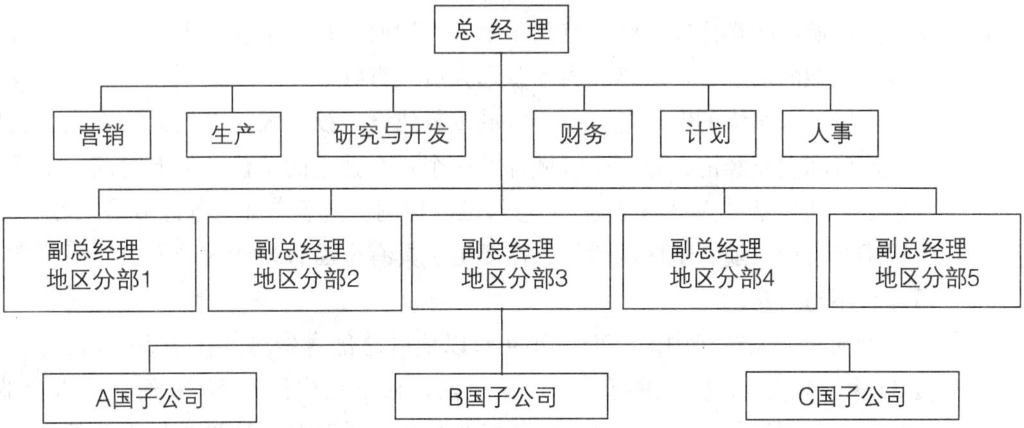


图 13.3 是苹果计算机公司区域组织结构的具体例子。20 世纪 80 年代晚期，苹果计算机公司在 John Sculley 的领导下，以基于地理分布的区域式组织结构来代替原来的职能式结构，以便于生产和销售一系列的计算机给世界范围内的广大客户。

全球地区结构的优点是：责任到各个区域，每一个区域都是一个利润中心，

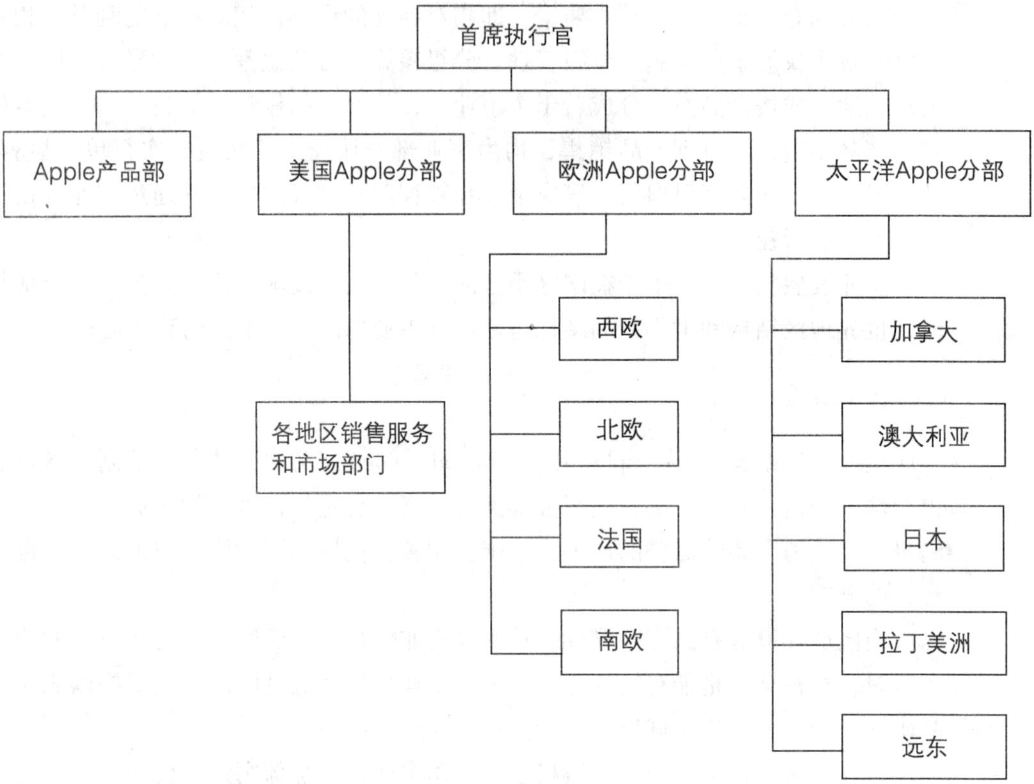


**图 13.3 苹果公司区域组织结构**

每一区域部门的主管都要负责该地区的业务盈亏；每一个区域有其特殊的市场需求与问题，总部放手让区域人员处理，会比较妥善、实际；有利于地区内部协调；对区域内顾客比较了解，有利于服务与沟通；每一个区域主管，都要担负一切管理职能的活动，这对培养通才管理人员大有好处。

全球地区结构的缺点是：每个区域重复建设，投入大，而且无法在全球实现区位经济和规模经济；每一个区域都是一个相对独立的单位，加上时间、空间上的限制，往往是“天高皇帝远”，总部难以控制；由于总部与各区域是天各一方，难以维持集中。随着地区的增加，需要更多具有全面管理能力的人员，而这类人员往往不易得到。

例如松下电器（中国）2003 年 4 月以地区总部身份对其在华 50 家公司（合资 37 家、独资 13 家）进行重组。重组前，松下在中国有 50 家独立法人企业，从研发生产到销售都各自为政，统筹管理作用微乎其微。这种类似事业部制的独立法人机构按产品品类进行划分非常清晰，但是其研产销完全自己负责，互不交叉干涉，全要向日本的事业部进行决策性请示，松下（中国）被架空。重组后，松下（中国）公司对松下在华全面行使管理权力，担负经营责任，承担经营风险。对应日本总部的 14 大事业部，松下中国公司也成立相应事业分社，各事业部对中国本部负责，中国本部对日本总部负责。重组后，松下自主经营在华业务，通过建立和实施透明、扁平、灵活的管理体制和市场反应机制，来统一管理 50 家企业的研究、开发、设计、生产、销售、服务。这样松下（中国）由原来的事业支援性公司转变成地域统括公司，即地域总部。

### 全球产品分部

产品型组织结构是指以公司主要产品的种类及相关服务的特点为基础，设立若干产品部。每个产品部都是一个利润中心，拥有一套完整的职能组织机构和职员，由公司任命一名副总裁挂帅，负责该产品或产品线在该区域范围内的生产、营销、开发和计划等全部职能活动，并直接向公司总经理报告的组织结构。如果区域范围为全球内的，则该产品型组织结构为全球性产品组织结构（global product structure）。

全球产品分部结构中的每个分部承担在世界范围内生产和销售其产品或服务的责任，这样可以获得研发、生产、采购或销售上的规模经济。

一般产品多样化的企业倾向采用世界范围的产品分部结构，如宝洁公司经营 300 多个品牌产品，其跨国经营是通过推行宝洁公司的企业品牌和产品品牌两个途径实现地区扩张和行业扩张。全球产品分部结构组织结构如图 13.4 所示。

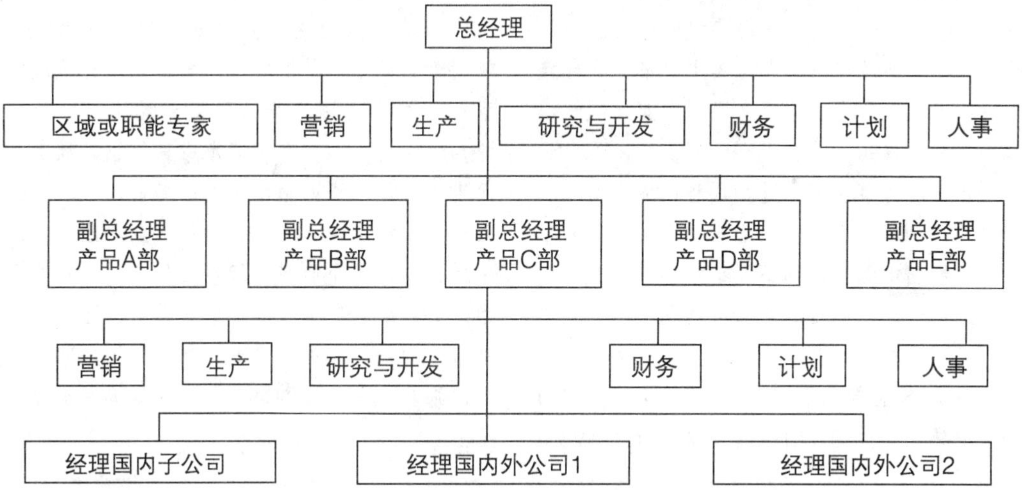


**图 13.4　全球产品分部结构**

产品部门化的优点是：有利于采用专业化设备，并能使个人的技术和专业化知识得到最大限度的发挥；每一个产品部都是一个利润中心，部门经理承担利润责任，这有利于总经理评价各部门的政绩；在同一产品部门内有关的职能活动协调比较容易，比完全采用职能部门管理来得更有弹性；容易适应企业的扩展与业务多元化要求。

产品部门化的缺点是：容易导致各产品部之间为保持各自产品的利益而发生摩擦；这种组织形式意味着企业随产品种类的不同而在任何一个特定的地区建立

多个机构，导致机构设置重叠和管理人员的浪费；产品经理们需要协调和各个部门的关系，否则有碍他们有效地履行职责；每一个产品分部都有一定的独立权力，高层管理人员有时会难以控制；对总部的各职能部门，例如人事、财务等，产品分部往往不会善加利用，以至总部一些服务不能获得充分的利用。

### 现场观察 13–1

## 海尔的事业部制

20世纪80年代，海尔同其他企业一样，实行的是工厂直线职能制。随着海尔销售额的日益扩大，这种职能型组织结构使得公司高层领导者工作繁杂，无暇深入研究和妥善解决生产经营中的战略性问题。从1994年开始，海尔开始采用事业部制，集团由总部、事业本部、事业部、分厂四层次组成，分别承担战略决策和投资中心、专业化经营发展中心、利润中心、成本中心职能。事业部是由集权向分权转化的改革，事业部最突出特点是集中决策、分散经营。然而对于各个事业部来说，事业部制组织结构仍是集权式，不利于事业部长远发展。于是海尔再次对事业部制进行调整：成立两级利润中心、一级成本中心。集团总部下设集团本部一级利润中心，本部下设事业部二级利润中心，工厂为成本中心。在两级利润中心，重要的利润职能在二级利润中心。

海尔事业部制参考美国通用电气（GE）的管理体制。美国GE的组织机构变迁经过3个阶段：一是20世纪60年代的分权运作，促进了主业的增长和经营的多样化；二是70年代根据公司总财源的分配来安排下属单位的战略需求，让各下属公司建立战略事业单位，使全公司扩大了规模增加了产品的种类并使利润持续不断地增长；三是到80年代进入战略经营管理时期，对前两个阶段的组织模式不断进行修正。

张瑞敏认为这种高度分权对市场销售有效刺激，但是这种个体户式的拼杀，会造成各事业部之间盲目竞争，竞相重复使用内外资源，于大局不利，有可能形成单位销售额上升而集团整体投资回报率不高的局面，不利于集团重点扶持未来有发展前途的产业。因此，海尔对分权的大小有自己战略性的考虑，对夕阳型的产品尽可能分权划小经营单位，让其随行就市；而对朝阳型的产业，如未来的数字化家电，则要集中人力和财力，做大规模，确保竞争力。

### 13. 3. 5 全球矩阵结构

上述讨论中，我们看到职能式结构强调纵向的信息沟通，而事业部式结构强调横向的信息流动；世界范围的产品分部结构地区敏感性低，地区结构不利于实现区位和经验曲线经济。

20 世纪 90 年代全球跨国公司流行的矩阵（matrix）组织结构将纵向和横向两种信息流动在企业内部同时实现；在组织结构上，既有按职能划分的垂直领导系统，又有按产品（项目）划分的横向领导关系的结构。如图 13. 5 中按职能和产品划分领导关系。图 13. 5 更在二维基础上构建产品利润中心、地区利润中心和专业成本中心的三维立体结构，是矩阵型和事业部机构形式的综合发展。

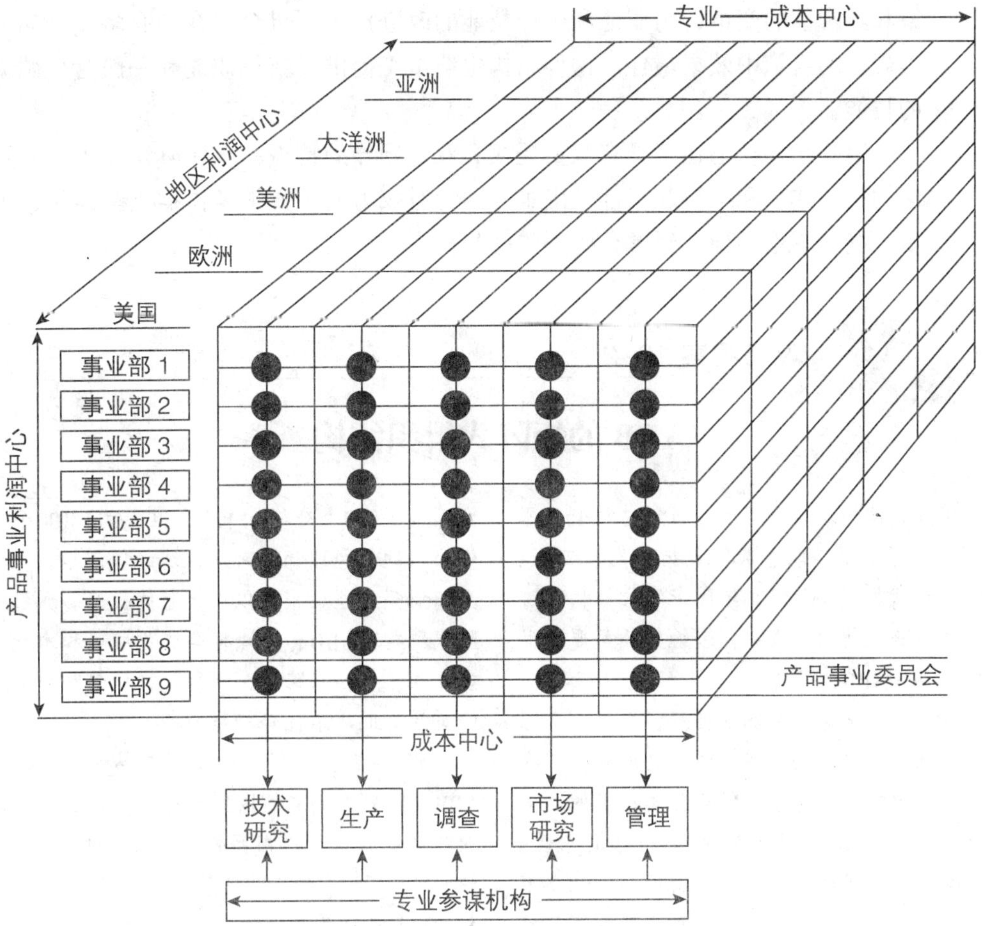


图 13.5　矩阵组织结构

与前面讨论的结构不同，矩阵式结构很少能从组织结构图中判断出来，实践中需要根据企业具体的管理行为加以判断。企业是否应该实行矩阵式管理，可以依据下面三个条件加以判断。

条件一：产品线之间存在着共享稀缺资源的压力。该组织通常是中等规模，拥有中等数量的产品线，需要在不同产品中灵活地使用人员和设备。比如，组织并不足够大，不能为每条产品线安排足够的工程师，于是工程师以兼职项目服务的形式被指派承担产品服务。

条件二：环境对两种或更多的重要产品存在要求。例如对技术质量和产品快速更新的要求。这种双重压力意味着在组织的职能和产品之间需要一种权力的平衡。为了保持这种平衡就需要一种双重职权的结构。

条件三：组织所处的环境条件是复杂和不确定的。频繁的外部变化和部门之间的高度依存，要求无论在纵向还是横向方面要有大量的协调与信息处理。

矩阵式结构的优势在于它能使人力、设备等资源在不同的产品/服务之间灵活分配，组织能够适应不断变化的外界要求，适于在不确定环境中进行复杂的决策和经常性的变革；为职能和生产技能的改进提供了机会；在拥有多重产品的中等规模的组织中效果最佳。这种结构也给员工提供了获得职能和一般管理两方面的技能。

矩阵结构缺陷在于具有双重授权和双重领导的特点，在实际操作中，双重管理的结构建立和维持起来都很困难。因为有权力的一方常常占据支配地位；另外员工接受双重领导，经常会感到焦虑与压力。

**现场观察 13-2**

## ABB 的矩阵式组织结构

矩阵式结构最早应用于飞机制造和航天器械的生产项目中，职能部门包括研发、工程、安装、测试等。20世纪90年代矩阵式结构在跨国公司里普遍使用，最有代表性的公司要数世界电器巨人ABB公司。

ABB公司全球拥有25万员工，在每一个国家都采取矩阵式结构，将公司按区域和业务维度划分。这样做是为了既保证公司产品的本土化特点，又保证规模效应和技术的领先性。ABB本土的经理负责自行开发新产品、开发市场与政府公关，而业务经理负责全球的产品战略决策。根据这样的结构，ABB在全球范围成立合资企业，每个合资企业规模都很小（ABB全球有1 200个合资公司），但大约1 100个合资公司的总经理都同时向区域经理汇报，也向全球业务经理汇报，以保持整体战略。通过矩阵式结构，ABB有效地将全球化战略和本地化产品相结合，将跨国公司的规模优势和小公司的灵活、低成本优势相结合。

但双重管理需要的沟通难度可想而知，ABB大部分管理文件内容都在描述区域经理和业务经理的职责和相互关系，并通过不断地培训使经理们明白他们的角色。同时，他们还开发新的信息管理系统，加强信息共享。即便这样，沟通问题现在依然是ABB最迫切解决的问题。

ABB公司的组织结构图

ABB公司总部

| | 运输集团 | 过程自动化与工程集团 | 环境装置集团 | 金融服务集团 | 电子设备集团 | 发电集团 | 输电集团 | 配电集团 |
|---|---|---|---|---|---|---|---|---|
| A国经理 | | | | | | | | |
| B国经理 | | | | | | | | |
| C国经理 | | | | | | | | |
| D国经理 | | | | | | | | |
| E国经理 | | | | | | | | |
| F国经理 | | | | | | | | |

资料来源：智库搜索wiki.mbalib.com/wiki/%E7%BB%84%E7%BB%87%E7%BB%93%E6%9E%84%E5%9B%BE

## 13.4　跨国企业结构演变和网络组织的兴起

跨国企业结构的发展并非是一个静态的过程，面对新经济环境下出现的多角度、多形式、全方位的挑战，唯有变革原有的组织结构模式，企业才能立于不败之地。随着国际化的不断发展，企业国际化组织结构演变呈现出一定的典型路径，图 13.6 显示国际企业组织结构如何根据全球战略和地区战略向不同两极演变的途径。

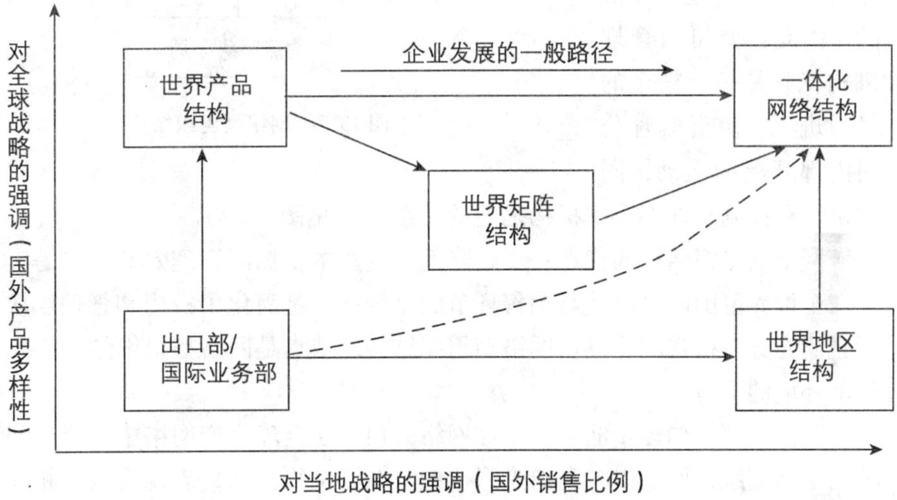


图 13.6　企业国际化组织结构的演进

资料来源：李长书，冯德连．企业国际化的组织结构选择［J］．经济与管理．2006（12）（Based on Stopford and Wells 1972, White and Poynter, and Bartlett and Ghoshal 1998.）

20 世纪 90 年代以来，世界上许多知名的跨国公司对原有的组织结构进行重建，网络化成为当今跨国公司国际生产的重要特征。网络型组织结构是利用现代信息技术手段，适应与发展起来的一种新型的组织机构。网络型组织结构使管理当局对于新技术、时尚，或者来自海外的低成本竞争能具有更大的适应性和应变能力。网络结构是一种很小的中心组织，依靠其他组织以合同为基础进行制造、分销、营销或其他关键业务的经营活动的结构。在网络型组织结构中，组织的大部分职能从组织外购买，这给管理当局提供了高度的灵活性，并使组织集中精力做它们最擅长的事。

网络型组织结构中只有很精干的中心机构，以契约关系的建立和维持为基础，依靠外部机构进行制造、销售或其他重要业务经营活动。被联结在这一结构中的各经营单位之间并没有正式的资本所有关系和行政隶属关系，只是通过相对松散的契约（正式的协议契约书）纽带，透过一种互惠互利、相互协作、相互信任和支持的机制来进行密切的合作。采用网络型结构的组织通过公司内联网和公

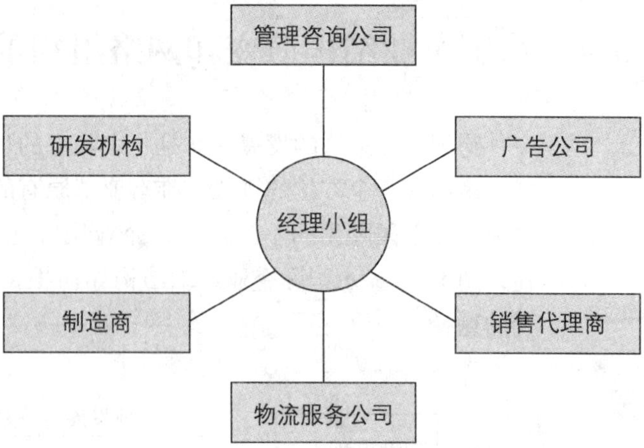


图 13.7 网络型组织结构

司外互联网，创设一个物理和契约关系网络，与独立的制造商、销售代理商及其他机构达成长期协作协议，使他们按照契约要求执行相应的生产经营功能。由于网络型企业组织的大部分活动都是外包、外协的，因此，公司的管理机构就只是一个精干的经理班子，负责监管公司内部开展的活动，同时协调和控制与外部协作机构之间的关系（参见图 13.7）。

网络型组织结构的优点：一是降低管理成本，提高管理效益；二是实现了企业在全世界范围内供应链与销售环节的整合；三是简化了机构和管理层次，实现了企业充分授权式的管理。网络型组织结构的缺点是网络型组织结构需要科技与外部环境的支持。

跨国公司结构逐步演变成全球网络公司。在全球生产网络中，企业间不是简单的层级关系，而是以各种纽带形成的复杂的网络关系，表现为两个相互交错网络的拓展与延伸：一是由跨国公司通过海外直接投资在世界各国或地区建立的海外子公司所构成的公司内部网络，表现为体系内部国际分工，在这一体系中，跨国公司不再是一个层级结构，而是一个网络结构。二是跨国公司通过全球性的外包与合作而与其他公司建立的公司外部网络，表现为体系外部国际分工。如日本日产汽车公司（Nissan）共有五个研究或发展中心，其中三个设在日本本土，位于神奈川的研究中心和技术中心专门从事汽车技术的基础研究和新车型的开发设计，位于北海道的检测基地则负责新开发车型的检测和试验；另外两个是设在美国的日产北美技术中心和设在英国的日产欧洲技术中心，这两个机构更多地执行项目工作室的职能，主要进行技术监测和市场反馈，不断向日本国内研发中心反馈当地市场的需求信息，并在当地高速公路和道路上进行产品测试。这种交互作用，使日产汽车公司成功开发出适合欧美市场的车型，并及时获取国际最新的科技信息、市场信息。日产汽车公司的这种模式，是众多跨国公司组织结构的一种新的发展趋势。

## 13.5 中国企业国际化经营过程中的组织结构问题

中国国际化中小企业一般具有以下组织特征：

### 现场观察 13-3

## 中航油新加坡公司期权巨亏案

2004年11月28日，中航油新加坡公司巨亏5.5亿美元停牌重组。中航油新加坡公司是中国航油集团公司的海外控股子公司，2004年被评为新加坡最具透明度的上市公司。其总裁陈久霖在2003年开始做油品套期保值业务，期间擅自扩大业务范围，从事石油衍生品期权交易。陈久霖和日本三井银行、法国兴业银行、英国巴克莱银行、新加坡发展银行和新加坡麦戈利银行等在期货交易场外，签订了合同。陈久霖购买看跌期权，赌注每桶38美元，然而国际油价一路攀升。2004年10月以来，新加坡公司所持石油衍生品盘位已远远超过预期价格。根据合同，需向交易对方（银行和金融机构）支付保证金。每桶油价每上涨1美元，新加坡公司要向银行支付5 000万美元的保证金，导致新加坡公司现金流量枯竭，至2004年10月26日，被迫关闭的仓位累计损失已达3.94亿美元，正在关闭的剩余仓位预计损失1.6亿美元，账面实际损失和潜在损失总计约5.54亿美元。

从表面来看，中航油新加坡公司经营亏损是由总经理经营不善、预期判断失误造成的，其深层原因可以归纳为大型国企的国际组织制度的不完善。

中国航油集团公司是国资委管理的大型国企，但是它却缺乏国际企业组织制度和管理。首先从任命和授权上，中国航油集团公司控制不了自己的领导人选。陈久霖在中国航油集团公司重组、与民航总局脱钩前是一名普通干部。脱钩后，上级管理部门提出要提拔陈久霖担任中国航油集团公司副总经理，中国航油集团公司班子绝大多数人不同意。但上级主管单位领导说：“这是上级已经作出的决定。”陈久霖就这样被提拔为集团公司副总。

其次，公司内部缺乏完善的控制和约束机制。即便陈久霖走上领导岗位，如果有完善的公司内部约束机制，还不会造成如此严重的后果。可惜的是中国航油集团公司的内部监督控制机制形同虚设。陈久霖一直独立于中航油集团公司班子的领导之外，中航油新加坡公司基本上是陈久霖一人的天下，最初公司只有陈久霖一人，之后集团公司派出的财务经理两次被换，集团公司却没有约束办法。

最后，快速反应和权力沟通路线不明晰。新加坡公司从事的石油期权投机是我国政府明令禁止的，新加坡公司违规之处有三点：一是做了国家明令禁止不许做的事；二是场外交易；三是超过了现货交易总量。但是中国航油集团公司内部居然没有与上级权力沟通的路线。新加坡公司石油期权重大违规行为之前，没有上报和反映的制度和路线；石油期权重大亏损后，曾经有事件直接责任人向上级反映汇报过问题，希望能够及时决策以减少损失。但由于国内公司领导反应迟缓，等批复后重大损失已很难避免。

决策权的授予、权力沟通路线的设计都是企业组织结构的核心问题，中航油新加坡公司的问题真实地反映了组织结构缺陷对国际化企业的深刻影响。

资料来源：人民网 http: //www.people.com.cn/GB/shizheng/1026/3044685.html

- □ 结构简单，多以出口部和国际部为主。
- □ 决策控制体系体现集权化特征。中小企业决策体系采用家长式、集权式管理模式。出口部门或国外分支机构参与决策的机会相对较少，这会影响他们拓展业务的积极性和忠诚度。

□ 缺乏足够的组织协同。在中小企业组织内部，国际业务部门或国际分支机构由于缺乏话语权，国际、国内部门之间各自为政，缺乏有效的沟通与协作，影响了企业国际反应能力的提高。另外中小企业具有“孤独的国际化(lonely international)”企业（Johanson and Mattsson，1988）特征，没有与客户、经销商、供应商、竞争对手、政府以及其他组织建立广泛联系，导致产品的国际市场占有率较低，更失去了许多借用外部资源提高跨国能力的机会。

□ 公司战略和组织不匹配。中国企业要想在国际市场上竞争必须具有低成本优势和快速的地方响应等跨国能力，需要强有力的组织保证，但是中国企业战略与结构不匹配的现象具有普遍性。中国跨国经营的企业多数采用传统职能制的组织结构类型，传统性组织结构限制了企业跨国经营的发展。首先，它使国内母公司对国外子公司的管理缺乏有效支持和控制，导致国外子公司对国外当地市场的变化适应能力差，从而造成企业跨国经营业绩发展缓慢、经营效益和效率都远远低于预期值。其次，传统组织结构还导致国内母公司的海外子公司缺乏作为独立利益主体自主经营的内在动力机制，使得这些海外子公司虽然在形式上是直接面向国际市场，但行为上却要按国内现行体制进行管理，所以难以对市场作出灵敏有效的反应。实际上，部分中国企业在国际化经营业绩良好的背景下，已然对组织结构进行了再造，使其满足企业战略的要求，如上面讨论的海尔公司不断随着国际化进程、国际战略大转变来调整公司组织结构。然而参与国际化经营的中国企业的实际情况似乎并不能让人满意，因此随着中国国际化经营企业数量的增多，为了进一步提升企业国际竞争力，必须对企业组织结构进行创新和再造。

## 本章小结

- 企业的组织结构必须适应企业不同阶段的发展环境以及公司战略转变的需要。
- 美国管理学家钱德勒提出：战略决定结构，结构为战略服务。
- 美国管理学家理达夫特提出：企业国际化经营的不同阶段对组织结构设计的要求不同，并提出跨国公司组织结构变迁模型。
- 国际企业组织结构设计的原则是提高效率，它涉及水平决策权分配、垂直决策权分配、整合机制、控制系统几个方面。
- 影响企业组织结构设计的权变因素很多，如公司国际竞争战略、企业参与国际经营的程度、公司销售产品属性和多样性等。
- 国际企业组织结构主要有四种类型：职能结构、产品结构、地区结构以及矩阵结构。
- 网络型组织结构是流行的新形式组织形式，它使管理当局对于新技术、时尚，或者来自海外的低成本竞争能具有更大的适应性和应变能力。

## 关键词和概念

组织结构　结构设计原则　职能结构　产品结构　地区结构　矩阵结构　网络型组织结构

## 思考题

1. 公司战略和结构之间存在怎样的互动联系？
2. 影响企业组织结构设计的权变因素有哪些？它们是如何影响国际公司结构的？
3. 有观点认为跨国公司追求全球高效、规模经济的必然结果是对地域特征考虑的缺失、地区市场反应速度的下降。反之，保证地区市场的反应速度，由于信息差异处传递及分析，全球市场决策及其实施就会很难达致高效。你如何看待这一观点？
4. 请比较国际产品结构和地区结构的特点，请结合具体公司的例子说明。
5. 国际矩阵在 20 世纪 90 年代很流行，被大多数跨国公司采用，但之后又纷纷放弃或升级，你认为主要原因是什么？
6. 与传统纵向一体化的层级制组织相比，新兴网络型结构的优越性体现在哪里？
7. 你认为是否存在一种可以适应任何经营环境和战略的组织结构？或是你认为企业组织形式必须不断迅速进行调整？
8. 发达国家的跨国公司大多依靠其正式的组织架构来调整其国际业务，你认为这对中国公司有何启示？

## 结尾案例

### 案例 13－1　大权旁落和群龙无首之后的组织演变[2]

“CEO 做不好，就得换脑，换脑来不及就得换人。”

——施振荣

1976 年，32 岁的施振荣在台北创建后来成为亚洲最具知名度的企业及全球电脑业的第三大制造商——宏碁公司。

80 年代末，宏碁将业务向海外拓展。然而，宏碁却遇到了前所未有的危机。从集团内部的组织结构看，由于 80 年代的迅速成长，台湾总部机构已呈现臃肿的态势，而对其他国家公司的购并则进一步使总部机构膨胀，公司运作的效率开始降低，患上反应迟钝的“恐龙症”。权责不清，赏罚不明，造成“大锅饭心态”，导致部分人员不愿负责任的心态，事情难以推动。从外部环境看，90 年代电脑业正经历一场革命，其经营方式从生产统合模式转向分工整合模式。另外 1990 年也是电脑业十分不景气的一年，利润由厚转薄。

宏碁再造工程分两阶段进行：

1989 年，为适应跨国经营的需要，建立起权责分明的制度架构，宏碁依照事业业务性质的不同，区分为行销导向的地区性事业群（RBU）及制造导向的策略性事业群（SBU）。此后又于 1991 年“劝退员工”，精简组织规模。这一系列行动使宏碁将组织改为多利润中心，建立起了合理的考核制度，构建起了跨国经营的基本模式。

但这一阶段的改革只是调整结构、精简规模，还谈不上是真正的企业再造。由于改革的不彻底性、精简规模，宏碁在跨国经营中仍困难重重，业绩不佳，甚至于到 1991 年底发生了创业以来最大的亏损（新台币 6.07 亿元）。

1993 年，宏碁将“主从架构”模式引入组织内，建立起新的管理架构。在这个架构中，各事业单位既是独立决策的“主”，又是相互支援、配合，全为其他事业单位的“从”，各事业单位的决策中心是股东大会，总部只能通过股东大会影响决策。“主从架构”的组织模式，打破了宏碁原有的类似于大主机（Mainframe）架构的科层制组织结构，使各事业单位可迅速自主决策，也便于各事业单位间直接沟通、协调与合作，提高了工作效率，并增加了组织迅速应对外界变化的能力。

在国际业务中实行“全球品牌，地缘结合”的经营哲学，让各地公司当地股东拥有一半以上的股权，目的是实现当地化，包括品牌、形象及管理等的当地化。

施振荣曾以“群龙无首”来比喻宏碁分散的管理模式，并以此为荣。他坚持这样做的理由是：IT变化快速，不适合采用制造工厂中央集权式的管理方式，必须让每个人都有强烈的“拥有感”和“责任感”。正是坚持了这个理念，宏碁现在在全球41个国家拥有232家公司、35 000名员工，是台湾最大的进出口厂商。

但是，任何一种组织管理模式都是一把双刃剑。“群龙无首”也会造成各自为政、重复投资、资源浪费的弊端，当这些弊端严重到危及宏碁的生存与发展时，当宏碁股票跌到9元新台币的时候，头发已经花白的施振荣不得不再度出山来治“群龙无首”的病，而此前他已经退居二线多年，“享受大权旁落的乐趣”。2000年底，施振荣有些着急了，他说：“CEO做不好，就得换脑，换脑来不及就得换人。”宏碁取消了集团下设的各次级集团，整合重复投资的事业，简化组织与流程，提升执行能力。

此后宏碁保持高增长率，市场份额以及营业收入良好，宏碁2007年销售收入为140亿美元、2008年为200亿美元。2007年8月，宏碁宣布将以7.1亿美元收购美国第四大PC厂商Gateway，另外宏碁拥有欧洲的Packard Bell品牌，宏碁下一个目标是成为全球最大笔记本电脑供应商。

### 讨论和在线学习问题：

1. 请指出宏碁公司组织结构不断演变的路径，宏碁组织结构及变迁受哪些因素影响？
2. 请上网搜集中国其他大型跨国公司的组织结构，并同宏碁公司的组织特点进行比较。它们采用的不同组织结构的原因是什么？

## 参考文献

1. 叶成辉，林云.21世纪人才报.2003－07－08；升级矩阵管理 柔性可扩展的组织结构模式. http：//www.rs66.com 2006－11－28等编写。
2. 资料来源：宏碁再造的过程. 河南财务网 http：//www. caiwu. ha. cn 2005－9－20；白万纲. 成功领导者须不断领悟经营之道. 慧聪网 http://info. ceo. hc360. com/2006/06/06144725340. shtml；心：施振荣横推风雨 http://www. shulou. org/books/reading. aspx id＝2521&cid＝12000等编写。

5

# 第五部分 国际运营管理

# 14 CHAPTER 14 全球运营和供应链管理

如果你在供应链运作上不具备竞争优势，就干脆不要竞争。

——杰克·韦尔奇

**学习目标**

- 了解全球运营管理内涵和模式
- 供应链管理与企业核心竞争力的关系
- 了解供应链管理内容
- 虚拟企业的运作

**开篇案例**

## 在平的世界中竞争[1]

在“平的世界”中，企业的成功不再只是取决于公司本身的能力，更要靠企业结合资源的能力。香港利丰集团在本身并未拥有任何工厂的情况下，为世界知名品牌和零售商生产超过80亿美元的服饰和其他产品。

利丰的历史可以追溯到1906年的贸易中间商，后转型为以香港为基地的出口商，进而发展成为跨国企业。最终，利丰在平的世界中改头换面，将自身重塑为一个“网络协调员”的新角色。如今这位“网络协调员”的网络中有8 300多家供应商，在超过40个国家和地区中有70个采购办事处。利丰间接地在其供应商网络中提供了200多万个就业机会，但利丰本身聘用的员工还不到这个数目的0.5%。在公司精益化运作结构下，每位员工的年销售额达100万美元，年股权收益率超过38%。

20世纪70年代，The Limited公司开始和利丰合作生产服装，为缩短供应链的周期，它要求将每一笔订单的完成时间限制为30天，无论是订5 000件货还是200 000件货，都要严格遵守30天的期限。为了能如期完成订单，利丰的常规做法是预先挑选多家工厂，并让它们在The Limited公司决定最终的订单数量之前就做好准备，这样，利丰就有足够的生产缓冲能力，以便快速响应。

但是当这些衣服抵达The Limited公司位于美国的分销中心时，每个货箱中装的都是单一尺码、颜色和样式的衬衫或其他产品，因此，在货物到达后，先要将衬衫从货箱中取出，按尺码分类摆放在货架上，然后，仓库员工按每个门店的要求从货架上进行挑选，贴上价格标签，再将衬衫放入新的货箱，进行分类包装。以往这一过程有时要费时两周，并按美国标准支付工资，而世界另一端的制造商们却为了能在30天内交货而分秒必争。于是，The Limited公司和利丰共同研究，改变了原有的分销链。它们不再使用分销中心为各个门店挑选、包装产品，而是安排在亚洲的工厂进行分类包装。当不同尺码和颜色的衬衫下线后，按典型类别装箱，并压上条形码（后来货箱上使用了无线射频识别标签/电子标签）。The Limited公司提供了在美国的零售价格标签，工厂的工人们在衬衫离开工厂送达美国的分销中心之前，就将这些标签贴在衬衫上。

这就意味着不再需要在分销中心花两周的时间挑货、贴标签，货箱只须从一个门搬进来又搬出去，再从另一个门搬到小货车上开往各个门店，直接被摆上货架。整个过程省掉了几周时间，这对于本来对时间就很敏感的时装界来说，意义重大。分类包装和在生产工厂贴价格标签所产生的成本在亚洲远比在美国的分销中心更便宜，这是因为亚洲的工人工资更低、生产流程更简化。

利丰集团最初提出在生产工厂贴价格标签时，颇让买方The Limited公司担心，怎么可以把零售价告诉供应商呢（因为零售价要比生产成本高得多）。如果这样做，交易不是会变得更难、供应商的要求不是会更多吗？结果证明这种担心是多余的。在厂商之间竞标保证了低廉的价格，况且，供应商非常清楚零售价，因为这类信息很容易获得。担心价格信息泄露反映了供应链中各方相互之间固有的敌对看法。供应链中的每个个体都想要控制其他成员。供应链中的所有成员都在相互竞争，想要了解谁能从供应链中获取最大利益。买主在价格上压榨供应商，供应商又削减成本以增加利润，这是为一块有限的蛋糕而进行的战斗。

The Limited公司意识到，它不是在和自己的供应商竞争，而是在和其他零售商及其网络竞争。要优化供应链就需要信任，提供给利丰价格标签的做法创造了一个新的契机，使得各方在整个供应链中的运营效率更高。

"网络协作"(network orchestration) 为整个供应链管理提供了一种新的观点。网络协调员设计整个供应链流程，使不同地区的众多工厂为某一单一产品而合作。以往的管理是在旧有的垂直一体化组织中进行，而网络协作是让公司在平面化的世界中运作。这是当今世界企业必备的一种重要能力，从虚拟网络协作企业到通过全球生产配送的耐用消费品企业都是如此。

# 导言

2005年托马斯·弗里德曼在风靡全球的《世界是平的》一书中指出，在今天这样一个因信息技术而紧密、便利连接的世界中，市场、劳动力和产品都可以被整个世界共享，一切都可能以最有效率和最低成本的方式实现。在这种状况下，企业如何有效地利用与整合全球的资源和能力，如何借助信息技术所构筑的网络，通过供应链管理构建全球竞争力，成为当前企业管理面临的重大课题。开篇案例中利丰集团的成功秘诀就在于其整合资源的强大能力。

本章讨论全球运营管理，特别是供应链管理与企业核心竞争力的关系、供应链管理创造的价值以及在企业中的实践。

# 14.1　全球运营管理

企业运营管理的主要目标是质量、成本、时间和柔性，它们是企业竞争力的根本源泉。近年来，现代企业的生产经营规模不断扩大，产品本身的技术和知识密集程度不断提高，产品的生产和服务过程日趋复杂，市场需求日益多样化、多元化，世界范围内的竞争日益激烈，全球运营管理成为现代企业的重要课题。

## 14.1.1　运营管理的内涵

运营管理（operations management）是对运营过程的计划、组织、实施和控制，是与产品生产和服务创造密切相关的各项管理工作的总称。美国运营管理协会（APICS）对运营管理的定义是：运营管理是应用设计工程、工业工程、管理信息系统、质量管理、生产管理、库存管理、会计以及影响机构运作的其他职能来对生产或服务机构进行有效的规划、利用和控制。运营管理目标是在需要的时候，以适宜的价格，向顾客提供具有适当质量的产品和服务。

传统上把运营管理学科叫做生产管理（production management），关注制造业企业产品生产过程管理。如美国运营管理协会之前名称为美国生产与库存控制学会，它有明显的生产、库存管理痕迹。现代运营管理包括众多企业服务提供过程的管理。由于生产力不断发展使得大量生产要素转移到商业、交通运输、房地产、通讯、公共事业、保险、金融和其他服务性行业和领域，生产概念扩展不仅包括有形产品制造，而且包括无形服务提供，如在美国大约70%左右的国民总产值来自服务业。

现代运营已不局限于生产过程的计划、组织与控制，而是扩大到包括运营战略的制定、运营系统设计以及运营系统运行等多层次内容，尤其是把运营战略、新产品开发、产品设计、采购供应、生产制造、产品配送直至售后服务看做一个完整的价值链，对其进行集成管理。国际大公司的成功经验表明，成功的运营管理是企业生存的关键。

## 14.1.2　全球运营管理领域

传统的运营管理覆盖三大领域：采购与供应管理、生产运营管理、物流管理。运营管理不仅是对主要商业活动的管理，运营管理价值更体现在对这些系统的设计、运作和改进上。

对跨国企业而言，全球运营管理的核心价值观是满足全球顾客需求。由于在全球化和地方化的两重压力中求生存和发展，全球管理面临的运营环境更加复杂、管理内容更加广泛和富有挑战性，包括全球运营规划、全球运营管理布局、全球供应链管理、全球客户与供应商关系、全球附属机构的协调和管理等。全球运营管理具体内容则可能包括：运营与服务战略、生产流程再造、精益生产流程、生产目标和计划管理、品质管理、供应链管理（供应链优化与库存管理、战略联盟与外包、全球物流）以及运筹系统的分析和系统模拟等。

### 14.1.3 全球运营管理模式的五个要素

2009年埃森哲管理咨询公司提出全球化运营模式的五个要素，即领导力、人员素质、组织结构、流程与技术和考核标准。埃森哲认为全球运营模式要想获得成功，需要五大要素彼此协同运作，并与东道国环境和本国环境相符；全球运营模式架构还需要在软性要素和硬性要素之间取得平衡。

埃森哲调查显示经济发达国家企业倚重组织结构、流程与技术等硬性要素，而新兴市场国家企业往往强调员工和领导力等软性要素。因此，发达市场跨国公司成功的全球运营模式需要超越对硬性要素的依赖，而新兴市场跨国公司则需要更多地依赖正式的协调流程、标准化的技术、网络组织结构等硬性要素。

**硬性因素之一：组织架构**

新兴市场跨国公司一般缺少正式的横向组织结构来调整国际业务，当它们逐渐拓展全球化领域时，仅靠非正式的联系越来越不能满足要求。相较之下，发达市场跨国公司主要依靠其正式的组织架构来调整其国际业务：采用详尽的财务和预算控制机制支持的多部门架构已融入发达国家的透明和问责文化。许多致力于宽广多极区域的跨国公司正努力采取一种基于网络关系的架构，代替其多部门架构，如我们在第13章中曾经讨论过新兴的网络型组织结构。

新兴市场跨国公司大部分依赖于本身多部门形式结构的变体，其严格的等级制度可能会损害新兴市场跨国公司的整合与反应速度。但是这些企业正在改变自己，如中国华为公司实施全球化经营战略，在海外设立22个地区分部和100多个分支机构来贴近客户、倾听客户需求并快速响应。另外如TCL公司与法国汤姆逊2004年组建合资企业TTE（TCL—汤姆逊电子有限公司），TTE彩电年销量达到1 850万台，是全球最大彩电企业，目前TTE在全球范围拥有5个盈利中心、5个研发中心和10个生产基地，全球营销网点超过2万个。TTE在亚洲及新兴市场以推广TCL品牌为主，在北美市场以推广RCA品牌为主，在欧盟市场以推广THOMSON品牌为主，其产品涵盖由经济型到豪华型、由基本功能型到高端科技型、由模拟系统到数字系统的所有种类。

**硬性因素之二：流程及技术**

正式的管理流程和技术非常重要。许多新兴市场公司的成功运营模式在于能够坚持以员工和领导力为重点的同时，加强建立组织结构、技术与流程。如联想集团在2000年就与台湾D-Link合资成立联想网络有限公司，从事全线网络产品业务，联想网络公司将业务价值链的最上游环节和最下游环节，即产品开发和市场营销这两部分都设在北京。北京是目前中国IT市场（尤其是电子商务）最发达的地区，市场更加国际化，在北京技术人员可以及时获得信息，营销人员也可以立即获得市场情报，从而缩短产品的开发周期，使联想产品步步紧随国际潮流。价值链的中间环节则放在广东一带，可以借助D-Link的现有技术和人员，也可以降低生产和劳动力成本。另外如华为公司采用国际化的全球同步研发体系，聚集全球的技术、经验和人才来进行产品研究开发，使得公司产品一上市，技术就能做到与全球同步。

**硬性因素之三：考核标准**

对于人才管理和激励、奖励和晋升来说，新兴市场跨国公司似乎更加重视忠诚度、亲属关系及政治联系，而较少重视正规的个人绩效指标。而发达国家跨国企业则非常强调考核的标准化，如跨国公司在衡量外派中国市场人员的业绩时，一般会与外派中国人员协商业绩目标达成一致，通常采用销售指标或利润等符合中国情况的有效衡量指标。

**软性因素：领导能力和人员素质**

新兴市场企业往往强调员工和领导力等软性因素，如在全球业务运营中，中国跨国企业常常陷入两难：派遣到国外的中国经理难以掌握当地复杂情况，但如果依靠外国管理人员则会遇到沟通障碍。在人员素质方面，新兴市场跨国公司的全球运营模式主要依赖于人际沟通技巧。对于发达国家的跨国公司来说，广泛、正规的国际人力资源管理流程是管理重点。

## 14.2 全球竞争新特点和供应链管理的兴起

### 14.2.1 21世纪的企业竞争新特点

**产品寿命周期越来越短**。随着消费者需求多样化发展，企业产品开发能力需要不断提高。目前国外新产品的研制周期大大缩短，如AT&T公司新电话开发时间从过去2年缩短为1年；惠普公司新打印机开发时间从过去的4.5年缩短为22个月，而且这一趋势还在不断加强。与此相应的是产品的生命周期缩短，革新换代速度加快。由于产品在市场上存留时间大大缩短了，企业在产品开发和上市时间的活动余地也越来越小，给企业造成巨大压力。

**产品品种数飞速膨胀**。消费者需求的多样化越来越突出，厂家为了更好地满足其要求，便不断推出新的品种，从而引起了一轮又一轮的产品开发竞争，结果是产品的品种数成倍增长。以日用百货为例，从1975年到1991年，品种数已从

2 000种左右增加到20 000种左右。超级市场的平均库存，在 1985 年前后约为13 000最小存货单位（Stock Keep Unit，SKU），而到 1991 年时约为20 000 SKU，库存占用了大量的资金，严重影响了企业的资金周转速度，进而影响企业的竞争力。

**对交货期的要求越来越高**。用户不但要求厂家要按期交货，而且要求的交货期越来越短。如果企业对用户要求的反应稍微慢一些，很快就会被竞争对手抢占先机。如 20 世纪 90 年代初期，日本汽车制造商平均 2 年可向市场推出一个新车型，而同期的美国汽车制造商推出相同档次的车型却要 5 ~ 7 年。因此，缩短产品的开发、生产周期，在尽可能短的时间内满足用户要求，已成为当今所有管理者最为关注的问题之一。

**对产品和服务的期望越来越高**。用户对产品质量、服务质量的要求越来越高，他们已不满足于从市场上买到标准化生产的产品，更希望得到按照自己要求定制的产品或服务。传统的标准化生产方式是“一对多”的关系，即企业开发出一种产品，然后组织规模化大批量生产，用一种标准产品满足不同消费者的需求。然而现在的企业必须具有根据每一个顾客的特别要求定制产品或服务的能力，即所谓的“一对一（one-to-one）”的定制化服务（customized service）。企业为能在新环境下继续保持发展，纷纷转变生产管理模式，采取措施从大量生产（mass production）转向定制化大量生产。如以生产芭比娃娃著称的莫泰公司，从 1998 年 10 月份起，可以让女孩子登录到 barbie. com 设计她们自己的芭比朋友。她们可以选择娃娃的皮肤弹性、眼睛颜色、头发的式样和颜色、附件和名字。当娃娃邮寄到孩子手上时，女孩子会在上面找到她们娃娃的名字。这是莫泰公司第一次大量制造“一个一样”的产品。个性化定制生产能高质量、低成本地快速响应客户需求，但是对企业的运营模式提出更高的要求。

### 14. 2. 2 供应链管理的兴起

面对市场和竞争环境的新特点，国际公司早就从技术和组织的角度采取了许多适应竞争环境变化的有效运营模式。20 世纪 60 年代以前，盛行方法是通过经济生产批量、安全库存、订货点等来保证生产的稳定性，但由于没有注意独立需求和相关需求的差别，采用这些方法并未取得期望的成果。60 年代中期，出现了物料需求计划（material requirements planning，简称 MRP），较好地解决了相关需求管理问题。此后，又探索出更好的运营模式，如制造资源计划（manufacturing resources planning，简称 MRPII）、准时生产制（just-in-time，JIT）及精细生产（lean production）等新生产方式。这些方法取得了一定实效，但在经营的灵活性、快速满足顾客需求方面并没有实质性改观。以 MRPII 和 JIT 为例，这两种生产方式都是只考虑企业内部资源的利用问题，一切优化工作均着眼于本企业的资源的最优应用。

激烈市场竞争和快速多变的市场需求使企业面临不断缩短交货期、提高产品质量、降低产品成本和改进服务的压力；另外随着企业生产经营规模不断扩大，产品本身的技术和知识密集程度不断提高、产品的生产和服务过程日趋复杂。企业要想在激烈的市场竞争中取得竞争优势，必须有效整合内外资源，适时地提供顾客满意的产品和服务。内外压力迫使供应商、制造商、分销商和零售商走向合作，供应链管理成为提升企业的核心竞争优势的关键。现代运营研究内容已不局限于生产过程计划、组织与控制，而是把运营战略、新产品开发、产品设计、采购供应、生产制造、产品配送直至售后服务看做一个完整的“供应价值链”，对其进行集成管理。目前《财富》“500强”有超过70%的企业都采用了供应链管理，如戴尔、波音、丰田、思科、宝洁、IBM、沃尔玛等，来确保其竞争优势和领先地位。

## 14.3　供应链管理

### 14.3.1　供应链和供应链管理的内涵

美国供应协会对供应链的定义：供应链（supply chain）是涉及生产与交付最终产品和服务的一切努力，从供应商到客户。供应链管理（supply chain management，简称SCM）包括管理供应与需求、原材料和备件的采购、制造与装配、物件的存放及库存查询、定单的录入与管理、渠道分销及最终交付用户。

本书认为，**供应链管理**是指在生产及流通过程中，为将货物或服务提供给最终消费者，联结上游与下游企业创造价值而形成的组织网络，是对商品、信息和资金在由供应商、制造商、分销商和顾客组成的网络中的流动的管理。供应链管理通过计划和控制实现企业内部和外部之间的合作，实质上集成了供应链和增值链两个方面的内容。

### 14.3.2　供应链管理的价值

英国管理学者克里斯多夫（Martin Christopher）指出，“市场上只有供应链而没有企业，21世纪的竞争不是企业和企业之间的竞争，而是供应链和供应链之间的竞争。”

越来越多的公司倾向于集成采购、运营和物流管理三个部门，设立全球供应链部。目前，众多大型跨国公司都设置专门负责供应链管理的高管职位，或提高了原有职位的级别。例如，朗讯、亨氏以及雪佛龙公司都在COO、CFO和CIO之外，任命了首席采购官（chief procurement office，即CPO）。还有一些公司将这样的职位设定了更广泛的职责范围，例如杜邦负责这个业务的高管，头衔就是“副总裁—全球采购、物流及首席采购官”，而IBM则是任命了一个负责整合供

**现场观察 14-1**

## 从美国三大协会演变看供应链管理的发展

集成化的供应链管理概念不是一蹴而就的，而是经过几十年的演进，由传统的采购与供应管理、生产运营管理和物流管理分别向两头延伸而成，这从美国行业协会框架可见一斑。

美国供应管理协会（Institute for Supply Management，ISM）是世界上规模最大、影响最大的供应管理组织，拥有四万多会员。它关于生产、库存、订单量等变化的报告（ISM Business Report）是美国经济风向标，被广泛引用于新闻媒体、学术研究和政策制定。供应管理协会的前身是美国采购经理协会（National Association of Purchasing Managers，NAPM），在100多年发展过程中，伴随着供应管理在美国公司重要性不断上升，其侧重点从采购发展到供应管理，再到供应链管理。但是，供应管理协会的核心仍然是采购与供应管理，而不是广义上的供应链管理。在2001年改名供应管理协会时，为什么不直接改为供应链管理协会？答复是供应链管理太广泛，不够定型。这也体现在供应管理协会的“注册采购经理”认证上。注册采购经理（Certified Purchasing Manager；C.P.M.）已有三十多年的历史，全球认证人数超过四万，认证内容覆盖价格、质量、交货、合同管理、供应商选择、供应商谈判、国际贸易、公司管理及人力资源管理等。为适应采购向供应管理的发展，供应管理协会在2008年推出供应管理专业人士认证（Certified Professional in Supply Management；CPSM），以取代C.P.M.，标志着与供应链管理更近一步。

与供应管理协会侧重于采购相对应，美国生产与库存管理学会（American Production and Inventory Control Society，APICS）历来侧重生产与库存管理。为适应向供应链管理发展的趋势，该组织在2004年更名为运营管理协会（The Association for Operations Management）。考虑到APICS在美国乃至世界的影响，运营管理协会仍旧保留APICS字眼，也预示着它不会放弃在生产与库存控制方面的传统优势。在生产与库存管理领域，APICS享有崇高的声望，它的生产与库存认证（Certified in Production and Inventory Management，CPIM）在生产企业很受重视。其认证内容侧重于生产规划、控制和实施，即如何把销售计划转变为生产总体计划（Master Production Planning，MPS），然后一步步细化到物料供应计划（Materials Requirement Planning，MRP），再到工厂的各个生产车间、生产线的进度规划、生产实施和控制，内容包罗万象。在四十多年历史中，全球总共有75 000人左右得到此项认证。APICS在2005年推出“供应链专业人士认证”（Certified Supply Chain Professional，CSCP），从内容上看，该项认证确实试图覆盖供应管理的三大领域（采购与供应管理、生产运营管理、物流管理）。在相当一段时间，该项认证会被工业界视作CPIM向供应链管理的延伸，以实现运营管理协会在供应链管理领域与供应管理协会两分天下的目的。

供应链管理专业人士协会（Council of Supply Chain Management Professionals，CSCMP），前身是物流管理协会（Council of Logistics Management，CLM）。物流管理协会的影响更多是在物流教育领域。从认证角度而言，该机构尚没有与供应管理协会和运营管理协会相匹敌的认证。

资料来源：http：//blog.56abc.cn/blog-htm-do-showone-tid-14653.html

应链“高级副总裁”，它们对这个职位的描述是在 IBM 内部，主要是“端对端的供应链运营，具体包括采购、系统制造、物流以及客户履行流程”。

众多公司之所以设置专门负责供应链管理的高管职位以及在供应链管理上投入巨资，是因为供应链改善可以极大地提高企业利润和核心竞争力，开展供应链管理具有巨大的价值。Kearney 咨询公司指出，供应链可以耗费整个公司高达 25% 的运营成本，而对于一个利润率仅为 3% ~4% 的企业而言，哪怕降低 5% 的供应链耗费，也足以使企业的利润翻番。位于美国波士顿的咨询公司 PRTM，认为供应链管理在以下三个方面有突出表现：

**降低成本**。供应链管理将企业中非核心业务转由合作企业完成，即业务外包，可以降低和控制成本、节约资本资金，分担风险，完成难以管理或失控的辅助业务，提高业务能力，改善质量，提高利润率和生产率。另外供应链成员间的紧密协作，使得供应链各个环节能够随时掌握终端的销售信息和各环节的存货信息，减少盲目生产和社会库存量，避免库存浪费，缩短资金转化周期，促进资金再生。因此供应链管理能有效消除重复、浪费与不确定性，降低了总成本，创造竞争的成本优势。

**加快资金的回收**。PRTM 认为，企业从购进原材料到销售资金回笼，实行供应链管理前企业资金循环周期在 100 天左右，而实行后最好水平达到 30 天左右。

**提升交付能力**。PRTM 认为，实行供应链管理后，提前交货与按时交货的百分比最好水平将为 94%，而现今的平均水平为 69% ~81%。

这些数据说明，采用供应链管理模式，可以使企业在最短时间里寻找到最好的合作伙伴，用最低的成本、最快的速度、最好的质量赢得市场，受益的不止一家企业，而是一个企业群体，因此供应链管理模式吸引了越来越多的企业。另外，通过良好的供应链管理可以在进入新市场，开发新产品，开发新分销渠道，改善售后服务水平，提高用户满意程度，降低库存、后勤成本、单位制造成本，提高工作效率等方面获得满意效果。

供应链管理研究机构 AMR 公司 2005 年起基于综合财务指标，如投资回报率、库存周转率、收入增长以及 AMR 分析师和一些业内人士的意见进行世界供应链年度排名，2009 年名单中，苹果公司连续两年位居榜首，之后是戴尔、宝洁、IBM 和思科。前十名的公司还有诺基亚、沃尔玛、三星、百事和丰田。

## 14.4 供应链管理内容

供应链管理的目标在于提高用户服务水平和降低总的交易成本，并且寻求两个目标之间的平衡（这两个目标往往有冲突）。供应链管理主要涉及供应（supply）、生产计划（schedule plan）、物流（logistics）、需求（demand）四个主要领域。

现场观察 14-2

# IBM公司整合供应链的价值

IBM生产服务器以及大型主机，在全球还有多个制造基地，其供应链中包括了全球制造和部件采购、完全外包的全球物流、客户履行、订单处理、账务系统以及存货管理和发货追踪的所有活动。

IBM曾经有300多个采购中心，每一个都各自为政，由不同的采购负责人领导。如IBM日本分公司麻雀虽小，五脏俱全，财务、人事、采购各个职能都具备。

IBM的供应链转型最早始于1993年，IBM认为全球整合企业应当以真正全球化的方式构建其策略，管理和运营。根据适当的成本、适当的技能和适当的商业环境在全球任何地方整合这些运营工作。

作为向全球整合性企业转型的第一步，IBM首先进行的变革就是供应链，IBM将全球300个采购中心变成了一个。一夜之间，全球供应链运营部门就要负责统筹安排IBM全球160多个国家和地区、30多万名雇员的高达450亿美元的花销。IBM还将全球数以百计的独立营销计划整合成一个框架，将155个数据中心和16 000个IT应用变成了10个数据中心和4 757个IT应用，网络由31个变成了1个。研发中心由全球无数个独立、专门的研发团队变成8个整合团队。2003年，IBM将全球供应链运营作为一个单独的业务单元。如今IBM全球有11个功能（人力资源、财务、营销）分布在全球不同的地点，如IBM日本公司把人事管理服务交给IBM菲律宾公司，会计职能放在马来西亚，中国深圳是全球采购中心。

过去服务供应链的各个团队都只是忙于自己手头的事情，无论是主机制造团队还是负责存储业务的团队。事实上，高端的存储器和大型主机具有很多类似的特性，却从未共享过资源，因为负责各自产品线的团队没有进行过这样的沟通和互动。而现在，这些团队能够聚在一起向彼此学习，开发出一个共用的框架来规划一些可以重复使用的解决方案，以替代过去那种一次性的方案。伴随着整个供应链具有了更高的可靠性和连贯性，销售团队能从像订购、制定时间表或者开账单等一些耗时麻烦的事务中解放出来，从而能够有更多的时间来提高销售成绩。通过将许多为客户履行服务合同的活动放在供应链中，为销售团队提供了强有力的后援支持，让他们成为公司创造生产力的重要来源。

整合供应链最有创新意义的副产品，就是将供应链的原则运用到IBM管理中的其他方面。运用供应链中追踪和分配存货的方法来合理地在公司里追踪和分配人力资源和专才，就是一个典型的例子。这个方法是通过将IBM公司里的专家和顾问看成是IBM的人才和技术的存货，根据具体客户的需求和可用性来进行安排和调度。例如，某客户需要一个懂法语和俄语的Linux专家，同时还要具有在零售业供应链方面的经验，在三个月后到莫斯科处理相关的业务。那么，负责此项目的员工就可以像查询存货一样，在IBM的顾问和专家的系统数据库中寻找合适的专家。

今天IBM整合的供应链是一个核心的战略业务单元，触及公司运营的各个层面，节约了大量的成本，成为公司价值创造、创新和竞争优势的来源。2004年，通过供应链的整合，IBM就创造了过去30年中最低的存货水平，存货周转率也大有提高。

资料来源：智慧领袖网http://www.ileader.com.cn/html/2009/11/4/27872_2.htm

## 14.4.1　供应链管理的核心领域

供应链管理的重点是产品或服务在企业内部和整个供应链中运动的流程所创造的市场价值给企业增加的竞争优势。高效供应链应该注重以下几个关键领域。

### 以顾客需求为中心

顾客价值是供应链管理的核心。供应链管理是以顾客为中心的“拉式”推动的结果，其出发点和落脚点，都是为顾客创造更多的价值。供应链管理源于最终用户，通过客户服务战略、需求传递战略、采购战略来实现管理目标。

客户服务战略决定企业如何从利润最大化的角度对客户的反馈和期望作出反应。客户服务战略首先对客户市场进行细分，以确定不同细分市场的客户期望的服务水平。然后分析服务成本，包括企业现有的客户服务成本结构和为达到不同细分市场服务水平所需的成本。最后是开展销售收入管理，企业必须对客户作出正确反应，以使利润最大化。例如当企业为不同客户提供新的服务时，客户对此会如何反应？是购买增加而需要增加产量，还是客户忠诚度上升企业可以提高价格？

需求传递战略是企业以何种方式将客户需求与产品服务的提供相联系，即企业采取何种销售渠道组合把产品和服务送达客户。这一决策对于客户服务水平和分销成本有直接影响。需求规划是指企业根据预测和分析，制订生产和库存计划来满足客户需求。良好的需求规划是成功地满足客户需求、使成本最小化的关键。

采购战略决定企业在何地、怎样生产产品和提供服务。关键决策是自产还是外购，这直接影响企业的成本结构和所承担的劳动力、汇率、运输等风险。

### 强调企业供应、生产、物流的核心竞争力

供应链管理中的重要理念是强调企业的核心业务和竞争力，由于企业的资源有限，企业要在各式各样的行业和领域都获得竞争优势是十分困难的，因此它必须集中资源在某个自己所专长的领域，即核心业务上。

比如沃尔玛就建立以自己为中心的高效供应链。作为一家连锁商业零售企业，高水准的服务和顾客网络是核心竞争力。沃尔玛不仅仅是一家等待上游厂商供货、组织配送的纯粹的商业企业，而且也直接参与到上游厂商的生产计划中去，如参与上游厂商共同商讨和制订产品计划、供货周期，甚至帮助上游厂商进行新产品研发和质量控制等工作。这就意味着沃尔玛总是能够最早得到市场上最希望看到的商品。

宝洁在业务各领域奉行“双赢”策略，公司通过与供应商密切合作有效降低运营成本，能够以更适当的价格为消费者提供优质的产品。宝洁公司利用全球技

### 现场观察 14-3

## 宝钢：从以生产制造为中心到以客户需求为中心

宝钢的战略客户在合同签订后可以了解所订购的每一吨钢材的实时状态。登录宝钢电子商务平台“宝钢在线”，战略客户便可以查询到自己的订单执行情况：已经进入生产，或是距离出厂还有1天，还是已经在送货过程中。不仅如此，宝钢的生产线基本都是按订单组织生产，这与国内很多钢厂不同，一般钢厂的流程是反过来，按照工厂库存的产品结构的多少来进行生产，客户订货时，则相当于消耗库存。

作为拥有多个制造单元、年产2 000多万吨钢的“巨无霸”企业，宝钢是如何从“以生产制造为中心”向“以客户需求为中心”的经营模式转变呢？宝钢秘诀就是尽量把生产、财务、销售、技术等经营活动所产生的物流、财务流、信息流，同步集成到一个管理信息系统平台上；然后根据平台上所积累的数据和在当前的市场环境中所遇到的新问题，调整业务流程，再根据新的业务流程设置企业组织和支持新组织的信息系统的架构。要能够做到这点，并不仅仅是一个电子商务平台的功劳，其背后有宝钢从订货到交货的整个供应链流程中的信息系统和管理流程。

钢铁行业内人士指出，过去中国钢铁企业看重的主要是设备和过程控制，一般都忽视了产品生命全周期全过程的流程管理系统。宝钢在引进生产线同时还考虑匹配的流程管理模式和技术控制模型，对市场、客户、渠道和物流进行统一管理和协调，力求快速响应、高效沟通、快速决策。

宝钢广泛采用“需求管理与综合计划系统”，它按照历史订货、季节波动来设计业务和数学模型，把市场预测、销售合同和制造环节连在一起。由于不同生产线的最佳负荷不同，不同规格钢材的生产环节和消耗的设备能力也不同，使用需求管理与综合计划系统就不仅可以在客户下订单后立刻组织生产，还可以提前预测未来产品的生产计划，根据订单预测来组织不同的生产方式和生产线的配置计划。宝钢的重点客户也可以使用这一系统，比如如果某种车型卖得好，预计下个月要多准备2 000吨某种型号的钢材，汽车厂商就可以通过这一系统告知宝钢，这样不仅可以更好地保证战略大用户的产品，也可以使宝钢生产线的效率最大化。

资料来源：我的钢铁网http：//www.mysteel.com/gc/zhzx/hydt/2008/04/11/073551，1778963.html.

术网络，与供应商一起分享宝洁的专业知识、系统及技能，供应商获得更多发展机会与技术帮助。宝洁公司开办商业培训课程，使分销商掌握更为专业的商业运作知识。公司还通过建立“分销商生意系统/高效分销商补货系统”（DBS/EDR）来帮助分销商优化订货、收款和库存管理的流程，公司分销体系也因此成为一个科学和强大的网络。例如，一些分销商在安装这一系统后，库存周期比原来降低了80%，客户服务水平提高了30%。现在宝洁正着手进行“分销商生意系统/高效分销商补货系统”（DBS/EDR）的全面升级。

### 14.4.2 供应链的构建和整合

供应链的竞争力来源于两个方面，一是供应链各节点企业核心竞争力状况如何，二是各节点企业之间的协同效应如何，即各节点企业优势资源和核心能力的整合效果如何。怎样将制造商、供应商和分销商有机地集成起来，使之成为相互关联的整体，是供应链管理系统设计要解决的主要问题。

与供应链管理联系最密切的是关于生产系统设计问题。就传统模式而言，有关生产系统设计主要考虑的是制造企业的内部环境，侧重点在生产系统的可制造性、质量、效率、生产率、可服务性等方面，对企业外部因素研究考虑较少。在供应链管理的影响下，对产品制造过程的影响不仅要考虑企业内部因素的影响，而且还要考虑供应链对产品成本和服务的影响。供应链管理的出现，扩大了原有的企业生产系统设计范畴，把影响生产系统运行的因素延伸到了企业外部，与供应链上所有的企业都联系起来。

### 上下游各节点企业的资源和能力的整合

建立供应链，企业需要学会如何与其他企业进行合作的策略与技巧，同时需要有自己独特的核心竞争力。企业必须在诊断分析的基础上识别自身的核心竞争力所在，与节点企业之间结成动态战略联盟关系，将非核心业务外包以弥补自身的不足，借助其他企业的核心竞争力来形成、维持甚至强化自己的核心竞争能力。如 IBM 很早就开始尝试将物流外包，这个举措已经为公司累计节约了数十亿美元的成本。由于 IBM 自己不再拥有那些存储硬件的仓库，或者运输物品的卡车，这也让公司的运营具有更大的弹性，以很好地在市场波动时作出及时反应。

### 集成化供应链管理的实施过程

集成化供应链管理的宗旨就是在企业内外优化资源配置，提高资源利用率，降低生产经营成本，提高市场反应速度，增强供应链竞争力。集成化供应链管理是对整条供应链上的供应商、生产商、运输商、分销商以及最终消费者的物流、信息流和资金流进行计划、协调、控制等，使其成为一个无缝的连接，实现集成供应链的整体目标。集成化供应链管理可以分为内部集成化供应链管理和外部集成化供应链管理两大部分。内部集成化供应链管理主要集中于处理企业内部的物资流，目的是在优化企业内部资源、能力的基础上，以最低的成本和最快的速度生产最好的产品，最好地满足用户的需求，以达到市场反应能力和效率的提高。外部集成化供应链管理是实现集成化供应链管理的关键，主要在于将企业内部供应链与外部的供应商和用户集成起来，形成一个集成化供应链网络。与主要供应商和用户建立良好的合作伙伴关系是集成化供应链管理的关键

### 供应链系统信息共享的关键——信息集成

从技术角度，供应链管理把公司的制造过程、库存系统和供应商产生的数据合并在一起，从统一视角展示产品建造过程的各种影响因素。供应链管理需要持续的通信和严密集成，这一切需要可靠的信息流程和网络基础设施。成功的供应

链管理通过信息、制造和现代管理技术，将企业生产经营过程中有关的人、技术、经营管理三要素有机地集成并优化运行。通过对生产经营过程的物料流、管理过程的信息流和决策过程的决策流进行有效地控制和协调，将企业内部的供应链与企业外部的供应链有机地集成起来进行管理，达到全局动态最优目标，以适应在新的竞争环境下市场对生产和管理过程提出的高质量、高柔性和低成本的要求。

例如，沃尔玛供应链是通过先进的信息技术来保障的。离开了统一、集中、实时监控的供应链管理系统，沃尔玛直接“控制生产”和高水准的“客户服务”将无从谈起。思科公司也是运用因特网实现虚拟供应链的典范，该公司超过90%的订单来自因特网。思科公司通过公司外部网连接零部件供应商、分销商和合同制造商，以此形成一个虚拟的、适时的供应链。当客户通过思科的网站订购一种典型的思科产品如路由器时，所下的订单将触发一系列的消息给其生产印刷电路板的合同厂商，同时分销商也会被通知提供路由器的通用部件如电源，组装成品的合同制造商通过登录到思科公司的外部网并连接至其生产执行系统，可以事先知道可能发生的订单类型和数量。

图 14.1 提供快速消费品行业（CPG）的供应链流程示范图。图 14.2 提供速消费品行业供应链的集成计划系统。

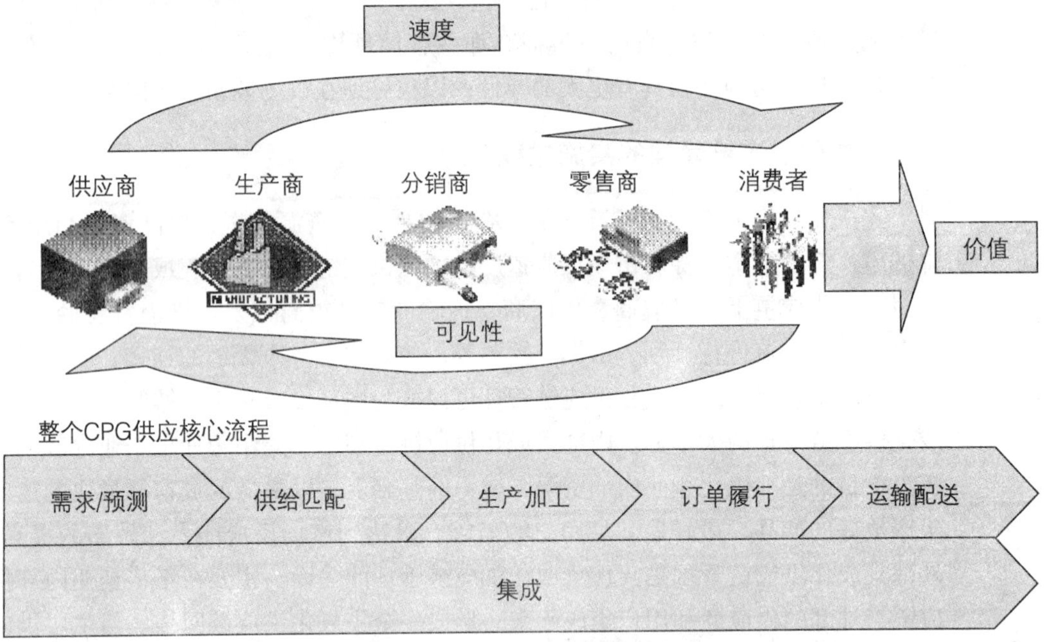


**图 14.1 快速消费品行业供应链**

## 14.5 虚拟企业

今天，供应链管理更强调关联企业之间协作管理，即某些产业的全行业协作供应链扩展，如汽车、服装、建材、医药等，将行业中上下游企业连接在一起，

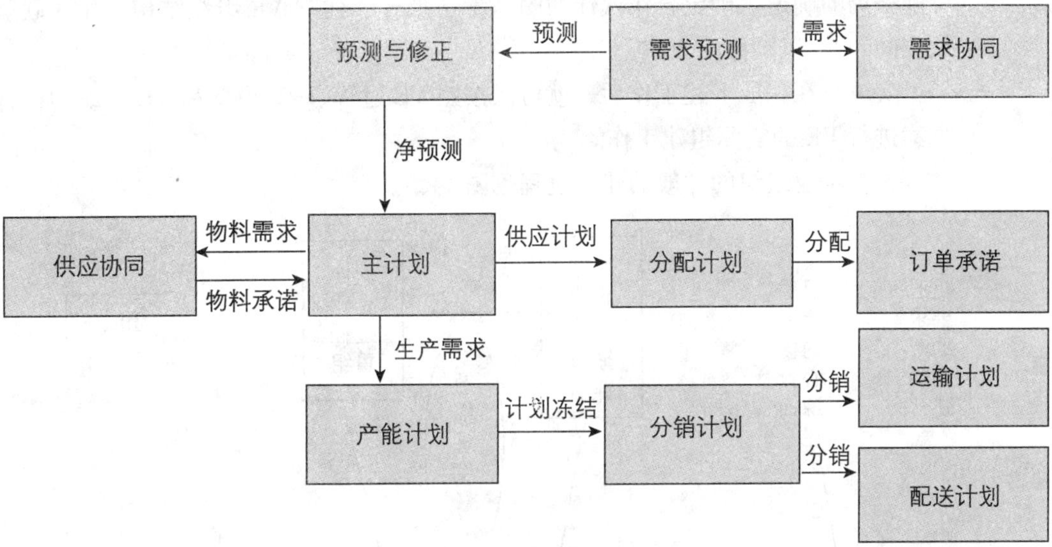


图 14.2　快速消费品行业应链集成

来源：畅想网

形成一种产业链，充分整合行业中上下游企业间的优势，形成一个庞大的虚拟企业，实现整体实力的竞争。

## 14.5.1　虚拟企业组织的建立

虚拟企业是 1991 年由美国著名学者肯尼思·普瑞斯（Kenneth Preiss）、史蒂文·戈德曼（Steven. L. Goldman）、罗杰·N. 内格尔（Roger. N. Nagel）三人在《21 世纪的生产企业研究：工业决定未来》首先提出的，虚拟企业（virtual company，VE）含义是：当市场出现机遇时，具有不同资源与优势的企业为了共同开拓市场、共同对付其他的竞争者而组织的、建立在信息网络基础上的共享技术与信息、分担费用、联合开发的、互利的企业联盟体。

虚拟企业组织的建立过程大致可以分为 4 个阶段：

目标确定。包括机遇寻求与评估与差距分析步骤。机遇寻求与评估是对机遇的风险性和获利性进行评估以便决定是否响应机遇以及确定该机遇所需的核心资源。差距分析是寻找企业现有核心资源和能力之间的差距，决定响应机遇的方式，并最终确定企业的战略方向和目标。

虚拟企业建模与伙伴选择。包括虚拟企业过程设计、虚拟企业模型设计、伙伴企业的选择与评估、伙伴企业过程重组等。所有具备机遇所需的核心资源的企业都可以视为潜在的合作伙伴，同时根据合作伙伴所提供的过程，对 VE 模型进行企业过程重组，并进行仿真优化与评估，以此确定一个最优的合作伙伴和 VE 构成方案。

组织设计与利益/风险分配。包括项目定义、虚拟企业组织设计、利益/风险分配格局的确定。确定合作伙伴的团队参与形式、建立 VE 组织结构、建立联盟伙伴间利益/风险分配方案。

实施。在完成上述工作后，就可以按照 VE 过程、VE 模型和 VE 组织的设计方案进行 VE 的实际组建工作。

虚拟企业组织的一般的建立过程见图 14.3。

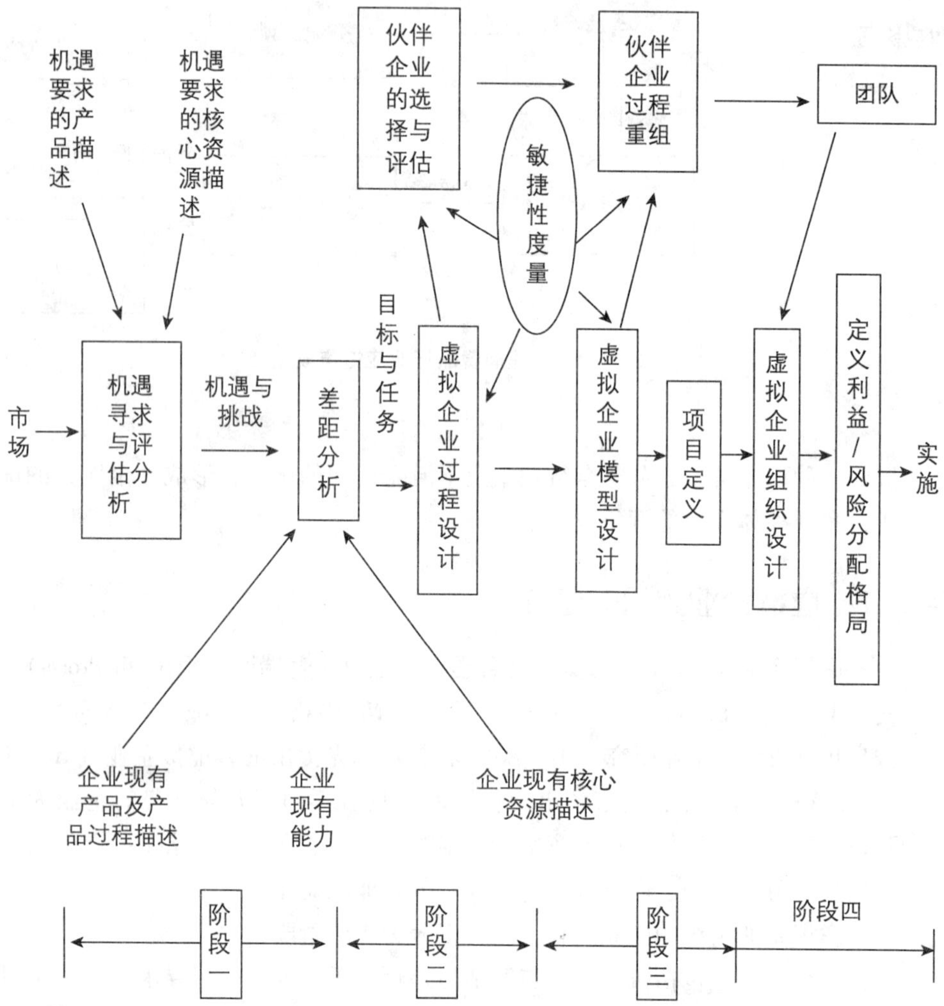


图 14.3　虚拟企业组织建立过程

## 14.5.2　虚拟企业的合作形式

虚拟企业合作形式主要有以下几种：

供应链式。这是先进企业之间最常用的一种合作形式，主要用于原材料、零部件的供应与产品的发送。这种合作建立在产品、价格、质量、交货及时性基础上，是相对稳定的一种合作。

外包式。虚拟企业通过外包来将自己的一部分业务、生产和劳务分包出去，达到节约投资、快速适应、降低成本和提高核心竞争力的目的。外包主要形式有生产外包和研发外包。

虚拟合作式。这是虚拟企业的最高合作形式，企业间通过组建动态联盟进行合作。这种合作方式中，虚拟企业根据特定的市场机遇，集成了各伙伴企业能满足机遇所需的相关核心资源。不同企业是针对某一机遇的经营过程组织起来，所有的人员设备分散在不同的地方，通过信息基础设施共同参与经营活动。

**现场观察 14-4**

### 美特斯邦威的虚拟经营之路

1995年，靠开办服装厂赚取第一桶金的浙江商人周成建就受到这样一个问题的困扰：市场上类似于自己产品的成衣，在贴上著名商标之后，价格立马成倍提高。拥有自主服装品牌的梦想由此在他心中扎根，美特斯邦威由此开始长达14年之久的虚拟经营之路。

当国内的业内专家和企业老总们还在争论OEM亦称为定牌生产或授权贴牌生产对于中国服装企业是利是弊的时候，美特斯邦威的创始人周成建早已在“虚拟经营”的道路上发足狂奔。如同美国耐克公司一样，美特斯邦威也采取了被称作“哑铃式结构”的虚拟经营模式：美特斯邦威把产品交给了劳动力价格、成本更低，更利于运输与销售的国外企业制造，把产品销售交给了加盟耐克的各地经销商，自己则将全部精力用于设计产品与开拓市场。

周成建坦言“美特斯邦威是靠着虚拟经营逐步发展起来的品牌”，即选择厂家将生产外包，借助特许经营搭建销售网络，集中优势资源打造设计、品牌等价值链的核心环节。公司依靠虚拟经营为企业扩张节省下的资金，大量投在经营管理、服装设计、品牌提升等核心业务上，为企业进一步发展奠定了基础，这是美特斯邦威的核心竞争力所在。事实上，美特斯邦威在成立之初并没有一个明确的品牌定位。通过与经销商的合作，周成建打出了美特斯邦威“不走寻常路”、“每个人都有自己的舞台”的宣传口号，借此传达活跃、动感、休闲的概念，并制定了品牌策略范围，从品牌定位、品牌个性、品牌形象、品牌价值进一步深化了品牌内涵。

正是靠着虚拟经营，推广自主品牌，从1995年创始至今，与美特斯邦威合作的厂家有300多家，有年生产近5 000万件（套）的生产能力，专卖店1 800家，2006年全系统零售额突破40亿元，创造了业界发展的奇迹，成为中国休闲服市场的龙头企业。除去很少部分直营店外，专卖店都是特许连锁经营专卖店。周成建估计“这些由自己来投资经营，至少需要超过15亿元的成本”。

资料来源：http://info.china.alibaba.com/news/detail/v3000103-d1002816891.html.2008.9.1

## 14.6 供应链管理在中国

中国企业最初以建立合资企业或代工等方式，被动地融入全球供应链中，被动地接受跨国公司全球供应链的安排，建立低成本制造能力和物流执行能力。如中国目前是诺基亚全球主要生产基地，诺基亚所有主要产品都在中国生产。仅仅2003年，诺基亚在华采购金额超过150亿元人民币，诺基亚在中国生产的产品中，本地采购零部件超过60%。2004年4月，负责网络产品物流运作的首个诺基亚亚太区集成配送中心落户苏州工业园区，标志着中国已经成为诺基亚全球供应链的重要组成部分。

一些中国本土企业，如联想、华为、海尔、宝钢等在企业内部成熟应用ERP后，在其企业的内部与外部开拓性地引入供应链管理，步入了中国供应链管理的前列，并带领其上下游企业共同构建行业供应链。如海尔2004年就全面开展了从产品研发、供应商关系管理、订单处理与履行、生产、物流一直到销售与客户关系管理，以及全面质量控制、人力资源管理和全面预算管理等的“端到端”的全程供应链流程的梳理与优化，在2005年全面部署供应链系统。华为的供应链管理系统也在2004年正式上线运行。

然而，由于中国供应链管理起步较晚，受到市场环境、企业运作模式管理不成熟、企业家对供应链管理很不熟悉、SCM软件成本高等因素的制约，还存在许多问题。著名管理咨询公司科尔尼和同济大学中德学院合作的“2009中国物流调查研究”显示：100多家研究样本企业共性体现在大多在生产线上表现良好，但时效、物流、与客户信息共享方面还是有巨大的提升空间。样本企业没有与采购方良好的信息互通，企业只能通过保证库存量来保证客户需求，而不是按订单生产。此外，供应链管理与中国企业战略之间存在脱节。虽然大多数企业采用了高成本高价值的产品与供应链战略，然而绝大部分中国企业对自己的定位还是成本领先型企业，即通过提高产品质量和营运资本效率、降低库存、降低物流成本的方式。很多企业的供应链已延伸到海外，但因为缺乏与供应商和客户的协作，不到20%的企业能够完全满足海外客户的要求。该研究的结论是，只有20%的中国企业能完全满足海外客户要求，中国作为“世界工厂”急需一场供应链革命。

中国供应链上存在的主要问题有：

（1）缺少供应链前向的预见性。下游需求不明、无法掌握客户的真正需求；上游供应不稳、无法掌握供应商未来的供给能力；协同性差，企业间、企业各部门间信息不共享、业务不协同，导致大量的不确定性；供应链上同层次间难以实现调拨转运和互通有无，无法实现共担风险。

（2）供应链上的计划不准。企业/部门的计划由于需求掌握不准和缺少快速优化编制计划的工具，编制速度慢，计划不准确，无法满足真实的市场需求和变化，重排计划困难，响应速度慢。无法实现跨企业的联合协同计划，各环节上存在业务衔接失误和滞后，无法紧跟市场需求的变化，整个供应链的运行效率低。

（3）库存高。整个供应链上的需求、供给与资源约束三者间无法实现动态的平衡，信息滞后、流程缺乏连贯性，缺少有效的伙伴策略、合作方式和SCM管理工具，只能以高库存来维系市场和客户。

（4）响应速度慢。缺少供应链决策与优化工具，无法及时把握市场机会和快速地作出反应，对预防和快速处理例外事件的能力差，导致整个供应链的响应能力差，订单履行率低。

（5）纵向一体化管理。企业采取“小而全”“ 大而全”的策略，将各种生产与经营资料、各业务环节都控制自己手中，形成了庞大、臃肿的超级组织结构，缺少有效的竞争优势。

（6）供应链网络设计不合理。生产过程和物流过程的设计未考虑整个供应链的合理性，运营成本高，整个分销网络没有实现优化设计和持续改进，上下游网络设施与物流作业设计衔接差，无法实现协同运作，供应链的配置与管理不合理，没考虑到整个供应链的资源；缺乏供应链管理绩效的衡量标准和指标。

当前，有利于中国企业改善供应链管理的大趋势正在形成，一是欧美日等国家的企业纷纷将生产基地转移到成本低的国家和地区，制造链向亚洲特别是中国转移，中国可以利用供应链管理来提高竞争能力。二是业务外包趋势，更多企业希望强化自己的核心竞争力，把非核心业务外包出去而需要伙伴合作的协同运作，从内部管理走向外部协同。三是产品生命周期不断缩短，企业为了对市场需求作出快速响应，尽量缩短新产品从设计、生产到上市的时间，需要与合作伙伴在供应链上共同开展并行运作。四是为了满足日益增长的客户化需求，需要更多地按订单进行设计和生产。五是为了整合供应链系统与网络，实现信息与业务层面的集成，需要将供应链上已有的信息系统进行集成，基于互联网的供应链管理工具会变得越来越重要。

## 本章小结

- 运营管理是对运营过程的计划、组织、实施和控制，是与产品生产和服务创造密切相关的各项管理工作的总称。
- 传统运营管理覆盖三大领域：采购与供应管理、生产运营管理、物流管理。
- 全球化运营模式包括 5 个要素：领导力、人员素质、组织结构、流程与技术、考核标准。
- 21 世纪全球市场需求不确定和动荡性加剧全球竞争激烈程度，供应链管理（简称 SCM）这一新经营与运作模式应运而生。
- 供应链管理是指在生产及流通过程中，为将货物或服务提供给最终消费者，联结上游与下游企业创造价值而形成的组织网络，是对商品、信息和资金在由供应商、制造商、分销商和顾客组成的网络中的流动的管理。
- 供应链管理主要涉及四个主要领域：供应、生产计划、物流、需求。
- 虚拟企业（VE）是指当市场出现机遇时，具有不同资源与优势的企业为了共同开拓市场，共同对付其他的竞争者而组织的、建立在信息网络基础上的共享技术与信息、分担费用、联合开发的、互利的企业联盟体。

**关键词和概念**

运营管理　全球化运营模式五要素　供应链管理　物流管理　客户关系管理　企业资源计划　供应链管理领域　供应链构建　虚拟企业

## 思考题

1. 你如何看待全球运营管理具有的挑战性？
2. 你认为是否存在通用的全球运营管理模式？
3. 供应链管理与传统营运管理有何不同？供应链管理是如何不断演变的？
4. 请与同学讨论供应链管理如何塑造企业核心竞争力和提升企业价值。
5. 目前大多将供应链管理作为企业的战略性问题来考虑，实施时多强调技术的保障和支撑。你认为实施供应链管理的难点在哪里？
6. 你认为应该如何构建和整合供应链？
7. 请与同学讨论中国企业的供应链管理与发达国家存在哪些差距。
8. 虚拟企业与传统企业结构有何不同？你观察到哪些中国企业有效利用这种新兴的结构形式？

## 结尾案例

### 案例14－1　揭开戴尔的供应链秘密[2]

戴尔是全球第三大PC生产商，首创按订单生产的供应链管理模式，多年来一直在ADM发布的“供应链253号”中位居三甲。戴尔提出“虚拟整合”思想，即专注于自己最擅长的领域，把不擅长的环节给行业中做得最好的人去做，然后通过采购把最具性价比的产品买回来，自己做最后的整合。

戴尔的目光已经越过了企业的四面围墙，把供应商看成了自己的车间。但是工厂的零件车间就在组装车间的隔壁，戴尔的供应商却分布在世界各地，如何管理？戴尔建立了基于ERP系统的，被称作“交易引擎”的信息平台，戴尔和供应商双方的信息可以做到极大程度的共享。

戴尔供应链管理最有特色的“直接模式”，即完全是按订单生产，客户打电话来或者从网上下订单之后，戴尔才按需求生产。这种生产和销售方式使得戴尔可以按照顾客实际需求的变动不断地调整自己的物料需求，并通过信息系统和供应商共享这些信息。这是戴尔供应链最精妙的地方。

戴尔中国数据中心的机房里有上千台服务器24小时运行，客户既可以通过网站，也可以通过800电话下订单，这些信息直接进入到数据中心，数据中心每一个半小时把这段时间内的订单统计出一张清单，上面列着分别需要哪些配置。这张清单直接就会传到供应商的仓库——在离戴尔中国5公里远的地方，有一个戴尔供应商的公共仓库，由戴尔的全球合作伙伴第三方物流公司伯灵顿公司管理。供应商把货发过来就放在这个仓库，由伯灵顿公司管理，伯灵顿按照戴尔传来的清单每一个半小时给戴尔送一次货。伯灵顿接到戴尔的清单后在一个小时之内就能够迅速把货配好，不到20分钟就可以把货送达。这就是设立中转仓库的好处，只有建立这个中转仓库，才能保证每一个半小时送一次货。客户的订单没有下之前戴尔中国的车间里理论上是没有工料的，每个零件拉进来的时候实际上已经是有买主的，一旦整台机器组装好，马上就可以发货运走，所以戴尔的产品可以保持零库存。

特别需要注意的是：戴尔每一个半小时把清单发送给中转仓库的同时，还会发给供应商的总部，供应商会根据中转仓库里库存的波动情况确定要不要发货过来，并且根据这些信息安排生产。戴尔首先给出未来一年的生产预测，比如会卖出去多少万台等，供应商会根据这个预测做产能的准备，然后戴尔会给供应商未来三个月的滚动计划。戴尔的供应商每个星期都会收到更新的下三个月的生产预测，对于一些需求变化比较大的零部件甚至一天就要更新一次。这不仅使得戴尔能够得到及时的供货，实现“敏捷”，而且供应商也可以根据实际情况安排生产，减少自己的库存。

戴尔根据市场需求不断调整自己的生产计划并且使得供应商也相应地调整生产计划，逐步贴近市场的真实需要，在这个过程中戴尔和供应商信息共享的程度如此之高，以至于它们就像一个整体一样亲密无间地协调运转，从而近乎完美地实现了戴尔“虚拟整合”的管理思想。

**思考问题：**

1. 戴尔公司的供应链管理对中国企业有怎样的启发？
2. 最近戴尔公司直销模式受到巨大挑战，销售和利润增长乏力，你如何看待戴尔模式遭遇的新挑战？
3. 请登录沃尔玛公司网站了解该公司先进的物流系统。

# 案例 14－2 耐克的经营之道[3]

作为全球第一大运动品牌，2008 年耐克公司全年营业收入为 186.27 亿美元，2004—2008 年均复利增长率达到 12%。耐克在中国的年销售收入已经达到 10 亿美元。

有一则家喻户晓的耐克神话：在美国俄勒冈州的比弗顿市，四层楼高的耐克总部里看不见一双鞋。员工们只忙着做两件事：一件事是建立全球营销网络，另一件事是管理它遍布全球的公司。不用一台生产设备，耐克总公司缔造了一个遍及全球的帝国。一双耐克鞋，生产者只能获得几个美分的收益，而凭借其在全球的销售，耐克总公司却能获得几十甚至上百美元的利润。

耐克在生产上采取了一种虚拟化策略，所有产品都不由自己生产制造，而是全部外包给其他的生产厂家加工。耐克则将公司的所有人才、物力、财力等资源集中起来，集中投入到产品设计和市场营销中去，培植公司的产品设计和市场营销能力。在实施虚拟化生产时，耐克公司将设计图纸交给生产厂家，让它们严格按图纸式样进行生产，尔后由耐克贴牌，并将产品通过耐克公司的行销网络将产品销售出去。这种模式充分实现了优势互补的作用。耐克公司的这一战略，节约了大量的生产投资以及设备购置费用，实现了快速转产的灵活性。将产品的生产加工外包给东南亚等地的许多发展中国家的企业，利用当地廉价的劳动力，极大地节约了人工费用，耐克充分利用了供应链管理和虚拟企业管理建立起独特的竞争优势。

**思考问题：**

1. 如何从耐克虚拟企业管理中，进一步理解供应链管理的概念？
2. 我国的蒙牛集团建立之初并没有自己的奶源基地和加工厂，该公司也采用类似虚拟企业的模式获得赚取第一桶金。请在互联网上搜集相关资料，与同学讨论蒙牛发展和壮大之路。

## 参考文献

1. 冯国经，冯国纶，温德．在平的世界中竞争［M］．北京：中国人民大学出版社，2009.
2. 锦程物流网 http：//info. china. alibaba. com/news/detail/v5003414－d1006705916. html209－09－03 09：52.
3. 中国女装网，2009－03－13.

# 15 CHAPTER 15 国际营销管理

营销是一场永不结束的战争。

——菲利普·科特勒

**学习目标**

- 营销调研和营销信息系统如何瞄准全球市场机会
- 现代国际战略营销的核心——STP 营销，即全球市场细分、目标市场确定和市场定位
- 了解国际市场营销计划和战略类型
- 了解如何建立国际营销方案（4Ps）
- 整合营销

**开篇案例**

## 日用消费品行业的欢喜冤家:联合利华 VS 宝洁[1]

就像饮料行业的可口可乐与百事可乐、快餐行业的麦当劳与肯德基一样，在日用消费品行业，英荷的联合利华（Unilever）与美国的宝洁（P&G）这对欢喜冤家的拉锯战已持续了近40年。

最新出炉的《财富》“2009年度全球五百强”中，宝洁以835亿美元位居第68位；联合利华以593亿美元的营业收入名列排行榜第121。无独有偶，早在4年前，两家公司在中国都正式进入独资时代。联合利华将中方手中仅有的10%股份买回，而美国宝洁与和黄中国公司签订协议，斥资18亿美元从和黄手中购回其在合资公司中20%的股份。

联合利华公司与宝洁公司的竞争已辐射到全球150多个国家和地区。但双方下大力气的市场主要还在美国，这是因为在美国60亿美元的洗涤产品市场上，市场份额每增加1个百分点，就意味着6 000万美元的巨额收入。但这个市场已经不可能再大，宝洁和联合利华增加利润的唯一办法，就是挤占更多的市场份额。

在这方面，近几年没有哪个品牌比宝洁的汰渍做得更好，目前它在美国市场的占有率是40%。宝洁公司的营销战略首先是每年拿出1亿美元，在电视、路边灯箱、地铁、公共汽车、杂志和因特网上为汰渍品牌大做宣传。此外，公司还给知名的赛车手和橄榄球队提供赞助，并举办一些哄动一时的全国性活动，例如“全美最脏儿童大赛”。经过不懈的宣传努力，“汰渍”如今就像可口可乐或麦当劳一样，已经成为美国的一个标志性品牌。

在汰渍横扫美国市场的同时，从1994年以来，联合利华在洗衣剂市场上的主打产品“WISK”的美国市场份额，却从13%下降到9%。面对困境，联合利华已经开始调整战略，加强对海外市场的争夺，同时在美国市场上展开反攻。怎样与宝洁公司竞争？对联合利华来说，降价是不可取的，因为汰渍也有降价空间。增加广告开支也不是办法，宝洁公司财力雄厚，完全打得起广告战。把汰渍挤下商店货架的办法只有一个：加大研发力度，推出更有力、更好、更新的产品。1999年，联合利华苦心研发出了消费者极易掌握剂量，依据需要直接投入洗衣机即可的块状洗衣剂——威斯凯双效片（WISK）。首先在欧洲市场推广的这种洗衣剂目前已经占据欧洲市场6%的份额。2000年11月，联合利华以8 000万美元预算铺路，将这种洗衣剂投入美国市场。2001年1月，这种“WISK双效片”的洗衣剂试用装，随周末报纸被送进2 400万个美国家庭。联合利华将这种产品定位于较年轻的时尚人士的电视广告，也不失时机地铺天盖地涌入了各大电视台黄金时段。联合利华公司人士预计联合利华可得到30%的市场份额，WISK系列产品的销售由此可以增加25%。

不过，联合利华还没计算出可能到手的利润，宝洁公司的回马枪已经杀到，“汰渍速效片”登场了。宝洁公司推出这种新产品不仅时效快，而且它的广告也毫不留情。在它的广告中，汰渍和WISK的产品被同时投进两个注满水的广口杯。从画面上看，WISK片剂的溶解情况比不上汰渍。虽然没人会在广口杯里洗衣服，但这种画面，已经足以让联合利华不快，它威胁将宝洁公司送上法庭。这意味着，在清洁洗涤产品这个寸土必争的市场上，两家公司的竞争是如此之激烈，要想顾及情面已经不可能了。面对这种情形，两家公司必须紧紧咬住每一种产品、每一个回合。这个过程既漫长又艰辛，因为它们都拥有数百种世界上最知名的品牌，如玉兰油、海飞丝、佳洁士、力士、凡士林、立顿等，它们竞争的疆域更是广至世界上150多个国家和地区。

# 导言

如同开篇案例中谈到的，联合利华公司与宝洁公司的竞争已覆盖全球 140 多个国家和地区，与之相应的营销管理也已经淡化域别、国别色彩，日益成为一种全球性的企业行为。

全球营销不是简单地跨国销售，而是涵盖企业经营的全部内容。全球营销为企业提供更宽阔的战略视野和市场机会，同时也对企业的营销能力提出更高的要求。由于业务地域范围扩大，业务复杂性增加，营销风险也与机会同步增长，全球营销具有复杂性和挑战性。可以说，复杂性管理和适应性管理的好坏将是决定企业全球营销成功与否的关键。

我们在第一部分详细介绍了全球营销环境，如全球经济环境、社会与文化环境、全球营销的政治、法律与法规环境等，本章将首先讨论如何开展全球营销调研；然后讨论如何开展全球市场细分、目标市场确定和市场定位等来瞄准全球市场机会和全球购买者；最后将讨论建立全球营销方案，如何制定产品、定价、全球营销渠道方案以及如何领导、组织和控制全球营销行动。

# 15.1 瞄准全球市场机会和全球购买者

## 15.1.1 国际市场营销调研概述

国际市场营销调研指企业以国际市场和国外消费者或用户为对象，以掌握国际市场营销环境中各种因素的变化及其相互关系为目的，运用科学的手段和方法系统、客观地搜集、记录、整理、分析与企业国际营销有关的各种信息，以便为企业的国际市场营销决策提供科学依据的活动。

国际市场营销调研有助于企业发现国际市场营销机会，开拓国际市场；可以为企业进行营销组合决策时提供依据；能及时反映国际市场的变化，可以监测和评价企业营销活动的实效效果；可以促使企业适应性的调整营销方案；有助于企业分析和预测国际市场未来的发展趋势，掌握国际市场营销活动的规律。

国际市场营销调研的内容主要包括国际市场营销宏观环境、中观环境和微观环境三大方面。

**宏观环境**。即有关国家、地区或市场的一般信息，我们在第一部分详细介绍了全球营销宏观环境，如全球经济环境、社会与文化环境、全球营销的政治、法律与法规环境等。

**中观环境**。主要包括消费者调研和竞争调研。消费者调研包括对人口、购买力、购买行为（消费者购买什么、为何购买、谁决定买、怎么样买、什么时候购买等信息）以及消费量（如每次消费量、购买频率等）调研。

竞争调研包括对在国际市场或某一国外市场上，企业的竞争地位如何、企业的主要竞争对手、市场竞争的激烈程度、企业与竞争者的优势和劣势所在、竞争者现在和今后的策略对企业的国际营销活动的影响、竞争者可能的反应、企业今后可能的竞争者等的调研。除了直接竞争对手以外，企业的间接竞争对手的有关信息也应调查。

**微观环境**。指那些为达到企业某一特定的国际市场营销目标所需信息，可以分为产品、价格、销售渠道和促销四个方面。

*国际市场产品信息调研*。主要了解国外目标市场上同类产品的效用、形态、大小、规格、色彩、包装、款式、使用的方便性、耐用性等的具体情况；国外目标市场上产品生命周期所处的阶段、产品线及产品组合的情况；有关产品生产技术变化发展，如新技术、新设计、新工艺、替代产品发展、关联产品发展、客户和消费者对产品的改进意见；产品的商标和包装；有关国家在产品的质量、检验、标准、包装、商标方面的法律法规；产品的售前、售后服务情况等。

*价格信息调研*。主要了解国外目标市场上产品的生产成本；产品在各个销售环节的国际市场价格，如进口价、进口国的批发价、零售价等；国外目标市场的供求变化情况及其影响产品供求的各种因素；出口商品的市场需求弹性及替代品

价格高低；汇率的变化；不同国家或地区的价格差别水平；各种不同价格策略对商品销售量的影响等。

国际市场营销的分销渠道调研。主要了解各种产品进入国际市场的方式；产品的国际销售方式，如包销、代理、直接在进口国当地批发等；进口国的销售渠道特点及其习惯做法；主要中间商（代理商、经销商、批发商、零售商等）的销售情况；国外市场零售网点的分布；国外市场运输、仓库、通讯等基础设施情况等。

国际市场营销的促销调研。主要了解国外目标市场常见并有效的促销方式；企业在国外目标市场采用的各种促销方式的费用及其效果；国外目标市场上有关中介服务机构，如广告公司、营销策划公司、咨询公司、顾问公司的基本情况等。

国际市场营销信息系统是由人、设备和程序所构成的持续与相互作用的系统，其任务在于搜集、区分、分析、评估与分配（传递）那些合适、及时与准确的国际市场信息，以供国际营销决策者用来改善市场营销计划、执行和控制的工作。

### 15.1.2　国际市场信息搜集方法

根据信息来源和渠道的不同，有直接信息的搜集和间接信息的搜集两大部分。直接信息也称第一手资料，是指通过询问、观察或实验而直接调查或搜集到的原始材料。直接信息具有针对性、可靠性、时效性强等优点，但也存在搜集费用高、搜集范围小等缺点。直接信息的搜集方法有：实地观察法（采用调研人员或仪器设备记录）；询问调查法（面谈、电话询问、邮寄询问、日记询问、计算机询问调查）；实验法。实验调查法应用自然科学中的实验原理，对国际备选市场进行现场实验或试验，待求证后再作出生产经营决策。实验法还大量地用于对新产品的市场投放。

间接信息又称第二手资料，即已经由他人搜集整理的现存资料，其搜集方法也称为案头调查。间接信息可以为第一手资料调研及其他营销活动提供背景材料，同时，一定程度上还可以替代第一手资料。如正式出版的公司指南、企业名录和一些企业数据库中有关企业地点、产品、法人姓名、经营范围、客户数量以及销售水平等方面的资料，对此，企业不必花费时间和金钱去进行实地调查。

宝洁公司早在 1924 年就在美国成立消费者研究机构来调查顾客消费偏好和购买习惯，是美国工业界历史上第一个运用科学分析方法来了解消费者需求的公司。起初，公司雇佣“现场调查员”进行逐门逐户的访问，向家庭主妇了解她们如何使用宝洁产品，以及她们觉得产品的优缺点是什么。上世纪 70 年代，宝洁公司又成为最早使用免费电话与消费者沟通的公司之一。如今，宝洁公司每年运用多种市场调研工具和技术与全球超过 700 万的消费者进行交流。他们通过多种渠道了解消费者，例如入户访问和观察、举办消费者座谈会、问卷调查、访问商店、跟踪调查系统、接收消费者信件、接听消费者电话等。宝洁借此建立起庞大的数据库，及时捕捉消费者的意见。这些意见帮助市场部创作有说服力的广告和制订有力的市场营销计划，帮助产品开发部开发新产品，帮助销售部制订销售计划，保证产品分销到各地，方便消费者购买。

**现场观察 15-1**

### 沃尔玛的世界最先进信息系统

全球第一大零售商沃尔玛的年销售额相当于全美其他所有百货公司的总和，而且至今仍保持着强劲发展势头。在过去的20年中，沃尔玛以每年20%的增长速度膨胀，业务迅速扩张，遍布美国、墨西哥、加拿大、波多黎各、巴西、阿根廷、南非、中国、印尼等处。

沃尔玛的信息系统是全世界最先进的，其主要特征是：投入大、功能全、速度快、智能化和全球联网，公司专门负责软件设计的工程师就有2 000多名。1987年，沃尔玛就建立起全球最大的私人卫星通信系统，以便节省总部和分支机构的沟通费用，加快决策传达以及信息反馈的速度，提高整个公司的运作效率。沃尔玛的数据库系统信息总量达到4 000千兆的海量，也是世界上最大的民间数据库。

沃尔玛巨资建立的卫星通讯网络系统的应用，使配送中心、供应商及每一分店的每一销售点都能形成连线作业，在短短数小时内便可完成“填妥订单——各分店订单汇总——送出订单”的整个流程，大大提高了营业的效率和准确性。

## 15.2 市场细分、目标市场确定和市场定位

对进入的潜在市场的评估是国际营销计划过程的第一步。现代营销的核心——STP营销，即**市场细分、目标市场确定和市场定位**（segmentation-target market-positioning）在上世纪70年代提出后对企业的营销产生了巨大影响。

### 15.2.1 市场细分

市场细分（segmentation）是确定市场变量和细分市场以及描述细分市场的轮廓的过程。企业首先要选择自己要进入的市场，在此之前就必须进行市场细分，即按照确定的细分标准将市场分成多个部分，再根据自身条件选择所要进入的市场。市场细分在整个市场定位的过程中起着至关重要的作用，如果能发现比较大的细分市场，则生产和营销的规模效应可以给国际公司带来重要的竞争优势。例如婴儿奶粉和食品制造商雀巢公司几乎从1866年成立起就完全是全球化的。今天，雀巢公司在全球193个国家的489个工厂生产8 500种产品，是世界上

最大的婴儿食品奶粉、速溶咖啡、巧克力、汤、矿泉水的制造商。雀巢的产品既出现在发达国家的大型超市，也出现在非洲尼日利亚的简陋农贸市场中。

国际市场宏观细分是根据影响各国市场需求的宏观因素，将国际市场划分为若干个宏观环境相近、进而总体市场需求相类似的子市场的过程。有效的细分市场条件必须具备可区分性、可测量性、可行动性、可进入性、可赢利性等特征。企业进行国际市场宏观细分的主要方法有：

- □按地理因素细分市场，即按照纬度、湿度和温差等气候特征，地形地貌等自然条件细分，这是细分国际市场的最基本的方法，其优点在于方便，且有利于加强营销管理。
- □按照人口因素细分市场，即按照如年龄和家庭生命周期、家庭类型、性别等作出多变量人口细分。
- □按经济因素细分国际市场，即按照各国的国民生产总值、经济发展水平、基础设施情况等因素对国际市场进行细分。
- □按心理细分（社会阶层、生活方式、个性）以及行为细分［时机、追求的利益、使用状况、产品的使用率、忠诚度、购买准备阶段、态度（热情、肯定、不关心、否定、敌视）］细分国际市场。
- □按组合因素细分国际市场，将国家潜力、市场竞争力和风险三个方面的因素组合起来对国际市场进行细分。

### 15.2.2　目标市场选择

目标市场（target market）选择是选择具体细分市场以及评估每一细分市场吸引力的过程。充分掌握市场信息可以为确定目标市场和确定定位提供基本依据。评价细分市场的指标有：细分市场的规模和发展前景、细分市场结构的吸引力、内在竞争对手的威胁、新的竞争者加入的威胁、替代产品的威胁、购买者议价能力加强的威胁、供应商议价能力加强的威胁、公司的目标和资源等。跨国公司根据目标细分市场的具体经营环境，同时考虑到自己的发展条件和优劣势，从而选择最有利的目标市场。

企业在选择国际目标市场时应考虑以下因素：（1）市场容量与潜力；（2）环境风险，包括政治风险、经济风险和文化风险等；（3）竞争状况，主要考虑各子市场的竞争结构，避免进入竞争激烈程度较高的市场；（4）企业条件，包括企业的资金实力和融资能力、科研开发能力、企业形象和信誉、销售能力等。

### 15.2.3　定位

确定目标市场后，要满足目标市场的需求并能成为其首选，就必须给消费者一个选择自己的企业而不是别的企业的理由，也就是与其他企业的不同点，这就要求所提供的商品或服务应该具备某种差异性，有最大限度满足目标市场的需求的能力。所谓市场定位（positioning）就是根据竞争者现有产品在市场上所处的位置，针对消费者或用户对该种产品某种特征或属性的重视程度，在消费者心目中塑造出本企业产品与众不同的形象。定位是确定每一目标细分市场可能的市场定位概念、选择、描述和传播所选择的市场定位概念的过程。企业通常将选择目标市场与市场定位放在一起加以考虑，因为这两者之间存在着密切的联系。

由于竞争对手、其他竞争者的存在影响着本企业的定位，实际上其他企业的定位在某种程度上已经决定了本企业的定位，所以企业在定位中除了要从目标市场出发，同时还要考虑到自己的发展条件和实力，并对同市场的竞争者进行分析。在确定定位以后借助一系列的营销组合将这一定位传播给消费者，建立顾客对所生产产品或所提供服务的忠诚度。国际公司都在努力让自己的营销组合适应目标市场的不同需求，如雀巢公司每年生产200 种咖啡，从美国流行的淡色混合咖啡到拉美国家喜欢的深色咖啡应有皆有，雀巢公司分布在全球的 4 个研究所每年花费5 000万美元来研究不同国家咖啡颜色、香型、口味、品尝时间等信息。

## 15.3 国际营销计划和营销战略类型

进行市场细分、确定目标市场和市场定位的工作最终都会体现在具体的营销战略计划中。国际营销战略计划是企业国际化进程中较为长期的营销总体打算及其实施的原则意见。

国际营销战略计划可以解决企业国际化进程、市场扩展与定位、国际竞争策略等问题。国际营销战略计划对于一个企业在国际市场上的生存和发展具有决定性的指导意义，也是拟定短期或年度国际营销策略的依据。

企业国际营销战略计划包括四个主要方面：确定全球营销任务、全球市场细分战略、竞争定位及营销组合战略。全球营销任务的内容是确定主要目标市场、市场细分原则及各个市场的竞争定位。

全球营销战略基本类型可以根据不同的国际化程度、市场扩展与定位、国际竞争三个方面加以划分。从国际化程度不同区分，国际营销战略有四种基本方案：国际化战略、多国化战略、全球化战略和混合型市场战略。从国际市场扩展战略分为四种：集中化战略、区域集中化战略、市场专门化战略和多元化战略。从国际竞争的角度来区分，国际营销战略包括产品竞争战略、市场竞争战略和企业形象战略三种。根据企业的全球市场细分战略和竞争定位战略，还可以制定出其营销组合战略的四种主要类型，如图 15. 1 所示。

图 15. 1 中，理想的全球营销战略指采用统一的营销计划，在一个全球性细分市场上营销一种标准化的产品；理想的国别营销战略则要求对营销组合进行专门的调整，以满足各个国别市场的需要；混合 I 型营销战略虽然采用标准化产品，但需要根据不同的国别市场来调整营销组合中的其他要素，以便支持其产品战

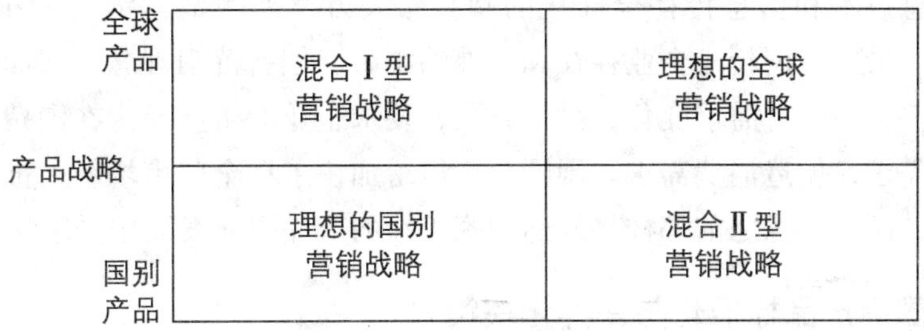


图 15.1　全球营销战略体系

略；混合Ⅱ型营销战略则指存在全球性细分市场，营销组合中的某些要素可以标准化，而其余要素则要调整。

## 15.4　建立全球营销方案

20 世纪 50 年代，杰罗姆·麦卡锡（Jerome McCarthy）提出营销组合理论 4Ps，奠定了市场营销理论发展的框架。4P 指的是 Product（产品）、Price（价格）、Place（地点，即分销渠道）和 Promotion（促销）。这是一个简洁的模型，但是简洁也常常意味着有所遗漏。如同一位欧洲咨询顾问所言，“营销组合的 4Ps 模型被广泛接受的原因，恐怕并非由于其普适性，而在于它是一个优美的理论。”

### 15.4.1　国际产品策略

国际企业经过市场调研和细分，确定了目标市场、选择了合适的进入方式后，就面临向目标市场提供怎样的产品的决策。国际产品决策必须考虑国际产品生命周期、国际产品标准化与差异化决策、国际产品包装与品种等问题。

#### 国际产品生命周期与创新

由于跨国企业越来越以全球市场为导向，新产品引进不断加快和和创新时间缩短，产品生命周期日益缩短。如在资本密集程度极高的汽车制造业，从生产基础建设到产品进入市场所需的时间已经变得很短。德国宝马公司和奔驰公司在美国和法国投资的小轿车生产项目，从基建到产品交付用户也只有 2.5 ~ 3 年时间。

日益缩短的产品生命周期对企业营销产生了巨大影响。首先，产品生命周期缩短令营销经理们无法有效识别产品在市场中位于生命周期的哪个阶段。其次，随着产品生命周期缩短以及新产品的不断上市，对企业传统营销理念和营销方式提出了挑战。一方面企业更加重视关系营销（relationship marketing），致力于延长客户生命周期，由此产生“客户关系生命周期”；另一方面，企业更加注重利用信息技术和信息传播全球化的趋势，大力发展网络营销（internet marketing）方式。最后，创新是企业存在和发展的源泉。创新营销理念一方面要求企业生产必须符合消费者需求变化；另一方面，要求企业的生产要走在消费者前面，引导消费需求，创造消费需求。国际企业纷纷加快了在全球市场统一推出最新产品的步伐，而不再像之前那样将发达国家淘汰的产品引入发展中国家的市场。

### 国际产品标准化与差异化决策

国际产品标准化是指在世界各国市场上，都提供同一种产品；差异化则是指对不同国家或地区的市场，根据其需求差异，而提供经过改制的、略有不同的产品。

国际产品标准化可获得规模经济效益，消费者在全世界各地都能享受到同样的产品，有助于树立企业及其母国的国际形象。然而国际企业面对有差异需求和竞争的全球市场，可能不得不实施产品差异化策略，当然也必须承担额外的成本与费用。

当今的跨国公司大多能借助产品核心成分的标准化和其他成分差异化来同时获得规模经济和差异化服务。如朗讯公司提供手机电路板的基本设计和生产技术，即朗迅三件套芯片。朗讯公司警告欧洲和中国公司对基本设计不得有任何改动，但是对塑料外壳、显示屏和键盘等则可以任意发挥想象和设计。

### 国际产品包装

国际包装成分包括包装、标签、商标、质量、风格特点、价格等。在国际营销活动中，企业制定产品包装策略应考虑以下因素：一是消费者的要求，突出表现为方便；二是分销商的要求，突出表现为包装美观醒目、节省货架空间；三是运输商的要求，突出表现为牢固、安全和低成本，如运输距离长、运输条件差、装卸次数多、气候过冷或过热或过于潮湿，则对包装质量要求就高；四是东道国政府的要求，主要是保护消费者的利益和环境保护等。如东道国顾客由于文化、购买力、购买习惯的不同而可能对包装形状、图案、颜色、材料、质地有偏好。发达国家的消费者出于保护生态环境的强烈意识，重新倾向使用纸装包装，而在发展中国家，顾客仍普遍使用塑料袋包装，因为它较牢固且可重复使用。

一些国家对包装尺寸、度量、文字和图形有特殊的规定，所以国际公司必须确保公司的包装成分没有任何当地不接受的内容。如一些国家要求在标签上必须用两种以上文字印刷，有些国家禁止用外国文字。在印度尼西亚，广告牌禁止用非印尼语，违反者将处以 3 个月监禁。在法国，广告中的每个词必须是法语。在委内瑞拉，标签上必须印刷价格；而在智利，在标签上注明价格和暗示零售价都是违法的。

### 国际产品品牌

开拓和扩展国际市场必须借助于品牌的力量，因为品牌是产品品质的象征，是企业竞争力的凝聚，它直接影响顾客的选择和决定。一项对 130 家跨国公司进行的关于品牌影响力和公司绩效之间联系的研究表明，强势品牌所能带给股东的总收益要高于行业平均水平 1.9%，而弱势品牌则低于行业平均水平 3.1%。品牌对消费者也有很大益处，它能使消费者的日常选择变得很容易，帮助消费者减少复杂的购买决策风险，同时还能使消费者感到心理满足，产生一种归属感。

大多数国际企业喜欢采用统一的国际品牌，因为国际名牌具有很强的号召力，本身就是一笔无形财富，如日本的“索尼”、“东芝”，美国的“柯达”、“麦当劳”等。当然在不同国家和地区，对同一种产品采用不同品牌，有时也是细分市场和研究市场需求状况的需要。如 TCL 除了使用 TCL 品牌外，还在 20 个不同的市场使用属于子公司的品牌，如法国汤姆逊等。

2008 年，美国《商业周刊》杂志与国际品牌集团（Interbrand）共同发布“2008 全球最佳品牌排行榜”。可口可乐公司以 666.67 亿美元的品牌价值连续 8 年居首位，最佳品牌排行榜前 10 名的其他公司为 IBM、微软、通用电气、诺基亚、丰田汽车、英特尔、麦当劳、迪斯尼集团、Google 公司。而中国企业的品牌价值并未得到调研机构的认可，无一上榜。

## 15.4.2　国际渠道策略

国际市场分销渠道的决策，首先是选择如何进入某国外市场，其次是在该国外市场上选择何种渠道模式。

### 传统渠道的国外中间商

在国外市场销售产品，可采用最短的销售渠道，即由国际企业直接将产品卖给最终消费者。但由于海外市场环境与国际企业母国环境迥异，大多数产品的分销需要当地中间商的帮助，这就需要了解国外中间商的种类。

传统渠道模式中的国外中间商主要包括代理商、经销商、批发商、零售商四大类。代理商对产品无所有权，与所有者只是委托与被委托关系。经销商对产品拥有所有权，自行负责售后服务工作，对顾客索赔需承担责任，最常见的有独家经销商、进口商和工业品经销商三种。批发商是指靠大批量进货、小批量出货，以赚取差价的中间商，它也有三种：综合批发商、专业批发商、单一种类商品批发商。零售商是向最终消费者提供产品的中间商，依据其经营品种不同，可分为专业商店、百货商店、超级市场、超级市场等；依据其经营特色，有便利商店、折扣商店、连锁商店、样本售货商店、仓库商店、无店铺零售等形式。

### 现场观察 15-2

## 宝洁和联合利华的品牌营销战

在打造品牌和营销方面，宝洁和联合利华各有不同的模式。宝洁公司在全球率先推出了品牌经理制，实行一品多牌、类别经营的经营策略，宝洁公司在全球年销售额10亿美元以上的品牌有23个。联合利华则从20世纪80年代起开始采取集中战略，联合利华目前集中发展的4个行业有13个类别，而13个类别下有近2 000个品牌，但是联合利华公司75%的销售来自2 000个品牌中的400个，这400个品牌的年增长率约为4.6%，有很高的利润。

与此同时，两家公司还非常注重广告宣传的方式和力度。宝洁公司每年的广告宣传费用占全年销售总额的1/8，其广告覆盖几乎遍及人们生活的各个角落。以中国为例，除在电视、网络和杂志上做广告外，该公司还通过在全国范围内聘请形象代言人、在高校设立奖学金、与国家相关部门搞公益活动等来提高其品牌的认知度。其次，宝洁的知识营销也是很典型的，特别是在洗发、护发类产品中，这一营销理念简直被应用到了极致，力争赋予每一个品牌个性。例如，“海飞丝”的个性在于去头屑，“潘婷”的个性在于对头发的营养保健，“飘柔”的个性是使头发光滑柔顺，“沙宣”的定位在于调节水分与营养等。最后，宝洁还努力在利益诉求和情感诉求方面提高品牌的文化内涵。如“佳洁士”与全国牙防组联合推广“根部防蛀”的防牙、护牙理念，“舒肤佳”与中华医学会联合推广“健康、杀菌、护肤”的理念等都是利益诉求的体现。而“飘柔”相继推出的“飘柔自信学院”、“多重挑战”、“同样自信”、“职场新人”、“说出你的自信”等系列活动，又将情感诉求体现得淋漓尽致。

联合利华也是世界上广告花费最多的公司之一。“品牌要发展就要不断地创新”是联合利华推广品牌的一个重要原则。这一原则也体现在广告策划的创新上——将全球品牌与本土品牌相结合。如“夏士莲黑芝麻洗发水”就是一个很好的例子。一头乌黑、飘逸、亮丽的头发是东方女性的经典美丽形象，联合利华根据东方人的文化心理特征，在洗发水领域第一个推出了专为黑发设计的品牌。另外，在许多人的印象中，“中华”一直都是中国人的、有着悠久历史的品牌。作为联合利华中华专业口腔护理中心全新技术的成果，中华牙膏推出了新款“中华草本抗菌牙膏”，并将外包装重新设计，显得醒目而时尚，既保留了“中华”坚实的品牌内涵，又赋予该品牌创新、现代和专业的附加价值。

### 新兴渠道模式

当今一些发达国家零售业出现了一些新的特点。如在大城市的中央商业区，特大型零售商店、零售业国际化趋势日益明显；与此同时在居民区，便利商店、无店铺零售、仓库商店、折扣商店也颇为流行；另外直销、邮购、卫星电视购物频道、互联网电子商务等渠道也在兴起。因此，国际企业产品进入这些国家的零售渠道，必须充分考虑这些新兴渠道的特点，以获取最有效率的零售渠道。

新兴渠道模式中的渠道成员往往采取了不同程度的联合经营策略，分为纵向联合和横向联合两种。纵向联合有三种形式：

1. 公司垂直一体化系统

公司垂直一体化系统指一家公司拥有和统一管理若干工厂、批发机构、零售机构等，控制分销渠道的若干层次，甚至控制整个分销渠道，综合经营生产、批发、零售业务。公司垂直一体化渠道又分为两种：

(1) 拥有和统一管理若干生产单位和商业机构的大工业公司，采取工商一体化经营方式。例如，美国胜家公司在美国各地设有缝纫机商店，自产自销，并经营教授缝纫等服务项目；美国火石轮胎和橡胶公司在利比里亚拥有橡胶种植园，在美国橡胶工业中心俄亥俄州阿光伦拥有轮胎工厂，其下属的批发机构和零售机构遍布全美国。

(2) 大零售公司，如美国零售业巨头西尔斯、罗巴克、大西洋和太平洋茶叶、彭尼公司等，也拥有和统一管理若干批发机构、工厂等，采取工商一体化经营方式，综合经营零售、批发、加工生产等业务。西尔斯百货公司出售的商品中，有50%来自它拥有股权的制造厂。假日旅馆正在形成一个自我供应的网络，它包括地毯厂、家具制造厂，以及大量为其所控制的再分销机构。

2. 合同垂直一体化系统

合同垂直一体化系统这种渠道系统又分为三种：

(1) 特许经营系统。这种渠道系统可分为两种。一种是制造商或饮食公司、服务公司倡办的零售商特许经营系统。例如美国福特汽车公司、麦当劳、肯德基、艾维斯汽车出租公司、罗玛达旅店（汽车旅客旅馆业）等素享盛名的大制造商、大饮食公司、服务公司和一些独立零售商签订合同，授予经营其流行商标的产品或服务项目的特许权。另一种是制造商倡办的批发商特许经营系统。例如，美国可口可乐公司与某些“装瓶者”（即批发商）签订合同，授予在某一地区分装和向广大零售商发运可口可乐的特许权。

(2) 批发商自愿连锁。批发商自愿连锁（又叫契约连锁）是原先独立的批发商为了和大制造商、大零售商竞争，维护自己的利益，帮助与其有业务往来的一群独立中小零售商组成自愿连锁，统一进货，推销批发商经营的商品。

(3) 零售商合作社。零售商合作社是一群独立中小零售商为了和大零售商竞争而联合经营的批发机构，以共同名义统一采购一部分货物（向国内外制造商采购），统一进行宣传广告活动以及共同培训职工等，有时还进行某些生产活动。

3. 管理一体化系统

管理一体化系统是制造企业通过与中间商协议，以控制其生产线产品在销售中的供应、促销、定价等工作。在西方国家，有些素有盛誉的大制造商，为实现其战略计划，往往在销售促进、库存供应、定价、商品陈列、购销业务等问题上与零售商协商一致，或予以帮助和指导，与零售商建立协作关系，这种渠道系统叫做管理系统。例如，美国卡夫食品公司积极改善产品包装，广泛开展销售促进，对食品杂货商提供购销业务指导，帮助他们改进商品陈列。

横向联合是指由中小批发商组成的自愿连锁，它较少涉及渠道结构中的其他层次，主要是中小批发商相互合作支持以抗衡大批发商的一种方式。

**国际分销模式的标准化与多样化**

分销模式标准化是指国际企业在海外市场上采用与母国相同的分销模式；多样化则是指根据各个国家或地区的不同情况，分别采用不同的分销模式。

采用标准化的分销模式可以使营销人员以经验为基础来提高营销效率，实现规模经济。然而各国分销结构由于历史原因而相异殊多；各国消费者的特点不同，如购买数量、购买习惯、消费偏好、顾客地理分布等方面不可能完全相同；同时国际企业还要考虑自身实力、竞争对手的渠道策略以及其他营销组合因素，所以选择海外市场分销模式绝非国际企业一厢所愿而可为。例如国外企业在进入日本市场时，普遍对其高度集中与封闭的渠道结构感到无从入手，日本的分销体系长久以来一直被认为是最有效的非关税壁垒。日本分销体系具有四个显著的特征：一是由众多中小中间商组成；二是制造商控制渠道；三是有独特的经营哲学（普遍缺乏价格竞争、服务完善和高忠诚度）；四是有保护中小零售商的法律体系（如《大规模零售商店位置法》）。所以外国公司进入日本市场非得与日本综合商社、大的制造商或批发商合作，一般是将总代理权给对方才可将产品推入其渠道系统。

## 15.4.3 国际定价策略

国际营销环境复杂多变，这给国际企业在海外销售的产品定价增加了许多困难，其价格的构成更加复杂，影响其变动的因素也更多。

**国际市场价格升级**

同在国内销售产品相比，出口到国际市场上的产品需要更多的运输和保险服务，更多的中间商和更长的分销渠道服务，还需要支付出口所需的各种案头工作费用和进口税。以上各种费用都作为成本费用加在产品的最终售价上，从而导致了产品在国际市场上的最终价格要比国内销售价格高很多的现象。这种外销成本的逐渐加成所形成的出口价格逐步上涨的现象称为价格升级（price escalation）。如来自意大利的400克一盒的费列罗巧克力（Roche）欧洲零售价格约为1欧元（10元人民币），而在中国内地市场上为108元人民币。

值得注意的是价格升级并没有给出口企业带来任何额外的利润；相反由于价格升级，使得企业目标市场的消费者需要花高价购买同样的商品。高价格抑制了需求，减少了企业产品的销售量，对生产企业本身产生不利的影响。国际企业可以通过四个途径压缩成本、降低价格升级：降低制造成本、降低关税、降低分销成本、借助自由贸易区。

### 国际企业定价策略

国际企业作定价决策，要先确定定价目标：是以获取最大利润为目标，还是以获取较高的投资回报为目标？是为了维持或提高市场份额，还是为了应付或防止市场竞争，抑或为了支持价格的稳定？影响国际定价因素包括：

- □ 成本因素。成本因素是构成产品价格的最基本因素，但在国际市场上，成本的构成更为复杂。
- □ 需求因素。不同国家的需求水平、需求结构、需求心理等影响该国市场上的顾客对产品价格的接受程度。
- □ 竞争因素。国际市场上竞争者的多少、竞争者的价格水平将影响企业可采取的价格策略。
- □ 政策性因素。各国政府对价格制定的干预将直接影响企业的定价活动。

国际定价决策中，国际企业对其产品在国际市场上销售，应保持其统一价格，还是针对不同国家市场制定差别价格？统一价格显然有助于国际企业及其产品在世界市场上建立统一形象，便于企业总部控制企业全球的营销活动；然而各国的制造成本、竞争价格、税率都不尽相同，消费水平更有差异，要在环境差别明显的各国市场统一价格销售产品常常是不切实际的。上面讨论的价格升级问题说明大多数制造商很难控制海外的零售市场价格。但是波音飞机销往全世界各国的价格是统一的，这是因为它在各国市场上的竞争地位一致。

一个有实力的跨国企业在进入一个新兴的富有潜力的海外市场时，大多会以获得较高的市场占有率为目标，因此在短期内，其价格或收益可能不能覆盖成本。国际企业定价决策选择有三个：母公司总部定价；东道国子公司独立定价；总部与子公司共同定价。最常见的方法是第三个选择，如此母公司既可对子公司的定价保持一定的控制，子公司又可有一定的自主权以使价格适应当地市场环境。

## 15.4.4　国际促销策略

促销的主要任务是要在卖主与买主之间进行信息沟通，国际促销也不例外，它也是通过广告、营业推广、人员推销和公共关系活动来完成其任务的。

### 国际广告

国际企业产品进入国际市场初期，通常广告是其先导和唯一代表，它可以帮助产品实现其预期定位，也有助于树立国际企业形象。根据市场分析机构实力传播统计，2008 年全球范围内广告支出为4 536亿美元。美国广告市场研究公司 TNS Media Intelligence 公布数据显示，美国2008 年广告支出为1 417亿美元。美国最大的广告客户是宝洁公司，2008 年广告支出 32 亿美元。美国最大的广告行业业主是汽车行业，2008 年广告支出 128 亿美元。

然而国际广告要受多方面因素制约：

第一是语言问题。连瑞士这样的小国也有四种不同的语言，一国制作的广告要在另一国宣传，语言障碍较难逾越，因为广告语言本身简洁明快，喻意较深，同样含义要在另外一种语言以同样方式准确表达实在是一件困难的事。

第二是广告媒介的问题。有些国家政府限制使用某种媒介，如规定电视台每天播放广告的时间，在科威特，政府控制的电视网每天只能播放 32 分钟的广告。某些国家的主要广告媒介比较特别，如奥地利，电影是主要的广告媒体。另外有些国家大众传媒的普及率太低，如许多非洲国家没有日报，所以传统的印刷媒介并不有效。近年来，发达国家的互联网广告市场相当强劲。2008 年互联网广告销售额增长 27%，在全球广告市场上的份额将首次超过 10%。

第三是法律和政策限制，除限制媒介外，政府还会限制一些产品如香烟、药品、酒的广告，有些还对广告信息时间、内容与广告开支进行限制。欧盟 2008 年 9 月出台一项规定，凡是赞扬暴力或者涉嫌性别歧视的广告都不得播出。这一法规还同样适用于图书、音像、电子游戏以及互联网等多个领域。

第四是社会文化方面的限制。由于价值观与风俗习惯方面的差异，一些广告内容或形式不易在东道国传播。如联合利华公司在印度曾经播放美白产品广告，鼓吹印度女性使用产品皮肤变白后让自己和家人过上富裕好日子。这一广告遭到全印妇女协会的严厉指责，罪名一是种族歧视，二是重男轻女。

第五是广告代理商的限制，即可能在当地缺乏有资格的广告商的帮助。

一般来讲，广告标准化可以降低成本，使国际企业总部专业人员的技能和知识得以充分利用，也有助于国际企业及其产品在各国市场上建立统一形象，有利于整体促销目标的制定和实施、控制。然而由于上述各种因素的种种限制，特别是当地顾客的需求同母国顾客会有显著差异，因此采用当地化的策略可以增强宣传说服的针对性。当地广告成本虽高，但若能有效促进销售量增长，则亦可望获得更多利润。

### 人员推销

人员推销因其针对性强、灵活性高、能传递复杂信息、有效激发顾客购买欲望、及时获取市场反馈等优点而成为国际营销中不可或缺的促销手段。然而国际营销中使用人员推销往往面临费用高、培训难等问题，所以要有效利用这一促销方式，还需能招募到富有潜力的优秀人才，并加以严格培训。

推销人员不仅可以从母国企业中选拔，也可从第三国招聘，作为海外推销人员，他们在东道国应表现出很强的文化适应能力，包括语言能力、较强的市场调研能力和果断决策的能力。但若面对一个潜力可观、意欲长期占领的市场，国际企业显然应该通过招募、培训东道国人才作为优秀推销员的最主要来源。

世界知名直销公司雅芳化妆品公司由全球 135 个国家不同肤色的 260 万女性

组成的雅芳小姐大军开展活跃的客户拜访活动，即使在巴西的亚马逊河流域，雅芳小姐也能凭借徒步、独木舟、小船、小飞机去拜访客户和销售产品。

### 营业推广

营业推广手段非常丰富和灵活，如现场展示、抽奖促销、返券、赠送、捆绑销售等。但在不同的国家运用有时会受法律或文化习俗方面的限制，如法国的法律规定，禁止抽奖的做法，免费提供给顾客的商品价值不得高于其购买总价值的5%。中国最近也有严格控制有奖销售的规定。当新产品准备上市时，向消费者免费赠送样品的做法在美国非常流行，然而这一做法在德国是严厉禁止的。

在国际营销中，还有几种重要的营业推广形式有助于企业产品进入海外多个市场，如博览会、交易会、巡回展览、贸易代表团等。值得一提的是，这些活动往往因为有政府的参与而增加其促销力量，事实上，许多国家政府或半官方机构往往以此作为推动本国产品出口、开拓国际市场的重要方式。

### 公共关系

公共关系是一项长期性的促销活动，其效果也只有在一个很长的时期内才能得到反映。在国际营销中，企业面临的海外市场环境会让其感到非常陌生，它不仅要与当地的顾客、供应商、中间商、竞争者打交道，还要与当地政府协调关系，如果在当地设有子公司，则还需积累如何团结与文化背景截然不同的母国员工共创事业的经验。

在与东道国的所有公众关系中，与其政府关系可能是最首要的，因为没有来自政府的不同程度的支持，企业很难进入该国市场。政府对海外投资、进口产品的态度，特别是对某一特定企业、特定产品的态度，往往直接决定着国际企业在该国市场的前途。例如，家乐福被誉为跨国商业巨头中最“国际化、本土化”的公司。为了能够在竞争激烈的各地市场站稳脚跟，家乐福集团高层非常注重与当地政府保持良好的沟通，顺应政府的需要开展业务。在马不停蹄开店选址的同时，家乐福全力配合中国地方政府召开各类采购会，以开店带来的税收与就业实惠吸引中国政府和大众。当其最大的竞争对手沃尔玛还在老老实实按着中央政府的规定仅仅局限在广东营业的时候，家乐福的红蓝十字标早已悄悄插满上海、武汉等众多商业重镇，开始全面推进。家乐福副总裁拉比就曾毫不忌讳地直言：“家乐福超市成功登陆中国具备 3 个条件：适合中国特点、当地政府的支持和优秀的合作伙伴。”

## 15.5 全球营销战略发展的新趋势——整合营销战略

整合营销战略（integrating marketing strategy，简称 IMS），由广告、促销、贸

## 现场观察 15-3

# 危机营销

危机营销（crisis marketing）特指企业在面对危机、灾难时采取的一系列控制危机的营销措施，以期最大限度地减少危机给企业造成的不良影响。

2000年，东芝笔记本电脑由于存在缺陷遭到美国消费者集体诉讼之后，东芝（美国）向美国消费者提供购买东芝产品的优惠券作为补偿，共赔偿约15亿美元。但在中国，东芝（中国）则拒绝为中国消费者提供现金补偿，引发了强烈不满，严重损害了东芝的形象。而2003年7月29日，索尼（中国）公司在许多媒体都还不知情的情况下，主动在自己的网站上公布了《致索尼彩电用户的通知》，把出现瑕疵产品事件的来龙去脉进行了描述，并提出了相关的解决办法。索尼（中国）公司主动出击，正确地引导了媒体的舆论导向，避免了索尼在中国的品牌损伤。

一旦危机发生，企业首要的任务是在查出危机的产生原因后，马上对危机进行控制，防止其进一步恶化，尽量减少企业的损失。因为危机有连锁效应，一种危机往往能引发另一种危机。在这一点上，许多企业都反应迟钝。例如1996年“三株”吃死人事件没有很好得到控制，媒体的过度炒作，使危机进一步加剧。到1998年三株公司胜诉时，企业已无回天之力。而遇到相同情况的美国强生公司在“泰诺”中毒事件发生后，立即收回了芝加哥地区的“泰诺”药品，并花费50万美元向可能与此有关的对象及时发出信息，最终控制了危机，恢复了企业形象和公众的信任。

**危机营销的技巧**

1.建立发言人制度。在危机发生后，指定一个发言人，让企业只有一种声音对外。

2.主动披露。在危机发生后，公司应在最快时间召开媒体见面，由发言人陈述事件的全过程，发言人不要过多加入分析、结论性意见和处理办法，这样既为以后的发言留下空间，又不至于引来公众、媒体的追问、调查。

3.告知公众事件进展。社会各界包括媒体、公司股东、主管部门都在等待来自企业的最新消息。所以，应经常透露一些对他们有价值的信息。如公司正在和当局合作、调查正在进行中或正在作出某种选择等等。

4.让员工享有知情权。决策人应在日常工作中就养成让员工享有知情权的习惯。如果员工对公司现状了解不够全面，公司不太可能从员工那里得到太多的支持。

5.与媒体建立良好关系。公司经理、公关人员可以通过向媒体真实、客观、及时地提供他们所需的信息，力所能及地配合媒体的工作，与媒体建立良好的关系。这样，媒体才可能在公司处于危机时公正报道事件，尽量保护公司。

6.接受“外脑”的意见。在危机发生后，公司内部人员此时往往不能客观地预料可能出现的最坏情况，而需要听取外部专家站在不同角度客观的判断事态发展，并制定有效措施。

7.保持与客户的联系。为了在客户的心目中树立良好的公司形象，销售人员应代表公司经常给客户打电话、写信、与客户沟通、交流，在危机发生后，为了重新塑造公司值得信赖的形象，还应继续这些工作。

资料来源：“http：//wiki.mbalib.com/wiki/%E5%8D%B1%E6%9C%BA%E8%90%A5%E9%94%80”

易展览会、人员推销、直销和公共关系组成，有人称之为 21 世纪的营销革命。

传统市场细分和目标市场的策略实际上是完全的大众化营销，而如何对顾客实现最大程度上的个性化满足，成为当代企业能否获取市场竞争优势的重要条件。这意味着从关注市场需求的一般满足为特征的大众化营销阶段进入以关注个性化需求满足为特征的定制化营销阶段。整合营销战略的关键在于使用各种促销形式使传播的影响力最大化。整合营销传播战略的目的就是使企业所有的营销活动，在市场上针对不同的消费者，进行“一对一”的传播，形成一个总体的、综合的印象和情感认同。这种消费者细分建立相对稳定、统一的印象的过程，就是塑造品牌，即建立品牌影响力和提高品牌忠诚度的过程。

整合营销打破以前的单个产品营销以及以产品为中心的 4P 概念，而是转为 5R 理论（relevance 关联、receptivity 感受、responsive 反应、recognition 回报、relationship 关系），一切以顾客为中心，不要去考虑企业能生产或提供什么样的产品和服务，而是要考虑顾客需要什么样的产品和服务。从这个视角才能对顾客群有整体的关照，并整合各种营销要素，为顾客创造出新的价值。

整合营销理论在 1997 年左右传入中国，随着竞争的加剧，企业越来越期望以突破传统的营销手段来吸引消费者，整合营销理论在中国企业界得到较快地应用。腾讯公司利用其丰富的网络营销产品和全新广告合作模式，覆盖网络营销多种渠道，带来全新营销风暴。腾讯公司在互动性上做出许多尝试，包括 QQ 订阅新闻、QQ 秀、新闻竞猜等，一方面为营销资源整合提供了平台，另一方面为产品或品牌的互动营销创造了可能。例如在世界杯报道期间，大量的腾讯网友与明星球员、嘉宾在线交流，碰撞出精彩的评论火花；许多球迷也参与腾讯世界杯的竞猜活动等线上互动游戏，并形成了网上预测球赛结果；甚至有大量的世界杯 QQ 秀出现，网友在 QQ 秀商城找到自己喜爱的球星形象和世界杯装扮物品，打造自己独特的世界杯形象。

## 15.6 中国企业国际营销问题

在经济全球化背景下，国际市场国内化、国内市场国际化成为中国企业面临的挑战和必然选择。出口和跨国并购是企业进入国际市场的重要方式。出口作为主要的非股权市场进入方式，遭遇的问题主要体现在品牌保护、渠道终端保护和反倾销等方面。跨国并购作为中国企业近年来重要股权市场进入方式也得到积极发展。本小节讨论中国企业的国际营销战略演变以及出口所遭遇的品牌和渠道障碍。

### 15.6.1 品牌问题和对策

中国企业的国际营销经历出口营销为主的阶段、贴牌为主的营销阶段以及跨国并购的三个阶段。今天，大多数中国企业相对而言还处于国际营销的初级阶段，即出口营销和贴牌营销为主的阶段。在这个阶段，国际营销讲究终端决胜，即控制渠道终端决定胜负，这包括两个重点，即品牌和终端（渠道）。

中国已然成为世界工厂，大多数的国际大品牌都是在中国加工生产的。虽然中国的企业，如联想、海尔、TCL、华为、中兴、大唐、宝钢、长虹、海信、春兰等都成为知名品牌，但中国的知名品牌相对于发达国家来说，数量还不够多，品牌在国际上也不够响亮。品牌是产品的升华，凭借核心技术和由此形成的品牌优势才能形成长期的、牢固的、强有力的市场竞争力。

中国企业要想树立自己的国际品牌，必须依托不断自主创新、打造新的品牌形象。如联想集团就不断针对市场的变化，对产品不断创新或更新来树立自己的品牌优势：1996 年联想推出了国产第一台笔记本电脑；2003 年推出深腾系列万亿次计算机；2004 年联想推出全球第一款 13 寸宽屏笔记本电脑；2005 年联想收购 IBM 个人电脑部门；2008 年成为北京奥运会全球赞助商。

要提升和扩大中国品牌在国际市场上的影响力和占有率，中国企业还必须进行品牌定位，有的放矢、因地制宜地制定和实施品牌战略。中国企业要在全球和区域市场上创立品牌，通常有三种选择：一是用企业品牌来创立产品品牌；二是让系列产品或不同的产品使用同一品牌；三是产品线中的不同产品使用不同的品牌。海尔集团在最初进入国际市场时，为了解决产品在发达国家市场的品牌形象问题，实行的是全球一致的定位方法。而 TCL 除了使用 TCL 品牌外，还在 20 个不同的市场使用属于子公司的品牌。这样做也达到了营销活动的规模效应，并且增加了消费者和中间商对商品的接受程度。

### 15.6.2 终端渠道问题和对策

传统上，中国企业多半都是大而全的一条龙，即制造—生产—销售，每个环节都由自己控制管理。在全球竞争环境中，这种格局已经变得越发困难。任何企业开展国际经营时，最困难的问题就是如何控制和管理国际渠道。目前中国贴牌企业的国际客户，主要有三种：

一是本行业内的知名制造商。电器行业如惠尔浦、伊莱克斯、三星；IT 行业的如 HP、IBM。知名制造商最强势，它们有自己的工厂、自有品牌、销售渠道（甚至直销店面）以及掌握核心技术，对产品的成本测算、利润预估很准确，而且订单量都很大。国际知名制造商绝对不会培养中国竞争对手的品牌和渠道控制力，中国企业想通过知名制造商达到推广品牌或控制终端目的，无疑是与虎谋皮。

二是品牌运营商。拥有自己的品牌、研发中心，掌握了一定的设计/技术力量，在品牌经营上下足了工作，做到了行业内数一数二的位置，至于生产则外包给全球代工厂。如运动品牌中的耐克、阿迪达斯两家企业，中国企业冀望借助国际品牌运营商去推广中国品牌和控制终端渠道，也不现实。

三是零售商（渠道）。如沃尔玛、家乐福等，当然也还有很多区域性的零售渠道。大型国际零售商往往利用自己的优势地位打压供应商，为沃尔玛提供商品的中国企业不得不忍受苛刻的要求和极低的利润水平。中国企业只有着力打造自己的品牌优势才可以与国际零售渠道建立全新的合作为主、利益共享的供应商和零售商关系。

除了沃尔玛、家乐福等国际性的大卖场，各个国家/区域上还有许多小的销售渠道，它们在局部区域有很大优势。各个国家/区域上小的销售渠道一般没有自己的品牌，有的就是渠道的优势。为了和国际大卖场竞争，国家/区域渠道更倾向于做好自己的服务，降低自己的采购成本，以更好的价格和宣传去吸引更多的眼球。中国企业可以努力收集与分析市场信息，去发掘不同区域的销售渠道，再筛选出合适的合作伙伴，在这些渠道逐步铺开做大，这样才有可能在国际营销中走出一条农村包围城市的路子来。当中国品牌能在这些区域性的渠道里做大做强，那些大的渠道就会主动邀请中国品牌进场销售。如海尔在国际市场上采取合资合作的方式，利用当地经销商原有的营销网络来销售海尔产品。2001 年海尔欧洲贸易公司就完成 1.5 亿美元的销售额，海尔用了 4 年多的时间建立了本土化的营销网络，在全球共有 4 万多个营销网点和 300 多名经理人。

## 本章小结

- 国际市场营销调研指企业以国际市场和国外消费者或用户为对象，以掌握国际市场营销环境中各种因素的变化及其相互关系为目的，运用科学的手段和方法，系统、客观地搜集、记录、整理、分析与企业国际营销有关的各种信息，以便为企业的国际市场营销决策提供科学依据的活动。
- 现代战略营销的核心——STP 营销，即全球市场细分、目标市场确定和市场定位（segmentation-target market-positioning）。
- 企业的全球营销战略包括四个主要方面：确定全球营销任务、全球市场细分战略、竞争定位及营销组合战略。
- 企业国际营销战略的基本类型可以从国际化程度、市场扩展与定位、国际竞争三个方面加以区分。
- 麦卡锡提出的营销组合理论 4Ps（产品、价格、渠道、促销）奠定了如今市场营销理论发展的框架。
- 整合营销战略（IMS）被称之为 21 世纪的营销革命。

### 关键词和概念

国际市场营销调研　STP 营销　全球营销战略　国际化战略　多国化战略　全球化战略　混合型市场战略　集中化战略　区域集中化战略　市场专门化战略　多元化战略　产品竞争战略　市场竞争战略　企业形象战略　营销组合理论　整合营销战略

### 思考题

1. 国际公司如何瞄准国际市场？国际营销调研有何重要意义？
2. 全球市场调研费用每年超过 166 亿美元，其中美国占 38%。你认为这对中国企业有何启示？

3. 消费产品与工业品有何差别？这些差别对国际市场营销有何影响？为什么在工业品营销中，关系营销特别重要？
4. 国际分销体系和渠道具有多样性和复杂性，请比较美国和日本市场的销售渠道不同特点，并与同学讨论这些特点对国际营销的影响。
5. 为什么在国际营销中，控制最终价格是如此困难？
6. 请比较国际营销中的各种促销手段：广告、营业推广、贸易展览、人员推销、公共关系各自的优缺点是什么？你如何看待整合营销？
7. 国际营销计划过程是全球市场细分、目标市场确定和市场定位的过程。请选择你感兴趣的国家和产品，搜集相关市场资料，纂写一份国际营销计划。（提示：可以先从文化和经济等环境分析入手，再进行市场竞争分析并拟订初步的营销计划。）
8. 请结合中国企业的国际营销案例分析它们采用的不同国际营销战略。
9. 请搜集资料与同学讨论传统的营销组合理论（4Ps）在新时代背景下有怎样的发展演变？遭遇哪些挑战？
10. 国际营销讲究终端为王，即控制渠道终端决定胜负，你如何看待这一观点？

## 结尾案例

### 案例15－1　从家乐福兵败日本看国际营销[2]

2009年3月10日，家乐福发布公告称，家乐福将向永旺出售其在日本的8家大卖场。

4年前，当家乐福雄心勃勃地进入日本市场时，并没有料到会因为经营不善而不得不从世界第二大零售市场日本退出。这也是家乐福继1993年退出全球最大的零售市场——美国之后的又一次战略“大撤退”。此前，家乐福曾于上世纪60年代退出英国市场，并于1993年从1988年才进军的美国市场完全撤出。1999年，家乐福在香港苦苦经营了3年之后，宣布退出香港市场。

为什么家乐福会在这些重要的国际市场上节节败退？

1963年，家乐福在世界上首先倡导大型超市（hypermarket）的概念，即一种集超市和百货商店于一身的超大型购物中心。家乐福最擅长的是大力控制成本、薄利多销的运营方式。在一个相对垄断的单一的大市场中，这是一个行之有效的营销策略，但是如果是在一个竞争激烈、多样化的市场中，薄利却并不能保证多销。

家乐福在日本照搬在欧美国家经营的经验，单纯依靠薄利多销的运营方式，没有根据不同的国情和消费习惯来调整营销策略，导致水土不服。比如日本的住宅面积比较小，不宜一次购买很多商品存放在家中。特别是蔬菜、鱼肉及其制成品，日本人十分讲究新鲜度，随买随吃。另一方面，大部分日本妇女婚后不工作，主要在家料理家务，照看孩子，所以平日也有时间到附近超市选购新鲜食品。因而，日本的超市一般都设在交通流量大的车站附近或者居民比较集中的住宅区和闹市区。据日经BP社报道，自2001年6月日本废除了《大店铺法》之后，日本出现了大型零售商业设施进一步向市中心集结转移的趋势。而家乐福目前在日本开设的8家超市全部位于中心城市郊区，远离市区的家乐福仅有的价格优势显然不能成为招揽顾客的法宝。

日本以中产阶级为消费主体，消费较为理性。主流消费追求个性化和特色化，因此品类齐全、价格低廉的大超市无法与专业和价格细分程度相对较高的专卖店竞争。在此背景下，家乐福仍固守薄利多销策略，没有把握住日本顾客想体验法国气氛的这一独特需求创新求变，这是其兵败日本的根本原因。

### 讨论和在线学习问题：

1. 国际市场营销是一个需要不断学习、不断调整创新的过程。你认为在家乐福国际营销过程中应该如何不断学习和研究当地社会？
2. 家乐福在中国开店数量和势力扩展曾经遥遥领先沃尔玛，但是两者的差距正在缩小。请上网搜集两家最新的动态，并与同学讨论两家公司一进一退的原因。

## 参考文献

1. 根据品牌世家 http：//www. ppsj. com. cn；http：//guide. ppsj. com. cn/art/418/联合利华专区 . 2006 - 4 - 26 等编写。
2. http://news. pf168. com/yingxiaoguanli /200909251856015586.
3. 根据品牌世家 http：//www. ppsj. com. cn；http：//guide. ppsj. com. cn/art/418/联合利华专区 . 2006 - 4 - 26 等编写。

# 16 CHAPTER 16 国际会计问题

近似的正确远胜过精确的错误。

——会计谚语

**学习目标**

- 了解国际会计内容和国际会计体系
- 国际财务三大报表（B/S、I/S、C/F）的新变化
- 掌握如何处理外币交易和外币折算业务
- 了解中国外汇会计的基本原则和做法
- 外汇风险管理
- 了解跨国转移定价和国际税务基本知识

**开篇案例**

## 杠杆诱惑＋监管纵容：华尔街倒在自己人手里[1]

2008年华尔街排名前5名的投资银行竟垮掉3家。华尔街5大投行中硕果仅存的两家独立投行——高盛和摩根士丹利，最终还是没能逃脱厄运：大摩的股价一度暴跌69%，高盛股价一周累计下跌16%。这两家华尔街的“金字招牌”无奈地宣布，将由当前的投资银行改制为银行控股公司。9月18日，美联储和全球各大央行达成一致，决定将其向货币市场的注资总额提高至上万亿美元，目的是缓和金融市场所面临的自上世纪20年代以来最严重的危机。

华尔街的集体沦陷源于过度金融创新，金融衍生产品泛滥和金融机构财务杠杆无节制放大，华尔街投行的金融产品交易彻底脱离美国实体经济，而次贷危机只是华尔街全面金融危机的导火索。

雷曼2007年年报显示，其财务杠杆比例从2006年的26.2倍上升至30.7倍，公司管理层此时不但没有意识到财务杠杆攀升至高位所蕴含的潜在风险，反而辩解按通常的资产除以股东权益方式计算出来的财务杠杆不具备实际意义，强调以净财务杠杆对证券行业资本充足性的考察才有价值。雷曼赖以判断自身资本是否充足的净财务杠杆指标，是经过系列会计调整，尽可能缩小其总资产规模后计算出来。经过如此处理，雷曼的财务杠杆从30.2倍降低至16.1倍，这在心理上给雷曼兄弟公司的管理层创造了莫大的安全感。而随后的事实表明，其高财务杠杆遗留下的风险并没有因计算方式的调整而有丝毫降低，最终坠入万劫不复的破产深渊。

1999年，美国国会在金融行业强力公关游说下通过了《金融服务现代化法案》，限制投机和禁止商业银行、投资银行、保险机构混业经营的规定全部被解除，这为游离于联邦政府严格监管之外的范围更广、风险更高的投资活动的出现提供了温床。2000年通过的《商品期货现代化法案》，则将金融衍生品的风险监控重任交给了华尔街投行等金融机构的内部治理。金融危机爆发后，美国证监会（SEC）被指控五大罪状：一是没有履行强制性披露的法律法规，华尔街高管向股东撒谎没有受到惩罚，没有对房地美、房利美、AIG、雷曼兄弟或贝尔斯登们进行依法合规监管。二是会计准则没有得到强制执行，财务信息披露不完整，如美国最大的保险集团AIG于上一个季度宣布不需要计提按揭和有价证券投资损失准备金，房地美和房利美通过改变会计准则将有问题的按揭变成优良资产之时，SEC没有站出来说“不”。三是没有对评级机构实施有效监管。四是未能通过有效调查防止裸卖空之类的市场操纵行为。五是没能保护弱势投资者。SEC未能对经纪商从事欺诈性销售行为进行有效监管。

## 导言

曾经戴着眩目光环的华尔街投行是如何破产的？跨国机构的会计和审计制度扮演怎样的角色？21 世纪从事国际商务活动的巨大挑战要求会计人员和管理者更加关注所涉及的国际财务问题的复杂性，具备解决因日益增长的国际商务、财务和投资引发的问题的知识和能力。会计和财务信息是国际商务人员制定良好决策的前提。在全球开展生产和经营必须面对世界不同会计体系，使得会计和财务问题复杂化。跨国公司必须应对收入的计算方法、不同税率、关税、通货膨胀率等问题。本章讨论开展国际经营的公司面临的关键会计问题，首先讨论国际会计内容、不同国家会计准则；其次分析跨国公司面临的具体会计问题，包括国际财务报告、外币财务报表折算、外汇风险管理、国际通货膨胀会计、跨国公司合并报表、跨国转移价格和国际税务等问题。

## 16.1　国际会计内容、会计准则、会计模式

### 16.1.1　国际会计主要内容

国际会计的主要内容包括：（1）国际会计准则的运用；（2）外币会计处理，包括处理外币交易和外币折算业务、计量外国货币通货膨胀因素以及外汇风险的管理等；（3）跨国企业内部国际转移价格以及国际税务会计等。

### 16.1.2　会计准则

开展国际经营面临的一个难题就是世界各国的会计标准和准则各不相同。会

计准则是会计界普遍接受并有相当权威支持的，用以指导和规范企业财务会计行为的各项原则的总称。会计准则有广义和狭义之分。

广义的会计准则包括会计准则的概念框架、具体会计准则、会计准则的解释性公告、实务指引等文件，而狭义的会计准则仅指具体会计准则。如从广义的会计准则理解，英国会计准则主要由几个部分组成：（1）财务报告原则公告（Statement of Principles for Financial Reporting），是一份制定会计准则的概念框架，相当于美国的《财务会计准则公告》和国际会计准则委员会（IASC）的《编制和呈报财务报表的框架》等文件。（2）具体会计准则，即狭义的会计准则指由英格兰和威尔士特许会计师协会等6个会计职业团体联合制定发布的《标准会计实务公告》（SSAP）和《财务报告准则》（FRS）。英国目前的具体会计准则共28项，由9项SSAP和19项FRS所组成。

在美国，会计原则指那些受到美国注册会计师协会、财务会计准则委员会和证券交易委员会等权威团体支持认可的会计原则，主要包括财务会计准则委员会制定的《财务会计准则公告》和一些公认的会计惯例。美国公认会计准则（GAAP）既包括指导性原则，也包括具体方法和程序。从法律地位上来讲，美国的会计准则不是法律，也不是法律的具体化；从准则导向上来讲，美国会计准则是一种原则导向的会计准则，民间职业团体的制定模式。原则性准则导向决定了美国会计准则较弱的“自我执行”特征，但是由于美国相对完善的市场环境、高效率的司法体系、适时的政府干预等因素的存在，依然较好地保证了会计准则有效执行，保证会计信息的真实、公允，履行准则制定的投资者保护观。但是如同开篇案例中看到的那样，其弊端也不容忽视。

### 16.1.3 会计模式和全球趋同

会计模式是随着社会经济环境的发展而变化的，著名国际会计学家穆勒、格诺和米克在1997年出版的《会计：一种国际透视》一书中将世界会计分为英美模式、国际会计准则委员会（IASC）的国际会计准则模式、大陆模式、南美模式、混合经济模式等。IASC的国际会计准则与美国财务会计准则委员会（FASB）制定的美国公认会计原则（GAAP）是世界范围内应用较为广泛的两套会计准则。许多国家的证券交易所同时接受外国上市公司按这两套会计准则编制的财务报告。

虽然会计准则和实践存在很大差异，但是经济全球化程度的日益提高却强烈地推动全球统一会计标准的构建。近10年来，资本市场日益呈现全球化的态势，而资本要在全世界范围内自由流动的首要条件是以可比的、透明的财务信息，按最低成本提供给最有效的使用者。全球市场极大增强了对高质量全球会计准则的需求，另外，在新兴市场经济中缺乏可接受的会计准则也被认为是发生亚洲金融危机的根本原因。

2001 年 4 月 1 日，国际会计准则理事会正式取代原来的国际会计准则委员会（IASC）开始行使制定国际会计准则的职责，并将其制订的准则更名为《国际财务报告准则》（International Financial Reporting Standards，IFRS），它包括 30 项准则和注释。

国际会计准则理事会（IASB）是制定及批准国际财务报告准则的一个独立的私营机构。国际会计准则理事会新目标是以提供全球资本市场跨国上市和筹资信息的决策为导向；IASB 第一次明确提出了“全球会计准则”的概念，并充满自信地表明使用《国际财务报告准则》可以提供透明、可比和充分披露的会计信息。

《国际财务报告准则》已经被欧盟采纳，欧盟国家上市公司自 2005 年起使用该准则。此外，国际财务报告准则还为许多国家的会计准则提供基础，譬如南非、马来西亚、澳大利亚、新西兰、印度、中国等。会计师在为欧盟公司及其联营公司、子公司做账或者审计时，都会用到国际财务报告准则。一些国际组织如世界银行、亚洲开发银行等，也要求其债务人必须向其提供按照国际会计准则编制的财务报告，大部分国际金融市场也接受了按照国际会计准则编制的财务报告。中国已于 1997 年以国际会计师联合会会员的身份加入了国际会计准则委员会，并在该委员会的理事会中占有观察员席位。

## 16.2 国际财务报表

不同会计模式下对财务报表的不同要求首先体现在公认会计准则的差异上，这导致会计处理和披露要求差别很大。如纽约证券交易所和纳斯达克要求外国公司必须根据美国的会计准则重新制作财务报表。而在德国和荷兰，根据相互承认原则（mutual recognition），2007 年前外国公司只需要提供根据其所在国公认会计准则准备的信息，2007 年后才要求采用国际会计理事会发布的国际财务报告准则。

为消除《国际财务报告准则》（IFRS）和美国公认会计原则（GAAP）之间的差异，FASB 和 IASB 在 2002 年 9 月达成协议，开展“短期准则的趋同项目”，力求协调解决一些差异不大的项目。两个准则理事会也合作进行其他较长期的趋同项目。

不同会计模式下对财务报表具体的格式和内容的要求也明显不同，而且不同国家在衡量和确定收入的方法和要求也不同。一国与另一国财务报表的不同主要集中在六个方面：

□ 语言
□ 货币
□ 报表类型

**现场观察 16-1**

## 为什么跨国公司多采用国际会计准则而不是美国会计准则

由美国财务会计准则委员会制定的美国公认会计原则包括数百条准则、注释、观点和其他规定。长期以来，美国一直自以为GAAP最为详细和完善，准则制定程序也最为充分、公开和独立。美国会计准则与国际会计准则分庭抗礼，试图成为国际会计惯例的样板。然而美国会计准则在运用中逐渐暴露出一些问题。

首先，美国会计准则繁复庞杂的体系，令人难以适从。迄今为止，美国财务会计准则委员会已制定了148项会计准则，另外其前身会计程序委员会（CAP）和会计原则委员会（APB）发布的“会计研究公报”和“APB意见书”只要未被FASB公告所取代则继续有效。三个准则制定机构所发布的会计准则达数千页，虽然各项规定较为详细，可操作性亦较强，但其内容却比较分散，有时对同一事项的处理要用好几项会计准则加以规范，前后甚至出现不一致的情况。

其次，对于一些新产生的交易和事项（尤其是各种衍生金融工具），美国未能及时制定相应的会计准则，致使会计造假者有机可乘，导致虚假或欺诈性财务报告的产生。

最后，近年来，尤其是安然、世界通信等财务丑闻事件发生以后，美国开始对“公认会计原则”及其制定模式进行反思。

在当前国际市场上，实际上存在着美国“公认会计原则”与国际会计准则这两套权威准则的激烈竞争。世界经济的一体化和资本市场的全球化，只能接受一套全球公认的会计准则。所以，美国、国际会计准则委员会，甚至还有其他一些国家都在积极争夺制定“全球会计准则”的权利。美国凭借其政治地位、经济实力以及最大资本市场所在国的优势，以前较少支持会计准则的国际协调，对IASC及其准则一直加以抗拒，同时努力扩展GAAP公认会计原则在世界范围内影响。但是美国会计准则在国际资本市场的强权地位正在消失，而国际会计准则的影响正在扩大。

近年来，随着跨国融资活动的增加，外国公司寻求到美国上市的情况日益普遍，这些外国公司在美国上市面临的一个严峻问题是，它们的财务报表必须按照美国公认会计原则的要求加以编制或作出调整，这无疑增加了这些公司的负担。为了降低交易成本，有些外国公司迫不得已只好放弃在美国上市的机会，而另谋在接受国际会计准则的国家寻求上市。面对以上形势，同时迫于美国国会的压力，SEC和FASB等机构改变以往唯我独尊的态度，开始与IASC建立联系，并在世纪之交主动出击，积极参与IASC的改组。

资料来源：http：//www.hotlw.com/2006-5-31/3495-32.htm

□ 财务报表格式
□ 脚注披露范围
□ 财务报表基于的公认会计准则

现行财务报表的框架体系基本上成型于20世纪五六十年代，此后没有从根本上触动资产负债表和收益表本身的内容与结构。但英国、美国、国际会计准则委员会正在改革资产负债表项目排列顺序、扩展收益表，并改进财务报表结构。

### 16.2.1　改革资产负债表项目排列顺序

资产负债表（balance sheet）是表示企业在一定日期（通常为各会计期末）的财务状况（即资产、负债和业主权益的状况）的主要会计报表。各国对资产负债表的要求各不相同。概括起来，主要有两种模式，即英国模式和美国模式。英国资产负债表的基本结构是将资产列在右方，而将负债与资本列在左方，并且将永久性资本、长期性资产排列在最上端。美国资产负债表的基本结构是将资产列于左方，而将权益（包括负债与资本）列于右方。两种模式的差异导源于资产负债表在两国产生的原因不同，英国的资产负债表基于向广大股东报告受托责任的履行情况而产生，而美国的资产负债表主要以债权人为报告对象，非常重视企业贷款到期的偿付能力。为此，美国的资产负债表将流动资产和流动负债排列在最前面，然后再列示长期资产和长期负债。

改革资产负债表项目排列顺序的基本趋势是强调按重要性排列。国际会计准则委员会（IASC）筹划小组于 1995 年 3 月公布的“财务报表编制”的原则说明书将资产负债表的项目排列改为：无形资产列在固定资产之前，固定资产列在流动资产之前。国际会计准则委员会在 1997 年修订的国际会计准则第 1 号中，对美国模式和英国模式进行调和与折中；它一方面强调资产、负债的流动和非流动的划分，另一方面又列示了一份以英国模式为主的资产负债表格式。

### 16.2.2　扩展收益表

损益表（或利润表）（income statement，或 profit-and-loss statement）是用以反映公司在一定期间利润实现（或发生亏损）的财务报表。它是一张动态报表，损益表项目按利润构成和分配分为两个部分，其利润构成部分先列示销售收入，然后减去销售成本得出销售利润；再减去各种费用后得出营业利润（或亏损）；再加减营业外收入和支出后，即为利润（亏损）总额。利润分配部分先将利润总额减去应交所得税后得出税后利润；其下即为按分配方案提取的公积金和应付利润；如有余额，即为未分配利润。

英国的 ASB、美国的 FASB 和国际会计准则委员会（IASC）在 20 世纪 90 年代均先后采取了相同的步骤扩充企业的财务业绩报表。率先改进企业业绩报告的原因是：（1）实证研究表明收益指标仍然是使用者（特别是投资者）最为关心的会计数据；（2）收益同现金流量信息是紧密相关的，全面收益比净收益信息更能为使用者预测未来现金流量提供可靠的基础。

英国增设“全部已确认利得和损失表”。1992 年 10 月，ASB 正式公布了财务报告准则第 3 号《报告财务业绩》。该准则规定企业的财务业绩是由“损益表”和“全部已确认利得和损失表”（Statement of Total Recognized Gains and Losses）共同表述。全部已确认利得和损失表报告的主要内容包括：（1）净损益

（来自损益表）；（2）未实现的资产重估价盈利（损失）；（3）未实现的交易中投资利得（损失）；（4）外币净投资上按现行汇率折算的差额。这样，ASB设计的“全部已确认利得和损失表”起到第四财务报表作用，成为基本财务报表之一。

美国要求在收益表之外报告“全面收益”。1980年12月，美国FASB首先提出一个不同于传统的“收益”新概念——全面收益（comprehensive income），并将其定义为“企业在报告期内，由企业同所有者以外的交易及其事项与情况所产生的净资产的变动”。1984年12月的《财务会计概念公告》第5号再次指出：全面收益的报告应成为整套财务报表的组成部分。其后，FASB参考英国经验，于1997年6月正式公布了财务会计准则第130号《报告全面收益》。至此，报告全面收益的报表便成为美国企业一整套财务报表中的第四财务报表。

全面收益也是建立在资产/负债观基础上的，并将全面收益的报告分成两个模块：全面收益=净收益+其他全面收益。其中净收益仍由收益表提供，仍然只反映已确认及已实现的收入（利得）和费用（损失）；其他全面收益则涵盖那些已确认但未实现，平时不计入收益表而在资产负债表部分表述的项目，如外币折算项目上的未实现利得或损失、最低退休金负债调整、在特定债券或权益证券上投资的未实现利得或损失等。这样，全面收益较好地将“当期经营业绩观”和“满计当期全部损益观”结合起来，比净收益更能帮助使用者预测企业所有未来现金流量，增进财务报表关于企业财务业绩信息的完整性和有用性，提升财会信息的质量。

1997年8月，国际会计准则委员会（IASC）对国际会计准则第1号（IASI）进行了重大修订。修订后的IASI题为《财务报表的表述》，它要求补充编制“已确认利得和损失表”（借鉴英国ASB的经验）或在业主产权变动表中详细披露已确认的未实现利得，并在其附录中提供了相应表式，便于人们操作。

### 16.2.3 现金流量表

现金流量表（cash flow statement）是反映企业在一定会计期间现金和现金等价物流入和流出的报表。通过现金流量表，会计信息生产者向会计信息使用者传递着以下重要的信息：一是企业在一定期间财务状况变动及其形成原因；二是企业在一定期间的理财方式及其效果；三是企业未来的资金预算计划。

20世纪70年代，由于市场的开拓和竞争的加剧以及持续的通货膨胀等原因，企业经营的不确定性越来越高。在这种背景下，原有的会计披露机制受到挑战。为了提高决策的效率和正确性，避免决策的盲目性，会计信息使用者不仅需要了解企业的财务状况和经营成果，而且需要进一步知道其变化的原因。为了满足会计信息使用者的这一需求，1971年，美国的会计原则委员会发表第19号意见书指出：“总括财务状况变动的报表也必须作为基本财务报表”。1971年，国际会计准则委员会公布国际会计准则第7号，也正式把财务状况变动表作为财务报表体系不可或缺的组成部分。随着人们对企业现金流动信息的日益重视，美国财务会计准则委员会于 1987 年 11 月发布第 95 号《财务会计准则公告》，规定从 1988 年 7 月起，以现金流量表替代财务状况变动表，作为一种新的会计披露方式，与资产负债表、损益表一道向有关信息使用者传递着有关企业的各种会计信息。

## 16.3　外币会计

**外币会计**是以记账本位币核算和监督企业各项外币业务活动的专门会计。外币业务包括外币交易和外币报表折算。外币会计具体包括外币交易、外币折算、汇兑损益、外币报表折算方法、折算损益、折算方法等。

### 16.3.1　外币交易会计

外币交易（transaction）指企业以非记账本位币进行的收付、结算等业务，常见业务有：（1）以外币标价的商品购销交易和劳务供应；（2）以外币进行结算的借入和出借款项；（3）企业作为履行期汇合同当事人的经济业务；（4）以外币进行的保险、管理咨询业务。

对已经发生的外币交易，会计上要处理以下问题：（1）交易发生时按一定的汇率折算为记账本位币予以记录；（2）在报告期末，按编报日汇率调整各外币账户余额，以便报告外币资产和负债；（3）进行汇兑损益计算和账务处理；（4）在交易结束日按一定的汇率折算和记录收回的外币应收款及偿付的外币应付款。

外币交易会计处理是国际会计中比较复杂的实务问题，也是理论争论最多的焦点之一。外币交易会计处理的理论，分为两种：单一交易观点和两项交易观点。

单一交易观点：企业将发生的购货或销货业务，以及以后的账款结算均分别视为一笔交易的两个阶段。外币业务按记账本位币反映的购货成本或销售收入，最终取决于它们结算时日的汇率。因此，年终不确认未实现的汇兑损益。会计处理要点是：在交易发生日，按当日汇率将交易发生的外币金额折合为记账本位币入账；在编制报表日，若交易尚未结算，按报表编制日汇率折算的记账本位币金额反映交易发生额，并对有关资产、负债、收入、成本账户进行调整；在交易结算日，按结算日汇率折算的记账本位币金额反映交易发生额，并对有关资产、负债、收入、成本账户进行调整。

两项交易观点：企业发生的购货或销货业务，以及以后的账款结算视为两笔交易，外币业务按记账本位币反映的采购成本或销售收入，取决于交易日的汇率。在两项交易观点下，有两种方法处理交易结算前汇兑损益：作为已实现的损益，列入当期收益表；作为未实现的递延损益，列入资产负债表，直到交易结算时才作为已实现的损益入账。

### 16.3.2 外币会计报表的折算

**外币折算**（translation）是为满足特定的目的，将一种货币单位表述的会计报表换算成所要求的另一种货币单位所表述的会计报表。跨国公司全球的财务报告可能最初采用不同的货币表示，但是这些报告最终必须以一种常用货币来帮助管理人员和投资者了解公司在全球的经营活动。在外币报表折算中，会计要处理如下问题：（1）选择外币报表的折算标准；（2）处理外币报表折算差额。

跨国公司在编制合并会计报表时面临的首要问题是如何将各个子公司以不同货币表述的会计报表折算成以母公司货币表示的会计报表，即报表折算问题。由于在整个会计期间内，各国汇率是不固定的，因此期末在对报表进行折算时，就要选择适当的汇率作为折算的依据。不同的折算依据形成不同的折算方法。

目前世界各国现行的外币报表折算主要有四种方法：（1）流动/非流动折算法（current/nonconcurring method）；（2）货币/非货币折算法（monetary/nonmonetary method）；（3）时态法（temporal method）；（4）现行汇率法（current rate method）。目前流动/非流动法只在少数几个国家运用，而货币/非货币法和时态法虽在概念上有所区别，但在历史成本会计下，两者基本上是一致的。因此，报表折算方法的对立就只剩下现行汇率法与时态法之争。

现行汇率法是折算方法中最为简便易行的方法，也是最早采用的方法。所谓现行汇率指资产负债表日的即期汇率，它对所有的资产和负债项目都按编表日的期末汇率折算，但业主权益项目按投入资本时的历史汇率折算，折算差额作为资产负债表的一个单独项目“折算调整额”，累计列示在所有者权益之下。现行汇率法和时态法折算方法的主要差异在于确认外国损益。在现行汇率法下，收益或损失称为累积换算调整，直接作为所有者权益中独立项目记入资产负债表。现行汇率法的优点是简便易行、较易为报表使用者理解，折算后的资产负债表各项目仍能保持原外币报表中各项目之间的比例关系，据此计算出来的多种财务比率符合子公司的实际。

但是现行汇率法假设所有的资产、负债项目都暴露在汇率风险之下，且遭受汇率风险的程度相同，这显然与事实不符。另外，现行汇率法把子公司当作独立自主经营的海外实体，对子公司的资产和负债项目按子公司所在国的效用来计量，因而体现的是实体理论，与编制合并报表时广泛采用的母公司理论相违背。因此，如果以按现行汇率法折算的子公司报表为基础编制合并报表，就是两种不同的观念的拼凑，其结果没有任何意义。目前，在世界上采用现行汇率法的主要有澳大利亚、法国、德国、爱尔兰、日本、马来西亚、荷兰、新加坡、瑞士、英国和中国香港等国家和地区。

时态法是由美国注册会计师协会的研究人员列奥纳德·洛伦森于 1972 年在其研究报告中提出的，并于 1975 年为财务会计准则委员会的第 8 号财务会计准则所采用。时态法对货币性项目以及以现行成本计价的资产采用期末汇率，其他资产和负债项目按取得时的历史汇率折算，折算差额直接记入当期合并损益中。即时态法下，收益或损失直接记入损益表，影响每股盈余。外币报表折算差额的具体处理方法有：(1) 作为递延损益处理，即将外币报表折算差额以单独项目列示于资产负债表股东权益内，作为累计递延处理。(2) 作为当期损益处理，即在收益表中确认折算金额。在世界上采用时态法进行外币会计报表折算的主要有加拿大、美国、阿根廷、智利、秘鲁等国家。

美国财务会计准则委员会第 52 条公告以及国际会计准则第 21 条，都允许跨国公司采用现行汇率法或时态法的任一方法。公司选择的根据在于其海外经营的职能货币。**职能货币**（functional currency）是该实体经营公司所在的海外主要经济环境的货币，如可口可乐公司在美国之外的最大经营地为日本，则日元为职能货币。可口可乐公司在全球 200 多个国家和地区经营，使用 52 种不同的职能货币。如果职能货币为当地经营环境货币，则公司必须使用现行汇率法，即公司必须以现行的汇率折算所有的资产和负债、损益表所有的项目都按照平均汇率折算，所有者权益以公司发行股票资本以及累计保留盈余时的实际汇率进行实际汇率折算。如果职能货币是该实体经营公司母公司的货币，则必须采用时态法，即货币资产（现金、可转换债券、应收账款）和负债采用现行汇率折算。而存货、不动产、设备等按照历史汇率即获得资产时的实际汇率计算。损益表中，一般按照平均汇率折算大多数损益表账户，而按照历史汇率折算已经出售货物的成本和折旧费用。

## 16.4　中国外币会计核算

### 16.4.1　中国外币交易会计的基本规定和核算原则

自 2007 年 1 月 1 日起，中国新企业会计准则体系开始在上市公司实施，其中《企业会计准则第 19 号——外币折算》规范外币交易的会计处理，该外币折算准则解决记账本位币的确定、外币交易的会计处理和外币财务报表的折算问题。

准则规定，企业对于发生的外币交易，应当将外币金额折算为记账本位币金额。外币交易应当在初始确认时，采用交易发生日的即期汇率将外币金额折算为记账本位币金额；也可采用按照系统合理的方法确定的、与交易发生日即期汇率近似的汇率折算。

同时，准则应用指南明确指出：对于外币交易频繁、外币币种较多的金融企业，也可以采用分账制记账方法进行日常核算。而在准则讲解中，则将对分账制和统账制的选择权完全交给了企业，即无论是采用分账制记账方法，还是采用统账制记账方法，只是账务处理程序不同，但产生的结果应当相同。计算出的汇兑差额相同，相应的会计处理也相同，均计入当期损益。

中国外币交易会计的核算原则：（1）外币账户采用复币记账；（2）企业发生外币交易业务时，应当将有关外币金额折合为记账本位币金额记账；（3）企业因向外汇指定银行结售或购入外汇而使用银行买入价、卖出价与市场汇价，由此的差额作为汇兑损益；（4）对所有外币的余额要按月末汇率进行调整。

## 16.4.2 外币汇兑损益的核算原则

**汇兑损益**是指涉及外币的经济业务在向记账本位币折算过程中，由于汇率变化而产生的一种折算差额。外汇折算差额产生正差和负差，即汇兑收益和汇兑损失。

汇兑损益产生于两种情形：一种是在进行货币交易（即外汇兑换业务）时所产生的汇兑损益；另一种是在持有外币货币性资产和负债期间，由于汇率变动而引起的外币货币性资产或负债价值发生变动所产生的损益。第一种情形下产生的汇兑损益，是进行外汇兑换业务的交易发生时与确认实现时汇率的变化而产生的汇兑损益，这种汇兑损益的计算比较简单。第二种情形下产生的汇兑损益计算较复杂。以下为第二种情形下产生的汇兑损益的两种方法。

1. **剔除分算法**：即逐笔核算货币性外币账户上汇率发生变动的外币金额的价值变动额，而对汇率没有发生变动的外币金额则不予考虑。

其计算公式是：

某个货币性外币账户发生的汇兑损益＝该账户期初的外币金额×（期末汇率－期初汇率）＋该账户本期增加的外币金额×（期末汇率－业务发生时的市场汇率）－该账户本期减少的外币金额×（期末汇率－业务发生时的市场汇率）

上述结果若为正值，表示外币货币性资产账户发生的是汇兑收益，外币货币性负债账户发生的是汇兑损失；反之，则相反。

2. **综合差额法**：这种方法须先计算出货币性外币账户的期末余额，并按期末市场汇率折算为记账本位币金额，再将其与该外币账户上的每笔外币金额按业务发生时的市场汇率折算的记账本位币金额进行比较，得出的差额就是该账户本期发生的汇兑损益。

其计算公式是：

某个货币性外币账户发生的汇兑损益＝该外币账户的期末余额×期末汇率－（该外币账户期初的外币金额×期初汇率＋该账户本期增加的每笔外币金额×业务发生时的市场汇率－该账户本期减少的每笔外币金额×业务发生时的市场汇率）

其结果若为正值，外币货币性资产账户发生的是汇兑收益，外币货币性负债账户发生的是汇兑损失；反之，则相反。

例如：某企业对外币业务采用业务发生时的外汇汇率进行折算，并按月计算汇兑损益。2007 年 5 月 31 日的市场汇率为 1 美元 =7.25 元人民币，该日有关外币账户期末余额如下：银行存款10 000美元，应收账款50 000美元，应付账款20 000美元。该企业 6 月份发生以下外币业务（不考虑有关税费）：（1）6 月 10 日，收到某外商投入的外币资本50 000美元，并已存入银行，当日的市场汇率为 1 美元 =7.24 元人民币；（2）6 月 15 日，对外销售产品一批，价款共计20 000美元，当日的市场汇率为 1 美元 =7.20 元人民币，款项尚未收到；（3）6 月 25 日，以外币存款偿还 5 月份发生的应付账款20 000美元，当日市场汇率为 1 美元 =7.21 元人民币；（4）6 月 30，收到 5 月份发生的应收账款30 000美元，当日的市场汇率为 1 美元 =7.20 元人民币。先用剔除分算法、后用综合差额法计算该企业各货币性外币账户 6 月份发生的汇兑损益。

（1）银行存款账户发生的汇兑损失为 2 300 元

10 000 ×（7.20 - 7.25）+50 000 ×（7.20 - 7.24）- 20 000 ×（7.20 - 7.21）= -2 300

或70 000 ×7.20 -（10 000 ×7.25 +50 000 ×7.24 -20 000 ×7.21 +30 000 × 7.20）= -2 300

（2）应收账款账户发生的汇兑损失为2 500元

50 000 ×（7.20 -7.25）= -2 500

或 40 000 × 7.20 -（50 000 × 7.25 + 20 000 × 7.20 - 30 000 × 7.20）= -2 500

（3）应付账款账户发生的汇兑收益为 800 元

20 000 ×（7.20 -7.25）-20 000 ×（7.20 -7.21）= -800

或 0 ×7.20 -（20 000 ×7.25 -20 000 ×7.21）= -800

以上计算计算结果是一样的。税法规定计算汇兑损益时，采用的汇率为期末即期人民币汇率中间价折算。中间价是银行买入价与卖出价的平均价，无论是买入价还是卖出价，均是立即交付的结算价格，都是即期汇率。

生产经营期间发生的汇兑损益记在“汇兑损益”或“财务费用”账户，作为当期损益。但是，如果属于外币资本投入业务产生的汇兑损益，应记入“资本公积”账户。为构建固定资产而发生的汇兑损益，在固定资产尚未交付使用或虽已交付使用尚未办理竣工决算之前，记入相应的固定资产价值；否则，记入“汇兑损益”或“财务费用”账户。为购置无形资产而发生的汇兑损益计入相应的无形资产价值。筹建期的汇兑损益作为长期待摊费用。

### 16.4.3　统账制下外币交易的核算

**外币统账法**（recording-currency method），亦称记账本位币法，是以本国货币为记账本位币的记账方法。企业在发生外币业务时必须及时折算为记账本位币记账，并以此编制会计报表。对于中国企业而言，即以人民币为记账单位来记录所发生的外汇交易业务，将发生的多种货币的经济业务，折合成人民币加以反映，外币在账上仅作辅助记录。我国除了有外币业务的金融企业外，其他企业一般都采用这种方法。

外汇统账制的记账方法较为简单，只需设立一个币种的账簿，且核算方法易于理解，计算出的汇兑损益较为准确。但是采用统账制就不能在会计科目中直观反映出各币种的资金增减变动及结存情况，在资金管理尚不能完全脱离账务数据的情况下，该方法不能满足外汇资金调拨、运用与管理的需要。

第一，在交易日对外币交易进行初始确认，将外币金额按交易日即期汇率折算为记账本位币金额入账。

统账制下，在外币业务的交易日不需区分货币性项目和非货币性项目，全部按照即期汇率折算为记账本位币金额。其中，对于货币性项目应单独记录原币金额，以满足外币资金管理及资产负债表日计算汇兑损益的需要。

货币性项目是指企业持有的货币和将以固定或可确定金额的货币收取的资产或者偿付的负债等。非货币性项目指货币性项目以外的项目。

第二，资产负债表日对外币交易余额的会计处理。

资产负债表日，应当分别对外币货币性项目和外币非货币项目进行处理。

货币性项目的处理：资产负债表日，应将外币货币性项目因汇率波动形成的汇兑差额作为当期财务费用处理，同时调增或调减外币货币性项目的记账本位币余额。

非货币性项目的处理：对于以公允价值计量的非货币性项目，如果期末公允价值以外币反映，应当先将该外币按公允价值确定日的即期汇率折算为记账本位币，再与账面记账本位币金额进行比较，其差额作为当期的公允价值变动损益。对于以历史成本计量的非货币性项目，在交易日已按当日即期汇率折算为记账本位币，在资产负债表日不必再调整记账本位币金额，不会产生汇兑损益。

### 16.4.4 在分账制下外币交易的核算

外币分账制也称为原币账法，是指企业对外币业务在日常核算时按照外币原币进行记账，分别不同的外币币种核算其所实现的损益。平时不进行汇率折算，也不反映记账本位币金额。如果涉及两种货币的交易，则用“货币兑换”科目作为两种货币账务之间的桥梁，分别与原币有关账户对转，编制各种货币币种的会计报表；期末将所有以外币记账的各账户全部按期末市场汇率折算成记账本位币金额，并汇总确认汇兑损益，在资产负债表日一次性地将外币会计报表折算为记账本位币表示的会计报表，并与企业对记账本位币业务编制的会计报表汇总编制整个企业一定会计期间的会计报表。有外币业务的金融企业一般都采用这种方法。

在分账制下，为保持不同币种借贷方金额合计相等，需要设置“货币兑换”科目，在账务系统中起着联系和平衡的特殊作用。在实务中，分账制有两种不同的处理方法。

第一，通过“货币兑换”科目核算货币性和以历史成本计量的非货币性项目（含损益）间的交易。

在交易日对外币交易进行初始确认时，须区分交易情况选择是否使用“货币兑换”科目。如涉及两个币种的外汇交易须通过“货币兑换”科目，其余外币交易均通过原币分别记入相关科目，在日常核算时不区分货币性和非货币性项目。

如果外币交易同时涉及货币性和以历史成本计量的非货币性项目，则按外币金额记入核算外币货币性项目的科目，同时记入外币的货币兑换科目；按交易记账日的即期汇率折算为记账本位币金额，记入核算人民币以历史成本计量的非货币性项目的科目，同时记入人民币的货币兑换科目。

例如：某银行采用分账制进行外币交易核算，记账本位币为人民币，2008 年某日收到货币投资1 000 000美元，记账日即期汇率为 1 美元 =6.8 元人民币。该交易的会计分录为：

借：美元——存放同业　　　　1 000 000
　　贷：美元——货币兑换　　　　1 000 000
借：人民币——货币兑换　　　6 800 000
　　贷：人民币——实收资本　　　6 800 000

如果交易涉及两种外币的货币性项目，也需要通过相关外币的“货币兑换”科目核算。例如：某日银行买入1 500 000美元，卖出1 000 000欧元，该交易的会计分录为：

借：美元——存放同业　　　　1 500 000
　　贷：美元——货币兑换　　　　1 500 000
借：欧元——货币兑换　　　　1 000 000
　　贷：欧元——存放同业　　　　1 000 000

资产负债表日应将各外币“货币兑换”科目余额按年终汇率折算为记账本位币金额，借贷轧差后的金额同记账本位币“货币兑换”科目余额进行比较，具体汇兑损益核算如下：

当记账本位币货币兑换科目借方余额 > 各币种折算轧差的贷方金额，或记账本位币货币兑换科目贷方余额 < 各币种折算轧差的借方金额时，为汇兑损失，调整记账本位币货币兑换科目余额的同时，应借记汇兑损益科目；

当记账本位币货币兑换科目借方余额 < 各币种折算轧差的贷方金额，或记账本位币货币兑换科目贷方余额 > 各币种折算轧差的借方金额时，为汇兑收益，调整记账本位币货币兑换科目余额的同时，应贷记汇兑损益科目。

资产负债表日，因外币报表中除货币兑换科目外，只包括货币性项目和以公允价值计量的非货币性项目，而这些项目均应按年终决算牌价折算为记账本位币，不产生汇兑损益。

第二，不通过“货币兑换”科目核算货币性和非货币性项目间的交易。

在交易日对外币交易进行初始确认时，如交易只涉及一种货币的货币性项目，或同时涉及货币性项目和以公允价值计量的非货币性项目，则不需通过“货币兑换”科目，直接将外币金额记入相关外币科目。

例如：某银行拆借境外某银行短期资金1 000 000美元，其会计分录为：

借：美元——拆放境外同业　1 000 000

　　贷：美元——存放同业　　1 000 000

在资产负债表日，应将各外币“货币兑换”科目余额按年终汇率折算为记账本位币金额，借贷轧差后的金额同记账本位币“货币兑换”科目余额进行比较，汇兑损益的计算同分账制下的第一种处理办法一致。

## 16.5 跨国公司外汇风险管理

外汇风险是指经济主体在持有或运用外汇的经济活动中，因汇率变动而蒙受损失的一种可能性。从公司财务管理的角度看，外汇风险可分为交易风险、折算风险和经济风险三类。

### 16.5.1 外汇交易及其风险管理

**外汇交易风险**（transaction risk）指企业对外投资及经营中以确定的外汇进行交易，在交易与价格结算期间内，因汇率发生变动影响企业收入或支出金额的可能性。外汇交易风险是汇率波动对公司现金流量的影响。

外汇交易风险来源于公司各种需要以外币结算的交易所引起的外汇风险，这些交易包括国际间贸易往来、外币借款、海外子公司在当地的采购及销售活动等。外汇交易风险主要分为两类：一是已经列入资产负债表中的应收应付款项目；二是相当大的表外项目。所以外汇有关交易可分成**已完成交易**和**未完成交易**两类。**已完成交易**包括那些已经列入公司资产负债表中的项目（如应收账款和应付账款等）。**未完成交易**又称为承诺的未来现金流量（committed future cash flows），它包括表外项目中的将来采购和销售、租赁金支付、远期契约、偿还贷款及其他已签约或预期发生的外币收入和支出。

外汇交易风险管理可分成内部管理技巧（internal techniques of management）和外部管理技巧（external techniques of management）。

内部管理技巧主要有以下几种：净额结算、配对管理、提前与延期收付汇、定价政策、在合同中加列货币保值条款等。

外部管理技巧包括金融市场操作、借款与投资（borrow-spot-invest，简称 BSI）、提早收付—即期合同—投资法（lead-spot-invest，简称 LSI）、外币票据贴现、出口信贷（卖方信贷和买方信贷）、福费廷等。如在 BSI 方法下，拥有应收账款的出口商，为了防止汇率变动，先借入与应收外汇等值的外币（以此消除时间风险）；同时，通过即期交易把外币兑换成本币（以此消除价值风险）；然后，将本币存入银行或进行投资，以投资收益来贴补借款利息和其他费用。届时应收款到期，就以外汇归还银行贷款。利用 BSI 法，从理论上讲，可完全消除外汇风险。在 LSI 法下，具有应收外汇账款的公司，在征得债务方同意后，以一定折扣为条件提前收回货款（以此消除时间风险），并通过在即期外汇市场上将外汇兑换成本币（以此消除价值风险）；然后，将换回的本币进行投资，所获的收益用以抵补因提前收汇的折扣损失。

## 16.5.2　外汇折算风险及其管理

**外汇折算风险**（translation risk）又称为会计风险（accounting risk），反映汇率波动对公司资产负债表的影响，包括流动资产及负债和股本的影响。

外汇折算风险产生于跨国公司海外各子公司财务报表的折算过程，其大小称为会计受险程度（accounting exposure）。按照现行的会计准则，企业的外币资产、负债、收益和支出等，均需转换成本国货币来表示。境内母公司在每一个会计年度期末需将境外投资子公司的财务报表合并成汇总报表，在将子公司报表以东道国货币计价的会计科目折算成母国货币的过程中，由于汇率变动有可能给境外企业带来损失。外汇市场的汇率频繁波动，使会计账目中的本币数也会发生相应变动，给企业带来损失或收益。

尽管折算风险不影响跨国公司未来的现金流量，但它将导致公司净资产账面价值的变化。折算受险程度的大小取决于两个方面：一是海外子公司的资产负债结构和收入支出结构；二是母公司在进行折算汇总时所采用的折算方法。

涉外主体对折算风险的管理，主要包括：（1）资产负债表保值；（2）远期合约保值；（3）货币掉期（swap）保值。

## 16.5.3　外汇经济风险

**外汇经济风险**（economic risk）也叫经营风险（operating risk），反映汇率波动对公司经济价值及其竞争地位的影响。经济风险是由于汇率变动所引起的公司价值（即公司未来预期的现金流量）的可能变化，其影响程度称为经济受险程度（economic exposure）。或者说，经济风险是指由于汇率变动引起的公司未来预期现金流量的变异性（variability）。

经济风险是一种与未来现金流量相关，期限超过折算风险和交易风险的状况。经济风险可按不同的时间阶段划分为短期、中期和长期三种类型，但不管是哪类经济风险，都难以精确地测定。一般而言，跨国公司在寻求降低经济或经营风险方面，需要在营销管理与生产管理两个方面作出多样化经营策略调整。

最后需要指出的是，对于那些投入要素均来自国内、产品限于国内市场的公司来讲，其会计受险程度为零，即不存在折算风险，但是仍会承担一定的经济风险，即其经济受险程度不为零。国际公司定价决策的主动性越强，则其营运风险的受险程度就越小。

## 16.6 国际转移定价、避税和国际税务

**国际转移定价**（transfer pricing）是指跨国公司内部，在母公司与子公司、子公司与子公司之间销售产品，提供商务、转让技术和资金借贷等活动所确定的企业集团内部价格。它一般不受国际市场供求关系的影响，只服从于跨国公司全球战略目标的需要。

国际企业运用转移定价策略的主要目的：一是减少税负，包括所得税和从价关税；二是避免风险，包括政治风险、经济风险等；三是调节利润，主要是使利润保持在较合适的水平，使企业在融资、对付竞争者、对付东道国政府时有利；四是控制市场，即通过转移定价策略击败竞争对手，控制整个市场等。

当今的国际贸易中有很大一部分是跨国公司的内部交易，但由于现代跨国公司一般都实行分权管理，独立核算，母公司和各国的子公司是不同的利益中心，为了评估各自的经营状况，也必须为这种内部交易制定价格，即国际转移价格。

转移定价不受国际市场供求关系的影响，只服从于跨国公司的全球战略目标和跨国公司全球利益最大化目标。转让定价是跨国公司常用的避税手段，一般是高税率地区的公司（如子公司）以低于成本的价格将产品或服务提供给低税率的关联公司（如母公司），再由母公司高价卖出，子公司亏损，利润留在了母公司；或子公司向母公司以远高于同类市场价格购买原料、服务或授权，从而向母公司转移利润。

2005 年，中国涉外税收收入达6 348.49亿元，占全国税收收入的 20.57%。但是，令人关注的是，外资企业的亏损面仍然较大，2005 年中国有 52 万家外商投资企业，超过 50% 处于亏损状态。同年，中国税务机关共对 300 余户外资企业进行了反避税调查，结案 70 户，调整税款 4 亿多元。国家统计局 2007 年的调查显示，跨国企业的避税行为已造成中国每年损失税款达 300 亿元。

### 16.6.1 利用关联企业间转移定价转移收入和费用

转移定价的典型特征就是采购和销售在国外进行和高进低出。跨国公司在华

子公司出现亏损，利润则被转移到海外低税率的关联公司。在以来料加工作为出口主要模式的沿海城市，跨国公司在华子公司以高价从海外关联公司购买原材料，经过产品加工制造后，再以低价出售给海外关联公司。一般来说，关联企业通过转移定价进行避税主要有以下几种方式：

（1）商品交易采用非市场价格。外商在与境外关联企业的购销业务中，控制商品购销权。采用与独立企业之间的正常交易价格不同的计价标准进行交易，通过压低产品的出口价格，抬高进口原材料价格，将企业的利润转移到境外关联公司。跨国公司虽然增加一定的流转税税收负担，但是可逃掉所得税的巨额负担，独享所攫取的高额利润，获得总体利益最大化。

（2）外商虚报、高报境外劳务费。在中国，外商通过高报、虚列境外劳务费，或以技术援助费、服务费、专利权使用费等名义，在税前列支大量研发费用、营业费用，增加企业的产品成本，向境外转移利润。甚至有些跨国公司将设立在关联内资企业的研发部门转移到关联外资企业。

（3）机器设备购销、租赁中利用转移定价进行避税。在中国，外商通过控制机器设备的出售价格、使用租金及对专利、专有技术、商标等无形资产的转让收取的特许权使用费的高低对关联企业的成本和利润施加影响，达到增加关联企业成本、转移利润的目的。有些外资企业甚至利用虚假并购合同，虚拟出并未实际支付的未来的机器设备购销权，列支无形资产，虚增资产，虚增权益，虚列摊销费用。

目前税务机关认定转移价格的主要方法包括：不可控可比价格（comparable uncontrolled prices）、再销售价格（resale prices）以及成本加成（cost-plus calculations）。

### 16.6.2 跨国公司避税的其他方法

除转移定价外，跨国公司还利用海外离岸公司、资本弱化、中国税收征管漏洞、商务软件境外采购境内使用等方法避税。

**利用海外离岸公司避税**。企业海外避税路径有三种类型：中转站型、两头在外型和假外资型。

中转站型的特点是，企业或者个人在英属维尔京群岛（BVI）、开曼、百慕大等地注册离岸公司，再由这些公司在境外进行投资。

两头在外型的特点则是，企业或个人在 BVI 等地注册离岸公司，通过这家离岸公司在另外国家的投资，其交易在 BVI 公司与境外公司间进行，不与国内发生关联交易。

假外资型的特点是，中国企业或个人在 BVI 等地注册离岸公司，再回国投资，摇身一变为外商投资公司，享受外资企业的税收优惠。

以上三种类型基本都采用转让定价的方式将利润转移到 BVI 等免税地。以第

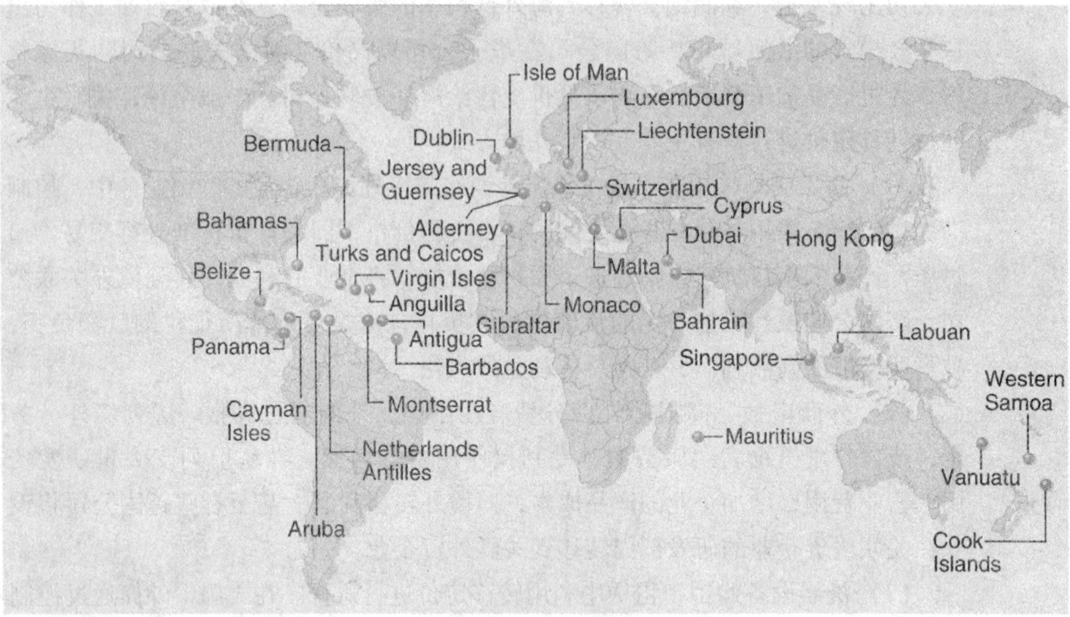


**图 16.1　国际主要离岸金融中心**

三种为例，可以通过高价进口原材料和低价售出产品的方式，将利润转到 BVI 公司，从而规避中国境内的高税率。

**利用资本弱化**。资本弱化指跨国公司进行跨国投资时，通过高负债融资、低权益投资这种资本结构，增加利息支出来转移应税所得，达到税收负担最小的目的。企业债务资本与权益资本之间比例的适当调整可以增加企业价值，当存在企业所得税时，各国税法都允许借款的利息计入成本费用，在所得税前列支。这样，一个位于高税国的公司就可以通过加大债务资本、缩小股权资本的方式（即资本弱化）来多列支利息费用，从而达到少纳所得税的目的。

资本弱化表现一般有两个方面：一是资本结构不合理，在公司设立时就存在出资不到位、借入资金过多，甚至虚假出资；二是公司设置后资本金实质减少，国际上表现为跨国公司抽取资金而不是充实资本。跨国纳税人往往利用资本弱化的第二个方面进行国际避税。例如我国税法规定，对公司支付的利息允许作为费用抵扣，而支付的股息则不得扣除，需计入应税所得总额中去。这使得许多跨国纳税人在为投资经营而筹措资金时，常常刻意设计资金来源结构，千方百计表现为举债投资，加大借入资金比例，扩大债务与产权的比率，造成资本弱化。我国的涉外企业在扩大生产规模过程中，如果尽量多运用国内外银行贷款作为投入资本，也可以降低税务成本，最终达到避税目的。

**利用中国税收征管上的漏洞进行避税**。中国税法规定，生产性的外商投资，经营期在 10 年以上的，从开始获利年度起，可享受“二免三减半”的优惠。由于规定的减免期是从盈利年度算起的，有些外商就千方百计推迟盈利年度的到来，使企业长期处于无税负状态；或者在税收减免期临近期满时，设法从原企业中分离一部分出去，成立新的外商投资企业，以谋求享受新的减免期优惠。如德勤华永曾发现有些跨国企业在中国内地每间隔五六年先后设立数个子公司，头两年利润很高，后三年开始降低，五年后出现亏损。而调查的情况是，第一个企业运行五年后将订单转移到后成立的企业中，滥用了以前旧税法中对生产性企业"两年免税，三年减半"的税收优惠政策。另外，有些外资企业还利用了税收稽查的漏洞，例如北京市严格规定了北京市高新技术产业开发实验区区域，只有在实验区区域经营的企业才应享有税收优惠政策，但是在实际中有的企业注册地是在实验区区域，而实际经营地却不在此区域。

### 16.6.3　跨国公司在华机构税务监管要点

中国一直在不断完善反避税的法律法规。1991 年出台的《外商投资企业和外国企业所得税法》及其实施细则、1993 年出台的《税收征管法》及其实施细则，以及 2001 年修订的《税收征管法》及其实施细则中，均有限制转移定价的条款。国家税务总局在此基础上制定了《关联企业间业务往来税务管理规程》、《关联企业间业务往来转让定价管理规程修订》、《关联企业间业务往来预约定价实施规则》，进一步完善了转让定价税收管理工作的法律体系。针对近年来外资企业利用关联企业间转让无形资产、分摊费用、提供劳务等手段进行避税，国家税务总局积极研究相关政策，如要求各地税务机关对跨国公司在华投资企业支付的特许权使用费进行归类整理，对企业使用的无形资产，必须考虑对企业的贡献率，否则特许权使用费的支付将被认为是不合理支付。另外，财政部颁布的《企业准则——关联方关系及其交易的披露》以及《外商投资企业所得税暂行条例》规定关于此类关联企业价格、收入、支出、成本费用要与正常关系的企业同样确认，在税收征收环节可以明确纳税人有延伸提供纳税信息的义务，要求依照当年与其有业务往来的关联企业的有关情况自行纳税申报，一旦发现违规行为，严厉惩处。

为保护税源，过去几年，中国税务机关重点关注的高危行业包括制衣制鞋、电子和通讯设备制造、电脑代工等行业，如今基建、轮胎、制药是调查重点。中国税务机关审计要点为：

1. 对于关联企业之间利用购销业务避税的，税务机关要求遵循营业常规，合理制定关联交易作价。关联交易作价要符合独立企业交易原则，企业的获利水平要与其功能风险的承担相一致。

其中预约定价目前已成为普遍使用的反避税调整方法。预约定价针对传统转移定价税制中的公平交易原则适用困难、事后审计带来的低效、税企双方合作难等难点问题，以事先协商的模式尽可能予以突破和解决。2005 年 9 月，深圳市地税局与东芝复印机（深圳）有限公司正式签署了中国首例双边预约定价协议。

2. 围绕银行资金结算，审计电子商务交易。电子商务作为一种交易形式时，同样存在支付行为。目前，电子商务中的支付手段主要有三种，即信用卡支付、电子货币支付、客户账户支付，而这三种支付手段都离不开银行。因此，审计重点应放在企业与银行往来的电子单据上。

3. 加强纳税申报制度和稽查执行力度。

**现场观察 16-2**

## 跨国公司避税为何屡禁不止

全球500家最大的跨国公司中已有400多家来华投资。长期以来，跨国企业的市场业绩持续萎靡，外资企业亏损额巨大。但另一方面，外商在中国的投资却愈来愈勇。跨国企业“越亏越投”的真正动力在于以中国市场的“假亏损”换取总部的“真避税”。

其主要的操作路径是，利用集团内部的关联交易来人为操纵转移定价，通过“高买低卖”使得国内经营企业的账面表现为亏损，进而把利润转移到税负较低的国家或地区。跨国企业并不高明的避税做法尽人皆知，却为何始终没有得到有效地遏制呢？又是什么因素让其避税行为能够维系呢？

从国际经验看，面对跨国公司转移利润的行为，预约定价被公认为是解决转移定价避税问题的最有效方式。它是指税务部门与纳税人之间通过签订协议或安排的形式，对纳税人在未来一定时期内的利润水平等相关事宜事先约定一系列标准，以解决跨国关联交易中复杂的转让定价问题。签订预约定价反避税工作在中国进展得非常不理想，原因是跨国公司内部往来文件、资料、报表都是英文，各家公司有其各自的特定产品和专用术语，仅是翻译理解就颇为费时费力。相形之下，税务部门人手严重不足，以外部人的身份去核实、预估跨国企业的经营业绩，绝非一件易事。

此外，为了打击跨国企业猖狂的避税行径，许多国家都为企业逃避税设置了反避税法，对于个人的逃税行为也以“重罚”相待。例如，在德国，偷税行为人可能面临5~100年的牢狱之灾。但在中国却鲜见这样严厉的惩处。据统计，1998年以来，中国每年大概有200~300家企业被正式采取反避税立案审查，其中有1/3~1/2的企业被中国税务机关进行税务调整，最终也仅是要求它们补征税款而已，并没有作出进一步的处罚。

另外一些地方政府在引进外资方面急功近利、相互攀比，只求数量，对跨国企业的实际贡献却往往不闻不问。宽松的监管环境成为跨国企业得寸进尺地连年逃避税的温床。

资料来源：http: //news.ccppaa.com/swzx/20090805/1249434744.html

## 本章小结

- IASC的国际会计准则与美国财务会计准则委员会（FASB）制定的美国公认会计原则（GAAP）是世界范围内应用较为广泛的两套会计准则。

- 国际财务报表不同主要集中在六个方面：语言、货币、报表类型、财务报表格式、脚注披露范围、财务报表基于的公认会计准则。
- 外币会计是以记账本位币核算和监督企业各项外币业务活动的专门会计。外币业务包括外币交易和外币报表折算。
- 外币交易会计的基本方法：单一交易观点和两项交易观点。
- 外币折算是把各种不同的外币金额用单一的同种的货币来重新表示，习惯上是以总公司的记账本位币作为统一货币。在外币报表折算中，会计要处理如下问题：选择外币报表的折算标准、处理外币报表折算差额。
- 外汇风险可分为交易风险、折算风险和经济风险三类。
- 国际转移定价指跨国公司的母公司与各国子公司之间，或各国子公司之间转移产品和劳务时所采用的定价方法。
- 转移定价是跨国公司常用的避税手段。此外，跨国公司还利用利用海外离岸公司、资本弱化、中国税收征管漏洞、商务软件境外采购境内使用等方法避税。

### 关键词和概念

国际会计　会计准则　IASC 国际会计准则　美国公认会计原则（GAAP）　会计模式　国际财务报表　外币会计　外币交易　外币折算　外币损益　外币统账法　外币分账制　外汇风险　交易风险　折算风险　经济风险　通货膨胀会计　国际转移定价　国际避税

### 思考题

1. 国际会计问题为何如此复杂？全球统一会计标准的构建有何意义？
2. 外币交易会计和外币折算会计具体如何处理？
3. 请访问一家本地的外资企业，请教他们如何处理外币会计。
4. 你如何理解中国外币会计的基本原则和基本做法？
5. 目前中国企业采用的外汇风险管理的主要方法是什么？
6. 你认为监督跨国转移定价的难点在哪里？
7. 中国海外直接投资来源地前两位中就有维尔京群岛，这种避税天堂成为中国假外资企业骗取税收优惠的平台，你认为这为中国税务机关提出怎样的监管挑战？
8. 1998 年《国际会计准则第 39 号：金融工具——确认和计量》公布，之前在表外的衍生金融工具必须体现在企业资产负债表中，即增加衍生金融工具项目。但是 39 号准则只是一项暂时的（INTERIM）金融工具确认和计量会计准则。你认为这留给国际企业和国际会计怎样的风险？

## 结尾案例

## 案例 16－1　安然事件的反思——对安然公司会计问题的剖析[2]

安然公司（ENRON）是美国能源业巨头，曾是世界上最大的天然气交易商和最大的电力交易商。2000 年营业收入超过1 000亿美元，雇佣员工 2 万人，拥有近 700 亿美元资产。2001 年 12 月该公司因虚报 6 亿美元盈余和掩盖 10 亿多美元巨额债务，不得不向纽约破产法院申请破产保护。在申请文件中，安然开列的资产总额近 500 亿美元，从而创下美国历史上最大宗的公司破产案纪录。安然事件暴露出会计信息失真的问题。

根据安然公司 2001 年 11 月 8 日向 SEC 提交的 8－K 报告以及新闻媒体披露的资料，安然公司的主要会计问题可分为四大类：

(1) 利用“特别目的实体”高估利润、低估负债。安然公司不恰当地利用“特别目的实体”

(special purpose entities，简称 SPE）符合特定条件可以不纳入合并报表的会计惯例，将本应纳入合并报表的三个“特别目的实体”排除在合并报表编制范围之外，导致 1997～2000 年期间高估了 4.99 亿美元的利润，低估了数亿美元的负债。此外，以不符合“重要性”原则为由，未采纳安达信的审计调整建议，导致 1997～2000 年期间高估净利润 0.92 亿美元。各年度的具体情况见附表。

单位：亿美元

| 项目名称 | 1997 | 1998 | 1999 | 2000 | 合计 |
|---|---|---|---|---|---|
| 净利润 | | | | | |
| 调整前净利润 | 1.05 | 7.03 | 8.93 | 9.79 | 26.80 |
| 减：重新合并 SPE 抵消的利润 | 0.45 | 1.07 | 2.48 | 0.99 | 4.99 |
| 审计调整调减的利润 | 0.51 | 0.06 | 0.02 | 0.33 | 0.92 |
| 调整后净利润 | 0.09 | 5.90 | 6.43 | 8.47 | 20.89 |
| 调整后净利润占调整前比例 | 8.6% | 83.9% | 72.0% | 86.5% | 77.9% |
| 债务总额 | | | | | |
| 调整前债务总额 | 62.54 | 73.57 | 81.52 | 100.23 | – |
| 加：重新合并 SPE 增加的债务 | 7.11 | 5.61 | 6.85 | 6.28 | – |
| 调整后债务总额 | 69.65 | 79.18 | 88.37 | 106.51 | – |
| 调整后债务总额占调整前比例 | 111.3% | 132.1% | 108.4% | 106.3% | – |

资料来源：Enron Corporation's 8 – K filing with the SEC on November 8 2001.

安然公司的上述重大会计问题，缘于一个近乎荒唐的会计惯例。按照美国现行会计惯例，如果非关联方（可以是公司或个人）在一个“特别目的实体”权益性资本的投资中超过 3%，即使该“特别目的实体”的风险主要由上市公司承担，上市公司也可不将该“特别目的实体”纳入合并报表的编制范围。安然公司正是利用这个只注重法律形式，不顾经济实质的会计惯例的漏洞，设立数以千计的“特别目的实体”，以此作为隐瞒负债、掩盖损失的工具。

（2）通过空挂应收票据，高估资产和股东权益。安然公司于 2000 年设立了四家“特别目的实体”（以下简称 V 类公司），为安然公司的投资的市场风险进行套期保值。为了解决 V 类公司的资本金问题，安然公司于 2000 年第一季度向 V 类公司发行了价值为 1.72 亿美元的普通股。在没有收到 V 类公司支付认股款的情况下，安然公司仍将其记录为实收股本的增加，并相应增加了应收票据，由此虚增了资产和股东权益 1.72 亿美元。按照公认会计准则，这笔交易应视为股东欠款，作为股东权益的减项。此外，2001 年第一季度，安然公司与 V 类公司签订了若干份远期合同，根据这些合同的要求，安然公司在未来应向 V 类公司发行 8.28 亿美元的普通股，以此交换 V 类公司出具的应付票据。安然公司按上述方式将这些远期合同记录为实收股本和应收票据的增加，又虚增资产和股东权益 8.28 亿美元。上述两项合计，安然公司共虚增了 10 亿美元的资产和股东权益。2001 年第三季度，安然公司不得不作为重大会计差错，同时调减了 12 亿美元的资产和股东权益，其中的 2 亿美元系安然公司应履行远期合同的公允价值超过所记录应收票据的差额。

（3）通过有限合伙企业，操纵利润。安然公司通过一系列的金融创新，包括设立由其控制的有限合伙企业进行筹资或避险。设立于 1999 年的 LJM 开曼公司和共同投资公司在法律上注册为私人投资有限合伙企业，LJM 的合伙人分为一般合伙人和有限责任合伙人。设立 LJM 的目的就是要使 LJM 成为向安然公司购买资产的资金来源、向安然公司投资的权益合伙人，以及降低安然公司投资风险的合作伙伴。安然公司在东窗事发前，以 LJM 的多名有限责任合伙人为与安然公司没有关联关系的金融机构和其他投资者为由，未将 LJM 纳入合并报表编制范围。但从经济实质看，LIM 的经营控制权完全掌握在安然公司手中，安然公司已承认 LJM 属于安然公司的子公司。1999 年 6 月至 2001 年 9 月，安然公司与 LJM 公司发生了 24 笔交易，这些交易的价格大都严重偏离公允价值。安然公司已披露的资料表明，这 24 笔交易使安然公司税前利润增加了 5.78 亿美元。

（4）利用合伙企业网络组织，自我交易，涉嫌隐瞒巨额损失。安然公司拥有错综复杂的庞大合伙企业网络组织，为特别目的设立约3 000家合伙企业和子公司，其中约 900 家设在海外的避税天堂，要查清这些具有复杂财务结构和千变万化商业风险的网络组织的真实情况，非常复杂和困难。根据《纽约时报》报道，安然公司在已调减了前 5 年 5.86 亿美元税后利润的基础上，必须再调减 13 亿美元的利润。这 13 亿美元的损失，主要是安然公司尚未确认的与合伙企业复杂的融资安排等衍生金融工具有关的损失。至于众多以安然股票为轴心的创新金融工具及其他复杂的债务安排所涉及的损失和表外债务，很可能是个难以估量的“财务黑洞”。

**讨论和在线学习问题：**

1. 安然事件是对号称全世界最好的美国会计准则的一种嘲讽，美国注册会计师协会（AICPA）一直扮演双重角色：既是注册会计师合法权益的守护神，又是注册会计师执业行为的监管者。在美国现行准则严重滞后于金融创新之际，美国的会计准则是否应该适应日新月异的经济环境而变化？
2. 安然事件引发美国会计准则制定模式的争论：会计准则完全由民间机构的 FASB 制定是否合适？FASB 向上市公司征收信息使用费，而且每当 FASB 拟发布的准则可能降低公司的盈利时，势力强大的美国大公司往往通过国会对 FASB 施加压力。你认为应该如何提高 FASB 的独立性？
3. 请与同学讨论安然财务舞弊经典案例的启示。

## 参考文献


1. 朱益民 . 21 世纪经济报道 . 2008 - 10 - 23
2. 中华会计网 . http：//www. chinaacc. com/new/287/289/309/2006/6/ma34582346172660024640 - 0. htm2002 - 6 - 27；http：//news. sina. com. cn/w/2002 - 01 - 28/457635. html 等编写。

# 17 CHAPTER 17 跨国财务管理

现金为王。

——财务管理谚语

**学习目标**

- 了解资本结构决策机制
- 了解如何筹措长期资金
- 资本预算的贴现分析法和风险处理
- 学习营运资金管理
- 了解跨国并购财务风险和跨国破产清算财务问题

**开篇案例**

## 当CFO转型CEO[1]

美国机构投资者一项调查显示，62.5%的受访者认为CFO与CEO、公司董事长同等重要。当然，如此重要的CFO们再也不能仅仅停留在会计记录、成本控制、全面预算和税收策划等领域。经济的全球化、股市波动的加剧以及公司增长的压力迫使CFO转型。

根据普华永道2000年的一份调查报告，公司CFO未来几年的工作将发生如下转变：在未来三年内决策支持由目前整个工作量的10%上升至50%；内部控制将从30%将下降到10%；对外报告将维持在占工作量的20%左右；簿记工作将从目前的40%左右下降到20%左右。安永报告也表明，69%的受访者在公司积极推广公司战略，67%的受访者参与将公司战略付诸实施，64%的受访者明确地将以股东价值最大化为导向进行决策分析。这充分说明，公司CFO正在向公司战略及决策支持方向转化。

即使在财务信息系统领域，也将发生显著变化。安永报告显示，未来三年财务信息系统将发生下列变化：交易处理时间将大幅降低；公司动态预算及预测将基于价值趋动因子，并以网络作为技术支持，建立公司一体化的预算及预测；会计处理程序将标准化，针对大部分财务功能采用共享服务中心并将部分功能外包；基于ERP建立财务系统，或采用类似手段将财务系统与公司信息系统相融合。

公司CEO对CFO的要求也越来越高。专门从事高级管理人员职业规划的H&S公司对“财富1 000强”中的170位CEO进行了访谈，CEO们认为合格的CFO需要具备系统思维能力、战略规划能力、领导能力、创造力、沟通能力、人力开发能力和合作精神。当然，公司治理、公司理财、资本预算、风险管理、会计程序等是CFO最基本的知识结构。

据不完全统计，约有1/3的CEO都出身于CFO。因为财务官对企业很了解，而且掌握重要商业机密。CFO的一切工作都应该向董事会负责，并取得董事会的支持，所以当企业的“一把手”需要更换时，董事会很愿意让CFO来“救火”，成为新任CEO。例如，惠普公司主席兼CEO卡莉·菲奥莉娜辞职后，董事会任命公司CFO罗伯特·韦曼任过渡时期的CEO兼公司董事；家乐福总裁兼CEO的丹尼尔·伯纳德正式辞职后，CEO一职由公司CFO琼斯·杜丹接替；硬盘制造商迈拓（Maxtor）首席执行官Mike Cannon辞职，首席运营及财务官Paul Tufano立即被任命为总裁及首席执行官；平安保险在上市前，接任马明哲总经理职务的就是公司原CFO张子欣等。由CFO接替出任总裁、CEO，已成为很多企业转换领导班子时的选择，这些接替者很多时候会以CFO的特性去处理问题。CFO成为CEO是否会成功，已经成为一个话题。

在众多场合中，CEO和COO大多会代表企业发布信息、接受采访，但CFO始终隐藏在幕后，却又清楚地了解全局，即便偶尔露面，CFO也是寡言少语，略带神秘色彩。CFO不仅要对外沉默，保障机密不会泄漏，甚至对内也要保持一定的沉默性。然而当CFO一旦坐上CEO的位子，他就要成为一个“说话者”，即发言人，对内、对外都是如此。他们会不会有障碍？这些平日里鲜少露面、沉默寡言的人，其实都很能说会道，善于沟通几乎是每个财务高管的必备特性。因为财务部门是一个企业内部与其他各个部门发生关系最多、面最广的部门，比如各个部门发生费用的申请、计算、做账包括员工的薪水等，都与财务有关。另外，专业的财务人员会根据每期报表数据、应收账款，判断某些产品是否滞销，并反映给市场部门，作出快速战略调整。CFO的报告关系到企业发展方向，是带动企业资产积累的眼睛。

# 导言

跨国公司财务管理的主要目标是使股东权益最大化，跨国公司财务管理的研究对象是跨国公司对外金融和财务活动的一些基本原则和操作技巧。如同开篇案例中谈到的那样，跨国公司中最重要的成员之一为首席财务官（CFO），财务高管的特性普遍为喜欢用数字、文件等事实证据说话，从账务开始研究企业的状况，并制定对策。

跨国公司的财务管理职能分为三个层次：第一，总部财务职能，通常由CFO或副总裁来领导，负责整个集团的财务管理职能。其主要目的为在财务职能的范围内支持产品线和区域组织的经营活动以及收购及兼并活动；它通过内部审计部门，确保各公司的组织活动符合规定的程序以减少相应的风险；它控制财务运作活动并确保与总部建立的目标相一致。第二，产品线的财务职能，通常设财务总监和若干个分析员负责整个产品线的财务管理，其主要工作是制定产品线的财务管理政策，如转移定价、协同工作及利润分享、年度产品线的预算编制、月度和季度经营情况分析、资本支出控制等。第三，区域性的财务服务，负责所管辖区域的财务管理，如向区域内子公司派遣财务负责人员，研究地区性特定的经营环境，制定相应的融资服务及财政政策等，同时也对所管辖内的子公司提供财务咨询服务。

国际财务管理具备特殊性，如涉及外汇风险及政治风险、国际市场不完善性、增量市场机会等，本章讨论跨国财务高管工作的四个方面：决定资本结构（即债务和资产的适当组合）；筹措长期资金（选择、发行和管理长期债务和资产）；进行资本预算；正确管理公司营运资金（现金、应收应付账款、流通证券、存货、短期银行贷款等）。然后讨论跨国公司的财务管理的新内容，如跨国并购和跨国破产清算问题。

# 17.1 资本结构决策

公司当然可以通过内部资金来发展，但是当这些来源不足时，就必须确定适当的债务和权益比例。公司通过举债为业务增长筹措的资金程度被称为杠杆（leverage）。跨国公司追求其市场价值最大化，就是要选择合适的融资方式，即选择最佳的长期债务与权益的比例。

## 17.1.1 资本结构和资本成本

狭义的资本结构是指企业中长期资本价值的构成及其比例关系，尤其是指长期的股权资本与债权资本的构成及其比例关系。最佳资本结构是使跨国公司市场价值最大或资本成本最小的资本结构。

资本成本是指企业为筹集和使用资金而付出的代价。狭义的资本成本仅指筹集和使用长期资金（包括自有资本和借入长期资金）的成本。资本成本包括资金筹集费和资金占用费。

长期资金的成本分为长期借款成本、债券成本、普通股成本和保留盈余成本。前两种为债务资本成本，后两种为权益资本成本。在进行资本结构决策时，要使用加权平均资本成本。加权平均资本成本一般是以各种资本占全部资本的比重为权数，对个别资本成本进行加权平均确定的。其计算公式为：

$$K_w = \sum_{i=1}^{s} K_j W_j$$

式中：$K_w$——加权平均资本成本；$K_j$——第$j$种个别资本成本；$W_j$——第$j$种个别资本占全部资本的比重（权数）

合理的资本结构具有积极意义：合理安排债权资本比例可以降低企业的综合资本成本率；可以获得财务杠杆利益；可以增加公司的价值。

## 17.1.2 资本结构决定机制

跨国公司资本结构决定机制中，跨国经营要素对跨国公司债务融资成本具有正反两方面的影响。由于跨国公司面临国际市场固有的各种潜在风险和国际资本市场的缺陷，因此跨国经营会提高其融资成本。但另一方面，跨国公司因其国际化经营而形成的多元化优势和较高的财务灵活性，又能够降低其融资成本。图 17.1 描述了跨国经营要素对跨国公司融资成本的影响。

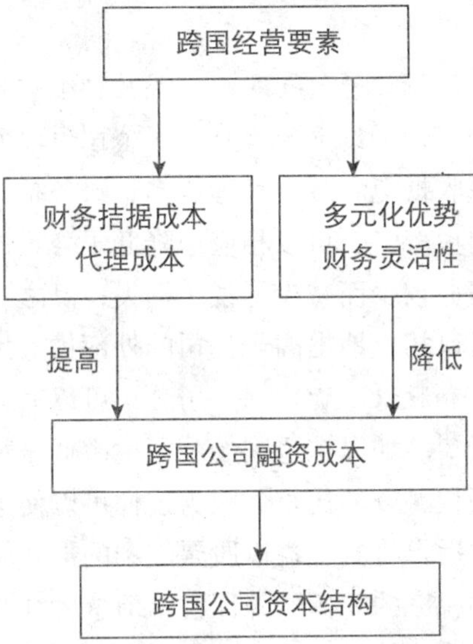


图 17.1　跨国公司资本结构决定机制

**财务拮据成本**包括直接破产成本（律师费、诉讼费和行政支出等）和间接破产成本（企业陷入财务困境时资产价值的损失）。尽管财务杠杆的增加可以提高节税收益，但也会带来财务拮据成本的威胁。跨国公司比纯粹的国内企业面临更大的汇率风险和政治风险，因而其财务拮据成本更高。

**代理成本**认为债权人和公司股东之间存在着典型的委托—代理关系，代理成本包括监督成本、约束成本和剩余损失。对于跨国公司，复杂的国际经营环境和特殊的企业运作，使得代理成本对其债务融资成本的影响更为复杂。

**跨国公司多元化的现金流**：内部融资是跨国公司所特有的融资渠道，这使得跨国公司得以拥有其内部资金市场。更重要的是，跨国公司内部融资的交易成本低于外部资本市场融资，公司不仅可以避免在国际市场上销售证券的转让成本，克服在资本市场上销售证券所面临的信息不对称问题，而且还能降低由过高的外部负债水平所引起的企业破产风险。

跨国公司多元经营可以提供不完全相关的现金流。跨国公司跨国、跨行业从事经营活动，从而拥有其特有的稳定的现金流，这样无疑能够提高债券持有者的信心，从而增强跨国公司承担更高债务比例的财务能力。不完全相关的现金流可以降低企业发生失误的可能性，从而降低其融资成本。另外，由于跨国公司能够进入多样化的市场，收入的多样化可以明显降低公司收益的波动性，从而降低国际融资成本。

**跨国公司的财务灵活性**主要包括跨国公司母、子公司财务杠杆的灵活使用，子公司内部融资中债股比例的均衡调节以及子公司内外部融资渠道的选择等。影响跨国公司财务灵活性和融资成本的主要因素就是跨国公司面临的多样化的税收环境。

跨国公司可以通过变动子公司融资方式及种类的变动来规避税收风险，具体做法包括：调节内外部债务融资的比重。子公司可以通过调节其内外部债务融资的比重来达到增加税收抵免和减少代理成本、财务拮据成本的目标。当东道国公司税率低于母国公司税率时，可以相应地降低子公司的外部债务融资比重，这样子公司因其承担的债务较少而减少了税负损失；反之，若当东道国公司税率高于母国公司税率时，可以相应地提高子公司的外部债务融资比重，从而逃避较多的税收。变动内部债务和股权融资比例。子公司可以通过变动其内部债务和股权融资比例来增加税收抵免。如果东道国的公司税率低于母国公司税率，可以提高子公司从母公司内部股权融资的比重。因为这样可以使子公司先在东道国按较低的税率缴纳公司税，然后再将其收益以股票红利的形式转移到母公司，虽然这些资金还要在母国以两种税率的差额额外征税，但这种征收需要等到资金以红利的形式返还时才可能进行，这就为母国使用这些资金争取到了一定的时间。利用转移收入。跨国公司可以通过转移收入来减弱跨国之间税率差异的影响。在上述灵活使用杠杆之外，跨国公司还可以利用销售或租赁后安排、转移价格调整、子公司债务的交叉保证或多种其他机制等多种方法来最大限度地减少损失和面临的各种风险。

## 17.2 长期资金筹措

企业的资金来源主要包括内源融资和外源融资两个渠道，其中内源融资主要是指企业的自有资金和在生产经营过程中的资金积累部分；外源融资即企业的外部资金来源部分，又可分为债务融资和股权融资。

### 17.2.1 股权融资

公司可以通过全球股权资本市场融资，有在证券市场上公开出售证券的公募方式（public offer）和针对少数机构投资者私下认购的私募（private placement）两种方式。

公开发行股票的优点是：（1）所筹资金具有永久性，无到期日，没有还本压力；（2）一次筹资金额大；（3）用款限制相对较松；（4）提高企业的知名度，为企业带来良好声誉；（5）有利于帮助企业建立规范的现代企业制度。但股票上市也有不利之处：（1）上市的条件过于苛刻，上市门槛往往较高；（2）上市时

### 现场观察 17-1

## 私募股权进入中国企业的模式和股权安排

鉴于国内投资市场政策限制，国外私募股权（PE）进入中国企业时，一般不选择直接投资中国企业的本土实体，而要对企业进行改制，通过成立海外离岸公司或购买壳公司，将境内资产或权益注入壳公司，使国内的实体企业成为其子公司，以壳公司名义在海外证券市场上市筹资。这种方式俗称“红筹上市”，可以将境内资产的收入和利润合法地导入境外控股母公司，私人股权投资基金对中国的投资和退出，都将发生在管制宽松的离岸。

在“尚德太阳能”案例中，在英属维尔京群岛（BVI）成立由施正荣控制的Power Solar System Co.，Ltd.，通过该公司收购了中外合资企业无锡尚德太阳能电力有限公司原有股东的全部股权，从而使其成为实际持有“无锡尚德”100%权益的股东。此后在上市过程中，又在开曼群岛成立了“尚德控股”，通过以“尚德控股”的股票与该BVI公司股东的股票进行换股，实现了“尚德控股”间接持有“无锡尚德”100%的权益，从而完成了境内企业的权益进入海外上市主体的目标。

PE投资国内企业，在股权设计上是比较灵活的。私募股权投资按投资对象和目的分为创业投资、成长型投资、并购基金、上市后私募投资（即PIPE）、夹层投资重组/重振资本、Pre-IPO资本、不良债权投资、不动产投资以及专注于某具体行业或领域的私募股权投资资金等。

多数私募投资者除了参与企业的重大战略决策外，一般不参与企业的日常管理和经营。他们需要在董事会占有至少一个席位，拥有一票否决权，而且很多PE投资者会向被投资公司指派财务总监，对企业财务进行掌控。一般情况下私募股权投资基金占公司股份不超过30%。而且为了减少对于股份的稀释，采取可转换公司债券和可转换优先股之类的金融工具。

国外PE的常见方法还有“卖出选择权”和转股条款等。卖出选择权要求被投资企业如果未在约定的时间上市，必须以约定价格回购私募股权基金的那部分股权，否则私募股权基金有权自由出售所持公司股权，这将迫使经营者为上市而努力。转股条款是指投资者可以在上市时将优先股按一定比率转换成普通股，同享上市的成果。

也有一些PE投资基金逐渐倾向于从参股到控股，如麦格理基础设施基金通过控股提升企业价值获得高额回报，它们期望从被动的少数股权投资转变为购买控制权，甚至100%买断。

资料来源：郑磊http: //gyh888.blog.bokee.net/bloggermodule/blog_viewblog.do id=1360140.

间跨度长，竞争激烈，无法满足企业紧迫的融资需求；（3）企业要负担较高的信息报道成本，各种信息公开的要求可能会暴露商业秘密；（4）企业上市融资必须以出让部分产权作为代价，分散企业控制权，从而出让较高的利润收益。

私募股权投资（private equity，简称PE）是指投资于非上市股权，或者上市公司非公开交易股权的一种投资方式。私募股权投资的资金来源，可以向社会不特定公众募集，也可以采取非公开发行方式，针对有风险辨别和承受能力的机构或个人募集资金。由于私募股权投资的风险较大，信息披露不充分，故往往采取非公开募集的形式。全球资本市场融资方式创新不断，尤其是私募股权投资基金市场发展迅猛，如黑石（The Blackstone Group，NYSE：BX）、赛富（SAIF）、凯雷（The Carlyle Group）、红杉（Sequoia Capital）等。

近年来，出于对流动性、透明度和募集资金的考虑，上市的私募股权投资基金的数量有所增多，在纽交所上市的黑石集团就是例子。私募股权投资基金的投资方向是企业股权而非股票市场，即它购买的是股权而非股票，PE 的这个性质客观上决定较长的投资回报周期。私募股权基金主要通过以下三种方式退出：一是上市（IPO）；二是被收购或与其他公司合并；三是重组。近年来，中国已成为私募股权投资基金最为看好的市场之一，表 17.1 和表 17.2 介绍了部分中国企业和有代表性的国外企业的私募股权投资模式和股权安排案例。

**表 17.1 近年来一些私募股权投资案例中的股权安排**

| PE 投资基金类型 | 是否战略投资 | 投资概述 | 股权安排 |
|---|---|---|---|
| 成长型投资 | 否 | 2007 年 3 月，德州太平洋集团（TPG）旗下的 TPG 成长基金对中国葡萄酒制造企业云南红酒业集团首期投资1 500万美元，未取得控股权。 | 20% ~30% |
| | 是 | 2007 年 3 月，凯雷旗下的亚洲投资基金Ⅱ以8 000万美元收购诚德钢管有限公司的股权。 | 49% |
| | 是 | 2005 年末，凯雷集团和战略投资者 Prudential 以 4.10 亿美元获得了中国太平洋保险的少数股权。 | 25.0% |
| 并购 | 是 | 2004 年末，美国华平投资集团等机构联手收购哈药集团股权，取得了控制权。 | 55% |
| | 否 | 2006 年 1 月，PAG 以 1.225 亿美元的总价买下中国童车之王好孩子，取得了控制权。 | 67.4% |
| | 否 | 2004 年 5 月，新桥资本以 12.53 亿元的价格从深圳市政府的手中收购深圳发展银行的股份，获得了深发展的控制权。 | 17.9% |
| 不动产投资 | 否 | 2004 年 12 月，上海新茂房地产发展有限公司（新茂大厦的直接持有者）的控股权以9 800万美元的价格转让给房地产基金 MG-PA。 | 95% |
| | 是 | 2005 年 7 月，麦格理银行与一个机构投资者组成的辛迪加组织以支付5 500万美元、提供3 800万美元优先债的代价获取了 9 家中国境内大型商业零售中心的少数股权。 | 24% |
| 上市后私募投资 | 是 | 2006 年 5 月，CVC 认购上市公司晨鸣纸业非公开发行不超过 10 亿 A 股股票，募集资金总额将达 50 亿元。 | 42% |
| | 是 | 2005 年 12 月，MS Asia Investment Limited 和国际金融公司持有上市公司海螺水泥13 200万股和4 800万股。 | 14.34% |

（续表）

| PE 投资基金类型 | 是否战略投资 | 投资概述 | 股权安排 |
|---|---|---|---|
| 夹层投资 | 否 | 2001 年秋，Davidson 酒店集团从喜来登集团购得位于芝加哥的万丽(Renaissance)酒店，并计划将酒店翻新。Davidson 从 Rockbridge Capital 获得了 650 万美元夹层融资，期限 4 年，Rockbridge 在收取 12% 利息的同时，参与分享酒店现金收入及再出售利润。 | 0% |
| | 否 | 2003 年 12 月，Mach-Cali Realty 房地产投资信托投资1 630万美元于 One River 商业中心，期限 3 年。Mach-Cali Realty 除收取利息外，可以在 3 年期内将夹层投资转换为项目 62.5% 的所有权，并接管项目租赁及管理。 | 0% |
| 重组/重振资本 | 是 | 2002 年 3 月，WL ROSS & CO 以 3.25 亿美元代价收购破产的美国第四大钢铁厂 LTV。在 2003 年斥资 15 亿美元收购申请破产保护的伯利恒，将两公司整合为国际钢铁集团(ISG)于 2003 年底上市，获得超额认购。2006 年 5 月，以 45 亿美元现金加股票的价格将 ISG 卖给米塔尔，获利 2.6 亿美元。 | 100% |
| 不良债权投资 | 否 | 摩根士丹利房地产基金 MSREF 与金地、上海盛融合资设立注册资本约为人民币 5 亿元的项目公司，处理建行不良资产包。MSREF 取得控制权。 | 55% |
| Pre-IPO | 否 | 2006 年高盛集团投资约 25.82 亿美元持有工商银行少数股权。 | 5.75% |
| 资本 | 否 | 2007 年 1 月，英联、摩根斯坦利和高盛向太子奶集团注资 7 300 万美元，取得少数股权。 | 约 30% |
| 创业投资 | 否 | 2000 年凯雷集团注入携程旅行网 800 万美元资金取得少数股权。 | 约 25% |

### 表 17.2　部分带有股权附加条件的私募股权投资案例

| 投资概述 | 股权设计 | 附加条件 |
|---|---|---|
| 1997 年底华平注资1 100万美元入股亚信，取得少数股权。 | 11% | 如亚信未能实现约定的增长目标，华平持有的股权比例自动升至 22%。 |
| 2002 年 12 月，摩根士丹利、鼎晖、英联向蒙牛投资入股2 600多万美元，共持蒙牛乳业少数股权。 | 32% | 从 2003—2006 年，蒙牛乳业的复合年增长率不低于 50%。若达不到，公司管理层将输给摩根士丹利约6 000万～7 000万股的上市公司股份；如果业绩增长达到目标，摩根士丹利等机构就要拿出自己的相应股份奖励给蒙牛管理层。 |
| 2005 年初，摩根士丹利及鼎晖以5 000万美元认购上海永乐家用电器少数股权。 | 27.31% | 若 2007 年(可延至 2008 年或 2009 年)净利润高于 7.5 亿元，外方将向中方转让4 697.38万股；如果净利润不高于 6.75 亿元，中方将向外方转让4 697.38万股；如果净利润不高于 6 亿元，中方向外方转让9 394.76万股。 |

（续表）

| 投资概述 | 股权设计 | 附加条件 |
|---|---|---|
| 2005年初，高盛以3 000多万美元的价格置换了江苏雨润食品的少数股份。 | 9% | 若2005年雨润净利润在2.63亿~3.25亿元区间，中方需将至多2.81%的已发行股份转给外方；若净利润少于2.592亿元，中方需以溢价20%的价格赎回外方所持股份。 |
| 2006年2月，华平认购国美电器发行的1.25亿美元可转换债券及2 500万美元认股权证。 | 0% | 一旦债券及认股权证获悉数转换及行使，华平将持有1.7668亿股普通股，占国美电器总发行股本约9.71%，成为国美电器的第二大股东。 |

### 17.2.2 债券融资

国际债券市场由外国债券、欧洲债券（离岸债券）和全球债券市场组成。采用发行债券的方式进行融资，其好处在于还款期限较长，附加限制少，资金成本也不太高，但手续复杂，对企业要求严格。我国债券市场相对冷淡，交投不活跃，发行风险大，特别是长期债券，面临的利率风险较大，而又欠缺风险管理的金融工具。目前对于条件好的企业可以发一些企业债券，因为市场利率比较低、融资成本较低。但是债券相对银行借款而言，还款约束强，要控制好还款风险。

债券种类很多，我国常见的有企业债券和公司债券以及可转换债券。企业债券要求较低，公司债券要求则相对严格，只有国有独资公司、上市公司、两个以国有投资主体设立的有限责任公司才有发行资格，并且对企业资产负债率以及资本金等都有严格限制。可转换债券只有重点国有企业和上市公司才能够发行，它是一种含期权的衍生金融工具。

基于中国内地债券市场尚处于初级发展阶段，债券市场上交易品种少，而且交易规则等尚需进一步完善。因此允许内地企业根据自身需要选择在香港发行债券意义尤其重大。目前香港为亚洲发债中心，内地企业在港发债不断增加。数据显示截至2005年，到香港上市的内地企业超过了300家，集资金额逾9 000亿港元。但透过发债券集资的只有20多家，集资额只有500亿港元，其中300亿港元还是在2004—2005年间完成的。

### 17.2.3 信贷融资

信贷融资是间接融资，它以银行为经营主体，按信贷规则运作，要求资产安全和资金回流，风险取决于资产质量。国际商业银行贷款有三种形式：双边即两国银行（或信托投资公司）之间签订协议；俱乐部贷款（3~5家银行联合向一个借款人贷款）和银团贷款（又称国际辛迪加贷款，syndicated loans）。跨国公司需要的长期巨额款项往往通过国际银团贷款，占据国际资本市场融资总额的30%，约上万亿美元。我国企业不能直接对外贷款，所以采用银行或信托投资的

现场观察 17–2

### 雅居乐地产在香港发行债券

中国内地房地产企业最先发行债券融资的是中国海外发展，2005年7月发行了23.4亿港元7年期债券。之后合生创展在2006年发行3亿美元7年期债券，2007年上海置业发行7年期的债券集资11.7亿港元。但并不是每家房地产企业的债券都会获得良好评级。2006年6月，穆迪投资发表报告指出，基于合生创展（0754.HK）2005年业绩差过预期，以及2006年首5个月资本投资太过进取，可能削弱合生的债务及流动资金状况，故此将合生的债券评级列入可能调低评级的检讨名单。

雅居乐地产（3383.HK）2006年宣布通过摩根士丹利和汇丰银行发行的2013年到期、9厘定息优先票据。由于投资者反应热烈并获得5.4倍超额认购，故将发行额度由3.5亿美元增加至4亿美元。该批债券初步已经录得近19亿美元的认购。设定息率为9%，付息频率为半年一次。评级机构标准普尔表示，雅居乐所发行7年期高级票据规模加码5 000万美元，至4亿美元，其评级不会受到影响，维持其BB评级，前景展望为稳定。

摩根大通分析员魏志鸿指出，发行债券的好处是，让内地企业获得较长期的融资渠道，因为银行贷款年期一般只有两三年，不会有7年期这么长；但发行债券的缺点是利息较银行贷款为高，不过，由于人民币有升值的前景，这对内地企业有利，亦是内地房企在香港积极发行债券的主要原因之一。

资料来源：吴晓波.第一财经日报，2006-09-22.

方式代为企业筹资。

## 17.3　全球环境下的资本预算

资本预算（capital budgeting）也称投资评价，主要是分析和评估投资计划的可行性，对各种潜在的投资机会在分析评估的基础上进行比较和决策。全球环境下的资本预算指跨国公司通过比较不同项目的净现值或者内部收益率等来比较不同项目。

跨国公司在多个不同国家拥有经济实体，其资产的价值受国际商品市场、国际资金市场、外汇市场和各国政府法令制度的影响，资本预算受到相关各国经济环境、社会环境、金融环境和税收环境的影响。比如相关各国的通货膨胀率、汇率及利率的变化直接影响资金流的预算；各国资本市场之间的隔离，既可能创造财务利得机会，又可能增加财务成本；子公司汇回资金时，要受到当地政府的税收、外汇管制、其他法规和政治因素的约束；母公司的现金流与子公司的现金流，因国别不同而性质不同，对其价值贡献的评价也不同。

### 17.3.1 贴现的分析方法

资本预算的一般过程为以时间为序确定相关增量经营性现金流量的大小及发生时间；确定现金流量的风险及折现率；利用折现率将每一个现金流量折现，得到净现值（NPV）；比较同一时点不同项目之间的 NPV，并作出决策。跨国公司的资本支出预算主要有两类基本方法：一是贴现分析评价法；二是非贴现分析评价法。在此仅讨论贴现分析评价法。

贴现分析评价方法，是指考虑货币时间价值的分析评价方法，亦被称为贴现现金流量分析技术。贴现分析方法又可分为三种方法：净现值法、现值指数法和内含报酬率法。

#### 净现值法

这种方法使用净现值作为评价方案优劣的指标。净现值（net present value，NPV）指特定方案未来现金流入的现值与未来现金流出的现值之间的差额。如净现值为正数，即贴现后现金流入大于贴现后现金流出，该投资项目的报酬率大于预定的贴现率。如净现值为零，即贴现后现金流入等于贴现后现金流出，该投资项目的报酬率相当于预定的贴现率。如净现值为负数，即贴现后现金流入小于贴现后现金流出，该投资项目的报酬率小于预定的贴现率。计算净现值的公式：

$$\text{净现值} = \sum_{k=0}^{n} I^k/(1+i)^k - \sum_{k=0}^{n} 0^k/(1+i)^k$$

其中：$n$—— 投资涉及的年限；

$I^k$—— 第 $k$ 年的现金流入量；

$0^k$—— 第 $k$ 年的现金流出量；

$i$—— 预定的贴现率。

#### 现值指数法

这种方法以现值指数作为评价方案的指标。现值指数（present index，PI），也称获利指数（profitability index），是未来现金流入现值与现金流出现值的比值。计算现值指数的公式：

$$\text{现值指数} = \sum_{k=0}^{n} I^k/(1+i)^k \div \sum_{k=0} 0^k/(1+i)^k$$

现值指数大于 1，说明其收益超过成本，即投资报酬率超过预定的贴现率。方案现值指数小于 1，净现值为负数，说明其投资报酬率没有达到预定的贴现率。如果现值指数等于 1，说明贴现后现金流入等于现金流出，投资报酬率与预定的贴现率相同。

### 内含报酬率法

内含报酬率法是根据方案本身内含报酬率来评价方案优劣的一种方法。内含报酬率（internal rate of return，IRR）指能够使未来现金流入量现值等于未来现金流出量现值的贴现率，或者说是使投资方案净现值为零的贴现率。内含报酬率的计算用“逐步测试法”，经过多次测试，寻找出使净现值接近于零的贴现率，即为方案本身的内含报酬率。

## 17.3.2 资本预算中的现金流量

由于一些东道国对跨国公司利润、折旧和费用的汇回制定了许多限制性政策，这些措施使得投资项目的现金流量与母公司能从该项目中获得的现金流量之间出现了很大的差距。对于在资本预算中到底采用投资项目的现金流量还是母公司的现金流量一直存在着争论。一种观点认为，对海外投资项目的评价应采用母公司的现金流量，因为，判断公司的标准是每股收益和给股东带来的红利。因此，应采用扣除实际成本后可以汇回的现金流量。由于这些汇回的部分还包括了管理费、特许权使用费和母公司贷款利息等，因此，应该以扣除项目后所产生的净税后经营性现金流量为基础。另一种观点主张采用海外项目现金流量，主要理由是，资金是否能够汇回并不影响国外投资实绩，因此，汇回限制不构成投资评价中的一个主要问题。不过，采用海外项目现金流量来评价项目存在货币转换中的汇率变动问题，这种方法也忽视了海外投资项目对跨国公司整体经营活动的影响，从而不利于公司整体战略的实施。

基于以上两种不同方法的优缺点，目前普遍采用的是一种折中的方法。这个方法分为三个步骤：第一，先分析计算投资项目的现金流量；第二，考虑影响资金汇回的各种因素，预测现金流量汇回的形式、数量和时间，并扣除在此过程中的税收支出和其他费用；第三，评估投资项目对公司总体其他方面可能产生的影响。

## 17.3.3 资本预算中的风险处置

跨国公司的经营环境与国内企业有着很大的不同，海外投资的不确定性给跨国公司带来了巨大的风险。这些风险主要有来自政治的和经济的因素，对这些因素的分析是海外项目评估的一个重要方面。净现值的计算公式有两个部分：分子部分和分母部分。调整分子就是调整现金流量；调整分母就是调整折现率和回收期。

### 调整现金流量法

就是在各年的现金流量中扣除用于海外政治与经济风险的保险成本后的余

额，或者把不定的现金流量换算成确定的现金流量。其计算公式为：

$$风险调整后净现值 = \sum_{k=0}^{n} a_k I^k/(1+i)^k$$

其中 $a_k$ 是 $k$ 年现金流量的肯定当量系数,$0 \leqslant a_k \leqslant 1$。

肯定当量系数,是指不肯定(带有风险)的一元钱的现金流量相当于投资者满意的肯定(不带风险)的金额的系数。它可以把不肯定的现金流量换算成肯定的现金流量。如果是可以保险的,则 $a_k = 1 - 保险成本/保险标值$。

### 调整资本回收期或折现率法

依据海外投资项目风险大小来缩短投资项目的最低资本回收期，或者提高用于海外项目折算的折现率即必要报酬率。其计算公式为：

$$调整后净现值 = \sum_{k=0}^{m} I^k/(1+i')^k$$

其中,$m$ 为调整后的资本回收期;$i'$ 为调整后的折现率。

## 17.4 营运资金管理

一个企业要维持正常的运转就必须要拥有适量的营运资金，因此，营运资金管理（working capital management）是企业财务管理的重要组成部分。据调查，公司财务经理60%的时间都用于营运资金管理。

### 营运资金及其特点

从会计的角度看，营运资金是指流动资产与流动负债的净额。流动资产是指可以在一年内或超过一年的一个营业周期内变现或运用的资产，流动资产具有占用时间短、周转快、易变现等特点。企业拥有较多的流动资产，可在一定程度上降低财务风险。流动资产在资产负债表上主要包括以下项目：货币资金、短期投资、应收票据、应收账款、预付费用和存货。流动负债是指需要在一年或者超过一年的一个营业周期内偿还的债务。流动负债又称短期融资，具有成本低、偿还期短的特点，必须认真进行管理，否则，将使企业承受较大的风险。流动负债主要包括以下项目：短期借款、应付票据、应付账款、应付工资、应付税金及未交利润等。

营运资金一般具有以下特点：

- □ 周转时间短。根据这一特点，营运资金可以通过短期筹资方式加以解决。
- □ 非现金形态的营运资金如存货、应收账款、短期有价证券等容易变现，这一点对企业应付临时性的资金需求有重要意义。

□ 数量具有波动性。流动资产或流动负债容易受内外条件的影响，数量的波动往往很大。

□ 来源具有多样性。营运资金的需求问题既可通过长期筹资方式解决，也可通过短期筹资方式解决。仅短期筹资就有银行短期借款、短期融资、商业信用、票据贴现等多种方式。

营运资金管理在企业销售及采购业务中处于重要地位，对企业利润目标的实现会产生重大影响。营运资金管理的宗旨是促进销售部门减少销售风险，提高利润水平。

#### 营运资金管理的核心内容

营运资金管理的核心内容是对资金运用和资金筹措的管理。资金运用的管理即企业应该投资多少在流动资产上，包括现金管理、应收账款管理和存货管理。资金筹措的管理，即企业应该怎样来进行流动资产的融资，包括银行短期借款的管理和商业信用的管理。

跨国公司通常在总部设立单独的资金部门来负责全球范围内的资金管理工作，主要职责包括制定营运资金融资政策、选择及管理银行合作伙伴，通过利率管理、企业资金管理行使集团内部银行的功能，对集团内部各成员单位提供资金的融资服务。同时，资金部门还设立外汇交易室，集中对集团内各成员单位所需要的外汇进行交易及配对，并在必要时进行衍生工具交易如利率期权、外汇期权等。

跨国公司提高营运资金管理效率的方法包括：加强对流动资产和流动负债的管理；加快现金、存货和应收账款的周转速度，尽量减少资金的过分占用，降低资金占用成本；利用商业信用，解决资金短期周转困难，同时在适当的时候向银行借款，利用财务杠杆，提高权益资本报酬率。

#### 国际现金管理

国际企业在进行集团内和集团外现金收付时，其复杂程度显著增加。国际企业简化现金收付的主要方法包括：电传支付（wire transfers）、现金池（cash pooling）、冲销（payment netting）、电子转账（electronic fund transfers）。现场观察 17-3 介绍了跨国公司在华外汇集中管理问题。

## 17.5 跨国公司财务管理新内容

近年来，由于经济全球化和一体化的发展，跨国公司财务管理出现了一些新趋势，主要表现为跨国并购增多、跨国破产清算增多等，跨国公司需要考虑怎样对这些业务进行更为有效和稳妥的财务管理。

现场观察 17-3

## 招行"GE美元现金池"项目成开路先锋

长期以来，中国境内外汇流动受到严格限制，跨国公司资金无法集中，这一度被视为吸引跨国公司总部落户中国内地的"阿喀琉斯之踵"（即致命缺陷）。2004年10月份，外管局为支持跨国公司进行外汇资金有效运用而出台了104号文，允许跨国公司进行外币委托贷款，不过，当时多数是单笔的转移，并不能实现外汇资金的集中管理。

外管局资本项目管理司表示，正是允许跨国公司进行外币委托贷款的规定使得跨国公司外汇资金统一营运成为可能。招商银行的"GE美元现金池项目"就是将委托贷款最大限度地灵活应用。双方合作中，银行是放款人，集团公司和其子公司是委托借款人和借款人，然后通过电子银行来实现一揽子委托贷款协议，使得原来需要逐笔单笔办理的业务，变成集约化的业务和流程，从而实现了整个集团外汇资金的统一营运和集中管理。根据招商银行总行公司银行部，GE的现金池设在GE中国母公司的账户上，开户行是招商银行上海分行的曹家渡支行，每天下午4：00，系统自动对每个子公司资本金账户和经常账户进行扫描，将结余外汇归并到池子里。各子公司之间内部计价，向池子存钱的有利息收益，从池子取钱的有贷款利息支出，上述每一个步骤都以委托贷款的方式进行。

经外管局批准，渣打银行也开始为TCL集团成员公司办理外汇资金集中管理业务，成为国内第一家在外管局监管下为跨国公司进行外汇资金集中管理业务试点的外资银行。渣打银行为TCL集团办理的外汇资金集中管理也是借重了委托贷款这一形式。

一位知名外资企业的财务部负责人表示："由于采用委托贷款，银行要收取手续费，企业要上缴利息收入的营业税，企业会发生额外的财务费用。"但是经测算，如果不采用外汇现金池这一产品，一方面部分子公司会产生多余现金，另一方面，部分子公司会因为资金不足而向银行贷款，企业大概会多产生1.5%的财务费用。而采用外汇现金池后，企业则损失大约20个基点的财务费用。因此，两相比较，企业还是能够获益。

资料来源：韩圣海.第一财经日报，2005-10.

### 17.5.1 跨国并购风险

由于并购方往往对境外并购市场的熟悉程度比对国内的要低，因此跨国并购的风险很大，这些风险主要以财务风险的形式体现出来。从财务管理角度来看，跨国并购企业财务风险的主要来源可以概括为目标企业价值评估风险、融资风险、流动性风险和杠杆收购的偿债风险四个方面。

#### 目标企业价值评估风险

在确定目标企业后，购并双方最关心的问题莫过于合理估算目标企业的价值作为成交底价，这是并购成功的基础。对目标企业的价值评估，一般情况下是以持续经营为假设前提，估算目标企业的经营期限和各个时期的预期收益，体现所有收益，得出目标企业的价值。

目标企业价值的准确评估依赖于各期收益的预测，收益的预测建立在目标企业的信息基础上。一个目标企业估值依据预期收益实现的大小和时间性预期。目标企业的信息往往依靠评估机构和上市公司的信息披露，如果信息披露不准确，那么并购方对预期收益的预测以及目标企业的估值就不准确，这就产生了并购公司的估价风险。

影响目标企业信息质量的因素有：（1）目标企业是上市企业还是非上市企业；（2）并购企业是善意收购还是恶意收购；（3）准备并购的时间；（4）目标企业审计距离并购的时间长短。目标企业价值的评估风险在很大程度上取决于信息不对称程度的大小。在跨国并购过程中，由于中介的会计师事务所提交的审计报告水分较多，上市公司信息披露不够充分，从而导致严重的信息不对称，使得并购企业对目标企业资产价值和盈利能力的判断往往难于做到非常准确，在定价中可能接受高于目标企业实有的收购价格，导致并购企业支付更多的资金或以更多的股权进行置换。并购企业可能由此造成资产负债率过高或不能带来预期盈利而陷入财务困境。

### 融资风险

在企业进行跨国并购、整合以及并购后的经营过程中往往需要大量的资金。并购融资风险指能否按时、足额地利用企业内部和外部的资金渠道在短期内筹集到所需的资金，保证并购顺利进行。

企业并购的融资决策对企业的资金规模和资本结构产生重大影响，企业通常可采用的融资渠道有：向银行借款，发行债券、股票和认股权证。由于并购动机不同以及目标企业收购前资本结构不同，使得企业并购所需的长期资金和短期资金、自有资本与债务资金的投入比例存在差异。

如果企业进行并购只是暂时持有，待适当改造后重新出售，这就需要投入相当数量的短期资金。这时，可以选择资本成本相对较低的短期借款方式，但还本付息的负担较重，企业若届时安排不当，就会陷入财务危机。如果买方是为了长期拥有目标企业，就要根据目标企业的资本结构及其持续经营的需要，来确定收购资金的具体筹集方式。并购企业应针对目标公司负债偿还期限的长短，维持正常营运资金的多少，来做好投资的不同回收期与借款的种类相配合，合理安排资本结构。如用短期融资来维持目标公司正常运营的流动性资金需要、用长期负债和股东权益来筹措购买该企业所需的其他资金投入。在并购企业不会出现融资危机的前提下，尽量降低资本成本，力求资本结构的合理性。

防范跨国并购的融资风险应注意融资币种的选择和汇率风险，跨国并购的融资如果从国际金融市场上筹措资金，要根据外汇风险情况进行融资决策，币种选择尽量选择预期贬值的货币，以避免汇兑损失；如果不能进行币种选择，可以采取保值的措施。

**流动性风险**

跨国并购流动性风险是指企业并购后由于债务负担过重，缺乏短期融资能力导致支付困难的可能性。在现金支付方式占有很大比重的跨国并购中，流动性风险尤其值得重视。

跨国并购流动性风险包括两层含义：一是变现力风险；二是企业支付能力和偿债能力发生的问题，又称并购现金不足及现金不能清偿风险。变现力风险是引发现金不足及现金不能清偿风险的根源，而并购现金不足风险可直接促使企业并购失败。采用现金收购的企业首先考虑的是资产的流动性，流动资产或速动资产的质量越高，变现能力越高，企业越能迅速、顺利地获取收购资金。目标企业资产负债率过高，将使得组合后的企业负债比率、长期负债都大幅度上升，资本的安全性降低。如果并购方融资能力较差，现金流量安排不当，则流动比率也会大幅度下降，给并购方带来资产的流动性风险，影响其短期偿债能力。

**杠杆收购的偿债风险**

杠杆收购又称债务并购，指筹资企业以其准备收购的企业的资产和将来收益作为抵押，通过大量的债务融资来支付兼并与收购行动，通常由主收购企业、投资银行或其他商业银行、各类金融机构及投资者组成一个投资群体来完成，其本质就是举债收购。杠杆收购实质是购并公司主要通过借款增加公司的财务杠杆来获得目标公司的产权，又从目标公司的现金流量中偿还负债的并购方式。

杠杆收购能迅速解决收购（尤其是大额收购）中的融资问题，做到小鱼吃大鱼。但是杠杆收购也带来难以回避的高风险：首先是高息风险债券带来的风险。杠杆收购中通常有一部分资金来源于高息风险债券，资金成本很高，而收购本身未来现金流量的不确定性又很大，即变化系数较大，很高的资金成本和很大的变化系数使风险调整贴现率较大。杠杆收购项目必须实现很高的回报率才能使收购者真正受益；否则，反而使收购公司因高额债务陷入困境。其次是收购资金中过高的负债比例带来的风险。杠杆收购的资金来源除了高息风险债券以外，还有银行贷款。由于收购资金绝大多数来自负债，必然带来收购后负债清偿风险。

### 17.5.2 跨国破产清算问题

跨国融资和投资的发展使得来自于不同国家的经济主体之间的债权债务关系迅速增多，尤其是在跨国公司的业务体系内。跨国破产的事件也越来越多了，如何处理跨国破产企业的财产清算，成为财务管理的新问题。

跨国破产是指在一个破产案件中，牵涉的债务人、债权人或破产财产处于两个以上（含两个）的国家。虽然各个国家都有自己的破产法，规定了明确的破产程序和具体事宜，但各国破产的法律制度有很大差别，各国破产程序冲突不可避

### 现场观察 17-4

## 联想"三月盈利"奇迹的背后

2005年5月1日，联想以6.5亿美元现金、6亿美元普通股的代价完成对IBM全球个人电脑业务的收购。新联想成为全球第三大PC企业，收购后联想在160多个国家与地区销售产品，市场占有率超过8%（仅次于惠普和戴尔），营业额从30亿美元跃升到170亿美元，全球电脑销量从400多万台增长到2 000多万台。更令人称奇的是，联想在并购IBM PC后仅三个月就实现了盈利。

IBM的个人电脑业务拥有全球最强的研发力量与品牌号召力，ThinkPad至今被公认为全球技术最好的商用笔记本电脑。但由于高昂的运营成本，常年处于巨亏状态。联想并购IBM PC部门让联想获得品牌影响力、市场份额和技术，拥有国际化的管理团队和国际公司的治理架构，从而具备了参与全球性竞争的资格和能力。更重要的是，联想借并购IBM PC部门抓住了笔记本电脑市场爆发的产业大势，这也是联想"蛇吞象"之后没有重蹈明基、TCL并购覆辙的关键所在。联想对并购时机和对象的选择极为准确，在台式机时代，联想、方正、同方等国产PC厂商牢牢占据了国内绝大多数市场份额。但高端的笔记本电脑市场完全是跨国公司的天下，国产厂商普遍缺乏设计制造笔记本电脑的能力，联想集团CTO贺志强曾说联想直到2002年都不能独立设计笔记本电脑，其他国产品牌在这方面的差距更大，品牌影响力更是无从谈起。联想借并购实现了这一跨越，而方正、同方等厂商则因这一致命缺陷无法弥补，在产业大势变化后逐步衰落下去。这是联想"三月盈利"的产业技术关键。

另外IBM PC的亏损并没有财报表面上看起来那么大，IBM PC当时毛利是22%，远高于联想的15%和戴尔的11%。ThinkPad的利润更高，始终是PC部门的利润源泉。但IBM产品多元化，PC分摊的成本过高，这是亏损的主因。而联想基本上是个纯PC公司，不存在分摊费用的问题。同时，联想的准备工作做得较为充分，在短时间内有效地维系了客户关系，没有出现IBM原有客户大幅度流失的现象，在运营上又作了一系列组织架构的合并和区域的重新调整，节省了不少费用。再加上笔记本电脑带来的丰厚利润，"三月盈利"的奇迹就此诞生。

参考网址：http: //guide.ppsj.com.cn/art/1500/lxhwbgyzdgtsyylqjznds/源："三月盈利"奇迹怎能诞生：联想海外并购要栽大跟头.中国企业家.2009-03-05　以及 http: //www.gemag.com.cn/gemag/new/Article_Content.aspD_ID=9682等编写。

免。具体运用哪个国家的破产法，有时最后的结果大不相同。破产法的类型主要分为支持债权人的利益类型、支持债务人的利益类型和折中类型。更多情况下，各国都坚持适用的破产法保护本国债权人的利益。

综观各国在财产清算上的差异，可以归纳为三个不同的原则：破产地域性原则、破产普遍性原则和破产折中主义。破产地域性原则是指一个国家法院作出破产宣告，效力仅限于破产人在该国领域内的财产，不对债务人的其他国家的财产进行处理。这显然有利于支持债务人的利益。破产普遍性原则指在一个国家法院作出破产宣告，效力限于债务人的所有财产，无论位于哪个国家。这显然有利于支持债权人的利益。所谓破产折中主义是兼纳破产地域性原则和破产普遍原则，有的国家主张本国的破产宣告采用破产普遍性原则，而外国的破产宣告采用破产地域性原则；有的国家则根据财产的性质区别对待，对债务人的动产采用破产普遍性原则，不动产采用破产地域性原则。在处理跨国的破产清算时，不同的对策和措施，在一定的情况下，获得或损失的经济利益大有不同，这是财务管理对破产清算要关注的原因。

## 本章小结

- 跨国财务管理的任务是通过最大化股东权益来保持和创造财富。
- 跨国公司财务管理的四大领域是资本结构、长期资本筹措、资本预算和营运资金管理。
- 资本结构是指企业中长期资本价值的构成及其比例关系，尤其是指长期的股权资本与债权资本的构成及其比例关系。合理的资本结构可以降低企业的综合资本成本率、获得财务杠杆利益、增加公司的价值。在跨国公司资本结构决定机制中，跨国经营要素对跨国公司债务融资成本具有正反两方面的影响。
- 跨国公司外源融资主要包括直接融资和间接融资两类方式，具体有股权融资、债券融资和信贷融资。
- 私募股权投资（Private Equity，简称 PE）是指通过私募形式对私有企业，即非上市企业进行的权益性投资，在交易实施过程中附带考虑了将来的退出机制，即通过上市、并购或管理层回购等方式，出售持股获利。
- 资本预算是分析和评估投资计划的可行性，对各种潜在的投资机会在分析评估的基础上进行比较和决策。资本预算贴现分析法分为三种方法：净现值法、现值指数法和内含报酬率法。
- 资本预算中采用投资项目的现金流量还是母公司的现金流量一直存在着争论，目前普遍采用的是折中方法。
- 跨国公司海外投资风险巨大，资本预算风险分析这些来自海外项目的风险因素。净现值公式调整分两个部分：调整分子就是调整现金流量；调整分母就是调整折现率和回收期。
- 跨国并购企业财务风险的主要来源可以概括为目标企业价值评估风险、融资风险、流动性风险、杠杆收购的偿债风险四个方面。
- 跨国财产清算差异可以使用三个不同原则：破产地域性原则、破产普遍性原则和破产折中主义。

### 关键词和概念

跨国财务管理　资本结构决策　长期资金筹措　私募股权投资　债券融资　信贷融资　资本预算管理　贴现分析法　营运资金管理　跨国并购　跨国破产清算

### 思考题

1. 你如何看待跨国公司财务管理的四大领域以及跨国公司 CFO 的角色？
2. 请选择一家中国企业，分析它们采用哪种方式在国际资本市场上筹集长期资本？
3. 请思考如何用资本预算的贴现分析法来评估某个投资项目。
4. 资本预算中该采用海外投资项目的现金流量还是母公司的现金流量？
5. 处理资本预算风险的方法有哪些？
6. 营运资金如何管理，招行“GE 美元现金池”有何意义？
7. 中国企业在 2008 年全球金融危机后，出于海外抄底情结，纷纷出击收购全球大型公司。请搜集相关案例，并与同学讨论这些企业跨国并购巨额融资可能出现的财务风险。
8. 请与同学讨论跨国破产清算财务问题。

## 结尾案例

# 案例17－1　英国石油公司财务管理模式[2]

作为财富500强排名第二的全球石化巨头，2003年英国石油（BP）的利润总额为124亿美元。BP公司高效、创新的财务控制和会计制度也广受人称赞。

BP公司最大的职能部门之一是财务控制和会计部门（FC&A），负责财务控制、对外会计报告、金融风险控制、系统管理和会计等工作，由遍布全球的4 100多名财务专业人员组成。

BP公司总部在英国，同时也是纽约证券交易所的上市公司。因此，从会计报表的角度来讲，BP公司既要符合英国的要求，也要符合美国的要求。同时，BP公司在全球102个国家有下属的公司或是业务上的往来，所以BP的财务控制和会计等工作，还必须满足这些国家诸多法律的要求。

BP公司使用统一的财务软件和统一的会计科目，使管理信息的汇报工作变得更加标准。标准化减少了财务工作的复杂性，使之保持单线管理，也一定程度上体现了透明度。

另外，BP公司也在保证统一性的前提下保证具体业务操作的便捷性。在BP集团的会计管理中，某些具体业务，比如日常的交易、收付款、管理应收应付账款之类的业务，不一定必须在它们所发生的国家进行。会计业务在哪个国家进行是对BP最有利的，就可以转向这些国家进行。

长久以来，BP公司形成了一种以销售表现为主导的企业管理文化，而在BP的财务控制和会计部门也形成了以公司业绩表现为主导的财务管理思维。这样，财务部门与业务部门就会保持紧密的合作关系。在这种新的思维模式下，FC&A职能也出现了新的变化。以前FC&A的工作只限会计报表等，集中于BP内部，现在，FC&A还进行对客户信用度进行管理的团外部等工作。

为实现财务控制领域中多样性条件下的统一管理，BP集团成立了管理大学。这是一个虚拟环境的大学，在大学里有财务控制和会计学院。设置的课程非常多，有些是非常基本的，是一些非常技术性的。通过BP管理大学财务控制和会计学院，BP财务人员能及时更新自己的知识。

### 讨论和在线学习问题：

1. 跨国公司的财务管理模式有以下三种类型：分权式、集权式和混合式。你认为BP公司财务管理模式对大型跨国公司的财务管理有何意义？
2. 请上网搜集中国跨国公司国际化过程中遭遇的财务风险案例。请与同学讨论中国跨国公司财务风险管理的各环节，并讨论可能的公司风险管理的具体措施和对策。

## 参考文献


1. 根据铭万网 http：//management. mainone. com/tax/2007－07/108210_ 1. htm 和邓传洲．吴建友．徐忠．21世纪经济报道．2006－11－15中国人力资源网 http：//blog. hr. com. cn/html/45/n－3645. html 等编写。
2. 资料来源：http：//www. dongao. com/practice/jtcw/20091103131025_ 39547. shtml

18 CHAPTER 18

# 国际人力资源管理

"企业只有一项真正的资源：人。"

——彼得·德鲁克

**学习目标**

- 国际与国内人力资源管理的不同
- 国际人力资源管理者胜任特征模型
- 国际人力资源管理战略和职能
- 跨国公司如何选拔、培养、激励和保留管理者
- 外派人员高失败率的原因和对策
- 跨国公司劳工管理

## 开篇案例

### 戴尔高管投奔联想[1]

戴尔公司又爆出高管辞职的消息：负责全球人力资源管理工作的高级副总裁保罗·麦金农离职。此前戴尔公司已经发生一系列高级管理人才辞职事件，其中多数高管都投奔到戴尔的竞争对手联想的怀抱。

不像迈克尔·戴尔本人所说的"我不会因为人才离开而睡不着觉"那么简单。

有分析认为，戴尔大量高管流失，是因为直销商业模式陷入困境使高管人才失去信心所致。戴尔公司的直销模式，其最大的优点是通过压缩供应链和业务流程以获得成本优势，从而在市场竞争中做到薄利多销，掌握市场的最大份额和主导权。然而，随着两个最大的竞争对手惠普、联想纷纷采取有效的手段改进供应链、降低成本，戴尔直销模式的优势逐渐丧失。与此同时，全球电脑市场已经发展到消费者注重对电脑的个性体验的阶段，而直销模式无法为消费者提供这样的个性化体验。戴尔直销商业模式的这些局限，直接造成公司业绩的大幅滑坡。戴尔的高管可能因为担心直销模式的前景，而纷纷出走。

也有分析认为，戴尔公司一味追求业绩的企业文化，降低了员工对公司的归属感，也是人才流失的主要原因。戴尔的企业文化，多年来特别强调业绩至上和股票期权，把员工与公司的关系简化为金钱关系，一种最现实、也是最脆弱的关系。实际上，戴尔公司自己也发现了这个问题。罗林斯在担任公司CEO期间，

为了改变这种状况，曾经和麦金农一起，在公司组织实施名为“戴尔之魂”的企业文化变革计划。他们希望通过这个计划，建立起注重员工的长期职业发展的企业文化，以取代仅仅注重经济利益的文化。不过，罗林斯等不到成功的那一天，就因为业绩问题被董事会解职。现在，人才流失的问题，以及背后错综复杂的诸多挑战，摆到了“重出江湖”再任戴尔公司CEO的迈克尔·戴尔面前。

# 导言

开展国际经营活动、确保国际企业的战略目标的实现需要人力资源的保证，国际人力资源管理政策与跨国公司战略、正式和非正式的结构与控制协调一致，为实施战略目标中发挥着关键作用。如同开篇案例中看到的那样，在国际公司开展全球经营的背景下，国际人力资源管理帮助企业管理者在跨国经营的条件下应对经营环境的变化和动荡。本章比较国际人力资源管理与国内人力资源管理的差异、探讨全球化趋势下人力资源管理发展的挑战、国际人力资源管理职能活动、国际经理和劳工的管理问题等，从多角度来研究国际人力资源管理问题与操作方案。

## 18.1 国际与国内人力资源管理的不同

跨国企业长期优势的形成往往是由人力资源管理水平决定的，可以说企业的战略性人力资源管理政策及水平将最终决定其能否真正有效实现经营突破和国际化经营目标的达成。在全球化经营的背景下，企业的人力资源管理活动多样性与复杂性大大提高，表现出不同于国内人力资源管理的特点。

### 战略意义不同

在企业国际化的过程中，人力资源管理战略范畴包括发展人力资源战略，在国际化的不同发展阶段支持公司，以符合跨国组织的战略目标；通过人力资源管理记分卡（scorecard），具体评量各项人力资源活动的成本效益及对营运的绩效展现；重新检视人力资源管理部门组织架构及作业，看其是否具备支持企业海外扩张的能力及响应速度；提出最佳的管控模式，协助企业建置全球化布局所需的组织架构及战略性人力规划。国际人力资源管理通过强化全球范围内人员投资及营运效果的连接，提升公司的人才资本投资报酬率。

### 人力资源管理职能活动重点不同

国际人力资源管理职能强调对战略价值高的活动提供支持。高层管理者已经逐渐认识到采用新的战略人力资源管理模式、制定人力资源管理战略对提高国际人力资源管理职能的有效性的作用。

人员配备方面：国际人力资源管理首先应关注关键管理岗位的人员配备，即中基层经理与作业人员一般是本土化，而高管人员则视企业总部的态度不同，从母国、东道国或全球范围内进行配备。其次，高管人员应当在专业管理技能、技术水平和环境情境适应力之间保持微妙平衡，人力资源管理职能应当帮助管理人员提高当地适应力。最后，国际人力资源管理注重在不同东道国建立子公司高管人员储备。

培训和开发领域：培训开发是最重要的国际人力资源管理活动。培训与开发海外派出人员、当地管理人员的拓展以及建立企业文化的全球统一性都成为国际人力资源管理研究的新兴领域。目前的趋势是将培训与开发拓展到整个管理层，以推动多文化、多国籍管理团队的形成。国际人力资源管理的重心由针对海外派出人员的预备性培训转向建立面向子公司全体管理人员的国际管理开发体系，其目的在于提高管理人员的业绩水平和全球视角。

评估领域：国际人力资源管理中的制度设计要求做到易于理解、公平和实现对管理人员的有效激励，管理人员的国籍、文化背景不应影响评估的结果。在跨国企业中，确定业绩评估的标准十分困难，考虑到跨国公司全球利益的贯彻和复杂的战略实施，单纯的财务指标不能有效反映经理人员的贡献。因此，评估标准不仅要根据子公司对企业总体的实际贡献，还要考虑管理者对不同文化背景的员工和客户的偏好、价值与商务惯例的熟悉等指标来评估管理人员对当地环境和文化的调整能力。

薪酬管理：在某些国家，员工收入包括较低的现金收入和较高比例的保险/年金收入，而在另一些国家，现金收入在总收入中的比例较高。这种工资结构上的差异在很大程度上是由文化差异所决定的，跨国企业无法自动地实现不同文化传统背景下的制度移植。从这个意义上说，研究跨国企业的薪酬影响因素，要比确定具体企业的工资水平更为重要。在薪酬制度设计中，跨国企业不仅应考虑各国的购买力、劳动力市场竞争状况、财务制度和对派出人员的额外补偿，更重要的是提高员工对公司总体目标和文化的认同和支持水平，从而降低协调目标、推行企业价值的管理成本。这意味着，企业的报酬系统不仅要考虑那些直接物质报酬（当期支付或延期支付），还应重视非物质报酬的作用，如管理人员的职业前景、国际信息交流及参与企业战略计划的可能性等。

### 人力资源管理者胜任特征模型

总部位于美国弗吉尼亚的国际人力资源管理协会（IPMA）主要从事公共机构人力资源从业者的职业资格认证，IPMA 提出有关人力资源管理者的胜任特征模型，将优秀的人力资源管理者的主要职责以四种角色类型来表示：一是人力资源管理专家角色，其职能是熟悉机构或企业的人事管理程序，了解政府有关法规政策。二是业务伙伴角色，其职能是熟悉业务，参与制订业务计划、处理问题，并保证业务计划得到有效执行。三是领导者，其职能是发挥影响力，协调平衡组织、部门对员工职责和贡献的要求与员工对薪酬福利的需求之间的关系。四是变革推动者角色，其职能是协助组织、部门管理层有效地计划和应对变革，并在人员培训和专业配备上为变革提供有力的协助。表 18.1 显示人力资源管理者的素质与角色关系。

表 18.1 IPMA 提出的人力资源管理者的素质与角色关系

| 人力资源管理者的素质 | 业务伙伴 | 变革推动者 | 领导者 | HR 专家 |
|---|---|---|---|---|
| 了解组织的使命和经营战略 | X | | | |
| 了解业务程序，能实施变革以提高效率和效果 | X | X | | |
| 了解客户和企业文化 | X | X | | |
| 了解组织的运作环境 | X | X | | |
| 了解团队行为 | X | X | X | |
| 具有良好的沟通能力 | X | X | X | |
| 具有创新能力，创造可冒风险的内部环境 | X | | | |
| 平衡相互竞争的价值 | | X | X | |
| 具有运用组织建设原理的能力 | X | | | |
| 理解整体性业务系统思维 | X | X | | |
| 在人力资源管理中运用信息技术 | | X | | |
| 人力资源管理者的素质 | 业务伙伴 | 变革推动者 | 员工服务者 | |
| 具有分析能力，可进行战略性和创造性思维 | X | X | X | |
| 有能力设计并贯彻变革进程 | | X | | |
| 能运用咨询和谈判技巧，有解决争端能力 | | X | X | |
| 具有建立信任关系的能力 | X | X | | |
| 具有营销及代表能力 | | X | | |
| 具有建造共识和同盟的能力 | | X | X | |
| 熟悉人事管理法规，政策，管理流程和方法 | | | | X |
| 将人力资源管理与组织使命和业务绩效相联系 | X | | | |
| 展示为顾客服务的趋向 | | X | | |
| 理解、重视、并促进员工的多元化 | | | X | |
| 提倡正直品质，遵循符合职业道德的行为 | | | X | |

# 18.2 国际人力资源管理战略和职能

## 18.2.1 跨国公司的人力资源管理战略

跨国公司根据自己的战略目标采取不同的人力资源管理战略，表 18.2 列举三种可能运用到的战略。其中社会福利法（social welfare approach）提供从摇篮到坟墓的保障，这曾经是许多国有经济的特点。成本抑制法（cost-containment approach）是美国企业的特征，它们相信面临商务环境的变化时，通过裁员或者降低雇员成本可以帮助企业渡过难关。投资雇员法（invest-in-employees approach）可以对绩效产生积极效果。

**表 18.2 跨国公司三种不同的人力资源管理战略**

| 人力资源管理问题 | 社会福利法 | 成本抑制法 | 投资雇员法 |
|---|---|---|---|
| 雇员培训和开发 | 仅为特定技术进行培训 | 尽可能降低成本 | 为新、老雇员提供大量的开发性培训 |
| 金钱激励 | 薪酬发放以集体为基础而不是绩效 | 个人绩效决定薪酬水平 | 同时使用个人奖金和部门绩效为基础的利益分享体系 |
| 雇员健康及福利 | 为住房、医疗、儿童养育以及其他社会性需要提供大量直接的大幅度补助 | 削减社会利益、削减或取消雇员福利津贴 | 逐渐取消与雇员绩效无关的直接补贴 |
| 雇员工作保障 | 提供高工作保障 | 不提供工作保障 | 提供中等工作保障 |
| 人力资源管理对公司绩效的关系 | 消极:可能导致差的绩效 | 消极:可能导致差的绩效 | 积极:可能带来更好的绩效 |

资料来源:Dean B. McFarlin,等. 国际管理——运用向导、赢得国际战略机会和提升跨文化管理能力[M].3 版. 北京:中国市场出版社,2009:360.

### 18.2.2 国际人力资源管理主要职能

人力资源实践体系包括管理实践、培训开发、薪酬福利、员工关系以及健康、安全、保障等。美国学者提出的人力资源部门所履行的职责见表 18.3。

**表 18.3 美国学者提出的人力资源部门所履行的职责**

| | |
|---|---|
| 雇佣与招募 | 面试、招募、测试、临时性人员调配 |
| 培训与开发 | 上岗培训以及绩效管理性技能培训,生产率的强化 |
| 报酬 | 工资与薪资管理,工作描述,高级管理人员的报酬,激励工资,工作评价 |
| 福利 | 保险,休假管理,退休计划,利润分配,股票计划 |
| 雇员服务 | 雇员援助计划,雇员的重新安置,被解雇雇员的新职介绍 |
| 员工关系与社区关系 | 员工态度调查,劳工关系,公司出版物,劳动法的遵守,惩戒 |
| 人事记录 | 信息系统,记录 |
| 健康与安全 | 安全检查,毒品测试,健康,修炼 |
| 战略规划 | 国家人力资源,预测,规划,并购 |

**人员配备政策**。人员招募又称为人员招聘，主要是基于组织（公司、政府、非营利组织等）的近期及远期的业务需要，来制订人员需求的计划，并通过各种招聘

手段来完成组织的人员需求。人员招募主要涉及人员规划、简历收集、选聘、录用及入职培训。人员配备政策主要是为特定的工作选择员工，涉及根据特定工作的技能要求选择合适人员。国际企业的人员配备政策的类型包括：

□ 以母国为中心（ethnocentric philosophy），所有关键的管理职位都由母国的人员担任。

□ 以多国为中心（polycentric philosophy），要求子公司管理层由东道国人员担任，但公司总部的关键职位必须是母国人员。

□ 以全球为中心（geocentric philosophy），追求在组织内合理的人员配置，而不考虑国籍因素。

**培训与开发**。培训与开发主要是通过一些培训及开发的技术及手段，提高员工的技能，以适应公司所处经营环境中的技术及知识的变化。主要的技术及手段有在岗培训、轮岗培训、员工继续教育计划、辅导等。

**绩效评估**。绩效评估（performance appraisal）又称绩效评价、员工考核，是一种正式的员工评估制度。评估是企业管理者与员工之间的一项管理沟通活动。绩效评估的结果是员工的晋升、降职、调职和离职提供依据；组织对员工的绩效考评的反馈；员工和团队对组织的贡献进行评估；对员工的薪酬决策提供依据；对招聘选择和工作分配的决策进行评估；了解员工和团队的培训和教育的需要；对培训和员工职业生涯规划效果的评估；对工作计划、预算评估和人力资源规划提供信息。

**人员薪酬和福利**。薪酬福利与激励机制的建立需要结合市场、岗位评估结果与员工能力等因素，并依据绩效考核结果，从而使薪酬福利体系同绩效管理及岗位评估联系起来，使薪酬体系达到“外有竞争力，内有公平性”的良好状态。

薪酬福利体系的作用在于以“利”的形态，激励、促使员工将个人目标与企业目标达成统一，实现双赢。它与企业经营目标的实现和个人能力的发挥相辅相成，同时为达到激励效果，薪酬福利还必须与晋升机制相挂钩。

表 18.4 介绍了人力资源管理职能的最新变化。

**表 18.4　人力资源管理职能的最新变化**

| | 现在的时间比重 | 5～7 年以前的时间比重 |
|---|---|---|
| 保持人事纪录 | 15% | 22% |
| 审核控制 | 12% | 19% |
| 人力资源服务提供者 | 31% | 35% |
| 产品开发 | 19% | 14% |
| 战略经营伙伴 | 22% | 11% |

## 18.3 实施国际人力资源管理——管理者的管理

实施国际人力资源管理是一道难题。一般而言，跨国公司强调公司总部制定人力资源战略管理的基本原则和政策，而在具体实施中，则允许世界各地的分公司根据具体的国情来具体操作。另外，跨国公司根据不同雇员的类型采取不同的人力资源管理模式，如派遣母国和第三国高级管理者一般采用集权式的人力资源管理，而对东道国一般雇员多采取分权的模式。本节和下一节将讨论跨国公司管理者和一般员工不同的人力资源管理模式。

### 18.3.1 管理者的国籍策略

国际商务活动中的管理者是指在总部控制海外经营活动或者与海外的生产经营保持密切联系的经理，以及在海外从事生产经营的经理。对管理者的管理一般包括国际企业驻外经理的选拔、培训、晋升、评估、报酬、调整以及管理等方面的内容。国际企业正是通过这一系列程序所选拔出来的管理人员来制定和执行企业国际经营的战略和策略，实现企业海外经营的目标。企业在选拔国际经营管理人员时可能采用以下三种国籍策略：管理人员母国化；管理人员当地化；管理人员国际化。这三种不同的人事策略各有利弊，企业可以根据实际情况合理搭配或调整。

#### 管理人员母国化策略

管理人员母国化（parent-country nationals，PCNs）策略征聘来自总部或来自母国国籍的人担任海外各分支机构的经理或主要职务，是一种被广泛接受的策略。美国以及西欧的许多发达国家的跨国公司大多采用这种策略，这种做法可以加强母公司对子公司的控制，并且保证了企业全球经营战略的一致性。另外，在企业经营国际化的初期阶段，企业都要经历将部分经营转至国外的过程，而这部分经营活动的技术诀窍对企业来说是非常重要的，因此使用母国人员作为子公司的高级管理人员也许是最有效的人事策略，通常这种策略通过由母国人员担任子公司的总经理或总会计师来实现。

管理人员母国化策略下，经理熟悉母公司的目标、政策和经营；有较强的技术和管理能力；与母公司人员能保持有效的联络；容易控制海外子公司的经营。但这种策略也有一些不利之处：这些经理人员难以适应外国语言以及社会经济、政治和法律环境；选拔、培训以及维持移居海外的经理及其家属的费用较高；受到东道国政府的压力，因为这种策略实际上是子公司中的高级职位不对当地人员开放，是一种文化差异及矛盾的公开化和扩大化，可能会与东道国政策相违背；会导致管理人员在东道国生搬硬套母国的管理方式，引起文化偏见；另外还会带来家庭关系的调整问题。

### 管理人员当地化策略

管理人员当地化策略（host-country nationals，HCNs）就是雇佣东道国国民担任海外子公司的经理职务进行经营管理。这种做法有许多明显的优点，如很大程度上消除了语言障碍，企业无需花昂贵费用进行语言培训，并且这些人熟知所在国的社会经济、政治和法律环境以及商业惯例等；供养费用较低；为当地人提供了晋升的可能性，增强了他们的责任感，往往能比母国派来的人员工作得更出色；对东道国政府当地化的需要作出了有效的反应。与此同时，这种策略的问题是：当地人可能难以有效地控制子公司的经营、他们与母公司人员的交流沟通比较困难、母公司培养跨国经营人才的计划会受阻，等等。因此，国际企业一般会在海外子公司生产、经营过程都实现了标准化以及东道国国民经过培训后，才逐步让他们担任要职。

### 管理人员第三国策略

管理人员第三国策略（third-country nationals，TCNs）的主要目的就是在整个企业中任用最适当的人担任最重要的职务，而不考虑其国籍，不过在实践中通常会是第三国国民出任经理人员。这种人事策略也许是一种最好的折中办法，因为它的内涵是与国际企业的经营优势相一致的，即国际企业有能力在全球范围内合理地利用自然资源、财政资源和技术，甚至是人力资源。第三国国民通常是一些职业的、国际商务的经营管理人员，其所需的费用与母国国民相比，相对较低。另外这些第三国国民往往可能较为熟悉东道国的社会文化、经济、政治背景，弥补了母国人员的不足。但是，这种人事策略的实施常被许多因素所阻碍，如东道国对经理人员的国籍有时比较敏感，特别是对那些国家或民族之间有争端的第三国国民，甚至会拒绝其入境工作。而且这种策略由于需要在很大地理范围内分散地进行招聘，加之语言、文化方面的培训以及家属在不同国家的流动，花费很大。管理人员国际化要求母国企业在人事管理上实施较高程度的中央控制，对子公司经理用人方面限制较多，这种策略实施起来需要较长的时间。

### 综合人事策略

由于上述三种国籍策略各有利弊，因而任何单一策略往往不能圆满地解决跨国公司在国际商务活动中所面临的复杂的管理问题。对此，大多数跨国公司目前倾向于采用一种综合性的人事策略，即雇佣东道国国民担任设在该国的分支机构的管理人员，而在公司总部则雇用母国人。另外在实际经营中，跨国公司常常要考虑各种相关变量，如国外子公司处于筹备阶段；母公司要培养有国际导向的人才；子公司与其他地区作业密切相关，不能自治；母公司需要取得有关国家和地区的专门知识；技术知识和技能无法受法律保障在经营中是关键因素；其他来源没有合适的经理等。这时，母公司可以聘用本国国民或第三国国民当海外子公司经理。如果在另一组变量条件下，或是当地区市场的专门知识在企业的国际业务经营中起主要作用时，雇佣当地人更为合适。

表 18.5 人员配备政策比较

| 人员配备政策 | 适用战略 | 优　点 | 缺　点 |
|---|---|---|---|
| 以一国为中心 | 国际 | 解决东道国缺乏合格管理人员的问题<br>统一企业文化<br>有利于转移核心竞争力 | 东道国不满情绪<br>可能导致文化短视 |
| 以多国为中心 | 多国 | 缓解文化短视<br>实施成本低 | 限制了职业流动性<br>隔离总部和国外子公司 |
| 以全球为中心 | 全球及跨国 | 有效利用人力资源<br>有利于建立强大的企业文化和非正式管理网络 | 各国移民政策可能限制其实施<br>成本较高 |

## 18.3.2 国际管理人员的选拔

跨国企业选拔驻外分公司的经理需要承担多元化的角色，他们既是母公司的雇员，又是母公司的海外“大使”，还是东道国的一个临时国民；他们除了要具备一般国内经理所应有的技术和管理能力，还必须具备适应变化莫测的海外经营环境的特殊才能和素质。选派海外经理的标准即应具备的素质或资格是多方面的，不同企业、不同国家的要求也不尽相同，但主要有三个基本方面是必须满足的。

**适应能力**。适应能力包括对工作的适应能力和对社会的适应能力。到国外任职的管理人员在新的文化环境中常会感到不适，受到文化、政治和经济的“冲击”。他们应有足够的思想准备和调节能力，以增强适应性。他们必须在新的文化环境中建立新的工作关系，认识到在新的文化环境中人们提出问题、作出决策和接受指示的不同方式，与当地具有不同背景、语言、态度、价值观的外国人打交道；必须使自己的技术和管理诀窍适应当地的环境，还要应付比本国复杂的政治、经济情况。对工作和社会的适应能力一般离不开下面几方面素质的积累：对国际政治和世界经济、外国文化、历史、生活习惯等国际知识的了解；精通东道国语言或英语；具有良好的身体素质；见识广博与修养良好。这些能力有助于与外商交往以及与当地人建立良好的关系。

**业务能力**。母公司选派海外经理的主要目的是能在海外实现公司的经营目标，发挥他们的聪明才干，管理和控制分公司的日常经营。海外经营与国内经营的最大区别就是在国内，经理们可以由专家帮助解决经营上的一些困难。而在国外，由于距离、时间、人员以及沟通的限制，许多难题须由经理们独立解决。因此，驻外经理候选人应该具备较强的技术、管理、组织协调、控制和决策能力，并且还要有很强的独立性。上述能力的具备还必须有丰富的知识作支持，经理人员要拥有经营和管理方面的知识和国际商务方面的知识，如国际贸易、国际金融、国际惯例的专门知识和东道国政府的法律、政策常识，还有关于本公司的业务知识。海外经理需通晓本公司的发展历程、经营优势和劣势、发展规划目标以及经济实力等，能够在各种社交场合巧妙地将公司的形象树立起来。

**责任心**。随着全球化的深入，海外经营子公司的决策权限和权力相应增加，然而责任与风险也随之加强。这就要求公司所派遣的人员必须具备强烈的责任感。一般地说，责任心的是否具备可以从下面几个方面综合考察：正直、诚实、工作热情、到海外工作的意愿、心理特征、待人接物的态度等。

IBM 公司曾总结了全美 70 家国际企业选拔海外管理者的标准，这一结果成为各国公司海外经营的重要参考。这 70 家企业一致认为，一个合格的海外管理者必须具备的资格或素质依重要程度依次为：（1）经验；（2）适应性；（3）技术知识；（4）工作能力；（5）经营管理能力；（6）语言；（7）潜在能力；（8）海外工作的能力与信心；（9）新的管理概念的评价和感受程度；（10）工作创造力和独立性；（11）情感沟通和成熟性等。

### 18.3.3 管理人员的培训与开发

挑选只是使国际管理人员与工作相配比的第一步，下一步就是培训该经理使之胜任这一特定工作。一个具有全球战略眼光的国际企业，无论它采用什么样的人事策略，都必须具有一个长期的管理人员培训规划。国际企业必须坚持不懈地使管理人员不断提高他们应付国际市场的能力，对世界市场的变化高度敏感并对这些变化有很强的适应力，同时给他们提供获得国际市场经验的机会。

外派经理的培训包括文化培训、语言培训、实践培训等。训练的内容因企业而异，一般有工作能力培训、跨文化的培训、特殊需要的培训。工作能力培训是指拟派人所要具备的面对各种变化进行正常工作的能力训练，一般可经过管理人员在母公司各个专业部门工作和理论知识的学习获得，属于常规培训。跨文化的培训主要是指提高管理人员文化敏感性的一种训练。解决特殊问题的培训可以通过公司外部和内部的在职培训来实施。外部培训的目的是用来扩大经理们的眼界。如请一些专门机构如商学院等办国际管理讲座、请有关实践人员介绍海外企业近期发展情况和当地决策人的想法。内部培训的办法是精心安排以企业最近经营中出现的问题为内容的讨论，将来自具有不同民族和文化背景的培训人员组织在一起，用同一种语言讲述同一个问题，共同解决问题。

### 18.3.4 国外管理人员业绩的评估标准

对国外管理人员业绩的评估标准应与在国内评估管理人员业绩标准有所不

同，要客观地将国外经营的环境、条件、风险等内容考虑进去。参照子公司和年度财务报告及其有关资料评估其业务的开展情况应作为考核评估海外经理的最基本标准和基本方式。而在具体评估时，还要加入一些参考系数。如业务开展的起点不同，评估标准也不同。在发达国家建立的子公司，业务收效较快，评估起点要高。在发展中国家设置的子公司，业务进程比较缓慢，可能收效平平，评估起点要低一些。又如经营风险不同，突发性事件发生概率有高有低，评估的标准也要不同。对子公司的评估应将其长期表现与突发事件的影响一并加以考虑，才能不失之偏颇。

对子公司开展业务进行考核直接关系到海外经理人员们的晋升问题。目前，许多跨国公司内部人事政策出现了一种趋势，即更多地从海外子公司中选拔母公司高级管理人员，甚至将其作为一种制度固定下来。因为他们普遍认为海外经理人员在开展国际业务过程中往往能够获得更多的知识和经验，这是国内人员所不具备的。另外，在海外建立子公司，是培养具有全球观点、通晓各种业务、有广泛经历的通才的最佳场所，符合跨国公司大规模多样化经营的趋势。这种晋升方法，吸引了更多有潜力的青年管理人员到海外工作，不失为一种有效的人事策略。

### 18.3.5 海外管理人员薪酬和晋升

在薪酬管理乃至整个人力资源管理领域中，外派管理人员的管理及薪酬支付都是一个有相当难度的问题。这些问题的处理不仅直接影响到海外管理人员的工作热情，还会间接地影响到海外业务的开展。一种有效的付酬计划既要对去海外工作的经理有吸引力，又要使他们在国外生活满意，同时还要保证他们乐意调回国内或转移到公司所属的其他地方。

在实际的薪酬管理中，跨国公司外派人员的薪酬管理包括：

*基本薪酬*。在母国的基本工资是海外经理工资的起点，外派人员的基本薪酬应该与其处于相似位置的同事处于同一个薪酬等级上；这可以通过工作评价和薪酬等级评定来确定。由于本国和东道国的工作环境不同，工作内容往往也缺乏可比性，加上对外派人员的工作进行有效监管的难度很大，因此在同一薪酬等级内部可以对国内员工和外派员工进行日常调整。

*津贴*。津贴是辅助派到国外任职人员继续保持正常生活的一种补贴方式。各国生活水平差别很大，跨国公司一般按不同国家不同地区的大致情况制定生活津贴的标准。它包括海外经理人员在当地的生活费、必要的交际费、娱乐费用、家庭生活费、子女教育费、住房费以及税收等方面，由公司给予一定补贴。其中最大两项是税收和住房费用。对于税收，许多跨国公司的做法是以雇员所在国的居民税率为基准扣除税款，然后再向雇员支付实际被征收的税款。

*奖金/激励性薪酬*。许多跨国公司除了向外派人员提供消费津贴以外，还向

其发放激励性奖金，以鼓励雇员到海外任职，这种奖金一般是基本工资的百分数的 10% ~20%，只有到国外任职才可获得。为了促进管理人员在国际间流动，公司采用“逐步减少奖金法”（超过几年奖金逐步减少）和“流动奖金法”（流动一次付一次奖金）来实现。上述两种办法既鼓励了雇员的合理性流动，又限制了那些不称职的人员频繁流动。

## 18.4　外派失败

驻外人员（expatriates）是派往国外的雇员，他们需要扮演一个多元化的角色，起着沟通两种文化桥梁的作用；他们还必须在不同的文化环境和不同的文化背景下指导和协调经营活动。在这一过程中，所选派的人员素质、经历、个性以及对东道国语言、文化的熟练程度和对环境的适应性成为至关重要的因素。表 18.6 总结了跨国公司外派雇员的原因：外派会给公司和雇员本身带来额外的利益。外派雇员的另外两个原因往往是外国机构中缺乏合适的技术专家或者管理专家；或是外派雇员是对海外经营最好、最有效的监督和控制者。

**表 18.6　公司外派雇员的原因**

| 可能为公司带来的好处 | 可能为雇员带来的好处 |
|---|---|
| □将核心技术以及专业知识带往外国子公司以解决某些难题 | □雇员技能的开发(如文化、语言、灵活性和适应力) |
| □挽留雇员以及培养他们的忠诚度 | □得到认可、汇报和晋升 |
| □了解当地市场和商业活动并将这些经验带回东道国 | □对企业提供更多的承诺 |
| □以广泛的国际经验为基础可以培养高级管理团队 | □旅行的机会 |
| □提高海外子的总体绩效 | □更多的工作机会和更高的工作和生活满意度 |

资料来源：Dean B. McFarlin，等．国际管理—运用向导、赢得国际战略机会和提升跨文化管理能力[M].3 版．北京：中国市场出版社，2009：362.

### 18.4.1　外派高失败率的原因

外派人员是国际公司人力资源管理成本最高的选择，而且往往失败率高，外派失败率可能高达 50%。Selection Research International 咨询公司称，一项失败的外派任职的直接损失在 25 万 ~50 万美元之间。而摩托罗拉公司估计的数字更高，一名失败的中层职员每年造成的损失为 7.5 万美元，3 年期任职损失约为 60 万 ~125 万美元。对该领域具有重要意义研究的 Tung 在调查美国、欧洲和日本跨国公司后发现，样本中的美国公司（80 家）比欧洲（29 家）和日本（35 家）的公司具有更高的早期返回率：24% 的美国公司早期返回率低于 10%，然而，59% 的西欧和76%的日本公司报告了低于5%的早期返回率。

企业驻外人员失败具体体现为驻外人员派出后，无法在国外工作岗位上完成所接受的任务而提前召回；驻外人员在海外工作岗位上的表现很不理想；所派人员不被当地分公司人员接受；驻外人员对海外工作不满；驻外人员回国后安排不当以至跳槽。导致驻外人员失败的原因很多，体现在以下三个方面。

### 企业总部人员外派战略的局限

许多企业总部想当然地认为，做生意的规则在世界上都是一样的。只要外派人员过去在母国企业中表现出色，则在东道国企业也一定同样表现出色，因而没有必要为外派人员额外做专门的工作。在这一思想的指导下，企业在挑选外派人员过程中往往仅考虑候选人过去在母国企业中所表现出来的业务技术能力，而对其文化适应性、人际关系技能和配偶等其他因素关注不充分，甚至有时完全忽略。如现场观察 18 - 1 中，迪斯尼公司总部在选拔外派管理人员时，只考虑 Burker 过去的业绩表现，而没有对 Burker 进行业务技术能力和管理能力以外其他方面的综合评价，致使选拔了一位不甚理想的外派人员去开拓新业务，从而给整个公司及外派人员自身都造成了巨大损失。

### 企业外派人员管理系统的不健全或缺失

第一，外派人员衡量标准不科学。许多企业在制定外派人员衡量标准时，过于注重外派人员的业务技术能力。由上述案例可知，决定外派人员成功与否的因素往往不是其业务技术能力，而是除此以外的其他方面的因素。比如，对环境的适应能力、配偶的支持程度和子女就学情况等。第二，外派人员招募过程不尽科学。如迪斯尼公司总部在决定外派管理人员时，没有设计一整套科学的流程，而仅以候选人过去业绩作为决策依据。科学的外派人员招募过程应该按照事先设定的科学流程进行，应该尽量消除招募人员的主观随意性干扰，从而尽可能地全面反映候选人素质。第三，外派人员被派遣到东道国企业工作后，母国企业没有进行动态的后续服务。东道国企业所处环境可能是复杂的和动态的，这样，即使按事先确定的科学标准选拔出合适的外派人员也可能由于外部环境的变化而在以后逐渐变得不合适。第四，外派人员的薪酬机制设计不尽合理。与人员外派相关的成本可以分为直接成本和间接成本。其中，直接成本包括重新安置费、飞机票、外派人员薪水和外派人员培训费等，而间接成本则包括市场份额的损失、与东道国政府官员的公关费、生产率的降低、晋升机会的缺乏、外派人员家庭成员关系可能遭受的威胁，以及外派人员自尊、自信心及在同行中声望的丧失等。第五，一种常见现象是很多外派人员在外面工作几年后回到总部就没有位置了。

企业对派出人员的选拔、培训以及对派出人员返回后的问题缺乏全面长期的计划，导致外派雇员缺乏对当地文化和商业管理知识的了解和适应，这一问题在外派人员执行商务任务的早期特别突出。

### 外派人员自身能力结构不完善

外派人员离开自己熟悉的母国企业环境，走向陌生的国外环境，是一项严峻的考验，需要外派人员具备较为完善的能力结构。一般说来，以下能力的缺失可能对外派造成不良效果：一是自信心不足。外派人员是否能够有效地对陌生的、甚至是巨大不确定性的国外环境作出有效的适应性调整。二是认知能力不足。一般说来，外派人员的认知能力越强，就越容易正确理解、解释和决定在东道国文化中什么是恰当的，什么是不恰当的，从而可以减少不确定性。三是以前没有国外工作经验。如果外派人员曾有过类似的工作经历，则能够对外派工作有更好的认识，能更好地对自己及其家庭作出调整，减少不确定性。四是语言熟练程度。长期以来，语言技能的缺失被认为是跨文化交流有效进行的主要障碍。

**现场观察 18-1**

### 迪斯尼公司外派法国

迪斯尼公司在1993年从几名候选人中选拔出副总裁Stephen Burker到法国发展主题公园。Burker过去一直在迪斯尼服务，且由于工作努力和业绩突出，短短几年内就从一线人员被迅速提升为公司副总裁，其配偶在另外一家公司拥有一份比较满意的工作，但他们都没有国外工作的经历。

Burker接受外派任务后，与家人来到法国。他凭借其在母国企业形成的心智“地图”开始雄心勃勃地构造新业务和制定规章制度。比如，规定主题公园内禁止卖酒，游人也不能携带酒进入园内；不办理游园预定服务；不设立游园导游等。然而，主题公园自营业以来，实践效果并不理想，游客人数远远没有达到预设目标，当地居民甚至对欧洲迪斯尼主题公园的诸多规章制度表示出公然对抗。公司处于陷入状态。

过去一直表现出色的Burker此时一筹莫展。与此同时，Burker的配偶对当地文化、习俗等新环境也表现出较大的不适应。

一年后，Burker才逐渐明白，他所制定的一系列在美国本土运行有效的规定，比如禁止在主题公园内卖酒及游客不得携带酒进入主题公园等，之所以遭遇到东道国国民的强烈反感，主要是由母国与东道国文化和生活习俗方面的差异造成的。此外，法国人比北美人更加偏好一揽子式度假服务方式，而缺乏包价旅游承办商将给法国人休闲度假带来极大的不方便。

资料来源：http: //www.bupt.edu.cn/news/lou1/viewtx.asp id=4861

## 18.4.2 外派高失败率的对策

外派失败成本昂贵，在外派人员管理中采取战略性的管理是未来发展的趋势。战略性外派管理包括人员选拔、培训、绩效和薪酬管理、外派人员的归国安置等方面，具有系统性和过程性，涵盖外派前、外派过程中、外派完成归国后的全部过程。

**建立三位一体的外派人员选拔体系**。外派人员的选派应该基于三位一体的选派体系，包括文化适应力、专业知识和技能、个人素质三个方面。外派人员的文化适应力包括：熟悉并适应东道国的政治、法律、语言以及历史文化、风俗习惯等；专业知识和技能指外派人员必须具备过硬的专业方面的知识、丰富的阅历和实战经验，以及体现在实际工作中的创造力、分析问题能力、人际交往能力、语言沟通能力等；个人素质主要是个人品质、心理素质以及道德素质。外派人员必须有对外派工作的热情和兴趣，以及积极向上的乐观心态。

**开展多角度、多途径培训**。对外派人员进行事前培训是提高其适应力的必要手段之一。大多数跨国公司已经认识到文化上的差异性对外派成功的影响，开展了对当地文化风俗习惯、语言、宗教信仰、饮食等的介绍和相关培训，强调提高外派人员的沟通能力、人际交往能力、学习新知识的能力以及处理家庭问题的能力等。由于外派人员的家庭问题包括配偶和子女对其外派的适应性、子女的教育问题、双方分隔两地对家庭造成的影响等方面，外派管理还注重降低家庭因素对外派的不利影响。

培训途径多样化，如面谈、标准化测试、跨文化角色扮演、评鉴中心技术、海外短期实习等手段；还可以采用书籍、影音、互联网技术等；将集体培训和个体培训结合起来；采用外派前、中、后式系统化、连续性培训。

**基于目标的绩效考核和薪酬体系**。目前大多数企业仅依据最终的业绩判断外派人员是否称职。然而，企业业绩的决定因素是多方面的，与其相连的其他各个经济实体对其业绩水平都可以产生影响，仅凭业绩的高低定论工作绩效，势必造成外派人员内心的不满。即使仍留在企业内部，对企业的忠诚度也会大大降低。因此，企业应该建立一套客观有效的、基于目标的考核体系。第一，目标要明确，让外派人员知道年终时到底要完成什么。在外派之前，可以制定出一个总体的战略目标，明确完成的时间，然后分解为阶段性的子目标，清晰列出完成目标完成所需的人力、物力、财力，尤其要考虑东道国方面的支持情况，如东道国员工的胜任力、人事政策、企业内部文化、各部门协调性、权力集中度、东道国的经济发展程度、政府相关经济法律政策等。第二，还要考虑到实施过程中可能出现的困难，并分析这些困难对目标实现到底会有多大的影响。哪些是可控制因素，哪些是不可控制因素。评估手段也应该是定量与定性相结合，做到客观公正地衡量外派人员的绩效。第三，薪酬制定可以基于绩效考核结果而定，同时还要考虑到员工的基本生活保障问题，可以实行基本工资加绩效工资，外加相关补贴的形式。

**引入职业生涯管理**。大多数的员工选择外派主要是为了获得跨国化的管理经验，促进个人未来的职业发展。在外派过程中有效地引入职业生涯规划的概念，帮助员工制定适合自己的事业发展规划不失为解决外派失败的良方。

**外派人员归国安置和适应问题**。许多外派人员归国后对自己的职位安排并不满意，感觉企业对其所拥有的国际管理经验并不重视，继而萌生离职之意。要做好外派人员的归国安置规划，并纳入外派人员职业规划中来。要么事先确定好，要么依据外派过程中的实际表现为其安排合适的职位，并与外派人员充分沟通，就可以避免外派人员产生失落、不满和离职行为。

外派人员由于长年在外，对国内状况已不甚熟悉，又缺乏与国内的及时沟通，一旦回国，短时间内难以调整过来。这种现象称为“逆文化”冲突。所以跨国公司外派管理上要注重与外派人员就国内状况进行动态的沟通，让外派人员及时了解国内发展情况。同时还需加强外派人员与家庭的定期沟通，以缓解家庭矛盾。

## 18.5 实施国际人力资源管理——劳工的管理

因全球经营战略需要决定在国外设厂生产的企业虽然能从母公司派遣管理人员到东道国进行管理，但劳工必须从当地获得，因此劳工的可获得性以及费用的高低是所有跨国公司共同关心的问题。

### 18.5.1 国际劳工的差别

跨国公司到海外经营，子公司很难大量获得合格的工人。特别是在发展中国家，有些尚未建立劳动力市场，有些劳动力市场发展不成熟，因而劳动力资源供应不足，又由于企业不熟悉当地的人口情况、习惯、教育和文化传统，没有专门的机构协助，再加上当地政府出于就业问题、经济问题的考虑制定了较为严格的招工法律，如不同意从母公司所在国招收大部分工人，而希望当地人可以直接在外国企业就业，子公司能自由选择合格工人的渠道常受到阻碍。由于劳动力政策的不同，公司在母国可以有正当理由解雇劳工，而在东道国则可能不允许解雇不合格的劳工。劳动力市场差别对跨国企业海外经营提出了挑战。

通常，东道国的劳动力特征与母国劳动力存在着以下差异：

- □ 劳动力素质不同。东道国的劳动力由于廉价，往往缺乏教育，不懂技术，进入子公司后，需经过较长一段时间培训，方可胜任工作。
- □ 劳动力的稳定性不同。在发展中国家开设的子公司，当公司结束了对当地劳工的全面培训之时，也常常是这些劳工离开企业的时候。所以，在海外经营的企业将面对劳动力不稳定的最大难题。
- □ 语言障碍。在东道国，管理人员与当地劳工讲不同语言，给他们之间的沟通了解、学习培训以及生产管理带来了困难。

由于母国和东道国在劳动力市场和劳动力特征方面存在的较大差异，所以跨国公司在获得劳动力这个问题上要更大程度地依靠子公司与当地政府和有关机构密切配合解决。

### 18.5.2 国际劳工管理的敏感问题

国际劳工的管理主要是人力资源管理的传统职能，如招工与工作安排、劳动力的评估和晋升、训练和发展、工资和福利以及处理与工会的关系等。国际劳工管理也存在一些特殊敏感问题。

*雇佣和提升当地人*。虽然国际企业的海外子公司发现当地缺乏技术工人和熟练工人，但几乎所有国家法律都要求雇用和提拔当地人。大多数国家一般都要求跨国企业先雇佣一定比例的本国人，经过一段时间后，则必须百分之百地雇佣本国人并予以他们适当地提升。只有实在缺乏的技术和管理人员才由外国人担任。如印度本身缺乏合格的高压电工，却禁止印度公司向中国合伙伙伴的合格电工订立工作合同，并在工作签证上百般刁难。

*劳动法规*。许多国家制定更加自由的劳动法规，同时支持工会的活动，结果导致工人的期望增加，要求较高的工资。

*工人参与管理*。跨国企业在海外的经营将随着当地员工参与管理的深度加强而变得复杂和难度加大。员工参与管理的方式很多，如共同决策、工作审议会、角色转换、非正式沟通，等等。共同决策中要求在董事会里，管理人员和工人的代表各占一半，这一模式来源于德国。另外如在董事会里有少数的工人代表的少数参与权做法，在德国、瑞典、荷兰、丹麦、爱尔兰、法国等国家都有实施。工作审议会就是由工人代表或由工人和管理者组成团体，由该团体将公司内管理者和工人之间的关系制度化，并有权询问和商议公司的有关人事政策年度报告、发展计划以及关闭等事情。

*报酬和福利*。由于在海外经营，跨国企业的报酬和福利策略的选择受到了多种因素的制约，必须在实际制定策略时考虑进去。这些影响因素主要有：东道国的法律和政策；工会组织和公众的压力；要保留和招收高素质工人的工资水平；当地企业对外国企业高工资所表现出来的不满及其在政治上和经济上的重要性；跨国企业的目的；跨国企业在邻近或类似地区和国家所建的工厂的工资水平；当地工人的工作表现等。跨国公司海外子公司必须使其行动符合当地流行的社会态度和价值。实地观察 18－2 提供了海外劳资纠纷对中国企业带来的高达 40 亿的损失。

## 18.6 外企如何在中国实施人力资源管理

### 18.6.1 外企如何激活外派中国人员的领导力

跨国公司在拓展本土以外的市场时，或多或少都会遭遇到文化和地域差异而带来的管理挑战，在拓展中国市场时，这样的挑战尤为突出。美国智睿咨询有限公司董事长兼 CEO 威廉·白翰姆在 2007 年出版的外派人员指南——《如何在中

### 实地观察 18–2

## 双龙劳资纠纷损失 20 亿，罢工 76 天后达成妥协协议

双龙汽车公司是韩国第五大汽车制造商，2004年前上海汽车对双龙的投资是迄今为止是中国对韩最大投资项目，总值40亿元人民币。

由于销量持续下滑、债务不断攀升（2009年1—7月销量为13 091辆，同比减少超过80%。7月，双龙汽车销量锐减98.4%，出口是零，在韩国销量仅仅为71辆），双龙公司2009年1月向首尔地方法院申请破产保护，2月获得批准。作为重组计划一部分，公司4月宣布，准备裁员36%以节省开支、避免清算。

但大约900名遭裁撤员工不满这一决定，自5月22日起在工会组织下占据厂房，要求重新上岗、政府提供资金拯救公司。这一要求遭到政府拒绝。双方因谈判破裂进入紧张对峙局面，工会坚称要抗争到最后一刻。3 000多名警察与600名占据车间的工人对峙，空中盘旋的直升飞机不时喷射催泪药水。8月5日，韩国警方强行驱散占据双龙汽车公司平泽工厂70多天的工会成员。大批防暴警察以空降等方式夺回数个车间控制权，至少50人在冲突中受伤。

在损失近20亿元人民币、罢工76天后，双龙汽车劳资双达成妥协协议。根据协议，占据工厂车间的工人当天撤离，在974名需要裁员的名单中，48%的人停薪停职得以保留；52%的人接受辞职或被安排到其他公司。这是双方妥协的结果。资方最初提出的解决方案中，无薪停职工人的比例为40%，最后资方作出让步，将这一比例提高了8个百分点。而此前始终坚持全部雇佣原则的工会也接受了资方最终解决方案的大部分内容。

纠纷虽然出现转机，但就目前的统计看，76天的罢工导致工厂损失了1.459万辆整车制造，损失额为3 160亿韩元，约合20亿元人民币。而且如果双龙汽车破产，上汽40亿元投资也将化为乌有。

资料来源：商业英才网http: //www.bnet.com.cn/2009/0809/1427861.shtml

国获得成功的领导力》（Leadership Success in China）一书中表示，外派人员到中国有将近 30% ~40% 失败。

总部对海外分部的最终目的都是实现本地化管理。因此，外派去的人在当地要成为很好的培训师和教练，要把母公司的文化传承到中国市场。开拓新市场的人需要依据中国市场作出决策，比如决定在中国提供什么样的产品和服务。然后，依据这个决策为公司在中国的发展创建运营基础。

适合到中国做外派人员的人员首先应该对中国的社会、文化有兴趣；其次，要能调整领导力风格以适应当地特殊性；还需要指出的是，其伴侣也要具有适应中国风土文化的能力。很多失败的案例就是伴侣不适应的结果。

国际企业选择外派人员原则上应该建立一套系统化的体系和流程，但是一般企业都没有。根本原因在于企业没有合适的备选人才，没有足够的选择余地。作为折中办法，跨国公司也采用外派前，首先给备选人才一个相对容易的外派工作，比如说从英国到美国，或者说从美国到澳大利亚，当这些人对在本土以外地区的工作生活能够应对自如并培养起相关意识后，再把他们派到文化差异更大、更远的地方去，如到中国。在这个过程中，他们逐渐被培养成专业的外派人才。

他们的家庭也一样，在这个过程中得到了锻炼。

跨国公司总部一般对外派中国的人员实行既不失约束又充分授权的管理，如在财务控制基础上给外派人员充分决策的自由度，可以依据中国市场选择产品和营销模式等。

跨国公司总部在衡量外派人员在中国市场的业绩时，开始应当由总部和外派中国人员协商业绩目标达成一致，采用销售指标或利润等符合中国情况的有效衡量指标。在没被外派之前，外派人员要在总部建立好所有重要的人脉网络，建立好沟通渠道。在被外派后，还应该经常跟这些人保持密切联系，不断沟通，让他们及时知道外派地状况，从而及时获得资源支持。

### 18.6.2 外企在中国如何招募管理本地化人才

外企在中国招募管理本地化人才一般借助职业化的人力资源机构，如北京外企服务集团（FESCO）。1979 年，中国第一家人才服务企业——北京外企服务集团向日本外商驻京代表机构派出第一名中方雇员时，全国能提供此项服务的企业仅此一家。30 年后，FESCO 在全国已经拥有上千名员工组成的专业化队伍，向 8 000余家中外企业派出了近 40 万名中国雇员。目前在京投资的 180 多家世界 500 强企业中，90% 以上都是 FESCO 的客户；在京成立地区总部的 35 家跨国公司中，90% 是 FESCO 的客户，其中包括 IBM、GE 等知名跨国巨头。

2001 年中国加入世贸组织后，由于中国人力资源市场的开放以及巨大潜力，众多有实力的国外人力资源服务企业凭借资本、管理和品牌等方面的优势，以收购股权、并购公司、设立新公司等多种方式进入中国市场。据国际数据调查机构 IDC 报告显示，目前中国人力资源外包市场市值约有 10 亿美元，2010 年中国的人力资源外包市场市值将达到 15 亿美元，而且以每年 20% 的比例增长。未来中国将会成为世界最大的人力资源市场之一。

在全球经济一体化的背景下，中国人力资源服务产业日益呈现出“国内竞争国际化、国际竞争国内化”的特点。国外的人力资源公司早于十几年前就进入中国市场，如今国际人力资源服务外包巨头更是大力收购中国人力资源服务有限公司，如2009 年 3 月美国 ADP 公司收购上海华业人力资源服务有限公司的大部分股权，在中国市场成立实体公司安德普翰商务服务（上海）有限公司，加快进军中国本土市场的步伐。ADP 公司总裁及 CEO 加里 · 巴特勒表示，选择现在进入中国市场，是“为公司五年甚至十年的战略做好准备”。面对国际巨头竞争，国内人力资源外包服务行业也在积极引入风险投资和私募基金，如易才集团 2005 年开始成功完成两轮融资，总金额达到1 800万美元。

### 18.6.3 中外企本土化和国际化的不同道路

在中国，十分明显地两个力量在竞争：一个是著名跨国公司，如摩托罗拉、

IBM、诺基亚、爱立信、朗讯等；另一个是国内各种体制的企业，其中较有国际竞争能力的主要是近几年发展起来的大型公司，如海尔、联想、长虹、方正等。为获得竞争优势，外企制定了高层次的人才资源竞争战略，率先强占国内人力资源，人才本土化就是这一战略思想的具体体现。而中国企业也开始走出低层次的产品竞争阶段，开始与外企争夺非常有限的高质量人才资源。但从方向上看，两者是不同的：外企在中国选择尽早实现人才开发与管理本土化的人才资源战略，而中国国内企业的人才资源战略则是加快国际化进程。

### 外企人才本土化战略

外企到中国投资，看中和使用的就是中国本土的低成本劳动力，同时辅之以相对便宜的资本和技术资源等，形成了它们独特的竞争优势。而最近到中国投资并取得巨大成功的外企大部分属于 IT 产业，在这些产业中，高职位的专业技术人力资源起了决定作用。

外企实施人才本土化发展战略，在对中国人力资源现状和发展趋势的调查分析方面花费大量金钱和时间。通过这些分析，跨国公司基本掌握了中国的经济与社会的基本状况与行业竞争特点，有效地判断中国员工对物质与工作需求的心理状态，据此，制定公司人才留用的基本策略。

与外企不同，大多数中国企业刚刚面临或追求国际化的发展。以海尔公司国际化人才战略为例，海尔海外的销售管理模式基本采用区域代理制，当地成立的独资或合资的销售公司雇佣的绝大部分是当地的职业经理人。海尔负责海外销售的人员大部分是以商务出差的形式去管理海外市场，常驻海外的人员很少。海尔这种在国际化发展的初期阶段就依靠当地人才的国际化人才战略有什么问题呢？大多数的欧美、日韩跨国企业国际化的过程中的人才战略步骤一般为：第一步从国内培养本国的国际化人才输出派驻海外市场；第二步本国的人才培养当地优秀人才；第三步逐渐实现人才当地化、本土化，只有部分高层职位由本国人员担任，甚至全部本土化。松下公司和沃尔玛公司实现当地化用了 10 年左右的时间。韩国三星目前在中国市场驻在的韩国人员据说也有上千人之多，它的本地化还在进行当中。海尔过早地依赖海外市场当地的职业经理人，而不是花大力气培养自己的国际化人才，最根本的问题就是海外市场不受控，海外的各分支贸易机构成了游离于总部管理之外的，割据一方的诸侯。

## 本章小结

- 国际人力资源管理是组织在走向世界的进程中以及成为跨国企业后，人力资源管理的原则和实践。
- 国际化人力资源管理在内容和管理活动类型上与国内企业的人力资源管理并无明显不同，其差异更多体现在于管理环境、战略意义、管理

## 现场观察 18-3

### 摩托罗拉的人才本土化战略

摩托罗拉公司最高决策层认为中国市场潜力巨大，而在市场争夺背后将是人才竞争。近几年来，摩托罗拉公司全球总收入的1/3强来自中国。1997—1998年，在中国的近15 000雇员中，中方雇员为14 700人，外方为300人。到1999年，摩托罗拉加快了高级管理和技术人员本土化的过程，外方的人数几乎降低了近一半。在部门经理这一级别的职位中，中方人员所占的比重已由1997年的57%提高到80%，大事业部经理所占的比重也从30%提高到45%。

摩托罗拉公司每一年都要对东南亚（因为其许多分公司在这一地区）和中国大陆、台湾、香港与劳动力供求状况相关的经济、社会因素进行分析。在国内与国外宏观经济因素与人力资源的基本分析外，摩托罗拉更关注竞争对手的实际情况。摩托罗拉的竞争对手主要是移动通信领域或技术相关的外企公司，如诺基亚、爱立信、IBM、康柏、朗讯等。这些公司的经营发展状况，以及人才需求状况对摩托罗拉的生存与发展至关重要。由于这些公司之间的技术具有可替代性，人员结构与职位要求极具可比性，职位需求的信息沟通容易。如果这时又有其他公司的需求信号，人才的流动也就是难免的了。

为避免不必要的损失，各个跨国公司都十分注重对手的分析，其具体的做法有：不断对对手的市场表现和内部薪资福利状况追踪分析，通过分析得到对手人才战略的实施状况，以制定自己的政策，力争留住本公司关键岗位的关键人才。

资料来源；人才的本土化和国际化.http: //xn——vhqqb62a8i626bnknvp3c.com/space/u/admin/Blog.aspx.

活动重点的不同。

- 美国人力资源管理协会（IPMA）提出有关人力资源管理者的胜任特征模型，将人力资源管理者主要职责以四种角色类型来表示：一是人力资源管理专家角色；二是业务伙伴角色；三是员工服务者；四是变革推动者角色。
- 人力资源管理职能包括人员配备政策、培训及职业发展、绩效评估、人员薪酬和福利设计等。
- 跨国公司采取不同的人力资源管理战略，三种可能运用到战略包括社会福利法、成本抑制法和投资雇员法。
- 国际商务活动的人力资源管理包括对管理者的管理和对员工的管理两个方面。
- 企业在选拔国际经营管理人员采用三种国籍策略：管理人员母国化；管理人员当地化；管理人员国际化。
- 具有国际能力的管理队伍必须先制定录用目标、选拔渠道以及选派的标准。选派海外经理的标准是多方面的，但三个基本方面必须满足：适应能力、业务能力、责任心。
- 导致驻外人员失败的主要原因是公司总部战略失误以及派出人员本身问题。
- 国际劳工管理涉及一些敏感问题，如雇佣当地人、劳动法规、员工参与管理、报酬福利等。
- 外资企业在中国实行人才本地化战略，而中国企业正在积极推动人才国际化战略。

### 关键词和概念

国际人力资源管理　人力资源管理者胜任特征模型　人力资源管理职能　人员配备政策　培训及职业发展　绩效评估　人员薪酬和福利　人力资源管理战略　社会福利法　成本抑制法　投资雇员法　管理者的管理　外派　劳工管理

## 思考题

1. 全球经营对国际人力资源管理带来怎样的机遇和挑战？
2. 请与同学讨论国际与国内人力资源管理有何不同？
3. 你如何看待 IPMA 提出的人力资源管理者的胜任特征模型以及人力资源管理者的四种角色类型？
4. 传统人力资源管理与现代人力资源战略管理的侧重点有何不同？
5. 不同的人力资源管理战略如何影响人力资源管理职能活动？
6. 你认为国际管理者和国际劳工的管理有何不同？
7. 国际人力资源管理如何选拔、培养、激励优秀的国际管理者？
8. 你如何看待外派经理的角色？你认为外派高失败率的原因是什么？你认为可以采取哪些措施可以降低外派高失败率？
9. 跨国劳工管理有何特殊性？
10. 你认为中国企业的国际人力资源管理存在什么问题？

## 结尾案例

### 案例 18－1　高层震荡凸显 TCL 人才危机，国际化不如联想成熟[2]

2007 年 5 月 30 日，吕忠丽辞去 TCL 集团执行董事和高级副总裁职务；7 月中旬，“IT 少帅”杨伟强宣布辞去 TCL 电脑公司总经理职务；此前，TCL 集团副总裁易春雨正式宣布卸任。在袁信成、胡秋生、郑传烈、万明坚离去或退居二线之后，与李东生一起开创事业的元老，如今也几乎全部从 TCL 退场。顽固的国际化堡垒、坎坷的国际化之路，让多少 TCL 英雄竞折腰。

追溯历史，上世纪 90 年代之初，TCL 将自己定位成一个不折不扣的“营销主导型”企业。“营销主导型”企业所擅长的正是销售和制造，弱于新技术和新产品研发。由此，在市场为重的运营思路下，“营销文化”、“市场策划”也成了 TCL 崛起的企业文化；一批批靠“销售业绩”说话的高管，更逐渐成为 TCL 集团企业的核心，并成就了 TCL 成立 25 年来的辉煌。营销型人才的大量启用，其实是当时中国制造企业一致的特色。

但是当国际化之门打开之后，在国内市场打江山出身的 TCL 高管们，突然要面对甚至连语言都无法沟通的欧美团队，难度之大可想而知。

对于国际化人才的挑战，TCL 掌舵人李东生亦从一开始就有所意识。因此从决策层到经营层，TCL 大胆地引入、起用大批有国际化背景的“新人”。曾在美国哈佛大学费正清东亚研究中心从事博士后研究、在资本市场收购合并及风险管理等方面具有逾 10 年经验韩方明获任 TCL 独立董事；有 30 年境外创业、经营管理、教学培训经验的曾宪章也加盟 TCL 董事会；拥有深厚国际化背景的 TCL 高级副总裁严勇“临危受命”，出任 TTE 欧洲公司的法定代表人，并进入了 TCL 董事会下的战略委员会。TCL 多媒体新任命了三位副总裁：自 2003 年 10 月从摩托罗拉加入 TCL，并参与汤姆逊合资项目谈判全过程的斯坦福大学博士童雪松；在比利时读书，并在法国工作多年的严飞；在整合北美业务供应链过程中为 TCL 多媒体节省成本 5000 万美元的陈武。这些都放出了一个信号：TCL 的决策层需要“新陈代谢”，要用国际化的人才去打赢 TCL 国际化这场硬仗。

从 1999 年 12 月 1 日聘请“打工皇后”吴士宏为集团有限公司常务董事、副总裁开始，TCL 人才空降的新闻就没有停止过。

“移民文化”和“空降文化”，一时成为了 TCL 集团管理层的标志。不过，事实证明，“空降高管”并未成为TCL国际化中力挽狂澜的力量。6月，TCL正式宣布了“壮士断腕”般的欧洲区业务重组计划。

同时，“财务型人才”开始成为TCL集团旗下各个主要产业部门的新“主持人”：曾被认为是李东生国际化战略最坚定支持者的易春雨，他的职位由公司财务总监袁冰接任；杨伟强的TCL电脑总经理一职，也被原集团财务管理中心财务管理部部长杨建荣接替。在面临退市危机、急需扭亏的情况下，TCL选择以财务“节流”的方法控制成本。正是在这一思路下，2006下半年以来，TCL美国市场已经扭亏转赢。2006年9月，TCL宣布了海内外手机实现全面盈利。不过，仔细核算可以发现，在TCL美国市场扭亏转赢的同时，其彩电销量比2005年同期下降了约30%；TCL手机市场在国内的占有率更是一落千丈。企业的发展，除了“节流”更需要“开源”。如果仅为了扭亏，TCL最终从一个制造型企业转向了一个财务型或者资本型为重心的企业之后，未来的企业发展将向何方？这也是李东生需要作出的选择。

### 国际化人才不足

一位曾在某日本知名电子企业工作十多年的资深人士指出，国际化人才不足才是TCL的硬伤。李东生认识到，收购之后，如何整合资源、发挥协同效应，是实现TTE扭亏的关键所在。但是，整合首先是文化、人员的整合。而对于欧美员工，中国的管理团队与他们不仅仅有文化上的巨大差异（比如，欧美员工是不会无薪超时加班的）；而且，在体制上也有诸多需要融合的地方（比如，中国派去欧洲的管理层工资可能比欧美一般的员工的工资还低）。

相形之下，联想的国际化人才战略比TCL显得更为成熟。为了摆脱国际化人才瓶颈，为了使管理团队成为真正意义上的国际化团队，联想连续从最优秀的竞争对手戴尔公司挖走五个高管，并尽量保持团队的统一性和稳定性。虽然目前联想在欧美的业绩还落后于亚洲市场的表现，但其国际化融合效应已经开始发挥作用。

### 思考问题：

1. TCL国际经营中的人力资源管理与其国内人力资源管理面临问题的有何不同？
2. TCL跨国经营战略如何影响其人事政策？
3. 海外经理人员的国籍策略中的不同选择对国际企业经营决策有何影响？

## 参考文献


1. 3. 阿里巴巴网 . http：//info. china. alibaba. com/news/subject/v5003013 – s5014710. html
2. 根据 TCL 海外并购反思　国际化人才不足 . http：//www. 91mba. com/MBAstudent/learning/Battle/44579. shtml 以及中国 MBA 网 http：//www. mba. org. cn 2005 – 8 – 23 10：47：23 来源：http：//www. mba. org. cn；TCL：如何打造精英团队. 慧聪网. http://info. hc360. com/HTML/001/002/009/001/83164. htm. 2004. 11. 15、http://www. ebrun. com/content. php/22176,0. html &sId = CWPS;2007. 8. 3 等编写。